Die wichtigsten Bestimmungsmerkmale (siehe Farbcode)

Wuchsformen

Baum, Strauch Kletterer, Weitkriecher Schopf-Strauch

Blattstellung

Blätter gegenständig Blätter quirlständig Blätter wechselständig Blätter büschelig

Laubblatt-Typen

Blatt ganzrandig Blattrand gesägt Blatt gelappt Blatt zusammengesetzt

Nadeln und Schuppen

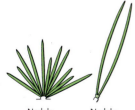    

Nadeln gebüschelt Nadeln gepaart Nadel spitz Nadel stumpf Schuppen kreuzgegenständig Schuppen spiralig

Joachim Mayer
Heinz-Werner Schwegler

Welcher Baum ist das?

Bäume, Sträucher, Ziergehölze

KOSMOS

Das Blatt: Aufbau und Funktion

Dank des grünen Blattfarbstoffs Chlorophyll vermag die Pflanze, für die Photosynthese (Assimilation) die Lichtenergie der Sonne zu nutzen. Dadurch wird sie befähigt, in ihren Blättern aus Kohlendioxid und Wasser energiereiche Kohlenhydrate aufzubauen, die sie durch Atmung und weitere Prozesse verarbeitet. Für den dazu nötigen Gasaustausch besitzen die Blätter an den Unterseiten verschließbare Spaltöffnungen, über die sie auch Wasser verdunsten. Mithilfe dieser Transpiration regelt die Pflanze ihren Wasser- und Nährstoffhaushalt.

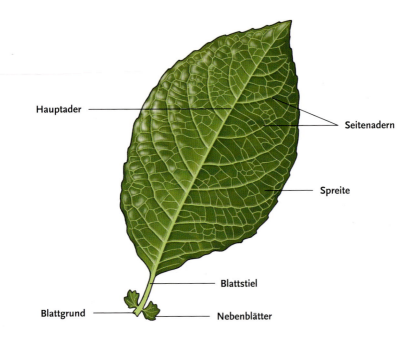

Die **Spreite**, der Hauptteil des Blatts, bildet oft eine zusammenhängende Fläche (einfaches Blatt), die mehr oder weniger stark eingeschnitten sein kann. Häufig ist die Spreite aber auch deutlich unterteilt, in Teilblättchen, die über stielartige Abschnitte verbunden sind (zusammengesetztes Blatt).
Die **Ränder** der Spreite sind bei Pflanzen aus kälteren Klimaregionen häufig durch Zähnchen, Ausbuchtungen oder Lappen verlängert. Solche „Zacken" erhöhen vor allem im Frühjahr die Transpiration und fördern so die gesamte Stoffwechselaktivität.

Die **Blattadern** enthalten die Leitbündel und sorgen – in Verbindung mit dem Blattstiel – für den Transport von Wasser, Nährstoffen und bei der Photosynthese gebildeten Assimilaten. Außerdem stabilisieren sie die Spreite.
Der **Blattstiel** kann sehr kurz sein oder völlig fehlen, so dass die Spreite direkt an der Sprossachse „sitzt".
Die kleinen **Nebenblätter (Stipeln)** am Blattgrund schützen junge Blattanlagen und fallen später häufig ab. Bei manchen Gehölzen sind die Nebenblätter zu Dornen umgewandelt, andere bilden gar keine Nebenblätter aus.

Inhalt

Vorwort 6

Hinweise zum Bestimmen 7

Schlüssel für blühende blattlose Gehölze 8

Bestimmungsschlüssel: Feinunterteilung des Farbcodes 12

Art und Sorte (Cultivar) 15

Systematische Anordnung der Familien mitteleuropäischer Wild- und Parkgehölze 16

Beschreibungen der Bäume und Sträucher 18

    Sonderformen 18
        Kletter- und Kriechsträucher 18
        Blattschopfgehölze und Aufsitzer 34

    Laubblätter gegen- oder quirlständig 36
        einfach, ganzrandig 36
        einfach, gekerbt bis gesägt 56
        einfach, gelappt 72
        zusammengesetzt 78

    Laubblätter wechselständig, auch gebüschelt 86
        einfach, ganzrandig 86
        einfach, gekerbt bis gesägt 124
        einfach, gelappt 184
        zusammengesetzt 200

    Laubgehölze, Blätter nadel- oder schuppenförmig 230

    Nadelgehölze 238

Bestimmen anhand der Winterknospen 268

Samen und Früchte 278

Borken als Bestimmungshilfe 296

Wuchsformen häufiger Laub- und Nadelgehölze 302

Register 306

Bildnachweis 316

Literatur 318

Giftgehölze .... 320, Hinterklappen

Vorwort

Vorwort

Das vorliegende Buch wurde 1938 von Dr. Alois Kosch begründet, Autor von „Was blüht denn da?". Dieses erste deutschsprachige Werk populärwissenschaftlicher Botanik zeigte die häufigsten Kräuter und Stauden der heimischen Flora. Das Baumbuch ergänzte die Palette krautiger Pflanzen mit Gehölzarten. Die Auflage im Jahr 1953 wurde dann auch dementsprechend „Welcher Baum ist das?" genannt. Von Anfang an waren neben Wildpflanzen auch verbreitete Gehölze als „Garten und Park" dabei.

Das 200 Seiten starke Büchlein mit den damals üblichen Schwarzweiß-Abbildungen von etwa 300 Arten wurde in der 8. Auflage von Dr. O. Feucht und in der 9.–15. Auflage von Dr. D. Aichele betreut und weitergeführt. 1976 erschien die 16. Auflage, mit Farbbildern und grundlegend neu bearbeitet von D. und R. Aichele mit A. und H.-W. Schwegler. Sie blieb, mit geringfügigen Änderungen, bis zur 24. Auflage in gleicher Form bestehen.

Eine durchgreifende Modernisierung zu Beginn des 21. Jahrhunderts war unumgänglich. Es ging dabei nicht so sehr um die Wildpflanzen, deren wissenschaftliche Namen durch (oft nur kurzzeitig anerkannte) Forschungserkenntnisse einem steten und für Anwender verwirrenden Wandel unterworfen sind – denn die Artenzahl blieb (fast) konstant. Dies gilt allerdings für die Ziergehölze nicht. Nahezu jedes Jahr werden neue Zuchtsorten auf den Markt gebracht und altbekannte werden nicht mehr angeboten, so dass sie selten werden und letztlich aussterben. Zwar geht dieser Schwund wegen der langen Lebenszeit vieler Gehölze langsamer vonstatten als bei krautigen Ziergewächsen. Dennoch war es dringend geboten, eine Reihe holziger Kulturarten neu aufzunehmen.

Wegen dieser vielen neuen Zuchtformen ist die bisherige Vorsortierung nach „Strauch", „Baum oder Strauch" und „Baum" nicht mehr haltbar. Zum einen gibt es heute fast von jedem Baum eine kriechende, kissenartige oder strauchartige Sorte und viele „frühere" Ziersträucher werden als Bäumchen oder „Halbstamm" angeboten. Zum anderen werden Bäume oft als Stecklinge aus älteren Zweigen vermehrt. Diese treiben schon im strauchartigen Jugendstadium Blüten und Früchte – ein Merkmal, das vormals den Strauch als solchen vom strauchartigen (noch nicht blühenden) Jungbaum unterschieden hat.

Genannt werden die üblichen Wuchsformen noch in der Infozeile, die bei den Artbeschreibungen auf den Namen folgt und in der auch die interne Familiennummer steht (s. S.16 f.). Dort finden sich auch Blühzeit und Wuchshöhe. Diese Angaben sind Durchschnittswerte. Blühzeiten können je nach Region und Jahr etwas abweichen. Aufgrund des Klimawandels kommt es immer häufiger vor, dass Gehölze früher mit der Blüte einsetzen als bislang üblich.

Durch die Neugliederung und eine Erweiterung um mehr als 30 Seiten konnten mehr Arten aufgenommen werden. Neu hinzu kamen auch eine systematische Darstellung der Holz-Gewächsfamilien, eine Übersicht giftiger Holzpflanzen, eine bebilderte Einführung zum Thema Früchte und Samen und schließlich auch eine Vorstellung der Borken wichtiger Laubbaumarten.

Im Übrigen gilt weiterhin: Dieses Buch ist ein erster Führer durch die Vielfalt der mitteleuropäischen Wild- und Ziergehölzflora, Vollständigkeit erstrebt es nicht. Dafür soll es dem Naturfreund helfen kennen zu lernen, was er üblicherweise in Gärten, Parks und in der freien Natur an Gehölzen antrifft.

Dem Verlag, der die Neubearbeitung ermöglicht und gefördert hat, sagen wir herzlichen Dank, ebenso allen Naturfotografen, die uns wieder mit hervorragenden Dias für die vielen Abbildungen versorgt haben. Besonderer Dank gilt Herrn Wolfgang Lang, der die Zeichnungen in der von ihm bekannten Qualität gefertigt hat. Ganz herzlich bedanken wir uns auch bei all den Lektorinnen und Lektoren des Kosmos-Verlags, die uns in der 3-jährigen Entwicklungsphase nacheinander helfend zur Seite gestanden haben: Herrn Rainer Gerstle, Frau Sigrun Künkele, Frau Frauke Bahle und Herrn Stefan Raps.

Joachim Mayer, Gau-Algesheim
Heinz-Werner Schwegler, Backnang

Hinweise zum Bestimmen

Die Arten in diesem Buch sind nicht nach ihrer Verwandtschaft, sondern nach Wuchsformen und Blattmerkmalen geordnet. Jedem Typ entspricht eine bestimmte Farbleiste. Diese ist Teil des Farbcodes auf der vorderen Umschlagklappe und markiert jede entsprechende Textseite im Abbildungsteil des Buches. Direkt neben dem Farbcode finden sich auf der Seite 1 Schemazeichnungen der verschiedenen Wuchsformen und Blattmerkmale. Insgesamt lassen sich alle Arten in 4 Hauptgruppen mit je 2 bis 4 Untergruppen einordnen.

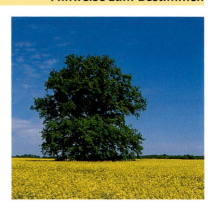

1. Hauptgruppe: Sonderformen

Hierzu zählen die Kletter- und Kriechsträucher, aber auch die in Mitteleuropa seltenen Blattschopfgehölze und parasitären Aufsitzer. Die Aufsitzer treiben Saugwurzeln in die Äste anderer Gehölze und dürfen nicht mit Austrieben von Samen verwechselt werden, die etwa in kompostreiche Astwinkel geweht wurden.

2. und 3. Hauptgruppe: Laubbäume und Laubsträucher

Diese beiden Hauptgruppen sind sehr artenreich und unterscheiden sich nach der Anordnung ihrer Blätter. Bei den Gegen- und Quirlständigen stehen sich die Blätter zu zweit oder mehreren auf gleicher Höhe gegenüber. Bei wechselständiger oder büscheliger Blattstellung entspringen die Blätter dagegen in verschiedener Höhe. Da die Seitenzweige aus den Blattachseln knospen, sind auch sie in den meisten Fällen wie die Blätter gestellt.

Die beiden Hauptgruppen werden nun weiter aufgeteilt nach der Form der Blattfläche: zusammengesetzt (ganz in Teilblättchen aufgeteilt), einfach, gelappt (noch zusammenhängend, aber tief eingeschnitten), einfach, gekerbt bis gesägt (der Rand ist auf höchstens $1/8$ der Blattbreite gekerbt, gezähnt oder gesägt) und einfach, ganzrandig (der Rand ist völlig glatt). Beispiele für diese Blattformen finden sich in der vorderen Umschlagklappe.

4. Hauptgruppe: Gehölze mit Nadeln oder Schuppen

Hierzu zählen nur wenige Laubgehölze. Diese erkennt man vor allem an ihren echten (bunten) Blüten. Den Großteil machen die echten Nadelhölzer aus mit ihren einfachen Blüten in den Schuppenzapfen. 2 urtümliche Nadelhölzer stehen aufgrund unserer Einteilung in anderen Hauptgruppen: Ginkgo mit seinen flachen, fächerförmigen Blättern und das Meerträubel mit rutenartigen Zweigen, über die kleine, gegenständige Schuppen verstreut sind.

Die Feingliederung des Farbcodes

Auf den Seiten 12 bis 14 finden Sie die Feingliederung unseres Bestimmungsschlüssels. Mit ihrer Hilfe lassen sich vor allem die großen Artengruppen nochmals eingrenzen. Es ist zu beachten, dass dieser Schlüssel nicht zweigabelig aufgebaut ist: dem Benutzer stehen oft mehr als zwei Alternativen zur Auswahl. Dadurch werden lange und damit unübersichtliche Frageketten vermieden. Durch die Feingliederung wird nun der Seitenbereich, in dem sich die gesuchte Art befindet, Schritt für Schritt eingeengt. Auf diese Weise erspart man sich das lästige Durchblättern vieler Seiten.

Wenn nur Blüten zu sehen sind

Unser Bestimmungsschlüssel versagt, wenn keine Blätter zu sehen sind. Für die Arten, bei denen die Blüten vor den Blättern erscheinen bzw. erst nach dem Blattfall, gibt es einen gesonderten Schlüssel auf den Seiten 8 bis 11. Er umfasst 6 Hauptgruppen, die bis zur Gattung führen. Bei manchen Gattungen gibt es bei uns nur eine Art, die vor dem Blattausschlag blüht; bei anderen wiederum ein gutes Dutzend (z. B. Weide, *Salix*). Hier muss man mit den Beschreibungen und Bildern weiterarbeiten, die auf den ausgewiesenen Seiten stehen. Gerade bei den Weiden und den verwandten Pappeln ist für ein wirklich sicheres Bestimmen allerdings oft ein wissenschaftliches Fachbuch nötig.

Zu beachten ist, dass dieser Schlüssel nur für echt aufgeblühtes Gehölz gedacht ist. Oft sind bei Frühblühern die Blütenstände schon im Winter vorgebildet. Die „Knospenform" hat aber z. B. bei Hasel oder Erle andere Eigenschaften, als der im Schlüssel erfragte Zustand.

Schlüssel für blühende blattlose Gehölze (1)

Blüten zweiseitig symmetrisch, ansehnlich

Schmetterlingsblüten oder ähnliche Blüten, Farbe:
    rot, großer Strauch oder kleiner Baum .... **a)** Judasbaum, S. 118
    gelb, Rutenstrauch oder Dornstrauch .... **b)** diverse Ginstergattungen, S. 118, 120, 200, 234
    blau (violett) o. weiß, Wuchsform:
        Kletterstrauch .... **b)** Blauregen, S. 30
        Baum, Blüten ± 4–5 cm lang, röhrig .... **c)** Blauglockenbaum, S. 52
        Strauch, Blüten ± 1 cm lang, gepaart .... **d)** Heckenkirsche/Sorten, S. 50 + 52

Blüten strahlig symmetrisch, groß (über 1 cm lang oder breit)

Kronblätter deutlich verwachsen
    4-zipflige Trichter-Blüten, gelb .... **e)** Forsythien, S. 62
    5-zipflige Trichter-Blüten, gelb, rot, weiß .... **f)** „Azaleen", S.112 + 114
    6(-5)-lappige Röhrenblüten, gelb .... **g)** Jasmin, S. 20 + 80

Kronblätter (fast) bis zum Grund frei
    4 lange, schmale Kronblätter .... **h)** Zaubernuss-Arten, S. 152
    5 freie Kronblätter, dazu viele Staubblätter .... **i)** Mandel, Pfirsich, Schlehe usw., S. 170–176; Felsenbirne, S. 168
        diese manchmal in Kronblätter
        umgewandelt = Blüte „gefüllt" .... **k)** Mandelbäumchen, S. 176 + 190
    6 und mehr freie Kronblätter und 5 bis viele Staubblätter, diese
        zusammengeneigt, Blüte nickend, gelb und rot .... **l)** Winterblüte, S. 44
        um Achsenkegel stehend, Blüte weiß oder rosa .... **m)** Magnolien, S. 116

Blüten strahlig symmetrisch, klein (um 1 cm lang oder breit)

Blütenhüllblätter deutlich verwachsen, meist rot oder weiß
    Blüten 4-zipflig (Zipfel ± spitz) .... **n)** Seidelbast-Arten, S. 96
    Blüten 5-lappig (Lappen ± abgerundet) .... **o)** Schneeball-Arten, S. 60

Blütenhüllblätter ± frei aufrecht bis abstehend, meist gelb oder grün
    4-teilige Blüten, in (echten) Dolden .... **p)** Kornelkirsche, S. 38
    5-teilige Blüten; angeordnet in
        wenigblütigen Hängeährchen, Strauch .... **q)** Scheinhasel, S. 154
        aufrechten Trugdolden, meist Baum .... **r)** Ahorn-Arten, S. 72–76
        hängenden Büscheln, meist Baum .... **s)** Ahorn-Arten, S. 72 + 80

Blüten mit unscheinbarer, ± laubartiger Hülle, aber mit auffällig roten, herausragenden Griffeln bzw. Staubgefäßen, dabei

eingeschlechtig, Blütenbüschel ± gegenständig .... **t)** Kuchenbaum, selten in Parks
zwittrig, Blütenbüschel an den Zweigspitzen .... **u)** Eisenholzbaum, S. 142

Blüten sehr klein oder klein und unscheinbar (grün bis braun), einzeln oder locker stehend, oft auch in Kätzchen bzw. Zäpfchen ... (s. S. 10)

Schlüssel für blühende blattlose Gehölze (2)

Blüten winzig, unscheinbar, oft nackt, doch nie ± eng zusammengepackt (keine Kätzchen oder Zäpfchen)

Blütchen zwar klein, aber deutlich erkennbar (meist Bäume)
- glockig, in dichten, oft nickenden Doldenbüscheln **a)** Ulmen, S. 144
- 5-strahlig ausgebreitet, in aufrechten Trugdolden ...... **b)** Ahorn-Arten, S. 72–76
- 5-teilig, napfartig, in langen, hängenden Büscheln ..... **c)** Ahorn-Arten, S. 80
- ohne Hülle, in aufrechten, verzweigten Büscheln ...... **d)** Eschen, S. 84

unklare Blütenverhältnisse (Sträucher)
- Zweige schachtelhalmartig, unbewehrt .... **e)** Meerträubel, S. 232
- Zeige dornig (dornspitzig) .... **f)** Sanddorn, S. 92

Blüten unscheinbar, zumindest 1 Geschlecht in Kätzchen angeordnet

Zweige dornig (dornspitzig) .... **f)** Sanddorn, S. 92

Zweige und Kätzchen mit gelben Harzdrüsen .... **g)** Gagel, S. 132

Zweige weder mit Dornen noch durch gelbe Harzdrüsen auffällig
- blühende Kätzchen, zumindest z. T. (= männliche), schlaff hängend
  - nur (dickliche, graue) Hängekätzchen vorhanden .. **h)** Pappeln, S. 132 + 192
  - Stempelblüten knospenartig, Narben oft rot .... **i)** Haseln, S. 138 + 140
  - Stempelblüten in schmalen, steiflichen Kätzchen... **k)** Birken, S. 136 + 138
  - Stempelblüten in ± eikugeligen Zäpfchen .... **l)** Erlen, S. 134
- blühende Kätzchen steiflich-elastisch (± aufrecht),
  - Staubblatt-Kätzchen (♂) und Stempel-Kätzchen (♀) auf
    - einer Pflanze (einhäusig) .... **m)** Birken, S. 136
    - getrennten Pflanzen (zweihäusig) .... **n)** Weiden, S. 88f. + 124ff.

Zur Unterscheidung von blühenden Weiden ohne Blattaustrieb: ein gutes Dutzend Weidenarten erblüht (fast) regelmäßig vor dem Blattaustrieb, mehrere andere nur gelegentlich. Im Rahmen dieses Schlüssels kann zur Arterkennung nur geringe Hilfestellung gegeben werden:

- Zweige (abwischbar) bläulich bereift .... vgl. S. 124
- Zweige dicht weißfilzig .... vgl. S. 126
- Kätzchenschuppen blass .... vgl. S. 128
- niedere Sträucher, Kriechstäucher .... vgl. S. 90 + 131
- keines der genannten Merkmale zutreffend .... vgl. S. 88 + 126–130

Nur Zäpfchen (männliche und weibliche) vorhanden, ihre Schuppen derb-elastisch, aufrecht oder absprelzend
(sommergrüne Nadelgehölz-Blüten nur gelegentlich vor den Nadeln erscheinend)

Zäpfchen um 1 cm; Laub (Nadeln) auf knotenartigen
Nebentrieben, pinselartig zusammengeneigt, noch
kaum 2 mm lang (beim Austrieb sich verlängernd) .... **o)** Lärchen (2 Gattungen), S. 264

Hängerispen, am Ende viele winzige männliche,
darüber wenige größere weibliche Zäpfchen. Aus dem Boden
ragen oft aufrechte Atemwurzeln....................... **p)** Sumpfzypresse, S. 248

Bestimmungsschlüssel: Feinunterteilung des Farbcodes

SEITEN

BESONDERE WUCHSFORMEN 018–034

Kletter- und Kriechsträucher 018–032
mit gegenständigen Laubblättern, diese 018–022
  zusammengesetzt .... 018 + 020
  einfach und .... 020 + 022
    ganzrandig .... 020 + 022
    am Rand gekerbt bis gesägt 022
mit wechselständigen Laubblättern, diese 024–032
  einfach und 024–028
    ganzrandig 024
    am Rand gekerbt bis gesägt .... 024 + 026
    gelappt, ... 026 + 028
      weich, sommergrün .... 026 (+ 030)
      derb, wintergrün 028
  zusammengesetzt, ... 030 + 032
    ihre Zweige unbewehrt .... 030 (+ 026)
    ihre Zweige (meist) dornig oder stachelig 032

Blattschopfgehölze und Aufsitzer 034

BAUM ODER STRAUCH MIT LAUBBLÄTTERN, diese

GEGENSTÄNDIG ODER QUIRLSTÄNDIG, dabei 036–084

einfach, ganzrandig 036–054
Blüten strahlig symmetrisch 036–048
  unscheinbar, grüngelb 036
  4-zipflig tief geteilt .... 036 + 038
  4-zipflig trichterig-röhrig 038–042
  4-5lappig, klein, glockig 044
  7 bis viele freie Kronblätter 044
  5 freie Kronblätter 046
  5 ± verwachsene Kronblätter 048
Blüten zweiseitig symmetrisch 050–054

einfach, Rand gekerbt, gezähnt oder gesägt 056–070
Blüten unscheinbar, ± grünlich gelb .... 056 + 058
Blüten klein, 4–5 freie Kronblätter 058
Blüten klein, kurzröhrig, 4-lappig 058
Blüten klein, ± röhrig, 5-lappig .... 060 + 062
Blüten groß, trichterig, 4-zipflig, gelb 062
Blüten groß, Kronblätter frei 064–068
Blüten groß, ± trichterig, 5-zipflig 070

einfach, gelappt 072–076
Kronblätter frei oder fehlend 072–076
Kronblätter kurzröhrig verwachsen 076

zusammengesetzt 078–084
handförmig (mindestens 5-fach) geteilt .... 078 + 080
dreiteilig oder gefiedert 080–084

Bestimmungsschlüssel: Feinunterteilung des Farbcodes

SEITEN

BAUM ODER STRAUCH MIT LAUBBLÄTTERN, diese

WECHSELSTÄNDIG, AUCH GEBÜSCHELT, dabei 086–228

einfach, ganzrandig 086–122
blüht nur in 30- bis 60-jährigen Intervallen: Blätter grasartig,
   parallelnervig, jung mit Blattscheide 086
Blüten unscheinbar, Hülle zuweilen fehlend 088–094
   Blüten in Kätzchen 088–092
   Blüten grün, gelblich, blass .... 092 + 094
Staubgefäße oder Stempel der Blüte sehr auffällig 094
Blüten mit bunten oder weißen Kronblättern 096–122
   4 Kronblätter verwachsen (4 Zipfel) .... 096 + 098
   5 freie Kronblätter, die Zweige 100–108
      dornig (unterhalb des Blattansatzes) 100
      unbewehrt, Kronblätter ± aufrecht .... 102 + 104
      unbewehrt, Kronblätter ± abstehend .... 106 + 108
   5 verwachsene Kronblätter, die Blüte 110–114
      ausgebreitet, 5-zipflig 110
      glockig, 5-zähnig 110
      groß, schwach schieftrichterig 112–114
   6 und mehr freie Kronblätter 116
   Blüte deutlich zweiseitig symmetrisch 118–122

einfach, am Rand gekerbt, gezähnt oder gesägt 124–182
Blüten unscheinbar, (nur) steifliche Kätzchen .... 124–132 + 136
   Kätzchen (und Äste) mit goldgelben Drüsen 132
   auf 1 Pflanze weibliche und männliche Kätzchen 136
   nur 1 Kätzchengeschlecht je Pflanze 124–130
Blüten unscheinbar, auch in schlaffen Hängekätzchen 132–140
   nur schlaffe Hängekätzchen 132
   dazu auch ± kugelige Zäpfchen 134
   dazu auch kleine, schmale Steifkätzchen .... 136 + 138
   dazu auch Knospenblüten (rote Narben) .... 138 + 140
Blüten unscheinbar, doch nicht in Kätzchen 140–150
   locker in Stehähren oder Hängetrauben 140
   in dichten, ± aufrechten Trauben 142
   in Köpfchen über Hochblattkranz 142
   in ± hängenden, doldigen Büscheln 144–146
Blüten klein bis unscheinbar, an Flugblatt hängend 146–148
   dieses 3-lappig oder oval 146
   dieses länglich, mit Blütenbüschel 146–148
Blüten klein, unscheinbar, Blütenstand unauffällig 150
Blüten gefärbt, in auffälligen Blütenständen 152–182
   4 freie Kronblätter 152
   5 freie Kronblätter 154–176
      gelb, Zweige ohne Dornen .... 154 + 176
      gelb, Dornen unterhalb der Blätter .... 158 + 160
      rot oder weiß, Frucht trocken .... 154 + 156
      rot oder weiß, ± Kernfrucht/Beere 162–168
      rot oder weiß, echte Steinfrucht 170–176
   6 oder mehr freie Kronblätter 178
   Kronblätter miteinander verwachsen 178–182
      dazu deutlich zweiseitig symmetrisch 178

Bestimmungsschlüssel: Feinunterteilung des Farbcodes

	SEITEN
Fortsetzung: **WECHSELSTÄNDIG, AUCH GEBÜSCHELT**, dabei	(086–228)

einfach, gelappt, der Blattumriss:	142 + 184–198
länglich (vielfiedrig gelappt)	184–188
eiförmig (wenigfiedrig gelappt)	142 + 188–192
rundlich (handförmig gelappt)	192–198
vorn ± gestutzt (ohne Endlappen)	198

zusammengesetzt	200–228
Blüten zweiseitig, Schmetterlingsblüten	200–206
eventuell auch nur mit Fahne, ohne Schiffchen	206
Blüten strahlig symmetrisch	208–228
Zweige bestachelt (bei Hochzuchtsorten wenig)	208–220
Fruchtknotenbecher, unterständig	208–220
Fruchtknotenkegel, oberständig	220
höchstens Blattstacheln oder Zweigdornen	222–228
Teilblättchen ganzrandig	222
Teilblättchen gesägt bis gekerbt	224–228
Teilblättchen gelappt	222

BAUM ODER STRAUCH, BLÄTTER NADEL- **ODER SCHUPPENFÖRMIG**	230–266

Laubgehölz (trägt bunte Blüten)	230–236
Strauch oder Baum mit Schuppen	230
Klein- oder Kriechstrauch mit Schuppen	232–234
Gehölz mit Nadeln (stumpf, stechend oder gezähnt)	234–236

Echtes Nadelgehölz (ohne Kron- oder Kelchblätter, Frucht meist Zäpfchen oder Zapfen, selten beerenartig)	238–266
ausschließlich mit Schuppen	238–240
(allein oder zusätzlich) mit Nadeln	242–266
mit beerenartiger „Frucht"	242–246
mit (± holzigen) Zapfen/Zäpfchen	248–266
Nadeln einzeln stehend, dabei	248–258
dreieckig, unten extrem breit	248
kurz, fast schuppenartig	248
länglich, weich, sommergrün	248
länglich, derb, immergrün	250–258
auf dünnem Diskus sitzend	250–252
gestielt auf Höcker stehend	254
auf Höcker sitzend	256–258
ohne Stiel, Höcker oder Diskus	254
Nadeln zu 2–5 gebüschelt	260–264
Nadeln zu 8–40 gebüschelt	264–266
weich, biegsam (sommergrün)	264
derb-elastisch (wintergrün)	266

Achtung: wenige Nadelgehölze stehen im Winter kahl, oft weisen dürre Nadeln am Boden sie jedoch als Nadelgehölz aus. Sie können dann wie folgt identifiziert werden:

Zweige mit vielen knotenartigen Kurztrieben	264
Zweige höchstens rau, nicht knotenbedeckt	248

Art und Sorte (Cultivar)

In der wissenschaftlichen Botanik ist die Art *(species)* Grundlage für Benennung (Nomenklatur), Klassifizierung (Taxonomie) und Ordnung (Systematik). Ein Internationaler Code legt fest, wie ein Artname auszusehen hat: am Anfang der Gattungsname (groß geschrieben) dahinter der eigentliche Artname (klein geschrieben), beide nur aus einem Wort (1 Bindestrich ist erlaubt) und in Latein bzw. latinisiert.

Die Art kann weiter untergliedert werden in Unterart, Varietät, Subvarietät, Form oder Subform – alle tragen den Artnamen und dahinter den Namen mit dem vorgesetzten Kürzel je nach Rangstufe. Sind alle Ränge besetzt, so wird eine Subform (Kürzel: subf.) demnach durch den Gattungsnamen und 6 „Nachnamen" samt 5 Kürzeln bezeichnet.

Wir gliedern meistens nicht so fein und nennen auch kaum untere Stufen, denn auf diesem Niveau ist die Rangordnung oft sehr umstritten. Auch nennen wir weder die Personennamen der Erstbeschreiber einer Art noch die der Überträger in eine andere Gattung. Die Nomenklatur folgt weitgehend dem „Zander" (s. S. 318). In diesem Grundlagenwerk sind solche „Autorenzitate" nachzulesen.

Bastarde sind durch ein „x" markiert, das bei Kreuzungen zwischen Arten hinter, bei Gattungs-Hybriden aber vor dem Gattungsnamen steht. Auf Betonungszeichen (Akzente) und Vokaltrennzeichen (Tremata) haben wir verzichtet: Es gibt sie nicht im „Lateinischen", wo z. B. jeder Vokal einzeln gesprochen wurde.

Es ist zu beachten, dass die Worte „Art" und „Form" nicht nur zur Kennzeichnung einer Rangstufe verwendet werden. Vor allem der Begriff „Form" ist im Sinne von „Beschaffenheit", „Gestalt" ganz allgemein und auch in der Botanik häufig im Gebrauch; z. B. in Wuchsform, Blattform, Gartenform, Wildform, aber auch Trauerform, Pyramidenform usw. zur Beschreibung eines bestimmten Aussehens. Vor allem dann, wenn der Begriff „Form" als zweiter Teil eines Wortes benutzt wird, hat dies nichts mit Taxonomie zu tun.

Der „Kulturpflanzen-Code" ist jünger als der für die Wildpflanzen – und er setzt sich viel langsamer durch. Gründe dafür sind u. a. auch wirtschaftliche Belange (Markennamen, gesetzlich geschützte Sorten). Er fußt auf dem Wildpflanzen-Code und regelt vor allem den Umgang mit Sorten (Cultivare = cv.). Arten und Bastarde im Zier- und Nutzpflanzenbereich unterliegen denselben Regeln wie Wildarten, neu dazu kommen noch Propfbastarde (künstlich erzeugte Gewebemischungen) und genveränderte Pflanzen.

Sorten kann es auf allen Rangstufen ab der Gattung bis zur Subform geben. Es sind Pflanzengruppen mehr oder weniger gleichen Erbgutes, das menschlicher Eingriff künstlich kombiniert hat. Ihre Namen bestehen aus dem wissenschaftlichen Namen der Rangstufe, aus sie gezüchtet wurden und dem angehängten Sortennamen, der kein Warenzeichen sein darf.

Ein Sortenname ist nur dann gültig, wenn er zwischen einfache Anführungszeichen (' ') gestellt ist. Er darf ab 1959 nur noch aus Wörtern einer lebenden Sprache gebildet werden und seit 1996 höchstens 10 Silben mit insgesamt nur 30 Buchstaben umfassen. Das erste Wort ist immer groß zu schreiben, die anderen in den meisten Fällen ebenfalls. Ausnahmen sind Bindewörter („und") oder Verhältniswörter („in", „auf").

Beispiele

GATTUNG *Acer* (Ahorn)
ART *Acer negundo* (Eschen-Ahorn)
SORTE *Acer negundo* 'Flamingo';
(Cultivar mit hellrosa gerandeten Blättern)

GATTUNG *Aesculus* (Rosskastanie)
ART *Aesculus x carnea* (Rote Rosskastanie; Art-Bastard)
SORTE *Aesculus x carnea* 'Briotii';
(Cultivar mit dunkelroten Blüten)

GATTUNG *Pseudotsuga* (Douglasie)
ART *Pseudotsuga menziesii*
(Gewöhnliche Douglasie)
VARIETÄT *Pseudotsuga menziesii* var. *glauca*;
(in Höhenlagen vorkommende Varietät mit blaugrüner Benadelung)

Eine erlaubte und vor allem für die Kataloggestaltung wichtige Besonderheit ist die Bildung von „Sorten-Gruppen (= Grp.)" aus einander ähnlichen Sorten. Der exakte Name einer Sortengruppe besteht wiederum aus dem wissenschaftlichen (lateinischen) Namen der Rangstufe, auf der die Gruppe gebildet wurde. Darauf folgt in Klammern – [] oder () – der Gruppenname, der mit dem Wort Gruppe (oder „Grp.") endet. Der Name ist ähnlich zu bilden wie ein Sortenname, manche Bezeichnungen (z. B. „selection" bzw. „Auslese") sind nicht erlaubt. Wie bei den Sorten sind Namen in allen lebenden Sprachen gültig. Festgelegt ist dabei, dass und wie z. B. aus dem Russischen oder Japanischen in unser Alphabet zu übertragen ist.

Systematik

Systematische Anordnung der Familien mitteleuropäischer Wild- und Parkgehölze

Wie auf Seite 7 beschrieben, sind die Arten im Tafelteil dieses Buches nicht nach Verwandtschaftsbeziehungen angeordnet. Doch ist den Beschreibungen der Name der Familie samt einer Nummer beigefügt, die sich auf die nachfolgende, systematische Liste bezieht. Die Systematik, vor allem die der Bedecktsamer, ist derzeit durch neue Gliederungsansätze stark im Umbruch. Da hier aber noch zahlreiche Unsicherheiten bestehen, haben wir uns an der herkömmlichen Systematik orientiert.

Nachfolgend werden Unterabteilungen, Klassen und Ordnungen mit allen Familien aufgezählt, von denen in Mitteleuropa (auch) Gehölze zu finden sind. Deutsche Ordnungsnamen (-ales = -artige) wurden nur dort angegeben, wo die namengebende Familie (-aceae = -gewächse) nicht in unsere Liste aufgenommen wurde.

PFLANZENREICH

ABTEILUNG SAMENPFLANZEN, *Spermatophyta*

U-Abt.: Gabel- und Nadelblättrige Nacktsamer

Klasse Gabelblatthölzer

Ordnung: *Ginkgoales*
1 Ginkgogewächse, *Ginkgoaceae*

Klasse Nadelhölzer

Ordnung: *Pinales*
2 Araukariengewächse, *Araucariaceae*
3 Kieferngewächse, *Pinaceae*
4 Sumpfzypressengewächse, *Taxodiaceae*
5 Zypressengewächse, *Cupressaceae*
6 Kopfeibengewächse, *Cephalotaxaceae*
7 Eibengewächse, *Taxaceae*

U-Abt.: Fiederblättrige Nacktsamer

Klasse Hüllsamer

Ordnung: *Ephedrales*
8 Meerträubelgewächse, *Ephedraceae*

U-Abt.: Bedecktsamer

Klasse Einfache Zweikeimblättrige

Ordnung: *Magnoliales*
9 Magnoliengewächse, *Magnoliaceae*

Ordnung: *Laurales* (Lorbeerartige)
10 Gewürzstrauchgewächse, *Calycanthaceae*

Ordnung: *Aristolochiales*
11 Osterluzeigewächse, *Aristolochiaceae*

Klasse Echte Zweikeimblättrige

Ordnung: *Ranunculales*
12 Fingerfruchtgewächse, *Lardizabalaceae*
13 Hahnenfußgewächse, *Ranunculaceae*
14 Berberitzengewächse, *Berberidaceae*

Ordnung: *Trochodendrales*
15 Radbaumgewächse, *Trochodendraceae*

Ordnung: *Platanales*
16 Platanengewächse, *Platanaceae*

Ordnung: *Buxales*
17 Buchsbaumgewächse, *Buxaceae*

Ordnung: *Polygonales*
18 Knöterichgewächse, *Polygonaceae*

Ordnung: *Tamaricales*
19 Tamariskengewächse, *Tamaricaceae*

Ordnung: *Hamamelidales*
20 Zaubernussgewächse, *Hamamelidaceae*

Ordnung: *Dilleniales* (Dillenienartige)
21 Pfingstrosengewächse, *Paeoniaceae*

Ordnung: *Saxifragales* (Steinbrechartige)
22 Stachelbeerengewächse, *Grossulariaceae*

Ordnung: *Cunoniales* (Cunonienartige)
23 Pimpernussgewächse, *Staphyleaceae*

Ordnung: *Rosales*
24 Rosengewächse, *Rosaceae*

Ordnung: *Rhamnales*
25 Kreuzdorngewächse, *Rhamnaceae*

Ordnung: *Elaeagnales*
26 Ölweidengewächse, *Elaeagnaceae*

Ordnung: *Vitales*
27 Weinrebengewächse, *Vitaceae*

Ordnung: *Fagales*
28 Buchengewächse, *Fagaceae*
29 Birkengewächse, *Betulaceae*
30 Haselgewächse, *Corylaceae*

Systematik

Ordnung: *Juglandales*
[31] Walnussgewächse, *Juglandaceae*

Ordnung: *Myricales*
[32] Gagelstrauchgewächse, *Myricaceae*

Ordnung: *Ulmales*
[33] Ulmengewächse, *Ulmaceae*
[34] Maulbeerengewächse, *Moraceae*

Ordnung: *Fabales*
[35] Johannisbrotgewächse, *Caesalpiniaceae*
[36] Schmetterlingsblütengewächse, *Fabaceae*

Ordnung: *Polygalales*
[37] Kreuzblumengewächse, *Polygalaceae*

Ordnung: *Myrtales*
[38] Myrtengewächse, *Myrtaceae*

Ordnung: *Rutales*
[39] Rautengewächse, *Rutaceae*
[40] Bittereschengewächse, *Simaroubaceae*

Ordnung: *Anacardiales*
[41] Sumachgewächse, *Anacardiaceae*

Ordnung: *Sapindales*
[42] Seifenbaumgewächse, *Sapindaceae*
[43] Rosskastaniengewächse, *Hippocastanaceae*
[44] Ahorngewächse, *Aceraceae*

Ordnung: *Cistales*
[45] Zistrosengewächse, *Cistaceae*

Ordnung: *Malvales*
[46] Lindengewächse, *Tiliaceae*
[47] Malvengewächse, *Malvaceae*

Ordnung: *Thymelaeales*
[48] Seidelbastgewächse, *Thymelaeaceae*

Ordnung: *Clusiales*
[49] Johanniskrautgewächse, *Clusiaceae*

Ordnung: *Violales* (Veilchenartige)
[50] Weidengewächse, *Salicaceae*

Ordnung: *Celastrales*
[51] Spindelbaumgewächse, *Celastraceae*

Ordnung: *Santalales* (Sandelholzartige)
[52] Mistelgewächse, *Viscaceae*
[53] Riemenblumengewächse, *Loranthaceae*

Ordnung: *Cornales*
[54] Hortensiengewächse, *Hydrangeaceae*
[55] Hartriegelgewächse, *Cornaceae*

Ordnung: *Aquifoliales*
[56] Stechpalmengewächse, *Aquifoliaceae*

Ordnung: *Theales* (Teestrauchartige)
[57] Strahlengriffelgewächse, *Actinidiaceae*

Ordnung: *Ericales*
[58] Heidekrautgewächse, *Ericaceae*
[59] Krähenbeerengewächse, *Empetraceae*

Ordnung: *Ebenales* (Ebenholzartige)
[60] Storaxbaumgewächse, *Styracaceae*

Ordnung: *Gentianales* (Enzianartige)
[61] Immergrüngewächse, *Apocynaceae*

Ordnung: *Solanales*
[62] Nachtschattengewächse, *Solanaceae*

Ordnung: *Oleales*
[63] Ölbaumgewächse, *Oleaceae*

Ordnung: *Scrophulariales*
[64] Sommerfliedergewächse, *Buddlejaceae*
[65] Braunwurzgewächse, *Scrophulariaceae*
[66] Trompetenbaumgewächse, *Bignoniaceae*

Ordnung: *Lamiales*
[67] Eisenkrautgewächse, *Verbenaceae*
[68] Lippenblütengewächse, *Lamiaceae*

Ordnung: *Dipsacales* (Kardenartige)
[69] Holundergewächse, *Sambucaceae*
[70] Schneeballgewächse, *Viburnaceae*
[71] Geißblattgewächse, *Caprifoliaceae*

Ordnung: *Araliales*
[72] Efeugewächse, *Araliaceae*

Klasse Einkeimblättrige

Ordnung: *Asparagales*
[73] Spargelgewächse, *Asparagaceae*
[74] Agavengewächse, *Agavaceae*

Ordnung: *Arecales*
[75] Palmengewächse, *Arecaceae*

Ordnung: *Poales*
[76] Süßgrasgewächse, *Poaceae*

Kletter- und Kriechsträucher

Klettersträucher, auch Lianen genannt, bilden lange verholzte Sprosse, die nicht selbst aufrecht stehen können, sondern mittels einer Unterlage in die Höhe streben. Rankenpflanzen klimmen mithilfe von Wickelranken empor, Winde- oder Schlingpflanzen winden ihre Sprosse um Bäume oder Stützen. Kletterer mit Haftwurzeln oder Haftscheiben vermögen sich ohne weitere Hilfe an rauen Flächen festzuhalten, Spreizklimmer bewerkstelligen dies durch Stacheln oder widerhakenähnliche Organe. Manche Arten können auch als **Kriechsträucher** am Boden entlang wachsen.

Amerikanische Klettertrompete
Campsis radicans
Trompetenbaumgewächse | 66 |

1 5–10 M | JULI–SEPT | KLETTERSTRAUCH

KENNZEICHEN Haftwurzelkletterer; Blätter bis 25 cm lang, unpaarig gefiedert mit 9–11 gezähnten Teilblättchen; bis 8 cm lange, trichterförmige Blüten in Büscheln, scharlachrot, bei der Sorte 'Flava' gelb.
VORKOMMEN Beheimatet in Nordamerika, im 17. Jh. als Ziergehölz nach Europa eingeführt, hier in allen wärmeren Regionen verbreitet. Bevorzugt nährstoffreiche, leicht feuchte Böden in sonniger Lage.
WISSENSWERTES Die Amerikanische Klettertrompete, auch als Trompetenblume bekannt, hält sich mit ihren Haftwurzeln an rauen Unterlagen fest. Eine zusätzliche Kletterhilfe ab 2–3 m Höhe ist jedoch ratsam.

Gewöhnliche Waldrebe
Clematis vitalba
Hahnenfußgewächse | 13 |

2 5–15 M | JUNI–SEPT | KLETTERSTRAUCH †

KENNZEICHEN Blattstielranker; Blätter unpaarig gefiedert mit 5 Teilblättchen, teils nur 3-zählig, ganzrandig bis grob gesägt; Blüten rahmweiß, 4-zählig, bis 2 cm Ø, in Rispen (**2a**), unangenehm riechend; ab Okt. Früchte mit weißzottiger Behaarung, oft über Winter haftend (**2b**).
VORKOMMEN An Waldrändern, in Gebüschen und Auwäldern auf nährstoffreichen, kalkhaltigen, feuchten Böden verbreitet; in den Alpen bis 1500 m Höhe.
WISSENSWERTES Von den bekannten, recht häufig vorkommenden *Clematis* sind nur diese Art und die Alpen-Waldrebe (S. 20) in Mitteleuropa heimisch. Die Gewöhnliche Waldrebe kann auf günstigen Standorten ganze Baumgruppen überwuchern und, etwa an hohen Pappeln, die oben genannte Durchschnittshöhe um das Doppelte überschreiten. Sie umklammert die Zweige mit ihren Blattstielen, die verholzen und so zu dauerhaften Ranken werden. Neben dieser bei allen Waldreben üblichen Klettertechnik vermag *C. vitalba* auch Äste mit ihrem linkswindenden, kantigen Stängel zu umschlingen, der bei älteren Exemplaren armdick werden kann. Ein typisches Bild bieten im Herbst die wie Federknäuel wirkenden Sammelfrüchte. Aus den Fruchtblättern der Blüten entwickeln sich Nüsschen, die Griffel verlängern sich zu schwanzartigen, weiß behaarten Anhängen und dienen als Flugorgan zur Windverbreitung.

Rispenblütige Waldrebe
Clematis terniflora
Hahnenfußgewächse | 13 |

3 8–10 M | SEPT–OKT | KLETTERSTRAUCH †

KENNZEICHEN Blattstielranker; Blätter mit 3–5 lang gestielten, breit eiförmigen Teilblättchen; kleine, weiße Blüten in vielblütigen Rispen, 4-zählig, duftend.
VORKOMMEN In Ostasien beheimatet, um 1770 nach Europa eingeführt.
WISSENSWERTES *C. terniflora* wird wegen ihrer späten Blüte auch als Oktober-Waldrebe geführt. Die Blüten der Waldreben weisen keine unterschiedlichen Kron- und Kelchblätter auf, sondern setzen sich aus gleichartigen, Tepalen genannten Blättern zusammen, die wie „richtige" Kronblätter gefärbt sind.

Berg-Waldrebe *Clematis montana*
Hahnenfußgewächse | 13 |

4 4–8 M | MAI–JUNI | KLETTERSTRAUCH †

KENNZEICHEN Blattstielranker; Blätter 3-zählig mit grob gesägten Teilblättchen; Blüten rein weiß bis rosa, 4-zählig, 3–8 cm Ø.
VORKOMMEN Stammt aus China, wächst im Himalaja bis 3000 m Höhe.
WISSENSWERTES Die etwas frostempfindliche *C. montana* gehört zu den vielen Waldreben, die im 19. Jh. aus Asien nach Europa eingeführt wurden. In ihrer Heimat wachsen diese Arten wie die europäische *C. vitalba* meist in Wäldern, wo sie an Bäumen zum Licht hin emporklimmen. Deshalb bevorzugen sie in Kultur Standorte mit beschattetem Wurzelbereich, brauchen aber ansonsten genügend Sonne.
Ihr Gewebesaft enthält Protoanemonin, das Hautreizung (Rötung, Blasenbildung) verursachen kann. Sehr empfindlich reagiert Schleimhaut (Auge, Magen). Sie gilt wie alle *Clematis* als schwach giftig.

Kletter- und Kriechsträucher

Jackmans Waldrebe
Clematis x *jackmanii*
Hahnenfußgewächse [13]

1 | 2–4 M | JULI–SEPT | KLETTERSTRAUCH ✝

KENNZEICHEN Blattstielranker; Blätter 3- bis 5-zählig, Teilblättchen ganzrandig; Blüten purpurviolett, 10–14 cm Ø, 4- oder 6-zählig.
VORKOMMEN Cultivar, gilt als Kreuzungsprodukt der südeuropäischen *C. viticella* mit der chinesischen *C. lanuginosa*.
WISSENSWERTES Jackmans Waldrebe ist eine der ältesten und bekanntesten Kreuzungshybriden aus verschiedenen Wildarten. Daneben gibt es etliche andere großblumige Hybriden mit teils unbekannten Kreuzungseltern. Diese blühen teils ebenfalls violett, aber auch rot, weiß oder zweifarbig.

Italienische Waldrebe
Clematis viticella
Hahnenfußgewächse [13]

2 | 3–6 M | JUNI–AUG | KLETTERSTRAUCH ✝

KENNZEICHEN Blattstielranker; Blätter bis 10 cm lang, 3- bis 7-zählig, Teilblättchen ganzrandig, selten etwas gelappt; Blüten rosaviolett, bei Sorten auch rot, rosa oder weiß, 4-zählig, 4–8 cm Ø; Früchte lang geschwänzt, unbehaart.
VORKOMMEN In Südeuropa und am östlichen Mittelmeer in lichten Wäldern beheimatet.
WISSENSWERTES Die Italienische Waldrebe findet man in Mitteleuropa fast nur als Kulturpflanze, und dies auch nur in wärmeren Lagen.

Alpen-Waldrebe *Clematis alpina*
Hahnenfußgewächse [13]

3 | 1–3 M | MAI–JULI | KLETTERSTRAUCH ✝

KENNZEICHEN Blattstielranker; Blätter einfach bis doppelt 3-zählig, bis 12 cm lang, Teilblättchen grob gesägt; Blüten blauviolett, glockig, ca. 4 cm lang, nickend; Früchte geschwänzt und silbrig zottig behaart, ab Juli.
VORKOMMEN Zerstreut im Alpengebiet, selten im Alpenvorland; wächst in Nadelwäldern, Zwergstrauchheiden, auch kriechend auf Felsengeröll. Gelegentlich angepflanzt, braucht dann leichte Beschattung.
WISSENSWERTES Die äußeren, violetten Blütenblätter umschließen einen Kreis von 10–12 weiteren, gelblich weißen Blättern. Es handelt sich um sterile Staubblätter (Staminodien), ihre blütenblattähnliche Ausbildung samt Nektarabsonderung dient dem Anlocken bestäubender Insekten. Es gibt einige Sorten mit größeren Blüten in Violett, Rosa und Weiß.

Großblumige Alpen-Waldrebe
Clematis macropetala
Hahnenfußgewächse [13]

4 | 0,5–3 M | MAI–JUNI | KLETTERSTRAUCH ✝

KENNZEICHEN Blattstielranker; Blätter meist doppelt gefiedert, Teilblättchen eiförmig, gesägt; Blüten je nach Sorte blauviolett oder rosa, glockenförmig, mit innerem Blütenblattkreis aus auffälligen sterilen Staubblättern.
VORKOMMEN Die Wildform wurde 1912 aus Ostasien eingeführt, in Parks und Gärten trifft man fast nur auf Züchtungen.
WISSENSWERTES *C. macropetala* präsentiert sich tatsächlich wie eine großblumige Ausgabe der heimischen Alpen-Waldrebe.

Mongolische Waldrebe
Clematis tangutica
Hahnenfußgewächse [13]

5 | 2–3 M | JUNI–OKT | KLETTERSTRAUCH ✝

KENNZEICHEN Blattstielranker; Blätter einfach bis doppelt gefiedert, bis 8 cm lang, Teilblättchen gesägt; Blüten gelb, glockig, später gespreizt, nickend; Früchte geschwänzt, mit silbrig glänzender, seidiger Behaarung.
VORKOMMEN In China und der Mongolei beheimatet, 1890 nach Europa eingeführt.
WISSENSWERTES In der Regel die einzige gelb blühende *Clematis* in unseren Parks und Gärten; sie ist allerdings nicht so populär wie andere Zierarten, wohl auch, weil sie erst nach ca. 6 Jahren üppig blüht.

Winter-Jasmin
Jasminum nudiflorum
Ölbaumgewächse [63]

6 | 2–3 M | DEZ–APR | (KLETTER-)STRAUCH

KENNZEICHEN Spreizklimmer mit rutenartigen, grünen, vierkantigen Zweigen; Blätter erscheinen nach der Blüte, 3-zählig, mit lanzettlichen Teilblättchen **(6a)**; Blüten gelb, entlang den vorjährigen Zweigen, mit ausgebreiteter, 6-zipfliger Krone auf schmaler Kronröhre. Gelegentlich sind einige wenige 5-zipflige Blüten untermischt.
VORKOMMEN In Nordchina und Japan beheimatet. Bevorzugt nährstoffreichen Boden an sonnigem, höchstens halbschattigem Platz in nicht zu rauer Lage.
WISSENSWERTES Als einer der seltenen Winterblüher zählt *J. nudiflorum* zu den besonders beliebten, häufig gepflanzten Ziergehölzen. Der Spreizklimmer „drückt" seine langen Zweige in die Höhe, muss aber aufgebunden werden, wenn er nicht bogig überhängen soll **(6b)**.

Kletter- und Kriechsträucher

Wald-Geißblatt
Lonicera periclymenum
Geißblattgewächse [71]

1 3–6 M | MAI–JULI | KLETTERSTRAUCH

KENNZEICHEN Schlingpflanze; Blätter eiförmig, ganzrandig; Blüten in Köpfchen, röhrenförmig, gelblich weiß, oft rötlich angehaucht; ab Aug. dunkelrote Früchte.
VORKOMMEN In lichten Wäldern, Hecken, Gebüschen und an Waldrändern, v. a. in warmen, regenreichen Regionen.
WISSENSWERTES Das Wald-Geißblatt wird von Nachtfaltern bestäubt und entfaltet deshalb abends einen betörenden Blütenduft. Es handelt sich – wie bei allen kletternden Geißblättern – um eine rechts, also im Uhrzeigersinn windende Schlingpflanze.

Immergrünes Geißblatt
Lonicera henryi
Geißblattgewächse [71]

2 4–6 M | JUNI–AUG | KLETTERSTRAUCH

KENNZEICHEN Immergrüne Schlingpflanze; Blätter eilanzettlich, ganzrandig, ledrig; Blüten paarweise, gelblich rot bis purpurn; ab Sept. blauschwarze Früchte.
VORKOMMEN In Westchina beheimatet.
WISSENSWERTES *L. henryi* ist eine gern gepflanzte, da frosthart und schattenverträgliche Kletterpflanze. Andere immergrüne Geißblattarten findet man unter den nicht kletternden Sträuchern (s. S. 50, als Heckenkirsche).

Jelängerjelieber
Lonicera caprifolium
Geißblattgewächse [71]

3 3–6 M | MAI–JULI | KLETTERSTRAUCH

KENNZEICHEN Schlingpflanze; Blätter eiförmig, ganzrandig, oberstes Blattpaar scheibenartig verwachsen; Blüten in Quirlen, meist zu 6, gelblich weiß, außen rötlich angehaucht, tief zweispaltig; intensiver Abendduft; ab Aug. korallenrote Beeren.
VORKOMMEN Ursprünglich aus Südeuropa, in Mitteleuropa zum Teil verwildert. Besiedelt Waldrandgebüsche und Hecken.
WISSENSWERTES Das schon lange als Ziergehölz geschätzte Jelängerjelieber wächst auch im Schatten, blüht aber nur bei ausreichender Besonnung. Die Beeren aller *Lonicera*-Arten sind mehr oder weniger giftig. Sie müssen zumindest als „unbekömmlich" eingestuft werden, obwohl manche Kinder sie unbeschadet verzehren; andere bekommen Magen/Darmbeschwerden.

Heckrotts Geißblatt
Lonicera x *heckrottii*
Geißblattgewächse [71]

4 1–4 M | JUNI–SEPT | KLETTERSTRAUCH

KENNZEICHEN Schlingpflanze; Blätter ähnlich wie Jelängerjelieber (**4a**); Blüten in dichten Quirlen, purpurrot, innen gelb, stark duftend (**4b**).
VORKOMMEN Cultivar; Kreuzung aus Trompeten-Geißblatt (*L. sempervirens*), Jelängerjelieber und der mediterranen *L. etrusca*.
WISSENSWERTES Die amerikanische *L. sempervirens* ist auch Elternteil der reich blühenden Hybride *Lonicera* x *brownii* 'Dropmore Scarlet'. Zweiter Elter ist *C. hirsuta*.

Gold-Geißblatt
Lonicera x *tellmanniana*
Geißblattgewächse [71]

5 4–6 M | JUNI–JULI | KLETTERSTRAUCH

KENNZEICHEN Schlingpflanze, dem Jelängerjelieber ähnlich, jedoch mit goldgelben Blüten.
VORKOMMEN Cultivar (*L. sempervirens* x *L. tragophylla*).
WISSENSWERTES Das recht frosthart Gold-Geißblatt eignet sich gut zur Begrünung von Pergolen und Spalieren.

Kriechender Kletter-Spindelstrauch
Euonymus fortunei var. *radicans*
Spindelbaumgewächse [51]

6 1–3 M | JUNI | KLETTERSTRAUCH

KENNZEICHEN Immergrüner Haftwurzelkletterer, auch kriechend wachsend; Blätter eiförmig, gesägt, stumpf grün, bei Sorten auch weiß oder gelb gerandet; Blüten grünlich weiß.
VORKOMMEN In Japan und Korea beheimatet.
WISSENSWERTES Diese winterharte, schattenverträgliche Varietät wird gern als Kletterstrauch und Bodendecker kultiviert.

Kletter-Hortensie
Hydrangea anomala ssp. *petiolaris*
Hortensiengewächse [54]

7 6–10 M | JUNI–JULI | KLETTERSTRAUCH

KENNZEICHEN Haftwurzelkletterer; Blätter rundlich, gesägt, 5–10 cm lang, Blüten in endständigen, doldenähnlichen, bis 25 cm breiten Trauben; weiße, strahlige sterile Randblüten.
VORKOMMEN Aus Japan, Korea, Taiwan; frostharte, langsam wachsende Kletterpflanze für Sonne wie Schatten auf kalkarmen Böden.
WISSENSWERTES Die auffälligen sterilen Randblüten dienen dem Anlocken von Insekten.

Kletter- und Kriechsträucher

Amerikanische Pfeifenwinde
Aristolochia macrophylla
Osterluzeigewächse |11|

1 | 4–10 M | JULI–AUG | KLETTERSTRAUCH

KENNZEICHEN Schlingpflanze, links windend; Blätter herz- bis nierenförmig, 10–30 cm lang und breit, lang gestielt (**1a**); Blüten einzeln, 6–8 cm lang, aufwärts gekrümmt, gelbgrün mit rotbraunem, 3-lappigem Saum, unangenehm riechend, oft unter Blattwerk versteckt.
VORKOMMEN Im östlichen Nordamerika beheimatet; in Europa als dichtblättrige, schattenverträgliche Kletterpflanze kultiviert.
WISSENSWERTES Ihren deutschen Namen erhielt die Pfeifenwinde aufgrund ihrer Blütenform, die an eine Tabakspfeife erinnert (**1b**). Der unangenehme Geruch ist für manche Fliegen durchaus anziehend; sie werden dadurch zu den als Kesselfallen ausgebildeten Blüten gelockt.

Bittersüßer Nachtschatten
Solanum dulcamara
Nachtschattengewächse |62|

2 | 0,5–3 M | JUNI–AUG | KLETTERSTRAUCH †

KENNZEICHEN Halbstrauch mit kletterndem oder niederliegendem Stängel, der nur im unteren Bereich verholzt; Rinde und Blätter unangenehm riechend; Blätter eiförmig, am Grund herz- oder spießförmig geöhrt, lang gestielt; Blüten mit 5 violetten, zurückgeschlagenen Kronblättern, in der Mitte großer, vorstehender Staubbeutelkegel; rundliche Beeren, erst grün, dann scharlachrot glänzend.
VORKOMMEN In Europa auf nährstoffreichen, feuchten Böden häufig; an Wegrändern und Ufern, in Weidegebüschen und Auwäldern.
WISSENSWERTES Der Bittersüße Nachtschatten enthält in allen Pflanzenteilen giftige Alkaloide. Ähnlich wie beim eng verwandten, krautigen Schwarzen Nachtschatten (*S. nigrum*) nutzte man diese Inhaltsstoffe, schwach dosiert, schon im Altertum für Heilzwecke. Außerdem diente die Pflanze früher als – nicht ungefährliches – Narkotikum und Rauschmittel, z. B. als Bestandteil von „Hexensalben".

Kiwipflanze
Actinidia deliciosa (*A. chinensis*)
Strahlengriffelgewächse |57|

3 | 5–7 M | JUNI | KLETTERSTRAUCH

KENNZEICHEN Schlingpflanze; Blätter herzförmig oder rundlich, 8–12 cm lang, oberseits dunkelgrün, unterseits weißfilzig, auf den Rippen rötlich behaart; Blüten gelblich weiß, bis 5 cm Ø, die männlichen zu mehreren, weibliche einzeln; eiförmige Beerenfrüchte, als Kiwifrüchte bekannt, im Okt./Nov. reifend.
VORKOMMEN In China und Taiwan beheimatet; in wärmeren Regionen Europas als Zier- und Obstgehölz kultiviert.
WISSENSWERTES Die Kiwipflanze wird seit einiger Zeit gern in Gärten gepflanzt, sorgt aber oft für Enttäuschungen. Dies nicht nur wegen ihres hohen Wärmebedarfs: Die begehrten Früchte bleiben aus, wenn man nicht wenigstens zwei Exemplare pflanzt, da weibliche und männliche Blüten getrennt auf verschiedenen Pflanzen sitzen (zweihäusig). Mittlerweile gibt es allerdings auch einhäusige Sorten, die männliche und weibliche Blüten auf einer Pflanze vereinen, sowie recht frostharte Züchtungen. Die Beeren werden bei uns meist bei weitem nicht so groß wie die Handelsware. Kenner raten zur Nachreife zwischen eingelagerten Äpfeln.

Scharfzähniger Strahlengriffel
Actinidia arguta
Strahlengriffelgewächse |57|

4 | 5–7 M | MAI–JUNI | KLETTERSTRAUCH

KENNZEICHEN Schlingpflanze; Blätter herz- bis eiförmig, scharf gesägt, unterseits kahl, mit rotem Stiel; auffällige gelbe Herbstfärbung; weiße Blüten, bis 2 cm Ø, duftend; kleine, gelbgrüne Früchte.
VORKOMMEN In der Mandschurei, Korea und Japan beheimatet; etwas anspruchsloser als die Kiwipflanze, gedeiht auch im Halbschatten.
WISSENSWERTES *A. arguta* ist ebenso wie die Kiwipflanze zweihäusig. Wenn man weibliche und männliche Pflanzen nebeneinander setzt, erscheinen im Herbst wohlschmeckende und vitaminreiche „Mini-Kiwis".

Buntblättriger Strahlengriffel
Actinidia kolomikta
Strahlengriffelgewächse |57|

5 | 2–3 M | MAI–JUNI | KLETTERSTRAUCH

KENNZEICHEN Schlingpflanze; Blätter herz- bis eiförmig, obere Blatthälfte häufig weiß, rosa oder rot gefärbt; kleine weiße Blüten und stachelbeerähnliche, gelbgrüne Früchte.
VORKOMMEN In Ostasien beheimatet.
WISSENSWERTES Neben Kiwipflanze und Scharfzähnigem Strahlengriffel hat auch diese nicht ganz so starkwüchsige Art Einzug in europäische Parks und Gärten gehalten. Sie braucht Sonne und Wärme und ist ebenfalls zweihäusig, wobei in der Regel nur männliche Pflanzen die auffällige Blattfärbung zeigen.

Kletter- und Kriechsträucher

Rundblättriger Baumwürger
Celastrus orbiculatus
Spindelbaumgewächse |51|

1 5–12 M MAI–JUNI KLETTERSTRAUCH

KENNZEICHEN Schlingpflanze, links windend; Blätter rundlich bis eiförmig, kerbig gesägt; gelbe Herbstfärbung; Blüten grünlich gelb.
VORKOMMEN Stammt aus China, Japan; als raschwüchsige Kletterpflanze eingesetzt.
WISSENSWERTES Der Baumwürger ist zweihäusig, d. h. für den Ansatz der gelben Kapselfrüchte bedarf es eines weiblichen und eines männlichen Exemplars. Der drastische deutsche Name bezieht sich auf den kräftigen Jahreszuwachs von bis zu 1 m, der bewachsene Bäume tatsächlich „strangulieren" kann.

Schlingknöterich
Fallopia baldschuanica
Knöterichgewächse |18|

2 5–15 M JULI–OKT KLETTERSTRAUCH

KENNZEICHEN Schlingpflanze mit links und rechts windenden Trieben; Jungtriebe rot gefärbt, Blätter länglich eiförmig, bis 9 cm lang, am Rand undeutlich gekerbt, oft gewellt; cremeweiße Blüten in langen Rispen, duftend.
VORKOMMEN In Westasien beheimatet, in Europa schon lange als raschwüchsige, anspruchslose Kletterpflanze geschätzt.
WISSENSWERTES Bereits im Jugendstadium schnellwüchsig, beeindruckt der Schlingknöterich später durch Jahreszuwächse von bis zu einigen Metern. Die zahlreichen, erst mit den Jahren verholzenden Schlingtriebe können Schäden verursachen, indem sie z. B. Regenrinnen zusammendrücken. Die Pflanze wird häufig auch als *Polygonum aubertii* oder *Fallopia aubertii* geführt.

Rostrote Weinrebe *Vitis coignetiae*
Weinrebengewächse |27|

3 6–8 M JUNI–JULI KLETTERSTRAUCH

KENNZEICHEN Rankenkletterer; große herzförmige Blätter, oberseits dunkelgrün, unterseits rostrot filzig; 3- bis 5-lappig, spitz gezähnt; Blüten filzig rostrot; im Herbst kleine, purpurschwarze, bereifte Beeren, nicht essbar.
VORKOMMEN Aus Japan und Korea eingeführte Zierart.
WISSENSWERTES Neben dieser Art wird auch die recht ähnliche Fuchsrebe *(Vitis labrusca)* als Kletterpflanze kultiviert. Sie hat wollig behaarte Jungtriebe, die Blattunterseiten sind von einem fuchspelzähnlichen Filz überzogen.

Wilde Weinrebe
Vitis vinifera ssp. *sylvestris*
Weinrebengewächse |27|

4 5–20 M JUNI–JULI KLETTERSTRAUCH

KENNZEICHEN Rankenkletterer, Ranken lang gabelig verzweigt, ohne Haftscheiben; Blätter fast rundlich, tief 3- bis 5-lappig, gezähnt; Rinde älterer Zweige schält sich in Längsstreifen ab; Blüten gelblich grün, in Rispen; kleine blauviolette, sauer schmeckende Beeren.
VORKOMMEN Im südlichen Mitteleuropa, Südosteuropa und Kleinasien beheimatet, nördliche Ausbreitung bis ins badische Oberrheingebiet. Heute vielerorts vom Aussterben bedroht, v. a. durch Zerstörung und Beeinträchtigung bodenfeuchter Auwälder, in denen die Wilde Weinrebe hauptsächlich vorkommt.
WISSENSWERTES Die Geschichte der Kultur-Weinrebe *(Vitis vinifera)* lässt sich bis zu den alten Ägyptern und Babyloniern zurückverfolgen. Sie hatte ursprünglich wohl mehrere Stammformen, von denen nur die Wilde Weinrebe die Eiszeit überlebte. Anders als die zwittrig blühende Kulturrebe ist die Wildform eingeschlechtlich zweihäusig. Gelegentlich findet man auch kultivierte Wilde Weinreben, die aus gärtnerischer Vermehrung stammen.

Dreilappige Jungfernrebe, Wilder Wein *Parthenocissus tricuspidata*
Weinrebengewächse |27|

5 5–15 M JUNI–AUG KLETTERSTRAUCH †

KENNZEICHEN Rankenkletterer, Ranken kurz verzweigt, meist mit Haftscheiben am Ende (5b); Rinde löst sich nicht in Längsstreifen; Blätter breit eiförmig, teils ungelappt, teils tief 3-lappig, bis 15 cm lang, fein oder grob gezähnt (5a); prächtige orange- bis schwarzrote Herbstfärbung (5c); Blüten unauffällig gelbgrün; Beeren dunkelblau, bereift, schwach giftig.
VORKOMMEN In China und Japan beheimatet; als zierende, anspruchslose, recht frost- und rauchharte Art schon lange in Kultur.
WISSENSWERTES Die verbreitete Bezeichnung „Wilder Wein" ist etwas verwirrend, denn verwildert kommt fast nur die nah verwandte Fünfblättrige Jungfernrebe (S. 30) vor. Das Attribut „wild" bezieht sich wohl auf die Robustheit und Wuchskraft der Art, die sich zur Begrünung von Mauern, Pergolen und Lauben eignet. Die Sorte 'Veitchii' hat etwas kleinere, im Austrieb bronzefarbene Blätter; seltener ist 'Lowii' mit ihren 3- bis 7-fach geteilten, gewellten Blättern. Eindeutige Bestätigungen über Verwilderung liegen von dieser Art bei uns kaum vor.

Kletter- und Kriechsträucher

Kolchischer Efeu *Hedera colchica*
Efeugewächse

1 | 5–8 M | JULI–SEPT | KLETTERSTRAUCH †

KENNZEICHEN Immergrüner Haftwurzelkletterer, meist kriechend wachsend; die Blätter 10–20 cm lang, eiförmig, auch an den bewurzelten Klettertrieben häufig ungelappt, Rand oft nach unten gebogen; dunkelgrün, ledrig dick, schwach nach Sellerie riechend; Blüten weißlich, in Dolden; schwarze, schwach giftige Beeren, im Frühjahr reifend.

VORKOMMEN Im Kaukasus und der östlichen Türkei heimisch; wächst auf nährstoffreichen, feuchten Böden, an halbschattigen bis schattigen Plätzen.

WISSENSWERTES Die reine Art ist selten anzutreffen, klettert schwach und bildet nicht allzu kräftige Haftwurzeln aus, so dass sie eher als Bodendecker Verwendung findet. Meist werden Sorten mit panaschierten Blättern (gelbe, weißliche oder graugrüne Mitte und grüner Rand) gepflanzt, die sich zur Begrünung niedriger Mauern eignen.

Irischer Efeu *Hedera hibernica*
Efeugewächse

2 | 10–20 M | SEPT–OKT | KLETTERSTRAUCH †

KENNZEICHEN Immergrüner Haftwurzelkletterer, auch kriechend wachsend; Blätter bis 25 cm lang, matt grün, 5-lappig, ledrig dick, oft nach oben gewölbter Blattrand; an Blütentrieben ungelappt; Blüten grünlich gelb, in kugeligen Dolden; Früchte schwarzblau, reifen erst im Frühjahr, schwach giftig.

VORKOMMEN Wächst wild im südwestlichen Irland, in Westengland und an der Atlantikküste; als Kletterpflanze nur für feuchte, wintermilde Regionen geeignet.

WISSENSWERTES Diese sehr stark und dicht wachsende *Hedera*-Art wird teils auch als Varietät des Gewöhnlichen Efeu angesehen. Besonders ausgeprägt ist bei ihr die winterliche Rotfärbung der Blätter durch Anthocyane. Wie alle Efeu-Arten ist sie aufgrund ihrer späten Blüte ein wertvolles Bienennährgehölz.

Gewöhnlicher Efeu *Hedera helix*
Efeugewächse

3 | 0,5–20 M | SEPT–OKT | KLETTERSTRAUCH †

KENNZEICHEN Immergrüner Haftwurzelkletterer, auch kriechend wachsend; dunkelgrüne Blätter mit hellem Adernetz, bei Sorten auch gelb- oder weiß-bunt, 5–10 cm lang, 3- bis 5-lappig (**3a**); an den Blütentrieben älterer Pflanzen statt dessen ungelappte, rautenförmige, ganzrandige Blätter; unscheinbare, grünlich gelbe Blüten in Dolden, erst ab dem 8.–10. Jahr; kleine, blauschwarze, beerenähnliche Steinfrüchte, Fruchtreife im Frühjahr (**3b**).

VORKOMMEN Wild in west- und mitteleuropäischen Laubwäldern, in Auen, an Felsen, zerstreut; auch als ausgewilderte Kulturpflanze vorkommend; bevorzugt nährstoffreiche, lehmige Böden, schattige Plätze und luftfeuchtes Klima; oft in Massenwuchs.

WISSENSWERTES Den Gewöhnlichen Efeu kann man aufgrund seiner Anpassungsfähigkeit und Vielgestaltigkeit schon als Phänomen bezeichnen. Obwohl an schattigen, feuchten Waldstandorten zu Hause, kann er sich auch in sonnigen, sommertrockenen Regionen etablieren, sofern sie wintermild sind. So sieht man ihn z. B. in Weinbaugebieten zwischen Steinaufschüttungen wachsen.

Gärtnerische Verwendung findet der Efeu nicht nur als Klettergehölz und Bodendecker, schwachwüchsige Züchtungen werden auch als Balkon- und Zimmerpflanzen kultiviert. Hier gibt es, ebenso wie beim Garten-Efeu, mehrere Sorten mit attraktiven Blattfärbungen (**3c**). Verbreitet sind z. B. 'Goldheart' mit leuchtend gelber Mitte und dunkelgrünem Rand sowie 'Atropurpurea' mit sattem Dunkelgrün und starker Rotfärbung im Winter. Weiterhin kennt man den strauchigen, nicht kletternden Efeu 'Arborescens', der durch vegetative Vermehrung aus den blühenden Altestrieben herangezogen wird. Diese sind im Gegensatz zu den jüngeren Kletter- und Kriechtrieben haftwurzellos.

Mit den zahlreichen Haftwurzeln der Jungtriebe vermag sich der Efeu an jeder nicht zu glatten Oberfläche festzuhalten, ob Baumstamm oder Mauer. Am Putz einer Hauswand können die Wurzeln allerdings empfindliche Schäden verursachen. Manche Exemplare des Gewöhnlichen Efeu erreichen ein Alter von über 400 Jahren und bilden mit der Zeit armdicke Sprosse aus. Alle Pflanzenteile, besonders die Früchte, enthalten Stoffe, die – in großer Menge aufgenommen – schwere Vergiftungen verursachen können. Niedrig dosierte Extrakte aus Efeublättern werden dagegen als lindernde Präparate bei Atemwegserkrankungen eingesetzt. Der spät blühende Strauch bietet selbst im Herbst noch eine reiche Bienenweide; aber auch Wespen, Hummeln und Fliegen laben sich am Nektar, der auf flacher Fruchtbodenkuppe angeboten wird. Die harzhaltigen Beeren werden ungern von Drosseln gefressen, geben aber schon halbreif an Schneetagen gutes und reichliches Notfutter.

Kletter- und Kriechsträucher

Ussuri-Scheinrebe *Ampelopsis brevipedunculata* var. *maximowiczii*
Weinrebengewächse [27]

1 | 3–5 M | JULI–AUG | KLETTERSTRAUCH

KENNZEICHEN Rankenkletterer; Blätter tief 5-lappig oder gefingert, gesägt, oft mit rosa oder weißlichen Flecken; Blüten grün, klein; weintraubenähnliche Beeren, erst grün, dann bläulich, reif schließlich violettblau.
VORKOMMEN Stammt aus China, im 19. Jh. nach Europa eingeführt.
WISSENSWERTES Die Ussuri-Scheinrebe wird gelegentlich als Kletterpflanze kultiviert. Sie findet bei uns jedoch häufiger als Zimmerpflanze Verwendung, obwohl sie recht frosthart und anspruchslos ist, sofern sie einen sonnigen Platz erhält. Besonderen Zierwert haben die blauen Früchte, die allerdings auch bei Vögeln und Eichhörnchen sehr beliebt sind.

Fünfblättrige Jungfernrebe, Wilder Wein *Parthenocissus quinquefolia*
Weinrebengewächse [27]

2 | 8–15 M | JUNI–AUG | KLETTERSTRAUCH †

KENNZEICHEN Rankenkletterer, Ranken verzweigt, mit Haftscheiben am Ende; Blätter 3- bis 7-zählig gefingert, bis 15 cm lang, gesägt; im Austrieb zunächst hellrot, dann oberseits dunkelgrün glänzend, unterseits weißlich; im Herbst orange- bis purpurrote Färbung; Blüten grünlich, unscheinbar, kugelige, erbsengroße, blauschwarze Beeren, schwach giftig.
VORKOMMEN Stammt aus Nordamerika, in Europa kultiviert und teils verwildert.
WISSENSWERTES Diese raschwüchsige und anspruchslose Art gedeiht auch noch im Schatten, zeigt dann aber eine deutlich weniger intensive Herbstfärbung. Sie eignet sich sehr gut zum Beranken von Zäunen, Klettergerüsten und Spalieren. Auch Mauerbegrünung ist möglich, doch dafür bietet die Dreilappige Jungfernrebe (S. 26) mit ihren kräftigeren Haftscheiben bessere Voraussetzungen.

Japanischer Blauregen, Glyzine *Wisteria floribunda*
Schmetterlingsblütengewächse [36]

3 | 6–8 M | MAI–JUNI | KLETTERSTRAUCH †

KENNZEICHEN Rechts windende Schlingpflanze; Blätter unpaarig gefiedert mit 11–19 eiänglichen Teilblättchen, gelbe Herbstfärbung; violette, hellrosa oder weiße Schmetterlingsblüten, in lockeren, bis 50 cm langen Trauben, Blüten öffnen sich nacheinander, an der Basis beginnend; bräunliche Hülsenfrüchte mit giftigen Samen.
VORKOMMEN Um 1830 aus Japan nach Europa gebracht. Hat dieselben Standortansprüche wie der Chinesische Blauregen.
WISSENSWERTES Mit dem deutschen Namen „Blauregen" ist die optische Wirkung der hängenden Blütentrauben sehr schön beschrieben. Bei der Sorte 'Macrobotrys' erreichen die Trauben sogar bis 50 cm Länge.

Chinesischer Blauregen, Glyzine *Wisteria sinensis*
Schmetterlingsblütengewächse [36]

4 | 8–10 M | MAI–JUNI | KLETTERSTRAUCH †

KENNZEICHEN Links windende Schlingpflanze; Blätter unpaarig gefiedert mit 7–13 eiänglichen Teilblättchen, gelbe Herbstfärbung; blauviolette oder weiße, duftende Schmetterlingsblüten, in dichten, 15–30 cm langen Trauben; Blüten einer Traube öffnen sich gleichzeitig, noch vor dem Blattaustrieb; bräunliche Hülsenfrüchte mit giftigen Samen.
VORKOMMEN Häufig kultivierte Art, um 1815 aus China eingeführt. Gedeiht auf nährstoffreichen, feuchten Böden in sonniger, geschützter Lage; frosthart.
WISSENSWERTES Die Blauregen-Arten bilden im Lauf der Vegetationsperiode sehr viel Pflanzenmasse und brauchen ein stabiles Gerüst, am besten mit zusätzlichen Querstreben. Sie eignen sich besonders gut für Pergolen. Von Regenrinnen und Fallrohren sollte man sie fernhalten, da sie diese mit ihren kräftigen Schlingtrieben zusammendrücken können.

Fingerblättrige Akebie *Akebia quinata*
Fingerfruchtgewächse [12]

5 | 5–8 M | APR–MAI | KLETTERSTRAUCH

KENNZEICHEN Schlingpflanze, links (im Gegenuhrzeigersinn) windend; Blätter 5-zählig gefingert, Teilblättchen eiförmig, ganzrandig, 5–6 cm lang; weibliche Blüten purpurrot, ca. 3 cm Ø, männliche Blüten kleiner und rosa; bläulich bereifte Balgfrüchte, 5–15 cm lang.
VORKOMMEN Aus Ostasien stammende, wärmeliebende Kletterpflanze.
WISSENSWERTES Die Akebie findet man nur in klimagünstigen Regionen Mitteleuropas, wo sie oft auch über Winter ihre Blätter behält. Ihre lang gestielten Blüten sind eingeschlechtlich, jedoch anders als z. B. bei der Kiwi auf einer Pflanze vereint (d.h. dieser Strauch ist einhäusig, der Kiwistrauch dagegen zweihäusig).

Kletter- und Kriechsträucher

Kletterrose *Rosa* in Sorten
Rosengewächse [24]

1 | 1,5–6 M | JUNI–OKT | KLETTERSTRAUCH

KENNZEICHEN Spreizklimmer, sommergrün; Blätter unpaarig gefiedert, meist 5-zählig, Rand gesägt bis gezähnt; Blüten je nach Sorte in verschiedenen Farben und Größen, einfach oder gefüllt, einzeln, in Rispen oder doldigen Trauben; wildrosenähnliche Sorten blühen nur im Juni/Juli, haben meist einfache Blüten und bilden im Herbst Hagebutten aus.

VORKOMMEN Cultivar; Kletterrosen brauchen sonnige Plätze auf nährstoff- und humusreichen Böden.

WISSENSWERTES Stammformen der modernen Kletterrosen sind Wildarten wie *R. wichuraiana* (s. unten) und die Vielblütige Rose *(R. multiflora*, S. 216). Sie wurden vielfach mit reich blühenden, nicht kletternden Arten und Sorten gekreuzt. Andere Kletterrosen, etwa 'New Dawn', entstanden aus langtriebigen Spontan-Mutationen strauchiger Sorten. Solche „Climbing Sports" gibt es z. B. auch von der bekannten 'Gloria Dei'. Die so genannten Rambler-Formen, oft sind es *Rosa-wichuraiana*-Abkömmlinge, haben eher dünne, biegsame, überhängende Triebe, so z. B. 'Bobby James' (1a), 'Paul Noel', 'Flammentanz' (1b). Sie benötigen ein Klettergerüst und müssen aufgebunden werden. Die Climber-Formen dagegen wachsen auch ohne menschliche Hilfe mit kräftigen Trieben straff aufrecht, z. B. 'Coral Dawn', 'Paul Scarlet's Climber' und 'Sympathie' (1c).

Wichuras Rose *Rosa wichuraiana*
Rosengewächse [24]

2 | 0,5–5 M | JULI | KRIECHSTRAUCH

KENNZEICHEN Triebe bestachelt, niederliegend bis kletternd; in milden Lagen wintergrün; Blätter unpaarig gefiedert, 7- bis 9-zählig, Teilblättchen rundlich, glänzend, fast ledrig, gesägt; weiße Blüten, 5-zählig, bis 5 cm Ø, schwach duftend, zu mehreren in Schirmrispen; tiefrote, eiförmige Hagebutten.

VORKOMMEN Japanische Wildart, um 1860 von Max Ernst Wichura nach Deutschland eingeführt. Stammform vieler Kletter- und Bodendeckerrosen. In wintermilden Regionen als Bodendecker gepflanzt; verträgt Trockenheit und Halbschatten.

WISSENSWERTES Mit ihren langen, sehr weichen, elastischen Trieben bot *R. wichuraiana* ein wertvolles Ausgangsmaterial für die Kletterrosenzüchtung. Daneben verwendet man sie heute noch, etwa in Italien, England und den USA, gern in der kriechenden Form. Denn durch Bildung zahlreicher bewurzelter Ausläufer vermag sie sogar erosionsgefährdete Hänge zu befestigen. In rauen Lagen stehen für solche Zwecke robuste Wichuraiana-Abkömmlinge wie 'Repanda' und 'Max Graf' zur Verfügung. In Wuchs und Aussehen recht ähnlich ist die europäische Feld-Rose *(R. arvensis*, S. 208). Sie ist jedoch nicht wintergrün, ihre Blüten stehen meist einzeln oder zu wenigen zusammen.

Echte Brombeere
Rubus fruticosus agg.
Rosengewächse [24]

3 | 0,5–2M | MAI–AUG | (KLETTER-)STRAUCH

KENNZEICHEN Bogig überhängende, aufliegende oder kletternde, meist dicht bestachelte Triebe; teils wintergrün; Blätter 5- bis 7-zählig gefingert, Endblättchen oft größer und lang gestielt, Ränder ungleich scharf gesägt; Blüten weiß oder schwach rosa, 5-zählig, in lockeren Rispen; ab Aug. grüne, dann rote Sammelfrüchte, bei Reife tiefschwarz glänzend, lösen sich mit der Blütenachse ab.

VORKOMMEN In Mittel- und Westeuropa häufig, besonders im eher feuchten, kühlen Klima. Besiedelt vor allem Wälder, Gebüsche, Lichtungen und Waldränder, bevorzugt beschattete Stellen auf nährstoffreichen Böden. Als Obstgehölz in mehreren großfrüchtigen, teils unbestachelten Sorten angebaut.

WISSENSWERTES Der Zusatz „agg." (für Aggregat) beim botanischen Namen weist darauf hin, dass es sich um eine Sammelart handelt. Sie umfasst zahlreiche, sehr vielgestaltige Kleinarten oder Sippen. Allein in Mitteleuropa werden gut 100 Sippen unterschieden, die an verschiedene Standorte und Klimabedingungen angepasst sind. Einige der kultivierten Brombeer-Sorten, v. a. die stachellosen, sind amerikanischen Ursprungs. Klettern können nur die bewehrten Formen, da sie sich als Spreizklimmer mit ihren Stacheln festhalten. Die Triebe sterben ab, nachdem sie Früchte getragen haben, und werden durch jährlichen Neuaustrieb aus der Basis ersetzt. Deshalb stuft man die Brombeere, ebenso wie die Himbeere (S. 220), teils auch als Halbstrauch ein. Die Früchte haben einen hohen Vitamin-C- und Vitamin-A-Gehalt.

Eine andere, nah verwandte Art ist die Acker-Brombeere (s. S. 220). Sie ist zunächst sehr schwer von der Echten Brombeere zu unterscheiden, ihre Sammelfrüchte sind aber mit grauweißem (abwischbarem) „Reif" bedeckt und dadurch unverwechselbar.

Blattschopfgehölze und Aufsitzer

Hanfpalme *Trachycarpus fortunei*
Palmengewächse [75]

1 | 4–10 M | JUNI–JULI | SCHOPFBAUM

KENNZEICHEN Unverzweigter Stamm, dicht mit braunen Fasern bedeckt; an dessen Ende lang gestielte Blätter mit bis 1,5 m Ø, fächerartig unterteilt; immergrün; Blüten in grünlichen oder gelben Rispen, nur an älteren Pflanzen, zweihäusig; blaue, nierenförmige Früchte.
VORKOMMEN Heimisch in ostasiatischen Gebirgswäldern, bis 2500 m Höhe; auch in wintermilden Regionen Mitteleuropas zu finden; wächst in Sonne und Halbschatten.
WISSENSWERTES Bei dem Filz am Stamm der Hanfpalme handelt es sich um die Reste alter Blattscheiden, die mit den Jahren langsam abfallen. Die zähen, stabilen Fasern werden in Ostasien ähnlich wie Hanffasern zum Herstellen von Seilen, Matten u. Ä. benutzt.

Südliche Palmlilie
Yucca filifera (Y. australis)
Agavengewächse [74]

2 | BIS 10 M | JULI–SEPT | SCHOPFGEHÖLZ

KENNZEICHEN Recht vielgestaltig; mit nur einer lang gezogenen Blattrosette an der Stammspitze oder verzweigt mit zahlreichen rundlichen Rosetten; charakteristisch: lange, dünne Fäden an den Blatträndern; Blätter schmal schwertförmig, steif, bis 50 cm lang, oft blaugrün; weiße Blüten in langen Rispen, aufrecht, bei älteren Exemplaren auch hängend.
VORKOMMEN Im südlichen Mexiko heimisch; wächst in Südeuropa und in warmen, nicht zu feuchten Teilen Mitteleuropas.
WISSENSWERTES Die Holzgewächse unter den Palmlilien wachsen anfangs staudenartig und bilden erst mit den Jahren ihren Stamm, der sich teils im Alter noch verzweigt. Die unteren Rosettenblätter sterben allmählich ab, werden aber nicht abgeworfen und schützen so den Stamm. Die restlichen Blätter bleiben bei allen Yuccas auch über Winter grün. Keine der *Yucca*-Arten setzt in Europa Früchte an, da hier die für die Bestäubung notwendige Yucca-Motte fehlt.

Schlaffe Palmlilie *Yucca flaccida*
Agavengewächse [74]

3 | 0,5–1,5 M | JULI–AUG | SCHOPFGEHÖLZ

KENNZEICHEN Buschiger Wuchs, mit sehr kurzem Stamm; weiche, biegsame Blätter, bis 70 cm lang, 3 cm breit, zur meist hängenden Spitze hin schmaler, Rand mit feinen Fäden, weiße Blüten in Rispen an langen Stängeln **(3a)**.

VORKOMMEN Steppen- und Savannenpflanze aus Nordamerika; verträgt mittlere Fröste, nässeempfindlich.
WISSENSWERTES Es besteht eine große Ähnlichkeit mit *Y. filamentosa*, die jedoch härtere, steifere Blätter hat. Eine weitere, in Mitteleuropa öfter zu findende Art ist die Blaugrüne Palmlilie *(Yucca glauca)* **(3b)**. Sie bildet erst im Alter einen Stamm und hat auffällig schmale, nur bis 2 cm breite, blaugrüne Blätter.
Gegen Ende des 19. Jh. gelang dem Karlsruher Hofgartendirektor Leopold Graeber eine Kreuzung zwischen *Y. glauca* und *Y. filamentosa*, die als *Yucca x karlsruhensis* bis in die heutige Zeit Bestand hat.

Laubholz-Mistel
Viscum album ssp. *album*
Mistelgewächse [52]

4 | 0,2–0,8 M | APR–MAI | AUFSITZER †

KENNZEICHEN Immergrüner Halbschmarotzer, auf Bäumen wachsend; rundliche Wuchsform, gabelig verzweigte, gelblich grüne Sprosse mit je einem Blattpaar oder Blattquirl am Ende; Blüten grün, unscheinbar; ab Okt. weiße, kugelige Beeren, bis 1 cm Ø **(4a)**.
VORKOMMEN In West- und Mitteleuropa. Wächst nur auf Laubgehölzen, vorzugsweise auf Pappeln, Weiden und Apfelbäumen.
WISSENSWERTES Die innen schleimig-klebrigen, für den Menschen giftigen Beeren werden gern von Vögeln gefressen, die die Samen auf andere Bäume verbreiten. Die Mistel-Wurzeln dringen in die Leitgewebe der Wirtsbäume ein und entnehmen Wasser und Nährstoffe. Zu gravierenden Baumschäden kommt es jedoch selten.
Der Laubholz-Mistel sehr ähnlich ist die Tannen-Mistel *(Viscum album* ssp. *abietis)*, die eiförmige Früchte hervorbringt und sich weitgehend auf Tannen spezialisiert hat **(4b)**. Entsprechend lebt die Kiefern-Mistel *(V. album* ssp. *austriacum)*, mit kleineren Blättchen und meist gelblichen Früchten, fast nur auf Kiefern **(4c)**.

Eichenmistel, Riemenblume
Loranthus europaeus
Riemenblumengewächse [53]

5 | 0,2–0,5 M | APR–MAI | AUFSITZER †

KENNZEICHEN Den *Viscum*-Arten ähnlich, jedoch sommergrün, so dass die gelben Früchte im Winter an den kahlen Zweigen sitzen.
VORKOMMEN Wächst als Halbschmarotzer auf Eichen und auf der Edel-Kastanie.
WISSENSWERTES Die Eichenmistel ist die einzige in Europa vorkommende *Loranthus*-Art.

Laubbäume und -sträucher

Gewöhnlicher Buchsbaum
Buxus sempervirens
Buchsbaumgewächse [17]

1 | 0,3–4 M | APR–MAI | STRAUCH, BAUM | †

KENNZEICHEN Immergrün; wächst als niedrige Hecke, Strauch oder mehrstämmiger Baum; dicht beblättert, Blätter eiförmig, bis 2 cm lang, ledrig, oberseits glänzend dunkelgrün, oft löffelartig gewölbt; Blüten unscheinbar, grünlich weiß; Kapselfrüchte, in Kultur selten.

VORKOMMEN Wild wachsend in Laubwäldern, v. a. im westlichen Teil Europas, auch in Südbaden und an der Mosel; oft angepflanzt, verträgt Schatten wie Sonne, kalkliebend.

WISSENSWERTES Das sehr langsam wachsende Gehölz ist außerordentlich anpassungsfähig und durch Schnitt fast beliebig formbar. Ein „Klassiker" in Parks und Gärten ist der seit dem 18. Jh. gepflanzte Einfassungsbuchs 'Suffruticosa', dessen Vorläufer schon Bauern- und Klostergärten zierten. Diese Form wird auch ungeschnitten kaum höher als 1 m. In neuerer Zeit hat sich Buchs auch als rauchhart und abgasverträglich erwiesen. Alle Pflanzenteile, besonders Blätter und Wurzelrinde, sind giftig.

Kleinblättriger Buchsbaum
Buxus microphylla
Buchsbaumgewächse [17]

2 | 0,5–0,8 M | APR–MAI | STRAUCH | †

KENNZEICHEN Wächst mehr breit als hoch, Sorten oft flach rundlich, kissenartig, mit dünnen Zweigen; immergrün, Blätter kleiner als bei *B. sempervirens* und sehr dünn, bei Sorten und Varietäten oft hell- bis gelbgrün.

VORKOMMEN Stammt aus Japan; in Europa gelegentlich als Bodendecker gepflanzt.

WISSENSWERTES Die Blätter der Varietät *Buxus microphylla* var. *japonica* verfärben sich im Winter rostrot.

Tatarischer Hartriegel
Cornus alba
Hartriegelgewächse [55]

3 | 2–4 M | MAI–JUNI | STRAUCH

KENNZEICHEN Breit aufrechter Wuchs, Zweige mit roter Rinde; Blätter elliptisch-eiförmig, bis 8 cm lang, mit 4–8 Seitennervenpaaren, unterseits auffällig graugrün; gelbe bis rote Herbstfärbung, kleine Blüten in Trugdolden, gelblich weiß, 4-zipflig, kugelige, hellblaue oder weiße Steinfrüchte, ungenießbar **(3a)**.

VORKOMMEN Beheimatet in Osteuropa bis Sibirien und in Ostasien; winterhart, anspruchslos, industriefest und auch für schattige, bodenfeuchte Lagen geeignet.

WISSENSWERTES Der robuste *C. alba* wird in der Landschaft gern als Pionier- und Windschutzgehölz, z. B. in Feldhecken, eingesetzt. In Parks und Gärten pflanzt man ihn als zierendes Gehölz, oft in Sorten mit weißen oder gelben Blatträndern. Besonders attraktiv, gerade auch im blattlosen Zustand im Winter, ist *C. alba* 'Sibirica' mit leuchtend korallen- bis purpurroten Zweigen **(3b)**.

Blutroter Hartriegel
Cornus sanguinea
Hartriegelgewächse [55]

4 | 2–5 M | MAI–JUNI | STRAUCH

KENNZEICHEN Anfangs straff aufrechte, später bogig überhängende Zweige; diese mit rötlicher, teils auch schwarzer Rinde; Blätter länglich eiförmig, 4–10 cm lang, Blattnerven deutlich hervortretend, mit 3–4 bogig aufsteigenden Seitennervenpaaren, unterseits behaart, rote Herbstfärbung, weiße, 4-zipfelige Blüten in 4–8 cm breiten Schirmrispen; ab Sept. blauschwarze, kugelige Steinfrüchte, nur vollreif genießbar; starke Ausläuferbildung.

VORKOMMEN Auf Böden über Kalkgestein in Mitteleuropa häufig; an Waldrändern, in Feldhecken und in lichten Laubwäldern.

WISSENSWERTES Durch die Bildung von Wurzelausläufern vermag der Blutrote Hartriegel schnell dichte Bestände zu bilden und zugleich hängiges Gelände zu befestigen. Da er zudem auf fast jedem Standort gedeiht, wird er gern als Pioniergehölz eingesetzt, etwa bei der Rekultivierung von Schutt- und Brachflächen.

Weißer Hartriegel
Cornus sericea (*C. stolonifera*)
Hartriegelgewächse [55]

5 | 1,5–3,5 M | MAI–JUNI | STRAUCH

KENNZEICHEN Dem Tatarischen Hartriegel sehr ähnlich, mit bogig überhängenden Zweigen und etwas größeren Blättern; in Kultur meist als Sorte 'Flaviramea' mit leuchtend gelbgrünen statt roten Zweigen; Früchte weiß; bildet Wurzelausläufer.

VORKOMMEN Entstammt nordamerikanischen Laubwäldern und Ufergebüschen, in Europa eingebürgert; geringe Bodenansprüche, verträgt Sonne wie Schatten.

WISSENSWERTES Diese Art ist ähnlich wie *C. alba* sehr robust und anpassungsfähig. Man trifft sie in der beschriebenen Sorte 'Flaviramea' oft im öffentlichen Grün an.

Laubbäume und -sträucher

Blumen-Hartriegel
Cornus florida
Hartriegelgewächse [55]

1 | 3–6 M | MAI–JUNI | STRAUCH, BAUM

KENNZEICHEN Breit buschig, junge Zweige hellgrün, abwischbar bereift; Blätter breit eiförmig, 7–15 cm lang, mit 5–7 Seitennervenpaaren, unterseits weißlich, tiefrote Herbstfärbung; kleine gelblich grüne Blüten in Trugdolden, die von 4 großen weißen, seltener rosafarbenen Hochblättern umstellt sind; kleine eiförmige, scharlachrote Steinfrüchte.

VORKOMMEN In Nordamerika beheimatet; gedeiht am besten auf nährstoffreichen Böden in halbschattiger Lage, empfindlich gegen pralle Sonne und Bodentrockenheit.

WISSENSWERTES Obwohl die gefärbten Hochblätter wie Kronblätter wirken, sind sie kein Bestandteil der eigentlichen Blüte. Sie werden auch Hüllblätter oder Brakteen genannt, schützen die junge Blüte und übernehmen die Aufgabe, Insekten zu den unscheinbaren Blüten zu locken (so genannter Schauapparat).
Des Öfteren sieht man einen Hartriegel, der wie eine kriechende Miniaturausgabe des Blumen-Hartriegels wirkt. Es handelt sich dabei um den Teppich-Hartriegel *(C. canadensis)*, einen staudenartigen Bodendecker.

Japanischer Blumen-Hartriegel
Cornus kousa
Hartriegelgewächse [55]

2 | 4–6 M | MAI–JUNI | STRAUCH, BAUM

KENNZEICHEN Straff aufrecht wachsend, mit etagenförmig angeordneten Seitenästen; junge Zweige kaum bereift, früh braun werdend; ansonsten *C. florida* ähnlich, jedoch Blätter mit nur 4–5 Seitennervenpaaren, unterseits blaugrün; Blüte mit 4 großen, weißen Hochblättern; kugelige, hellrote Steinfrüchte, zu einer 3 cm großen Sammelfrucht verwachsen.

VORKOMMEN In Japan und Korea beheimatet; etwas trockenheitsverträglicher als *C. florida* (s. oben).

WISSENSWERTES Die chinesische Varietät *C. kousa* var. *chinensis* ist wuchsstärker und etwas größer als die japanische Stammart. Eine weitere ostasiatische Art der zuweilen in Parks zu sehende Pagoden-Hartriegel *(C. controversa)*, ein kleiner Baum mit deutlich waagrecht stehenden Ästen, wechselständigen Blättern und weißen, aufrecht stehenden Schirmrispen. Im Herbst stehen zahlreiche schwarzblaue Früchtchen bei den purpurrot verfärbten, lang am Zweig verbleibenden Blättern.

Kornelkirsche *Cornus mas*
Hartriegelgewächse [55]

3 | 3–8 M | MÄRZ–APR | STRAUCH, BAUM

KENNZEICHEN Sparrig verzweigt, Zweigenden oft überhängend, graubraune Borke; junge Triebe fein behaart, sonnenseits gerötet; gelbe Blüten in Dolden, erscheinen vor dem Laubaustrieb, 4-zipflig, von 4 gelblich grünen Hochblättern umgeben; Blätter ei-elliptisch, 4–10 cm lang, 4–5 Seitennervenpaare, unterseits glänzend; eiförmige, ab Sept. glänzend rote Steinfrüchte, bis 2 cm lang, hängend.

VORKOMMEN In Mittel- und Südosteuropa sowie Kleinasien, in Regionen mit kalkhaltigem Ausgangsgestein; in sonnigen, lichten Wäldern und Gebüschen, bevorzugt auf lehmigen, aber auch auf Steinböden. Häufig gepflanzt, in Südosteuropa in großfrüchtigen Formen als Obstgehölz. Landschaftlich auch als Herlitze oder Dirlitze bekannt.

WISSENSWERTES Je nach Alter und Standort kann die Kornelkirsche ein sehr unterschiedliches Erscheinungsbild zeigen. Frei wachsend, am sonnigen Platz entwickelt sie sich im Alter zum dickstämmigen Großstrauch oder Baum mit runder Krone. Im Unterholz größerer Bäume dagegen kann das gut schattenverträgliche Gehölz jahrzehntelang die Wuchsform eines kleinen, breiten Strauches behalten. Die säuerlich schmeckenden Früchte können nach der Reife zwar auch roh verzehrt werden, meist verarbeitet man sie jedoch zu Marmelade, Kompott oder Saft.

Virginischer Schneeflockenstrauch
Chionanthus virginicus
Ölbaumgewächse [63]

4 | 3–5 M | MAI–JUNI | STRAUCH

KENNZEICHEN Aufrecht, breit buschig, teils baumartig verzweigt; Blätter schmal eiförmig, 10–20 cm lang, ledrig, glänzend grün; weiße, duftende Blüten in bis 20 cm langen, hängenden Rispen, Einzelblüten mit schmalen Blütenzipfeln, die mindestens doppelt so lang wie die Blütenröhre sind; Früchte dunkelblau, knapp 2 cm lang, ungenießbar.

VORKOMMEN Stammt aus Nordamerika; gedeiht auf allen kultivierten Böden, in Vollsonne wie Halbschatten, recht winterhart.

WISSENSWERTES Im Frühsommer bietet der Schneeflockenstrauch einen auffälligen, attraktiven Anblick. Mit ihren vielen dünnen Kronblattzipfeln wirken die dicht besetzten Rispen sehr filigran und erinnern tatsächlich an eine Anhäufung von Schneeflocken.

Laubbäume und -sträucher

Zur Gattung **Syringa** zählen ca. 30 Arten, die in Südeuropa und Ostasien heimisch sind. Einige davon werden schon lange in Mitteleuropa kultiviert. Diese Sträucher sind hinreichend frosthart und gedeihen am besten an sonnigen, leicht geschützten Plätzen auf nährstoffreichen, durchlässigen Böden. Cultivare der verschiedenen Arten sind häufig veredelt, d.h. sie werden auf Sämlingsunterlagen des Gewöhnlichen Flieders gepfropft. An den Fliedern schätzte man schon früh ihre zahlreich in Rispen beisammen stehenden, duftenden Blüten. Die 4 Kronblätter sind weitgehend zu einer Röhre verwachsen und umhüllen 2 Staubblätter. Nach Befruchtung entwickelt sich eine unscheinbare 2-fächrige Kapsel.

Ungarischer Flieder
Syringa josikaea
Ölbaumgewächse   63

1   2–4 M   MAI–JUNI   STRAUCH

KENNZEICHEN Straff aufrecht, dicht buschig; Blätter breit eiförmig, bis 12 cm lang; violette Blütenrispen, stets aufrecht, 10–20 cm lang, schmal kegelförmig; Blütenzipfel stehen fast aufrecht über der Kronblattröhre.
VORKOMMEN In Südostasien beheimatet.
WISSENSWERTES Die Wildform gehört gemäß der Europäischen Artenschutz-Kommission zu den streng geschützten Arten.

Kleinblättriger Flieder 'Superba'
Syringa microphylla 'Superba'
Ölbaumgewächse   63

2   1–1,5 M   MAI–OKT   STRAUCH

KENNZEICHEN Breit buschig; Blätter rundlich bis eiförmig, bis 4 cm lang, unterseits graugrün; 5–10 cm lange, aufrechte Blütenrispen, anfangs rosarot, später hellrosa.
VORKOMMEN Stammart in China beheimatet.
WISSENSWERTES Hauptblühzeit im Juni, danach bringt der Cultivar bis zum Spätjahr regelmäßig weitere Rispen hervor und wird deshalb auch als Herbstflieder bezeichnet.

Bogen-Flieder, Hänge-Flieder
Syringa reflexa
Ölbaumgewächse   63

3   2–4 M   MAI–JUNI   STRAUCH

KENNZEICHEN Breit aufrecht, Zweigspitzen überhängend; Blätter länglich eiförmig, bis 15 cm lang, unterseits graugrün; nickende bis bogenförmig hängende Blütenrispen, walzenförmig, bis 25 cm lang **(3a)**; Blüten außen dunkelrosa, innen weißlich, Blütenzipfel anders als beim Gemeinen Flieder kaum spreizend.
VORKOMMEN Aus China stammend.
WISSENSWERTES Der Bogen-Flieder bietet beim Erblühen ein hübsches Farbenspiel: Die Knospen sind leuchtend karminrot, während des Öffnens der Blüten verfärben sich die Kronblätter außen zu einem kräftigen Rosa. Fast dieselbe Blütenverfärbung, mit zuletzt hellrosanen Kronblättern, zeigt Sweginzows Bogen-Flieder (*Syringa* x *swegiflexa*) **(3b)**. Es handelt sich um eine Kreuzung des Bogen-Flieders mit Sweginzows Flieder (*S. sweginzowii*), die etwas dichter blüht. Die Blütenzipfel spreizen deutlich stärker von der Kronblattröhre ab als beim Bogenflieder.

Gewöhnlicher Flieder
Syringa vulgaris
Ölbaumgewächse   63

4   2–6 M   APR–MAI   STRAUCH

KENNZEICHEN Wuchs aufrecht, dicht verzweigt; Blätter ei- bis herzförmig, 5–12 cm lang; 10–20 cm lange, aufrechte, dicht besetzte Blütenrispen, bei der Stammform violett, bei Sorten auch rot, lila, rosa, blau, weiß und gelb; Blütenzipfel spreizend, meist waagrecht abstehend; starke Ausläuferbildung.
VORKOMMEN In Südosteuropa beheimatet, dort an Waldrändern und Felshängen; bevorzugt kalkhaltige Böden, verträgt Halbschatten; in Mitteleuropa gelegentlich auf Steinschutt, an Felsen und Mauern verwildert, ansonsten häufig in Gärten und Parks.
WISSENSWERTES Der Gewöhnliche Flieder wurde bereits im 16. Jh. nach Mitteleuropa eingeführt. In manchen Schlossgärten, z.B. in Pillnitz bei Dresden, kann man sehr alte Exemplare bewundern, die seinerzeit mit viel Kunstfertigkeit als Hochstämme gezogen wurden und wie echte Bäume wirken. Auffällig sind deren meist stark in sich gedrehten Stämme.
Schon seit gut 100 Jahren gibt es zahlreiche Sorten, teils durch Einkreuzen anderer Arten entstanden. Eine noch früher datierte, eigenständige Arthybride ist der Chinesische Flieder (S. 42). Manch prächtig blühende Sorte hat leider eine beliebte Fliedereigenschaft verloren, nämlich den Duft. Dies ist v.a. bei gefüllt blühenden Cultivaren oft der Fall. Die Wildlingsunterlagen veredelter Flieder treiben immer wieder aus; wenn sie nicht regelmäßig entfernt werden, können sie mit der Zeit die aufveredelte Sorte überwachsen. Zu beachten ist, dass Holunder (s. S. 82) regional auch „Flieder" genannt wird.

Laubbäume und -sträucher

Chinesischer Flieder
Syringa x *chinensis*
Ölbaumgewächse | 63

1 | 3–5 M | MAI | STRAUCH

KENNZEICHEN Lockerer Wuchs, bogig überhängende Zweige; Blätter eilanzettlich, zugespitzt, 4–8 cm lang; Blüten lilarosa, Rispen aufrecht bis nickend, bis 30 cm lang.
VORKOMMEN Hybride aus dem Gewöhnlichen Flieder (S. 40) und dem Persischen Flieder (*S. persica*).
WISSENSWERTES Die Zufallshybride wurde um 1780 im Botanischen Garten von Rouen in Frankreich gefunden.

Gewöhnlicher Liguster, Rainweide
Ligustrum vulgare
Ölbaumgewächse | 63

2 | 2–7 M | JUNI–JULI | STRAUCH | †

KENNZEICHEN Wuchs aufrecht, mit biegsamen Zweigen; ältere Zweige kahl; Blätter schmal eiförmig bis lanzettlich, 3–6 cm lang, ledrig, nicht behaart, oberseits dunkelgrün glänzend; sommergrün, ein Teil des Laubs jedoch in milden Wintern bis zum nächsten Frühjahr haftend; Blüten klein, weiß, in endständigen, 6–8 cm langen Rispen, streng duftend; ab Sept. lang haftende, schwarze, kugelige Beeren, schwach giftig; bildet Ausläufer.
VORKOMMEN Einzige europäische Ligusterart, in fast ganz Europa häufig; besiedelt lichte Wälder, Waldsäume und Gebüsche, vorzugsweise auf kalkhaltigen Böden; robust und anpassungsfähig, wächst in Sonne wie Halbschatten; vielfach in Kultur, meist als Hecke.
WISSENSWERTES Der Gewöhnliche Liguster gehört zu den Gehölzen, die einem in sehr unterschiedlichen Wuchsformen begegnen können. Im freien Stand, ob am Naturstandort oder in Parks, entwickelt er sich zu einem eindrucksvollen, straff aufrechten Großstrauch. Im Schatten größerer Gehölze bleibt er deutlich kleiner, wächst mehr in die Breite und entwickelt sich als dichtes Unterholz.
Mit Ausläufern und kräftiger Wurzelentwicklung etabliert sich der Gewöhnliche Liguster auch an ungünstigen Standorten. Man setzt ihn deshalb gern als Pioniergehölz, zur Böschungsbefestigung und für Schutzpflanzungen ein. Geschätzt wird er auch von Vögeln, die im Spätwinter das Nahrungsangebot der lang haftenden Beeren nutzen und so zur Verbreitung der Samen beitragen. Für Menschen sind die Früchte jedoch, ebenso wie alle anderen Pflanzenteile, giftig, wobei die Toxizität in der Literatur unterschiedlich beurteilt wird. Aufgrund des sehr bitteren, abschreckenden Geschmacks kommt es allerdings selten zu akuten Vergiftungen, da sie kaum in größeren Mengen aufgenommen werden.

Stumpfblättriger Liguster
Ligustrum obtusifolium var. *regelianum*
Ölbaumgewächse | 63

3 | 1,5–2 M | JUNI–JULI | STRAUCH | †

KENNZEICHEN Breitwüchsig, mit fast waagrecht ausgebreiteten Zweigen; Zweige und Blätter behaart; Blätter elliptisch bis länglich eiförmig, 5–7 cm lang, braunviolette Herbstfärbung; Blüten cremeweiß, zahlreich in Rispen an kurzen Seitenzweigen; Beeren blauschwarz, erbsengroß.
VORKOMMEN In Japan beheimatet; in Europa als frostverträglicher Zierstrauch und Heckengehölz gepflanzt, ähnlich anspruchslos wie der Gewöhnliche Liguster.
WISSENSWERTES Da der Stumpfblättrige Liguster niedriger bleibt als andere Arten, eignet er sich gut für mittelhohe Hecken, sowohl frei wachsend als auch in Form geschnitten. Man pflanzt diese besonders reich und attraktiv blühende Ligusterart gelegentlich auch als einzeln stehenden Strauch.

Wintergrüner Liguster
Ligustrum ovalifolium
Ölbaumgewächse | 63

4 | 2–5 M | JUNI–JULI | STRAUCH | †

KENNZEICHEN Wuchs straff aufrecht, sehr dicht; wintergrün, bei starken Frösten teilweiser Blattverlust; Zweige und Blätter kahl; Blätter elliptisch eiförmig, 3–8 cm lang, oberseits glänzend dunkelgrün, unterseits gelbgrün; Blüten cremeweiß, in 5–10 cm langen, gedrungenen Rispen, unangenehm duftend; Beeren glänzend schwarz, lange haftend.
VORKOMMEN Stammt aus Japan; meist als Heckengehölz verwendet; nur mäßig frosthart, braucht humosen Boden in Sonne oder Halbschatten.
WISSENSWERTES Während sommergrüne Gehölze im Herbst ihr Laub verlieren, erfolgt bei den wintergrünen der Laubfall erst im Frühjahr, nach Neuaustrieb der jungen Blätter. Somit vollzieht sich der Laubwechsel recht dezent, aber doch feststellbar, weshalb man diese Arten auch als halbimmergrün bezeichnet. „Echte" Immergrüne dagegen tauschen ihr Laub fast unmerklich nach und nach aus, wobei dies in größeren Abständen von mindestens 2–3 Jahren vonstatten geht.

Laubbäume und -sträucher

Gewöhnliche Schneebeere
Symphoricarpos albus* var. *laevigatus
Geißblattgewächse 71

1 | 1,5–2 M | JUNI–SEPT | STRAUCH | †

KENNZEICHEN Wächst straff aufrecht, mit überhängenden Zweigspitzen; Blätter rundlich bis eiförmig, 4–6 cm lang, oberseits dunkelgrün, unterseits hellgrün und kahl; an den Langtrieben auch buchtig gelappte Blätter; Blüten rötlich, ca. 5 mm lang, in endständigen Ähren; ab Sept. weiße, rundliche Beeren, 1–1,5 cm Ø, zu 4 bis 5, ungenießbar, in größeren Mengen giftig; stark Ausläufer bildend.
VORKOMMEN Wildform aus Nordamerika; meist in frei wachsenden Hecken gepflanzt; geringe Bodenansprüche, rauchhart, stadtklimafest, gedeiht in Sonne wie Halbschatten.
WISSENSWERTES Die Gewöhnliche Schneebeere wurde Anfang des 20. Jh. nach Europa eingeführt. Der Hauptgrund dafür dürfte – neben ihrer außerordentlichen Anspruchslosigkeit – in der seltenen weißen Fruchtfarbe gelegen haben. Kinder fanden bald heraus, dass die Beeren mit lautem Geräusch zerplatzen, wenn man sie auf den Boden wirft. So kam die Art zu ihrem populären Zweitnamen „Knallerbsenstrauch". Die Früchte werden von Vögeln gefressen, die so die Samen verbreiten. Zur Ausbreitung tragen auch die Ausläufersprosse bei, mit deren Hilfe der Strauch rasch größere Flächen besiedeln kann. Aus Gärten und Parks wilderte die Gewöhnliche Schneebeere schnell aus, so dass sie heute zu den in Europa eingebürgerten Pflanzen zählt.

Gewöhnliche Korallenbeere
Symphoricarpos orbiculatus
Geißblattgewächse 71

2 | 1,5–2 M | JUNI–AUG | STRAUCH | †

KENNZEICHEN Wuchs wie Gewöhnliche Schneebeere, Blätter etwas kleiner, oberseits bläulich grün, unterseits hell graugrün und behaart; Blüten gelblich weiß bis rötlich; Beeren rot, 0,5 cm Ø, in dicken Büscheln entlang der Triebe, schwach giftig; Ausläufer bildend.
VORKOMMEN In Nordamerika beheimatet; ebenso anspruchslos wie die Gewöhnliche Schneebeere.
WISSENSWERTES Die Art wächst in ihrer Heimat in lichten Wäldern und Gebüschen und kommt selbst mit Schattenplätzen gut zurecht. Sie wird weniger in Gärten als für Pflanzungen in der Landschaft und im städtischen Grün eingesetzt. Oft sieht man die robuste Gewöhnliche Korallenbeere auch im Straßenbegleitgrün und an Böschungen aufgepflanzt.

Bastard-Korallenbeere
Symphoricarpos* x *chenaultii
Geißblattgewächse 71

3 | 1,5–2 M | JUNI–AUG | STRAUCH | †

KENNZEICHEN Dicht verzweigt; Blätter eiförmig, nur 2 cm groß, auffallend 2-zeilig entlang der Triebe; Blüten rosa, in Ähren; Beeren sehr zahlreich, auf der zur Sonne gerichteten Seite rot, auf der sonnenabgewandten Seite weiß gefärbt, schwach giftig; Ausläufer bildend.
VORKOMMEN Kreuzungshybride von *S. orbiculatus* mit *S. microphylla*; anspruchslos.
WISSENSWERTES Die nur knapp 1 m hohe Sorte 'Hancock' wächst mit ausgebreiteten bis niederliegenden Trieben.

Echter Gewürzstrauch
Calycanthus floridus
Gewürzstrauchgewächse 10

4 | 1–3 M | JUNI–JULI | STRAUCH

KENNZEICHEN Breit buschig mit aufrechten Trieben; Blätter eiförmig bis rundlich, 5–12 cm lang, unterseits graugrün; Blüten bräunlich rot, erinnern in der Form an kleine Magnolien, ca. 5 cm Ø, stark duftend; Früchte sind Nüsschen, in Mitteleuropa selten entwickelt.
VORKOMMEN In wintermilden Regionen Nordamerikas beheimatet, gedeiht nur in wärmeren Teilen Mitteleuropas.
WISSENSWERTES Neben der Blüte enthalten Zweigrinde und Wurzeln duftende ätherische Öle, nach denen die Gattung auch als Nelkenpfeffer bezeichnet wird.

Chinesische Winterblüte
Chimonanthus praecox
Gewürzstrauchgewächse 10

5 | 2–4 M | FEB–MÄRZ | STRAUCH

KENNZEICHEN Breitwüchsig, mit abstehenden Zweigen; Blüten vor Blattaustrieb, an den kahlen Zweigen hängend, becherartig, gut 2 cm Ø, duftend; äußere Blütenblätter hellgelb, innere braunrot bis purpurfarben und kürzer; Blätter eilanzettlich, bis 15 cm lang, derb dunkelgrün; kleine rotbraune Nüsschen.
VORKOMMEN Eine von den nur 6 Arten dieser Gattung, die in China heimisch ist; wärmebedürftig, blüht nur in wintermilden Regionen.
WISSENSWERTES Der Artname *praecox* bedeutet „früh- oder vorzeitig" und bezieht sich auf die Blüten, die unter günstigen Bedingungen schon ab Dezember erscheinen. Bei Frost werden sie allerdings zerstört, besonders sich entfaltende Blütenknospen sind sehr empfindlich.

Laubbäume und -sträucher

Gewöhnliches Sonnenröschen
Helianthemum nummularium
Zistrosengewächse [45]

1 | 0,1–0,3 M | JUNI–SEPT | HALBSTRAUCH

KENNZEICHEN Kriechender Wuchs, nur Blütentriebe aufgerichtet; wintergrün; Blätter ledrig, eiförmig, mit schmalen Nebenblättern; Blüten gelb, flach schalenförmig mit dichten Staubblattbüscheln, in Trauben mit wenigen geöffneten Blüten (**1a**); vielsamige Kapselfrüchte.

VORKOMMEN In Mittel- und Südeuropa sowie Kleinasien recht häufig auf kalkhaltigem Untergrund, in Trockenrasen und felsigem Gelände; liebt sonnige und trockene Plätze.

WISSENSWERTES Da die Sprosse nur im unteren Teil verholzen, spricht man von einem Halbstrauch. Nur bei genügend Sonne und Wärme öffnen sich die Blüten, die lediglich einen Tag halten. Reichlich angelegte Blütentriebe und Knospen sorgen für Nachschub.
Für sonnige, trockene Gartenplätze, insbesondere für Steingärten und Trockenmauern, gibt es zahlreiche üppig blühende Hybriden, oft durch Einkreuzen weiß und rosa blühender Arten entstanden. Entsprechend finden sich die unterschiedlichsten Blütentöne. Verbreitet ist die attraktive graulaubige Sorte 'Fire Dragon' mit leuchtend ziegelroten Blüten (**1b**).

Portugiesische Zistrose
Cistus x *lusitanicus*
Zistrosengewächse [45]

2 | 0,5–1 M | MAI–JULI | STRAUCH

KENNZEICHEN Breitwüchsig, dicht verzweigt, immergrün; Blätter eiförmig, bis 10 cm lang dunkelgrün, ledrig, einen aromatischen Duft verströmend; Blüten weiß, mit auffälligem, purpurrotem Fleck an der Basis jedes Kronblatts, ca. 5 cm Ø; vielsamige Kapselfrüchte.

VORKOMMEN In Südwesteuropa heimisch, verträgt leichte Fröste. Besonders in Frankreich, in den Niederlanden und Großbritannien des Öfteren angepflanzt, meist in der niedrigen, breitbuschigen Form 'Decumbens'.

WISSENSWERTES Zistrosen sind die strauchigen, großblütigen Verwandten der Sonnenröschen mit ähnlich kurzlebigen Einzelblüten, deren Kronblätter leicht zerknittert wirken. In den Mittelmeerländern kommen mehrere Arten vor, die zu den Charakterpflanzen der niedrigen Macchien (Buschgesellschaften) gehören. Solche Pflanzengesellschaften haben sich auf nach Waldrodung verkarsteten Flächen angesiedelt. Hier wachsen Zistrosen zusammen mit Ginster, Rosmarin und Wacholder.

Blut-Johanniskraut, Mannsblut
Hypericum androsaemum
Johanniskrautgewächse [49]

3 | 0,3–1 M | JUNI–SEPT | STRAUCH

KENNZEICHEN Vieltriebig, wintergrün; Blätter eiförmig, 5–10 cm lang, derb, unterseits weiß; Blüten gelb, bis 2,5 cm Ø, in rispenartigen Blütenständen; ab Sept. beerenartige rote, später schwarze Früchte mit anhaftenden Kelchblättern, ungenießbar.

VORKOMMEN Heimisch in Süd- und Westeuropa, an Waldrändern und in Gebüschen; in Mitteleuropa gelegentlich als Gartenpflanze; wächst in Sonne und Halbschatten.

WISSENSWERTES Die Bezeichnung „Mannsblut" ist eine Übersetzung des griechischstämmigen Artnamens *andros-(h)aemum* und bezieht sich auf den roten Pflanzensaft.

Großblütiges Johanniskraut
Hypericum calycinum
Johanniskrautgewächse [49]

4 | 0,2–0,3 M | JULI–OKT | ZWERGSTRAUCH

KENNZEICHEN Triebe überhängend bis niederliegend; immergrün, teils nur wintergrün; Blätter eiländlich, 5–10 cm lang; schalenförmige Blüten, leuchtend gelb mit zahlreichen rötlichen Staubbeuteln, 5–10 cm Ø, meist einzeln an den Blütenstielen; starke Ausläuferbildung.

VORKOMMEN In Südosteuropa und Kleinasien heimisch; frosthart, wächst in Sonne wie Schatten, wird als Bodendecker gepflanzt.

WISSENSWERTES Die aus anderen Regionen eingeführten *H.*-Arten setzen etwas später mit der Blüte ein als die mitteleuropäischen Arten, die meist zu den Stauden zählen. Deren Blühhöhepunkt liegt um den Johannistag (24. Juni), was der Gattung den deutschen Namen verlieh.

Forrests Johanniskraut 'Hidecote'
Hypericum forrestii 'Hidecote'
Johanniskrautgewächse [49]

5 | 1–1,5 M | JULI–OKT | STRAUCH

KENNZEICHEN Aufrecht mit überhängenden Trieben; wintergrün, Blätter eiländlich, ca. 5 cm lang, unterseits bläulich grün; schalenförmige Blüten, leuchtend gelb, Staubbeutel orange, 5–10 cm Ø, einzeln oder zu mehreren.

VORKOMMEN Cultivar, Stammart in China beheimatet; mäßig frosthart, wächst in Sonne wie Schatten.

WISSENSWERTES Die Hybride ist schon lange in Kultur und gehört mit ihrer zuverlässigen Dauerblüte zu den beliebtesten Johanniskräutern.

Laubbäume und -sträucher

Schmalblättriger Berglorbeer
Kalmia angustifolia
Heidekrautgewächse | 58

1 | 0,6–1 M | MAI–JULI | STRAUCH | †

KENNZEICHEN Straff aufrecht, wenig verzweigt; immergrün, Blätter länglich lanzettlich, 2–6 cm lang, Blüten rosa bis purpurrot, ca. 1 cm Ø, dicht gedrängt in blattachselständigen Trauben an den Zweigenden; Blütenkrone schüsselförmig, 5-lappig.

VORKOMMEN In Sümpfen und Mooren Nordamerikas beheimatet; wächst seit 1807 auch im Norddeutschen Tiefland an einigen wenigen Standorten; in Gärten und Parks auf feuchten, bodensauren Standorten gepflanzt, oft als Rhododendron-Partner.

WISSENSWERTES Jedes Kronblatt zeigt beim näheren Hinsehen 2 nach außen gebogene Aussackungen, in denen die Staubblätter festgehalten sind. Bei Insektenbesuch reagieren die reifen Staubblätter auf den Berührungsreiz, die gespannten Staubfäden strecken sich, springen aus den Aussackungen heraus und überschütten die Insekten mit ihrem Blütenstaub.

Alpenheide, Alpenazalee
Loiseleuria procumbens
Heidekrautgewächse | 58

2 | 0,1–0,3 M | JUNI–JULI | ZWERGSTRAUCH

KENNZEICHEN Teppichartiger Wuchs mit niederliegenden, an den Enden bogig aufstrebenden Trieben; immergrün, Blätter eiförmig, ca. 0,5 lang, ledrig, glänzend; Blütenknospen schon im Herbst des Vorjahres angelegt, Blüten klein, rosarot, selten weiß, zu 1 bis 4 in endständigen Schirmtrauben; ab Herbst kugelige Fruchtkapseln.

VORKOMMEN In Mitteleuropa im Alpenbereich über 1500 m, Hauptverbreitung um 2000 m, auch in den Pyrenäen und Karpaten; auf kalkarmen Felspartien mit dünner Rohhumusdecke, sehr frosthart, hitzeempfindlich.

WISSENSWERTES Die äußerst genügsame, ausgesprochen langsam wachsende Alpenheide vermag mit ihrem dichten Trieb- und Blattteppich Humus festzuhalten und die Verdunstung des Untergrunds einzudämmen. Als Pionierpflanze besiedelt sie selbst kargen Blockschutt und Felsen in Hochlagen. Durch Absterben von Pflanzenteilen sorgt sie nach und nach für erhöhte Rohhumusbildung, die es auch anderen Gebirgspflanzen ermöglicht, dort Fuß zu fassen. Man findet sie des Öfteren zusammen mit alpinen Formen der Krähen- und Rauschbeere (S. 234, S. 110).

Runzelblättriger Schneeball
Viburnum rhytidophyllum
Schneeballgewächse | 70

3 | 3–5 M | MAI–JUNI | STRAUCH | †

KENNZEICHEN Aufrecht, breit buschig; immergrün, Blätter länglich eiförmig, bis 20 cm lang, stark runzlig, Blattnerven deutlich hervortretend, unterseits graufilzig; Blüten cremeweiß, in flachen, 10–20 cm breiten Schirmrispen; im Herbst zahlreiche Früchte, eiförmig, knapp 1 cm lang, erst rot, später schwarz, schwach giftig.

VORKOMMEN In China beheimatet; in Europa seit Beginn des 20. Jh. als Zierstrauch gepflanzt, oft auch im städtischen Grün; recht frosthart, gedeiht am besten im Halbschatten, wächst auch auf stark kalkhaltigen Böden.

WISSENSWERTES Der Runzel-Schneeball legt bereits im Spätherbst die Blütenstände fürs nächste Jahr an; sie überwintern nackt, ohne Knospenschuppen, und sind stattdessen mit gelblich weißen, filzigen Haaren bedeckt. Die anderen, meist sommergrünen Schneeballarten haben gesägte oder gelappte Blätter (s. S. 60, 62, 76).

Großes Immergrün *Vinca major*
Immergrüngewächse | 61

4 | 0,2–0,3 M | MAI–SEPT | HALBSTRAUCH | †

KENNZEICHEN Polsterartiger Wuchs mit ausgebreiteten, niederliegenden Sprossen, Blütentriebe aufrecht; immergrün, Blätter eiförmig, Spreitengrund abgerundet oder fast herzförmig, 3–7 cm lang, ledrig-derb, dunkelgrün glänzend; blaue Blüten einzeln in den Blattachseln, trichterartig mit ausgebreiteten Kronblattzipfeln, 3–4 cm Ø, Kronblattzipfel fast so lang wie die Blütenröhre; stark unterirdische Ausläufer bildend; in allen Teilen giftig **(4a)**.

VORKOMMEN Im Mittelmeergebiet und in Kleinasien heimisch, im südlichen Mitteleuropa teils eingebürgert, wächst in Laubwäldern und Gebüschen; häufig als gut schattenverträglicher Bodendecker gepflanzt, braucht nährstoffreichen Boden.

WISSENSWERTES Das sehr ähnliche Kleine Immergrün *(V. minor)* **(4b)** hat etwas kleinere Blüten, bei Sorten auch rot oder weiß. Die Kronblattzipfel sind deutlich kürzer als die Röhre. Dies unterscheidet die Art ebenso von *V. major* wie die kleineren Blätter, die sich zum Spreitengrund hin verschmälern. Das Kleine Immergrün ist frosthärter als das Große Immergrün, dessen Triebe in strengen Wintern zurückfrieren. Einige Sorten von *V. major* haben Blätter mit weißer oder gelber Zeichnung.

Laubbäume und -sträucher

Zur Gattung **Lonicera** zählen etwa 200 Arten, von denen gut ein Dutzend in Mitteleuropa zu finden ist. Zu ihr gehören kletternde Arten (S. 22), als „Geißblatt" bezeichnet, und strauchige Arten, die man Heckenkirschen nennt. Bei ihnen sitzen die Blüten paarweise auf einem gemeinsamen Stiel. Sie sind im unteren Bereich zu einer Röhre verwachsen und meist 2-lippig, mit 4-lappiger Oberlippe und 1-lappiger Unterlippe. Die ebenfalls paarweise erscheinenden, oft auffälligen Beeren sind meist schwach bis mäßig giftig.

Rote Heckenkirsche
Lonicera xylosteum
Geißblattgewächse [71]

1 | 1–3 M | MAI–JUNI | STRAUCH

KENNZEICHEN Wuchs aufrecht bis leicht übergeneigt; Blätter breit eiförmig, 3–6 cm lang; Blüten weiß, im Verblühen gelblich, 2-lippig, gut 1 cm lang, auf 1–2 cm langem Stiel; ab Juli dunkelrote, glänzende Beeren.

VORKOMMEN In Mitteleuropa auf kalkhaltigen Böden verbreitet und häufig, in den Alpen bis 1100 m, in Nordwestdeutschland selten; besiedelt Hecken und Waldsäume, wird auch für Landschaftshecken verwendet.

WISSENSWERTES Das Mark der Zweige schwindet bald, doch das Holz ist sehr hart; deshalb wurden die hohlen Äste früher gern zu Pfeifenrohren verarbeitet.

Schwarze Heckenkirsche
Lonicera nigra
Geißblattgewächse [71]

2 | 0,5–1,5 M | MAI–JUNI | STRAUCH

KENNZEICHEN Wächst locker übergeneigt, mit auffallend dünnen Zweigen; Blätter länglich eiförmig, 4–8 cm lang, dünn und weich; Blüten trüb rosa, seltener weiß, 2-lippig, ca. 1 cm lang auf 2–4 cm langem Stiel; ab Aug. blauschwarz glänzende Beeren.

VORKOMMEN In Gebirgslagen Mittel- und Südeuropas, selten; wächst in Strauchheiden, Bergwäldern, Schluchtwäldern, auf kalkarmen Böden in beschatteten Lagen; wird für Mischpflanzungen in der Landschaft verwendet, kaum als Ziergehölz.

WISSENSWERTES Beim Verzehr erregen die Beeren zumindest bei empfindlichen Menschen heftiges Erbrechen. Da aufgrund des widerlichen Geschmacks kaum große Mengen aufgenommen werden, kommt es selten zu stärkeren Vergiftungen. Ähnlich verhält es sich bei den meisten *Lonicera*-Arten.

Blaue Heckenkirsche
Lonicera caerulea
Geißblattgewächse [71]

3 | 1–1,5 M | APR–MAI | STRAUCH

KENNZEICHEN Dicht buschig, aufrecht; Blätter rundlich oder eilänglich, 2–8 cm lang; Blüten gelblich weiß, nicht 2-lippig, sondern trichterförmig mit 5 gleichmäßigen Zipfeln; Fruchtknoten der Blütenpaare von becherartigen Vorblättern umhüllt; ab Juli bläulich bereifte, schwarze Beeren.

VORKOMMEN In Mittelgebirgslagen, in den Alpen bis gut 2000 m Höhe; selten, zerstreut; nur auf sauren Böden, in moorigen Nadelwäldern und Hochmoorheiden.

WISSENSWERTES Die innen schleimigen, süßlich-bitter schmeckenden Beeren gelten als ungiftig, werden teils sogar als essbar angesehen.

Alpen-Heckenkirsche
Lonicera alpigena
Geißblattgewächse [71]

4 | 1–2 M | MAI–JUNI | STRAUCH

KENNZEICHEN Breitwüchsig, licht; Blätter eilänglich, 5–10 cm lang; Blüten gelblich braunrot, 2-lippig, ca. 1,5 cm lang, auf 3–4 cm langem Stiel; Fruchtknoten der Blütenpaare fast vollständig miteinander verwachsen; ab Aug. glänzend rote Doppelbeeren.

VORKOMMEN In Gebirgen Mittel- und Südeuropas, nördlich bis zum Donautal, im Schwarzwald fehlend; in Laub- und Mischwäldern und in Hochstaudenfluren; kalkliebend, bevorzugt auf lehmigen, feuchten Böden.

WISSENSWERTES Man findet die Art nie zusammen mit Schwarzer oder Blauer Heckenkirsche, da diese auf kalkarme, saure Standorte angewiesen sind.

Tataren-Heckenkirsche
Lonicera tatarica
Geißblattgewächse [71]

5 | 2–3 M | MAI–JUNI | STRAUCH

KENNZEICHEN Breit buschig, stark verzweigt; Blätter eiförmig bis lanzettlich, 3–6 cm lang; Blüten rot, 2-lippig, 1–2 cm lang, auf 1–2 cm langem Stiel; ab Aug. dunkelrote Beeren.

VORKOMMEN In Russland und Sibirien heimisch, in Mitteleuropa des Öfteren gepflanzt und regional eingebürgert; wächst in Sonne wie Schatten, anspruchslos.

WISSENSWERTES Die Tataren-Heckenkirsche ist sehr formenreich und wird auch in Sorten mit rosa und weißen Blüten kultiviert.

Laubbäume und -sträucher

Glänzende Heckenkirsche
Lonicera nitida
Geißblattgewächse [71]

1 | 0,5–1 M | MAI | STRAUCH

KENNZEICHEN Dicht verzweigt, mit feingliedrigen Trieben, immergrün; Blätter eiförmig, 1–2 cm lang, glänzend dunkelgrün; Blüten cremeweiß, 2-lippig, kleiner als 1 cm, an kurzen Stielen; ab Juli purpurn glänzende Beeren.
VORKOMMEN Stammt aus China, wird als immergrüner Zierstrauch und Bodendecker gepflanzt; mäßig frosthart, wächst in Sonne und Halbschatten, geringe Bodenansprüche.
WISSENSWERTES Die sehr ähnliche Kriech-Heckenkirsche *(L. pileata)* wird teils als Varietät von *L. nitida* angesehen. Sie wächst stärker ausgebreitet, ist meist nur wintergrün und hat auffällig violett gefärbte Beeren.

Ledebours Heckenkirsche
Lonicera ledebourii
Geißblattgewächse [71]

2 | 2–3 M | MAI–JULI | STRAUCH

KENNZEICHEN Breit buschig, wenig verzweigt; Blätter eiförmig, 6–12 cm lang, derb; Blüten gelbrot, bis 2 cm lang, glockig-trichterförmig, auf 2–4 cm langem Stiel; Blüten von 2 größeren Deckblättern und 4 Vorblättern halskrausartig umgeben, die sich zur Fruchtreife wie der Blütenstiel tiefrot färben; ab Juli purpurschwarze Beeren in roten Deckblättern.
VORKOMMEN In Nordamerika beheimatet; in Mitteleuropa als anspruchsloser Zierstrauch für Sonne wie Schatten gepflanzt.
WISSENSWERTES Der dunkelgrüne, locker aufgebaute Strauch entwickelt seinen besonderen Reiz erst nach der Blüte mit den auffälligen Fruchtständen.

Maacks Heckenkirsche
Lonicera maackii
Geißblattgewächse [71]

3 | 3–6 M | MAI–JUNI | STRAUCH

KENNZEICHEN Breit ausladend; Blätter eilanzettlich, 5–8 cm lang, dunkelgrün glänzend; Blüten weiß, im Verblühen gelblich, 2-lippig, 1–2 cm lang; ab Aug. kräftig rote Beeren.
VORKOMMEN Stammt aus Ostasien; frosthart, wächst auf nährstoffreichen Böden in Sonne und Halbschatten.
WISSENSWERTES Die Blüten dieser auch als Schirm-Heckenkirsche bezeichneten Art verströmen einen intensiven Duft, wie man ihn sonst nur von den kletternden *Lonicera*-Arten kennt.

Gewöhnlicher Trompetenbaum
Catalpa bignonioides
Trompetenbaumgewächse [66]

4 | 5–15 M | JUNI–JULI | BAUM

KENNZEICHEN Kurzstämmig mit breiter, hoch gewölbter Krone; Blätter herzförmig, bis 20 cm lang, unterseits weich behaart; Blüten trompetenförmig, weiß, im Schlund mit gelben Streifen und purpurvioletten Tüpfeln, in bis 30 cm langen Rispen; 30–35 cm lange, hängende, bohnenähnliche Kapselfrüchte, ungenießbar.
VORKOMMEN In Nordamerika beheimatet; Park- und Gartenbaum in klimamilden Regionen Mitteleuropas; als Jungbaum frostempfindlich, braucht sonnige, warme Plätze.
WISSENSWERTES Die Sorte 'Nana' wird höchstens 5 m hoch, bildet eine regelmäßige, kugelige Krone, blüht allerdings nicht.

Chinesischer Blauglockenbaum
Paulownia tomentosa
Braunwurzgewächse [65]

5 | 10–15 M | APR–MAI | BAUM, STRAUCH

KENNZEICHEN Lockere, breit gewölbte Krone; Blätter breit eiförmig, bis 25 cm lang, teils schwach gelappt; Blüten trichterförmig, hell- bis blauviolett, innen mit gelben Streifen, vor oder mit den Blättern erscheinend, in Rispen; eiförmige Kapselfrüchte, ungenießbar.
VORKOMMEN Stammt aus Ostasien; wird nur in wintermilden Gegenden gepflanzt; braucht nährstoffreichen, durchlässigen Boden.
WISSENSWERTES Da die kälteempfindlichen Blütenknospen bereits im Herbst angelegt werden, kommt der Blauglockenbaum nur nach milden Wintern zur Blüte.

Clandon-Bartblume
Caryopteris x *clandonensis*
Eisenkrautgewächse [67]

6 | 0,5–1M | SEPT–OKT | STRAUCH

KENNZEICHEN Straff aufrecht, vieltriebig; Blätter lanzettlich, bis 8 cm lang, unterseits graugrün, teils am Rand gezähnt; Blüten dunkelblau, in rispenartigen Blütenständen.
VORKOMMEN In Ostasien beheimatet; frostempfindlich, braucht sonnige Plätze, oft in Steingärten und Staudenbeeten gepflanzt.
WISSENSWERTES Die Bartblume wird aufgrund ihres späten Flors und der recht seltenen satt blauen Blütenfarbe sehr geschätzt. Mit Winterschutz lässt sie sich recht gut vor Frostwirkungen bewahren; erfrorene Zweige werden nach Rückschnitt durch Neuaustrieb ersetzt.

Laubbäume und -sträucher

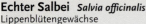

Echter Salbei *Salvia officinalis*
Lippenblütengewächse | 68

1 | 0,2–0,6 M | JUNI–JULI | HALBSTRAUCH

KENNZEICHEN Buschig aufrecht; wintergrün, Blätter lanzettlich, 3–8 cm lang, graugrün, derb; 2–3 cm lange Lippenblüten (Oberlippe aus 2, Unterlippe aus 3 verwachsenen Kronblättern), hell blauviolett, rötlich oder weiß, in Scheinquirlen zu ährenartigem Blütenstand vereinigt; Pflanze herb aromatisch duftend.

VORKOMMEN In Südeuropa beheimatet; nicht ganz frosthart, daher nur in warmen Regionen Mitteleuropas verwildert, sonst angepflanzt; braucht kalkreichen Boden in Sonnenlage.

WISSENSWERTES Bei Halbsträuchern wie dem Salbei verholzt nur der untere Teil der Triebe. Die altbewährte Heil- und Würzpflanze wird auch als Zierpflanze verwendet und in verschiedenen Sorten mit gelber, weißer oder rötlicher Blattfärbung gepflanzt.

Echter Lavendel
Lavandula angustifolia
Lippenblütengewächse | 68

2 | 0,3–0,6 M | JUNI–AUG | HALBSTRAUCH

KENNZEICHEN Buschig aufrecht, vieltriebig; immergrün, Blätter linealisch, 2–6 cm lang, silbergrau behaart; etwa 1 cm lange Lippenblüten, blauviolett, seltener rosa oder weiß, in Scheinquirlen zu lang gestieltem, endständigem, ährenartigem Blütenstand vereinigt; Pflanze herb aromatisch duftend.

VORKOMMEN Im Mittelmeergebiet heimisch, dort an trockenen, sommerheißen Hängen, an Felsen und Weinbergsmauern; großflächiger Anbau zur Parfümölgewinnung in Südfrankreich; ehemals verwilderte Bestände in warmen Regionen Mitteleuropas sind heute ausgerottet.

WISSENSWERTES In Gärten wird der Lavendel als Zierstrauch gepflanzt. Auf den ehemaligen Gebrauch als Heilpflanze weist der alte botanische Name *L. officinalis* hin: Die Apotheke hieß früher „Offizin", Pflanzen mit nachgewiesener therapeutischer Wirkung werden heute noch als „offizinell" bezeichnet.

Rosmarin *Rosmarinus officinalis*
Lippenblütengewächse | 68

3 | 0,3–1,5 M | MÄRZ–JULI | STRAUCH

KENNZEICHEN Buschig aufrecht; immergrün, Blätter linealisch, nadelartig, 2–4 cm lang, unterseits graufilzig; etwa 1 cm lange Lippenblüten, blassblau, seltener rosa oder weiß, in Scheinquirlen; Pflanze stark würzig duftend.

VORKOMMEN Im Mittelmeergebiet beheimatet, Bestandteil der Macchia (buschige Pflanzengesellschaft auf kargen Böden), sonne- und wärmeliebend; nicht frosthart.

WISSENSWERTES Wie viele mediterrane Würz- und Heilpflanzen wurde auch der Rosmarin bereits im Mittelalter von Mönchen nach Mitteleuropa gebracht und zunächst nur in den Klostergärten kultiviert. In kühleren Regionen wird der Strauch meist als drinnen überwinterte Kübelpflanze gezogen. Seine ätherischen Öle machen den Rosmarin nicht nur zu einer besonderen Würzpflanze; das anregende Aroma wird darüber hinaus auch in der Seifen- und Kosmetikindustrie genutzt.

Berg-Gamander
Teucrium montanum
Lippenblütengewächse | 68

4 | 0,1–0,2 M | JUNI–AUG | HALBSTRAUCH

KENNZEICHEN Niederliegend, Teppich bildend; immergrün, Blätter klein, schmal lanzettlich, unterseits weißfilzig; 1 cm lange Lippenblüten mit sehr kleiner Oberlippe, gelblich weiß, in köpfchenartigen Blütenständen.

VORKOMMEN In südeuropäischen Gebirgslandschaften heimisch, nördliche Verbreitung bis zum Harz und zur Eifel, selten; bevorzugt warme, trockene Standorte auf Kalkgestein.

WISSENSWERTES Der Berg-Gamander bringt wie alle Lippenblütler unscheinbare Klausenfrüchte mit 4 winzigen Nüsschen hervor. Andere in Mitteleuropa wachsende Gamander-Arten zählen zu den Stauden. Nur der Edel-Gamander (S. 70) ist ebenfalls ein Halbstrauch.

Echter Thymian *Thymus vulgaris*
Lippenblütengewächse | 68

5 | 0,1–0,4 M | MAI–OKT | HALBSTRAUCH

KENNZEICHEN Dicht verzweigt, innen stark verholzend, ältere Zweige teils niederliegend; immergrün, Blätter länglich eiförmig, bis 1 cm lang, am Rand oft eingerollt, unterseits behaart; etwa 0,5 cm lange Lippenblüten, hellrosa bis hellviolett, in Scheinquirlen; ganze Pflanze stark würzig duftend.

VORKOMMEN In Südeuropa heimisch, dort in Felsheiden wachsend; recht frosthart, in Mitteleuropa schon lange in Kultur und stellenweise verwildert; braucht viel Sonne, wächst auf sandigem, magerem Boden am besten.

WISSENSWERTES In der freien Natur stößt man häufiger auf einen staudigen, nicht verholzenden Verwandten des Echten Thymian, nämlich den Feld-Thymian *(T. serpyllum)*.

Laubbäume und -sträucher

Flügel-Spindelstrauch
Euonymus alatus
Spindelbaumgewächse [51]

1 | 2–3 M | MAI–JUNI | STRAUCH | †

KENNZEICHEN Breit unregelmäßiger Wuchs, Zweige mit 4, zuweilen nur 2 sehr breiten Korkflügeln; Blätter länglich eiförmig, 3–6 cm lang, gesägt; orange- bis karminrote Herbstfärbung; Blüten unscheinbar, gelblich, meist zu 3; Kapselfrüchte meist 4-lappig, purpurrot, orangeroter Samenmantel.

VORKOMMEN Stammt aus Ostasien; recht frosthart, braucht humosen Boden; intensive Herbstfärbung nur bei sonnigem Stand.

WISSENSWERTES Der Flügel-Spindelstrauch ist vor allem wegen seiner prächtigen Herbstfarbe beliebt. Die kleinen Früchte werden bei uns selten ausgebildet und fallen zudem kaum auf.

Gewöhnliches Pfaffenhütchen
Euonymus europaeus
Spindelbaumgewächse [51]

2 | 1,5–3 M | MAI | STRAUCH, BAUM | †

KENNZEICHEN Wuchs aufrecht, reich verzweigt, sparrig, selten auch als bis 6 m hoher Baum; Zweige graubraun, öfter 4-kantig oder mit 2 bis 4 schmalen Korkleisten; Blätter eiförmig bis lanzettlich, 3–8 cm lang, gesägt, Herbstfärbung orange bis scharlachrot; Blüten grünlich, in kleinen Dolden; ab Aug. karminrote Fruchtkapseln, 4-lappig, Samen von orangefarbenem Fleischmantel umgeben.

VORKOMMEN In Europa häufig, nur in den reinen Sandgebieten selten; in Auwäldern, an Waldrändern, in Ufergebüschen; wächst in Sonne und Halbschatten, bevorzugt kalkhaltige, lehmige, feuchte Böden; wird in Feldhecken und im Siedlungsbereich gepflanzt.

WISSENSWERTES Das Pfaffenhütchen verdankt seinen Namen den Kapselfrüchten, die nach dem Aufspringen an ein Birett (Kopfbedeckung katholischer Pfarrer) erinnern. Nach dem Aufspringen verbleiben die Samen zunächst in der Kapsel, was einen in Farbe wie Form sehr auffälligen Anblick gibt. Nicht nur die Früchte und Samen, sondern alle Pflanzenteile sind als stark giftig einzustufen.

Kletter-Spindelstrauch
Euonymus fortunei
Spindelbaumgewächse [51]

3 | 0,2–2,5 M | JUNI | STRAUCH | †

KENNZEICHEN Kriechend oder kletternd, seltener aufrecht strauchig; immergrün, Blätter eiförmig bis elliptisch, 3–6 cm lang, gesägt, grün oder buntlaubig; Kapselfrüchte nur bei einigen Sorten: rot, gelb oder weiß.

VORKOMMEN Stammt aus Ostasien; wird als Bodendecker und zur Unterpflanzung lichter Laubgehölze verwendet, anspruchslos.

WISSENSWERTES Von dieser Art gibt es eine Vielzahl von Sorten, oft mit weiß oder gelb gerandeten und gefleckten Blättern, die manchmal über Winter eine rötliche Färbung annehmen. Eine ausgeprägt kletternde Varietät ist *E. fortunei* var. *radicans* (S. 22).

Breitblättriges Pfaffenhütchen
Euonymus latifolius
Spindelbaumgewächse [51]

4 | 3–5 M | MAI–JUNI | STRAUCH, BAUM | †

KENNZEICHEN Aufrecht, Zweige oft nahezu rechtwinklig abstehend; Blätter breit eiförmig, 6–12 cm lang, fein gesägt, gelborange Herbstfärbung; Blüten grünlich, in kleinen Dolden; ab Sept. große karminrote Fruchtkapseln, bis 2 cm Ø, 5-(selten 4-)lappig, an den Kanten geflügelt; orangeroter Samenmantel.

VORKOMMEN In Südeuropa und im südlichen Mitteleuropa, hauptsächlich in Bergwäldern; in Süddeutschland im Allgäu, Alpenvorland und Bodenseeraum zu finden, selten; bevorzugt auf kalkhaltigen Böden, wärmeliebend, aber volle Sonne meidend.

WISSENSWERTES Diese Art wird kaum kultiviert; bei ähnlichen Großsträuchern in Parks handelt es sich meist um den nachfolgend beschriebenen Flachstieligen Spindelstrauch.

Flachstieliger Spindelstrauch
Euonymus planipes
Spindelbaumgewächse [51]

5 | 3–5 M | MAI–JUNI | STRAUCH | †

KENNZEICHEN Breitwüchsig, locker verzweigt; Blätter eiförmig, 8–12 cm lang, gesägt, Blattstiele oben flach, nicht gefurcht, intensiv rote Herbstfärbung; Blüten gelblich grün, in Dolden; ab Sept. 1–2 cm große, karminrote Fruchtkapseln, 5-kantig, kaum geflügelt, orangefarbener Samenmantel, Samen bei Reife an Fäden aus den Kapseln heraushängend.

VORKOMMEN In Japan und Korea beheimatet; frosthart, anspruchslos, wächst in Sonne und Halbschatten; wird in Feldhecken, Grünanlagen und Gärten gepflanzt.

WISSENSWERTES Diese robuste, auch als Großfrüchtiges Pfaffenhütchen bekannte Art, kommt selbst mit schweren, tonhaltigen Böden noch gut zurecht.

aubbäume und -sträucher

Echter Kreuzdorn
Rhamnus catharticus
Kreuzdorngewächse 25

1 2–6 M | MAI–JUNI | STRAUCH, BAUM †

KENNZEICHEN Triebe an den Spitzen meist dornig; Blätter breit oval, 4–6 cm lang, gesägt, Blattnerven bogig zur Blattspitze verlaufend; Blüten klein, gelbgrün, in Trugdolden; ab Sept. schwarzviolette Steinfrüchte, giftig.
VORKOMMEN In Europa zerstreut, nach Süden zu häufiger; wächst an Waldsäumen und an Trockenhängen, in Weide- und Feldgebüschen; bevorzugt kalkhaltige, trockenwarme Böden.
WISSENSWERTES Der Strauch ist Zwischenwirt eines Haferrostpilzes und wird deshalb in Ackernähe nicht geduldet. Recht ähnlich: der Faulbaum (S. 92), der allerdings wechselständige Blätter und unbedornte Zweige hat.

Felsen-Kreuzdorn   *Rhamnus saxatilis*
Kreuzdorngewächse 25

2 0,5–1,5 M | MAI–JUNI | STRAUCH †

KENNZEICHEN Triebe meist niederliegend; sonst dem Echten Kreuzdorn ähnlich, jedoch mit nur 1–3 cm langen Blättern; giftige schwarze Steinfrüchte, mehr einzeln.
VORKOMMEN Im südlichen Mitteleuropa, teils auch in Westeuropa, hauptsächlich in Gebirgslagen, selten; in Wäldern, an Waldrändern.
WISSENSWERTES Die Blattstellung des Felsen-Kreuzdorns ist meist, aber nicht immer deutlich gegenständig. Das macht die Unterscheidung von anderen niederliegend wachsenden Kreuzdornarten (S. 150) nicht ganz einfach. Jene tragen allerdings keine Dornen.

Hainbuchen-Ahorn
Acer carpinifolium
Ahorngewächse 44

3 5–10 M | MAI | STRAUCH, BAUM

KENNZEICHEN Blätter länglich verkehrt-eiförmig, 8–12 cm lang, doppelt gesägt, mit gleichmäßig parallelen Seitennervenpaaren, sehr kurz gestielt, goldgelbe Herbstfärbung; Blüten grüngelb, 4-zählig, in Trauben; paarige Flügelnüsschen, fast rechtwinklig zueinander.
VORKOMMEN In Bergwäldern Japans beheimatet; sehr winterhart, gedeiht in Sonne und Halbschatten auf fast jedem Boden; gelegentlich als Ziergehölz gepflanzt.
WISSENSWERTES Die Art ist nach ihren hainbuchenähnlichen Blättern benannt. Da die Hainbuche (S. 146) wechselständige Blätter hat, fällt die Unterscheidung recht leicht.

Tataren-Ahorn
Acer tataricum
Ahorngewächse 44

4 4–10 M | MAI | BAUM, STRAUCH

KENNZEICHEN Blätter meist ungelappt, eiförmig, 6–10 cm lang, gelborange oder rote Herbstfärbung; Blüten klein, weiß, in aufrechten Rispen, duftend; paarige rote Flügelnüsschen, sehr spitzwinklig zueinander stehend.
VORKOMMEN In Südeuropa verbreitet; Charakterbaum des sommertrockenen pannonischen Waldsteppengebiets (ungarische Tiefebene), das sich bis ins nordöstliche Österreich erstreckt; sehr winterhart, als Zierbaum selten.
WISSENSWERTES Der Tataren-Ahorn war früher z. B. in Auwäldern des Donautals verbreitet. Durch intensiven Acker- und Weinbau wurde die Waldsteppenflora sehr beeinträchtigt, die Art gilt heute als stark gefährdet.

Gewöhnlicher Sommerflieder, Schmetterlingsstrauch
Buddleja davidii
Sommerfliedergewächse 64

5 3–4 M | JULI–SEPT | STRAUCH

KENNZEICHEN Straff aufrecht mit überhängenden Zweigen; Blätter eilanzettlich bis lanzettlich, 10–25 cm lang, fein gezähnt, unterseits weißfilzig; Blüten in bis 30 cm langen, aufrechten bis übergebogenen Rispen, je nach Sorte violett, purpurrot, rosa, blau oder weiß.
VORKOMMEN In China beheimatet; toleriert Trockenheit, braucht einen sonnigen, geschützten Platz, bevorzugt kalkreiche Böden.
WISSENSWERTES Vom Duft der Blüten werden Schmetterlinge in großer – und namensgebender – Zahl angezogen. Wenn oberirdische Teile erfrieren, schneidet man den Strauch im Frühjahr ganz zurück.

Schönfrucht, Liebesperlenstrauch
Callicarpa bodinieri var. *giraldii*
Eisenkrautgewächse 67

6 1,5–2M | JULI–SEPT | STRAUCH

KENNZEICHEN Aufrecht, fein verzweigt; Blätter elliptisch bis eiförmig, 5–12 cm lang, fein gezähnt; Blüten lila, klein, in doldenartigen Blütenständen; ab Sept. zahlreiche violette Früchte, in dicken, achselständigen Büscheln.
VORKOMMEN Stammt aus China; sonne- und wärmeliebend, nicht ganz frosthart.
WISSENSWERTES Die zierenden „Liebesperlen"-Früchte bleiben lange haften, nicht zuletzt, weil sie von Vögeln verschmäht werden.

Laubbäume und -sträucher

Die Gattung **Viburnum** umfasst rund 200 Arten, von denen etwa ein Dutzend in mitteleuropäischen Parks, Gärten und Landschaften zu finden ist. Die wichtigsten werden auf dieser und auf der nächsten Seite vorgestellt, dazu kommt noch 1 mit ganzrandigen (S. 48) und 1 mit gelappten (S. 76) Blättern. Ihre Beliebtheit verdanken die Sträucher den meist weißen, röhrenförmigen, duftenden Blüten, die in flachen Schirmrispen oder rundlichen „Schneebällen" zusammenstehen. Die fruchtbaren Blüten sind häufig von größeren, unfruchtbaren Randblüten umgeben. Kugelige Blütenstände von Kulturformen bestehen nur aus sterilen Blüten. Fast alle Arten wachsen in Sonne wie Halbschatten auf humosen, nicht zu trockenen Böden.

Japanischer Schneeball
Viburnum plicatum
Schneeballgewächse |70|

1 1,5–3 M MAI–JUNI STRAUCH †

KENNZEICHEN Breit buschig, lockerer Aufbau; Blätter breit eiförmig, 5–10 cm lang, gezähnt, dunkelrote Herbstfärbung; je nach Form und Sorte weiße, tellerförmige Schirmrispen mit größeren, sterilen Randblüten oder kugelige, 6–8 cm große Blütenstände mit durchgehend sterilen Blüten.
VORKOMMEN In Ostasien beheimatet.
WISSENSWERTES Anders als der Wollige Schneeball gedeihen die sommergrünen asiatischen Arten auf stark kalkhaltigen Böden schlecht und bevorzugen leicht saures Milieu.

Wolliger Schneeball
Viburnum lantana
Schneeballgewächse |70|

2 2–5 M APR–MAI STRAUCH †

KENNZEICHEN Dichtbuschig verzweigt; Blätter eiförmig, 5–12 cm lang, fein gezähnt, oberseits dunkelgrün, runzlig, unterseits wollig grau; Blüten schmutzig weiß, in 5–10 cm breiten und 7-strahligen Schirmrispen, alle gleich gestaltet (fruchtbar), strenger Geruch; Winterknospen ohne Schuppen, gelbfilzig behaart; ab Sept. erbsengroße Steinfrüchte, rot und schwarz gefärbte oft in einem Fruchtstand, schwach giftig.
VORKOMMEN In Mittel- und Südeuropa heimisch, vielfach auch gepflanzt und verwildert; vom Tiefland bis in Gebirgslagen vorkommend, in lichten Wäldern, Hecken, und Gebüschen; kalkliebend.
WISSENSWERTES Der Wollige Schneeball toleriert außer saurem Boden, tiefem Schatten und Staunässe fast jeden Standort, wurzelt gut ein und ist schnittverträglich, zudem ein gutes Vogelnist- und -nährgehölz. Aus diesen Gründen gehört er zu den am häufigsten verwendeten Gehölzen für Schutzpflanzungen, Hecken, Böschungsbegrünung oder auch im so genannten Verkehrsbegleitgrün.

Koreanischer Schneeball
Viburnum carlesii
Schneeballgewächse |70|

3 1–1,5 M APR–MAI STRAUCH †

KENNZEICHEN Locker aufgebaut; Blätter breit eiförmig, 3–10 cm lang, gezähnt, unterseits dicht behaart; anfangs rosa, später weiße Blüten in halbkugeligen, bis 7 cm breiten Rispen, stark duftend.
VORKOMMEN In Korea beheimatet.
WISSENSWERTES Bei den aus Asien stammenden Schneeball-Arten unterbleibt die Fruchtbildung häufig oder fällt sehr spärlich aus.

Duftender Schneeball
Viburnum farreri
Schneeballgewächse |70|

4 2–3 M MÄRZ–APR STRAUCH †

KENNZEICHEN Buschig aufrecht; Blätter länglich eiförmig, bis 7 cm lang, gezähnt, rote Herbstfärbung; Blüten in 3–5 cm langen Rispen, anfangs rosa, später weiß, stark duftend.
VORKOMMEN In China beheimatet.
WISSENSWERTES Diese Art nennt man auch Winter-Duft-Schneeball, da sie oft schon im Dezember erste Blüten entfaltet. Der Flor wird durch Fröste unterbrochen, setzt sich dann aber im Frühjahr fort.

Bodnant-Schneeball 'Dawn'
Viburnum x *bodnantense* 'Dawn'
Schneeballgewächse |70|

5 2–3 M OKT/FEB–MÄRZ STRAUCH †

KENNZEICHEN Straff aufrecht; Blätter länglich elliptisch, 3–10 cm lang, gezähnt, intensiv dunkelrote Herbstfärbung; Blüten in Büscheln, im Herbst weiß, rosa überhaucht, im Frühjahr tief rosa, stark duftend.
VORKOMMEN Cultivar (*V. farreri* x *V. grandiflorum* – Letzterer im Himalaja beheimatet).
WISSENSWERTES Der Hybrid-Schneeball zeigt ein ähnliches Blühverhalten wie der Duftende Schneeball, wobei die Blüte bereits im Herbst einsetzt. Der in Bodnant-Garden (Wales) vor etwa 70 Jahren erzeugte Bastard ist in Blatt- und Blütengröße sowie in der Blütenfarbe etwas kräftiger als sein einer Elter *V. farreri* (s. 4).

60

Laubbäume und -sträucher

Davids Schneeball
Viburnum davidii
Schneeballgewächse |70|

1 | 0,5–1 M | JUNI | STRAUCH | †

KENNZEICHEN Breit buschig, Zweige ausgebreitet bis niederliegend; immergrün, Blätter elliptisch bis lanzettlich, 5–15 cm lang, schwach gezähnt, dunkelgrün, ledrig derb; Blüten weißlich rosa, in flachen, bis 10 cm breiten Schirmrispen; dunkelblau bereifte, erbsenförmige Früchte.

VORKOMMEN Stammt aus China; wird in wintermilden Regionen Europas gepflanzt.

WISSENSWERTES Die Blätter dieses hübschen Kleinstrauchs erinnern mit ihrer markanten Nervatur ein wenig an Bambus und verleihen ihm schon auf den ersten Blick ein „fernöstliches" Flair.

Wintergrüner Duft-Schneeball
Viburnum x *burkwoodii*
Schneeballgewächse |70|

2 | 1–3 M | APR–MAI | STRAUCH

KENNZEICHEN Breit buschig; wintergrün, Blätter eiförmig, bis 7 cm lang, gezähnt, teils auch ganzrandig, oberseits glänzend dunkelgrün; Blüten in 6 cm breiten Rispen, anfangs rosa, später weiß, stark duftend.

VORKOMMEN Cultivar *(V. carlesii* x *V. utile)*

WISSENSWERTES In warmen Wintern behält diese Hybride nicht nur ihr Laub, sondern beginnt auch bereits im Dezember zu blühen. Der immergrüne Runzelblättrige Schneeball (S. 48) hat zwar gelegentlich ebenfalls schwach gezähnte Blätter – diese sind jedoch deutlich größer.

Hänge-Forsythie *Forsythia suspensa*
Ölbaumgewächse |63|

3 | 2–3 M | MÄRZ–APR | STRAUCH

KENNZEICHEN Zwei Wuchsformen: *F. suspensa* var. *fortunei* mit aufrechten, erst im Alter bogig überhängenden Zweigen (3b), *F. suspensa* var. *sieboldii* mit überhängenden bis niederliegenden Zweigen; Stängel hohl, nur an den Stängelknoten mit dichtem Mark; Blätter eiförmig, öfter auch 3-teilig, gesägt; Blüten gelb, trichterig, 4-zipflig, meist kurzgriffelig, erscheinen vor den Blättern (3a).

VORKOMMEN Aus Ostasien stammend, von dort nur als Gartenform bekannt.

WISSENSWERTES Die Hänge-Forsythie blüht spärlicher als die beiden anderen hier beschriebenen Arten, ihre Blüten sind zudem meist etwas kleiner und länger gestielt.

Grüne Forsythie
Forsythia viridissima
Ölbaumgewächse |63|

4 | 1–2,5 M | APR–MAI | STRAUCH

KENNZEICHEN Straff aufrecht; obere Stängelglieder mit gefächertem Mark gefüllt; Blätter elliptisch bis lanzettlich, meist nur obere Hälfte gesägt, violett getönte Herbstfärbung; Blüten grüngelb bis kräftig gelb, trichterig, 4-zipflig, langgriffelig, erscheinen vor den Blättern.

VORKOMMEN In China beheimatet; sehr anspruchslos, wächst in Sonne und Halbschatten.

WISSENSWERTES Die Forsythien zeigen Heterostylie, d. h. es gibt innerhalb einer Art Pflanzen mit unterschiedlich langem Griffel, so dass die Narbe teils über den Staubbeuteln (langgriffelig), teils unterhalb (kurzgriffelig) steht. Dies soll an sich Selbstbestäubung verhindern. Allerdings werden die kultivierten Forsythien seit jeher aus Stecklingen vermehrt, so dass die meisten Sorten im Grunde von einer Mutterpflanze abstammen und somit auch einheitliche Griffellängen haben. Als Früchte bilden Forsythien unauffällige braune Kapseln.

Hybrid-Forsythie, Goldglöckchen
Forsythia x *intermedia*
Ölbaumgewächse |63|

5 | 2–3 M | APR–MAI | STRAUCH

KENNZEICHEN Dicht verzweigt, Zweige teils aufrecht, teils überhängend; obere Stängelglieder mit gefächertem Mark gefüllt; Blätter eilänglich bis lanzettlich, selten 3-teilig, oft nur im oberen Teil gesägt; Blüten erscheinen vor den Blättern dicht gedrängt an den Zweigen, hell- oder dunkelgelb, trichterig, 4-zipflig, bis 5 cm Ø; Griffellänge je nach Stammform.

VORKOMMEN Entstand vor gut 100 Jahren im Botanischen Garten von Göttingen als Kreuzung aus *F. suspensa* und *F. viridissima*; häufig gepflanzte Forsythie, wächst auf fast jedem Boden in Sonne und lichtem Schatten.

WISSENSWERTES Forsythien blühen am mehrjährigen Holz, bei alten Zweigen lässt die Blühfreude jedoch stark nach, weshalb man alle 3 bis 4 Jahre nach der Blüte kräftig auslichtet. Um den 4. Dez. für die Vase geschnittene „Barbarazweige" blühen an Weihnachten auf, wenn man sie zunächst kühl und nach dem Knospenschwellen dann etwas wärmer stellt. Es sind vor allem die Hybrid-Forsythien, die im Frühjahr das Bild zahlreicher Gärten prägen. Die frostharten, anspruchslosen Sträucher werden in verschiedenen Sorten angeboten, die in den Gelbtönen der Blüten variieren.

Laubbäume und -sträucher

Sträucher der Gattung **Deutzia** sieht man häufig in Parks und Gärten, auch im städtischen Grün. Oft werden sie als Bestandteil von Gehölzgruppen oder Blütenhecken gepflanzt. Es handelt sich um robuste sommergrüne Gehölze, die an sonnigem Platz auf leicht feuchtem Boden am besten wachsen, aber auch lichten Schatten vertragen. Deutzien sind den nah verwandten *Philadelphus*-Arten (S. 68) recht ähnlich, haben aber im Gegensatz zu diesen stets hohle Zweige. Die Blüten der Deutzien sind 5-zählig und lassen oft deutlich die 10 gelben Staubbeutel erkennen. Die Blätter haben meist unregelmäßig gesägte Ränder.

Zierliche Deutzie *Deutzia gracilis*
Hortensiengewächse 54

1 0,5–1 M MAI–JUNI STRAUCH

KENNZEICHEN Buschig, rundlich, leicht überhängende Zweigspitzen; Blätter länglich eiförmig bis lanzettlich, 3–6 cm lang; Blüten rein weiß, in 5–10 cm langen, aufrechten Rispen.
VORKOMMEN In Japan beheimatet, dort an Waldrändern wachsend; sehr anspruchslos.
WISSENSWERTES Die reich blühende *D. gracilis* ist die zierlichste und niedrigste ihrer Gattung und lässt sich deshalb noch am einfachsten von den anderen unterscheiden. Sie setzt schon zeitig mit der Blüte ein und wird auch Maiblumenstrauch genannt. Die Zierliche Deutzie gehört zu den am häufigsten gepflanzten Arten ihrer Gattung. Sie wird einzeln oder in kleinen Gruppen gepflanzt und findet auch für niedrige Blütenhecken Verwendung.

Niedrige Deutzie, Glocken-Deutzie
Deutzia x *rosea*
Hortensiengewächse 54

2 1–1,5 M JUNI–JULI STRAUCH

KENNZEICHEN Dicht buschig, teils überhängende Zweigspitzen; Blätter eilänglich bis lanzettlich, 6–8 cm lang, unterseits silbrig behaart; Blüten annähernd glockig, außen hell rötlich, innen weiß, bis 2 cm Ø, in kurzen, dicht besetzten Rispen.
VORKOMMEN Hybridkreuzung aus *D. gracilis* und der chinesischen *D. purpurascens*.
WISSENSWERTES Von dieser gern für gemischte Blütenhecken genutzten Hybride gibt es verschiedene Sorten mit meist längeren Blütenrispen und stark bogig überhängenden oder ausgebreiteten Zweigen. Beliebt ist die besonders reich blühende 'Campanulata': Diese zeichnet sich durch sehr große, schalenförmige Blüten aus.

Hohe Deutzie, Rosen-Deutzie
Deutzia x *hybrida*
Hortensiengewächse 54

3 1,5–2 M JUNI STRAUCH

KENNZEICHEN Locker aufrechter Wuchs, die Seitenzweige leicht hängend; Blätter länglich eiförmig, 6–10 cm lang; Blüten sternförmig, rosa, im Verblühen weiß, bis 3 cm Ø, in doldenartigen Rispen.
VORKOMMEN Hybridkreuzung *(D. discolor* x *D. mezereum)*, meist in der hellrosa blühenden Sorte 'Mont Rose' gepflanzt.
WISSENSWERTES Der botanische Name dieses Strauchs beschreibt, was auch für andere kultivierte Deutzien typisch ist: Es handelt sich meist um Hybridkreuzungen aus verschiedenen ostasiatischen Arten. Schon vor etwa 150 Jahren begann die intensive züchterische Arbeit, die im Wesentlichen auf den Franzosen Pierre L. V. Lemoine zurückgeht. Nach ihm ist die heute noch gelegentlich gepflanzte, niedrig bleibende Hybride *D.* x *lemoinei* benannt.

Pracht-Deutzie *Deutzia* x *magnifica*
Hortensiengewächse 54

4 3–4 M JUNI STRAUCH

KENNZEICHEN Aufrecht, sparrig verzweigt, kräftige Triebe; Blätter länglich eiförmig, 4–6 cm lang; Blüten rein weiß, rosettenartig gefüllt, bis 3 cm Ø, in dichten, rundlichen Rispen.
VORKOMMEN Hybridkreuzung *(D. scabra* x *D. vilmoriniae)*.
WISSENSWERTES Der tatsächlich sehr prächtig blühende Strauch wird auch Große oder – ebenso wie *D.* x *hybrida* – Hohe Deutzie genannt und demonstriert so, dass es für die vielen Hybriden kaum einheitliche Volksnamen gibt.

Raublättrige Deutzie *Deutzia scabra*
Hortensiengewächse 54

5 2–4 M JUNI–JULI STRAUCH

KENNZEICHEN Straff aufrecht, sparrig verzweigt; Blätter eiförmig, 3–8 cm lang, beiderseits deutlich rau; Blüten weiß oder außen rosa, einfach oder gefüllt, meist in langen, schmalen Rispen.
VORKOMMEN Stammform in Japan und China heimisch.
WISSENSWERTES Größe, dichte Verzweigung ohne geschlossenen Wuchs und v. a. die rauen Blätter bieten hier am ehesten Hilfe beim Identifizieren der Art. Denn meist werden Sorten mit unterschiedlich gefüllten Blüten gepflanzt, die rein weiß, zart oder kräftig rosa sein können.

64

Laubbäume und -sträucher

Die breitbuschigen Sträucher der Gattung **Hydrangea** sind in Wäldern Ostasiens oder Nordamerikas beheimatet. In Europa findet man Hortensien fast nur als Kulturpflanzen, am häufigsten in Regionen mit wintermildem, feuchtem Klima, z. B. in der Bretagne. Trockenheit vertragen die Flachwurzler nicht, halbschattige Plätze werden bevorzugt, der Boden muss humos und möglichst kalkfrei sein. Im Sommer entfalten sich über den meist eiförmigen, gesägten Blättern an den Triebenden oft sehr große Blütenstände, die kugelig, flach oder kegelförmig sind. Sie bestehen aus meist 4-zipfligen Blüten, die in der Regel unterschiedlich geformt sind: die inneren kleiner und fruchtbar, die äußeren Blüten dagegen steril, aber auffällig gestaltet, um bestäubende Insekten anzulocken.

Rispen-Hortensie
Hydrangea paniculata
Hortensiengewächse 54

1 1–3 M AUG–SEPT STRAUCH

KENNZEICHEN Blätter elliptisch bis eiförmig, 5–15 cm lang, unterseits rau behaart und graugrün; Blüten weiß, teils rosa verblühend, in kegelförmigen, bis 30 cm langen Rispen; zumindest die unteren Einzelblüten 3–4 cm breit, teils mit kleineren abwechselnd; bei der Sorte 'Grandiflora' fast nur große, sterile Blüten.
VORKOMMEN In Ostasien beheimatet, dort oft bis zu 10 m hoch; frosthart.
WISSENSWERTES Die am häufigsten gepflanzte Züchtung 'Grandiflora' kommt auch mit sonnigen, etwas trockeneren Standorten ganz gut zurecht. Unterseits, oft zudem oberseits behaarte Blätter hat auch die Samt-Hortensie (*H. aspera*). Dass die meist dichte Behaarung nicht immer als samtig empfunden wird, zeigt der ebenfalls gebräuchliche Name Raue Hortensie. Sie stammt aus China und wird in Europa gelegentlich in verschiedenen Unterarten gepflanzt. Sie wächst meist nur schwach verzweigt, mit dicken Trieben und oft bis 30 cm langen Blättern. Die weißen oder rosa Blüten erscheinen etwas früher als bei der Rispen-Hortensie und stehen in Schirmrispen.

Garten-Hortensie
Hydrangea macrophylla
Hortensiengewächse 54

2 1–1,5 M JULI–SEPT STRAUCH

KENNZEICHEN Oft ausgeprägter Breitenwuchs, Blütenzweige aufrecht, dick; Blätter eiförmig, oft glänzend grün, meist grob gesägt oder gezähnt; zwei Formengruppen: eine mit ballförmigen oder halbkugeligen Blütenständen (**2a, 2b**), die andere mit flachen oder gewölbten Schirmrispen; ballförmige Stände mit 12–22 cm Ø, Blüten rot, rosa oder blau, sämtlich steril; Schirmrispen bis 20 cm Ø, innere, fertile Blüten oft blau, seltener rosa, äußere, sterile Blüten weiß, rosa oder hellviolett (**2c**).
VORKOMMEN In Japan und Korea beheimatet; Triebe frieren teils im Winter zurück, viele Sorten sind jedoch ausreichend frosthart.
WISSENSWERTES Verbreitete Sorten unter den Schirmrispen-Hortensien sind 'Blue Wave' (blau helllila) und 'Blue Bird' (blauweiß). Letztere zählt streng genommen zu *H. serrata*, einer früher als Varietät aufgefassten Art mit meist behaarten Zweigen. Die botanische Einordnung der zahlreichen Hybriden ist teils umstritten und recht unübersichtlich. Die Sorten mit Schirmrispen werden im englischen Sprachraum als „Lacecaps" (Spitzenhäubchen) zusammengefasst.
Unter den Ball-Hortensien, oft auch als Bauern-Hortensien bezeichnet, sind 'Alpenglühen' (karminrot), 'Masja' (tief rosarot) und 'Bouquet Rose' (rosa) am bekanntesten. Vor allem letztere zeigt eine ausgeprägte Abhängigkeit von der Bodenreaktion: Auf sauren Böden färben sich die Blüten leuchtend blau, auf neutralen Böden cremefarben bis zartrosa, auf basischen rot. Topf-Hortensien werden in Gärtnereien durch Zugaben von Kali-Alaun in die Erde blau gefärbt.

Wald-Hortensie
Hydrangea arborescens
Hortensiengewächse 54

3 2–3 M JULI–SEPT STRAUCH

KENNZEICHEN Blätter eiförmig bis elliptisch, bis 18 cm lang; Blüten weiß, sterile Blüten auch grünlich weiß; bei der reinen Art in flachen oder gewölbten, 5–15 cm breiten Blütenständen; bei den Sorten leicht abgeflachte Blütenbälle, bis 20 cm Ø, fast nur aus weißen, sterilen Blüten bestehend.
VORKOMMEN Im östlichen Nordamerika beheimatet; nur eingeschränkt frosthart.
WISSENSWERTES Die Sorten – meist 'Grandiflora' – sind auch als Schneeball-Hortensien bekannt. Sie zeigen ebenso wie die ballförmigen Garten-Hortensien die Veränderlichkeit von Pflanzengeschmäckern: Vor Jahrzehnten noch sehr beliebt und oft gepflanzt, galten die Gehölze zwischendurch als biedere „Oma-Blumen" und erlebten in letzter Zeit wieder eine Renaissance. Die Blütenstände wirken auch noch nach dem Verblühen im Herbst attraktiv. Forstgeschädigte Triebe gleich entfernen.

Laubbäume und -sträucher

Duftloser Pfeifenstrauch
Philadelphus inodorus var. *grandiflorus*
Hortensiengewächse | 54

1 | 2–3 M | JUNI–JULI | STRAUCH

KENNZEICHEN Breit aufrecht, überhängende Zweige, mit stark abblätternder Rinde; Blätter spitz eiförmig, 5–10 cm lang, schwach gezähnt; Blüten weiß, schalenförmig, 4-zählig, 5 cm Ø, nicht duftend, in kleinen Trauben entlang der Zweige.
VORKOMMEN Im östlichen Nordamerika beheimatet; frosthart und anspruchslos, für Sonne und Halbschatten.
WISSENSWERTES Die Pfeifensträucher sind nah mit Deutzien (S. 64) verwandt, haben aber anders als jene keine hohlen, sondern mit Mark gefüllten Zweige. Die Rinde älterer Pfeifensträucher löst sich oft auffällig in längeren Streifen ab.

Gewöhnlicher Pfeifenstrauch, Falscher Jasmin *Philadelphus coronarius*
Hortensiengewächse | 54

2 | 1–3 M | MAI–JUNI | STRAUCH

KENNZEICHEN Straff aufrecht, ältere Zweige bogig überhängend; Blätter spitz eiförmig, 6–9 cm lang, deutlich gezähnt; Blüten rahmweiß, schalenförmig, 4-zählig, 3–4 cm Ø, stark duftend, zu 5–11 in endständigen Trauben; Blüten meist einfach, aber auch gefüllte Formen; kleine 4-fächrige Fruchtkapsel.
VORKOMMEN Von Südeuropa bis zum Kaukasus verbreitet; in Wäldern, Gebüschen und an Waldrändern; bevorzugt kalkhaltige Standorte, gedeiht aber auf fast allen Böden und selbst in Schattenlagen, dort aber nur schwach blühend.
WISSENSWERTES Der Gewöhnliche Pfeifenstrauch wird seit dem 16. Jahrhundert in Mitteleuropa kultiviert und trägt auch Namen wie Garten-Jasmin oder Bauern-Jasmin. Mit der in Europa kaum vertretenen Gattung *Jasminum* (vgl. S. 80) hat er allerdings außer dem intensiven Duft nur wenig gemein.

Pfeifenstrauch, Virginal-Hybride
Philadelphus x *virginalis*
Hortensiengewächse | 54

3 | 1–3 M | JUNI | STRAUCH

KENNZEICHEN Aufrecht, buschig; Blätter 4–8 cm lang, gezähnt bis gesägt, unterseits behaart; Blüten weiß, gefüllt, 4–5 cm Ø, in Trauben, stark duftend.
VORKOMMEN Hybridkreuzung von *P.* x *lemoinei*; anspruchslos und frosthart.
WISSENSWERTES Die Virginal-Hybriden gehören zum Vermächtnis des französischen Gärtners Pierre L. V. Lemoine, der im 19. Jh. mehrere Deutzien, Hortensien und Pfeifensträucher züchtete, so auch den nach ihm benannten *P.* x *lemoinei*. Dieser Kreuzungselter der Virginal-Hybriden wächst sehr zierlich, wird meist nur 1 m hoch, hat sehr kleine Blätter und weiße, einfache oder gefüllte Blüten.

Scheinkerrie *Rhodotypos scandens*
Rosengewächse | 24

4 | 1–2 M | MAI–JUNI | STRAUCH

KENNZEICHEN Aufrecht, locker verzweigt; Blätter eiförmig, 5–10 cm lang, scharf doppelt gesägt, leicht behaart; Blüten weiß, 4-zählig, 4–5 cm Ø; anfangs rotbraune, später glänzend schwarzbraune Steinfrüchte, lange haftend.
VORKOMMEN In Ostasien beheimatet; sehr anspruchslos, verträgt Sonne wie Halbschatten und gedeiht noch auf trockenen Böden.
WISSENSWERTES Trotz seiner großen Blüten hat der Strauch nur mäßigen Zierwert und wird deshalb nur in Gehölzgruppen und Hecken gepflanzt. Er ähnelt der einfach blühenden Form des Ranunkelstrauches (*Kerria*, s. S. 178), deshalb der Name „Scheinkerrie".

Moosglöckchen *Linnaea borealis*
Geißblattgewächse | 71

5 | 0,2–0,3 M | JULI–AUG | KRIECHSTRAUCH

KENNZEICHEN Polster bildend mit kriechenden, dünnen, verholzenden Langtrieben, die sich an den Knoten bewurzeln; immergrün, Blätter eiförmig rundlich, kaum größer als 1 cm, gekerbt; Blüten meist zu 2, an aufrechten, krautigen Kurztrieben, hellrosa, innen dunkler geädert, nickend, glockig, 5-zählig, bis 1 cm lang; kleine einsamige Schließfrüchte.
VORKOMMEN In kühl gemäßigten und subarktischen Regionen Europas verbreitet; vorwiegend in moosreichen Nadelwäldern; in Mitteleuropa selten, geschützte Art, tritt in den Ländern rings um den Nordpol auf.
WISSENSWERTES Carl von Linné, 1707–1778, schwedischer Naturforscher, Arzt, Botaniker – auf diesen Namen samt Angaben stößt früher oder später jeder, der sich mit Pflanzen beschäftigt. Linné ist Begründer der binären Nomenklatur (zweiteilige Pflanzenbenennung mit Gattungs- und Artname) und schuf die Grundlagen für die heutige Pflanzensystematik. Es wird berichtet, dass das Moosglöckchen Linnés Lieblingspflanze war, und 1737 wurde die Gattung ihm zu Ehren als *Linnaea* benannt.

Laubbäume und -sträucher

Prächtiges Buschgeißblatt
Diervilla x *splendens*
Geißblattgewächse [71]

1 | 0,5–1,5 M | JUNI–AUG | STRAUCH

KENNZEICHEN Buschig; Blätter eiförmig-lanzettlich, 5–15 cm lang, gesägt; junger Laubaustrieb oft purpurrot, dunkelrote Herbstfärbung, Intensität standortabhängig; Blüten gelb, trichterförmig, 2-lippig, zu wenigen in rispenartigen Blütenständen; Ausläufer treibend.

VORKOMMEN In Nordamerika gekreuzte Hybride zweier dort vorkommender Wildarten; gedeiht in praller Sonne wie im Halbschatten auf fast jedem Boden, frosthart.

WISSENSWERTES Das Buschgeißblatt wird trotz seiner Anspruchslosigkeit in Europa nur gelegentlich gepflanzt. Aufgrund seiner Ausläuferbildung setzt man es meist als Bodendecker oder zur Böschungsbegrünung ein.

Liebliche Weigelie *Weigela florida*
Geißblattgewächse [71]

2 | 2–3 M | MAI–JUNI | STRAUCH

KENNZEICHEN Aufrecht, vieltriebig, bogig überhängende Zweige; Blätter elliptisch bis länglich eiförmig, 4–6 cm lang, gesägt, unterseits behaart; Blüten rosa, trichterförmig, 5-zipflig, Kelchblätter bis zur Mitte verwachsen, Blütenröhre unten eng, oberhalb des Kelchbechers sich gleichmäßig erweiternd, in achselständigen Rispen (**2a**).

VORKOMMEN In Nordchina und Korea beheimatet; in Mitteleuropa meist in Sorten und Hybriden gepflanzt; für Sonne und Halbschatten, anspruchslos, wüchsig und langlebig.

WISSENSWERTES Als „echte" *W.-florida*-Sorten werden meist eigentlich bleibende Züchtungen mit braunroten Blättern gepflanzt, v. a. die dunkelrosa blühende 'Purpurascens'. Bei den am häufigsten verwendeten Weigelien handelt es sich um Hybriden, die *W. florida* im Habitus sehr ähnlich sind und wohl auch diese Art als Elternteil haben. Verbreitete Hybrid-Sorten sind 'Bristol Ruby' (Blüte rubinrot), 'Eva Rathke' (karminrot) (**2b**) und 'Styriaca' (karminrosa).

Japanische Weigelie
Weigela japonica
Geißblattgewächse [71]

3 | 1–3 M | MAI–JUNI | STRAUCH

KENNZEICHEN Schmal aufrecht mit überhängenden Zweigen; Blätter ähnlich *W. florida*, aber beidseitig behaart; Blüten hellrot, beim Aufblühen fast weiß, Sorten auch mit einheitlicher Rotfärbung; Kelchblätter bis zum Grund frei, Blütenröhre unten eng, ab der Mitte sich plötzlich stark erweiternd.

VORKOMMEN In Japan beheimatet; ebenso genügsam wie *W. florida*.

WISSENSWERTES Die reine Wildform ist in Europa wohl kaum noch vorhanden; meist wurden Züchtungen gepflanzt, die sich durch zarte Blütenfarben auszeichnen. Bei Neupflanzungen in den letzten Jahrzehnten wurde *W. japonica* weit seltener verwendet als *W. floribunda* und ihre Hybriden.

Kolkwitzie *Kolkwitzia amabilis*
Geißblattgewächse [71]

4 | 2–3 M | MAI–JUNI | STRAUCH

KENNZEICHEN Breit, locker aufgebaut, Zweige im Alter überhängend; junge Triebe und Blattstiele borstig behaart; Blätter breit eiförmig, 4–7 cm lang, schwach gezähnt; Blüten glockig, 5-zipflig, rosa, im Schlund gelb, ca. 1,5 cm lang, in seitenständigen, büscheligen Trauben, duftend; bräunlich graue, behaarte Fruchtkapseln, lang haftend.

VORKOMMEN Stammt aus China; frosthart, hat dieselben bescheidenen Ansprüche wie die nah verwandten Weigelien, zudem rauchhart und stadtklimaverträglich.

WISSENSWERTES *Kolkwitzia* ist eine monotypische Gattung, d. h. es gibt nur diese eine Art. Der genügsame, elegant wirkende Strauch blüht reich und zuverlässig. Es ist verwunderlich, dass er nicht häufiger gepflanzt wird, zumal er kaum Pflege oder Schnitt benötigt.

Edel-Gamander
Teucrium chamaedrys
Lippenblütengewächse [68]

5 | 0,3–0,5 M | JULI–SEPT | HALBSTRAUCH

KENNZEICHEN Dicht buschig; immergrün, Blätter länglich eiförmig, 1–2,5 cm lang, gekerbt; kleine Lippenblüten mit sehr schmaler Oberlippe, rosa bis violett, in endständigen Scheinähren.

VORKOMMEN In wärmeren Kalkgebieten Europas bis gegen 53° n.B., in Alpen bis 1100 m, in England eingeschleppt; wird als niedrige Zierpflanze z. B. als Einfassung oder in Beeten gepflanzt; braucht sonnige Plätze, in rauen Lagen Winterschutz.

WISSENSWERTES Vom Berg-Gamander (S. 54) lässt sich diese Art außerhalb der Blütezeit gut anhand von Wuchsform und Blatträndern unterscheiden; außerdem sind die Blattunterseiten nicht weißfilzig.

Laubbäume und -sträucher

Spitz-Ahorn *Acer platanoides*
Ahorngewächse |44|

1 15–25 M | APR–MAI | BAUM

KENNZEICHEN Meist kurzstämmig, rundkronig; Blätter spitz 5- bis 7-lappig (**1a**), bogig gezähnt, 10–18 cm breit, glänzend grün, gelborange Herbstfärbung (**1c**), Blattstiele mit Milchsaft; Blüten vor dem Laubaustrieb, gelbgrün, 5-zählig in kurzen, aufrechten Rispen (**1b**); ab Sept. paarweise geflügelte Nüsschen, Flügel stumpfwinklig bis waagerecht abstehend.

VORKOMMEN In Mitteleuropa und Westasien verbreitet, vom Tiefland bis in gut 1000 m Höhe; in Laubmisch-, Auen- und Schluchtwäldern, in Feldgehölzen; auch vielfach gepflanzt, oft als Alleenbaum, und verwildert; wächst in Sonne und Halbschatten, auf allen Böden, kalkliebend.

WISSENSWERTES Der Spitz-Ahorn wird im Siedlungsbereich in mehreren Sorten gepflanzt. Auffällig sind Cultivare mit schwarzrotem Laub oder weiß gerandeten Blättern sowie die kugelkronige Form 'Globorum'.

Kolchischer Ahorn
Acer cappadocicum
Ahorngewächse |44|

2 10–15 M | MAI–JUNI | BAUM

KENNZEICHEN Kurzstämmig, breit rundliche, lockere Krone; Blätter mit 5–7 dreieckigen, ganzrandigen Lappen, 8–14 cm breit, goldgelbe Herbstfärbung; Blüten hellgelb, zu 10–15 in Rispen; Flügelnüsschen mit stumpfwinklig gespreizten Flügeln.

VORKOMMEN Im Kaukasus und Kleinasien beheimatet; als Park- und Straßenbaum gepflanzt, braucht Sonne und humose, eher feuchte Böden.

WISSENSWERTES Der häufig gepflanzte Cultivar 'Rubrum' hat im Austrieb leuchtend rote Blätter, die später vergrünen.

Zucker-Ahorn *Acer saccharum*
Ahorngewächse |44|

3 10–15 M | APR–MAI | BAUM

KENNZEICHEN Kurzstämmig, Krone kegelförmig bis kugelig; Blätter 5-lappig mit 3 großen Lappen und 2 kleinen Nebenlappen, gebuchtet, 8–15 cm lang, unterseits blaugrün, gelborange Herbstfärbung; Blüten grünlich gelb, lang gestielt, in hängenden, büscheligen Schirmrispen; Fruchtflügel spitzwinklig stehend.

VORKOMMEN In Nordamerika und Kanada beheimatet, dort bis 40 m hoch; seit etwa 1735 in Europa angepflanzt, meist als Straßenrandbaum, robust und anspruchslos.

WISSENSWERTES Das Blatt dieser Ahorn-Art ziert als Staatssymbol die Flagge Kanadas, wo v. a. in Quebec im großen Stil Zucker-Ahorn-Sirup gewonnen wird. Dazu werden vor dem Neuaustrieb, wenn im Febr./März die im Vorjahr gespeicherten Assimilate aufsteigen, die Stämme angebohrt und Röhrchen eingeführt, durch die der austretende Saft (mit bis zu 8% Zuckergehalt) in Sammeleimer tropft.

Französischer Ahorn
Acer monspessulanum
Ahorngewächse |44|

4 3–10 M | APR–MAI | BAUM

KENNZEICHEN Sparrig verzweigt, oft unregelmäßige Krone; Blätter mit 3 ausgeprägten, fast glattrandigen Lappen, 3–6 cm lang, an langen, rötlichen Stielen, gelbe Herbstfärbung; Blüten gelbgrün, in überhängenden, kurzstieligen Rispen; Fruchtflügel parallel, wie zusammengeklappt wirkend.

VORKOMMEN Im Mittelmeergebiet verbreitet, im westlichen Mitteleuropa nur in klimabegünstigten Lagen; bevorzugt Sonne und trockene, kalkhaltige Böden, wächst an Waldrändern und wird auch als Straßenbaum gepflanzt.

WISSENSWERTES Die Bestände in deutschen Weinbaugebieten an Mosel, Nahe, Rhein und Main resultieren wahrscheinlich aus einer vor langer Zeit vollzogenen Einbürgerung. Die Art wächst häufig in der Nähe von mittelalterlichen Festungsanlagen und wird deshalb auch Burgen-Ahorn genannt.

Schneeballblättriger Ahorn *Acer opalus*
Ahorngewächse |44|

5 8–15 M | APR | BAUM, STRAUCH

KENNZEICHEN Stamm kurz, oft schief und gedreht; Blätter 5-lappig, untere 2 Lappen klein und manchmal undeutlich, Ränder gezähnt bis gebuchtet, Herbstfärbung orangerot; Blüten vor den Blättern erscheinend, gelb, in hängenden, doldigen Rispen; Fruchtflügel spitzwinklig zueinander stehend.

VORKOMMEN In Südeuropa beheimatet; hat ähnliche Ansprüche wie der Französische Ahorn, ist allerdings noch frostempfindlicher; selten als Ziergehölz im Weinbauklima.

WISSENSWERTES Die in wärmeren Regionen gern als Straßenbaum gepflanzte Art wird auch Schneeball- oder Schneeballblättriger Ahorn genannt, da die Blattform an den Gewöhnlichen Schneeball (*Viburnum opulus*, S. 76) erinnert.

Laubbäume und -sträucher

Feld-Ahorn *Acer campestre*
Ahorngewächse · 44

1 · 5–15 M · MAI–JUNI · BAUM, STRAUCH

KENNZEICHEN Kurzstämmig, kegelförmige bis rundliche Krone, auch strauchig; junge Zweige mancher Bäume mit flügelartiger Korkleiste; Blätter 3- bis 5-lappig, 4–12 cm lang, Lappen meist stumpf, auch spitz, recht variabel; hellgrün, Herbstfärbung gelborange bis rot; Blüten gelbgrün, in aufrechten Rispen; paarige Flügelnüsschen mit waagrecht abgespreizten Flügeln.

VORKOMMEN In Mittel- und Südosteuropa heimisch, vielfach auch eingebürgert, häufig; im Tiefland und im Gebirge bis 900 m Höhe; wächst in Mischwäldern, Feldhecken, an Waldrändern, in Sonne und Halbschatten, bevorzugt kalkhaltige, etwas feuchte Böden.

WISSENSWERTES Der Feld-Ahorn ist ein ausgeprägter „Mehrnutzungs-Baum": Man pflanzt ihn gern als Landschaftsgehölz in Windschutzhecken und zur Bodenbefestigung, aber auch als Straßen- und Alleenbaum, als eindrucksvollen solitären Parkbaum oder als formierten Schnittheckenstrauch. Außerdem liefert er ein dekoratives rötliches Holz, das für Schreinerarbeiten geschätzt wird.

Rot-Ahorn *Acer rubrum*
Ahorngewächse · 44

2 · 7–15 M · MÄRZ–APR · BAUM

KENNZEICHEN Krone kegelförmig bis rundlich; Blätter 3- bis 5-lappig, fein gesägt, 6–10 cm lang, unterseits blaugrün, intensiv rote Herbstfärbung; Blüten vor dem Laubaustrieb, leuchtend rot, kurz gestielt in Büscheln; Früchte schon sehr früh entwickelt, Flügel rot und spitzwinklig zueinander stehend.

VORKOMMEN Im östlichen Nordamerika beheimatet; liebt Sonne und lichten Schatten, braucht frische bis feuchte, kalkfreie Böden.

WISSENSWERTES In seiner Heimat erreicht der Baum bis 40 m Höhe und trägt zum Farbenspiel des berühmten „Indian Summer" bei.

Rotstieliger Schlangenhaut-Ahorn
Acer capillipes
Ahorngewächse · 44

3 · 5–10 M · MAI · BAUM, STRAUCH

KENNZEICHEN Lockerer Kronenaufbau; Rinde olivgrün mit weißen Längsstreifen, Blattstiele rot; Blätter 3-lappig, fein gesägt, 6–12 cm lang, im Austrieb rötlich; im Herbst gelborange bis rot; Blüten gelblich, in hängenden Rispen; Fruchtflügel fast waagrecht abgespreizt.

VORKOMMEN Aus Japan; auffälliger Baum in Parks und Gärten, wächst auf humosen, kalkarmen Böden in Sonne und lichtem Schatten.

WISSENSWERTES Die Schlangenhaut- oder Streifen-Ahorne, zu denen auch die nachfolgende Art zählt, wirken durch die auffällige Rinde auch im Winter zierend. Im Frühjahr schmücken sie sich mit recht ansehnlichen Blüten. Sie wachsen in den ersten Jahren schnell, werden aber nicht allzu groß, so dass sie sich gut als Gartenbäume eignen.

Rostnerviger Ahorn
Acer rufinerve
Ahorngewächse · 44

4 · 7–10 M · MAI · BAUM

KENNZEICHEN Auch mehrstämmig strauchartig wachsend; Blätter in Form und Größe dem Schlangenhaut-Ahorn (s. 3) sehr ähnlich, jedoch Nerven unterseits rotbraun behaart, Blattstiele nicht rot; Herbstfärbung blassgelb bis hellrot; Blüten grünlich, rostrot behaart, in aufrechten, bis 15 cm langen Rispen; Fruchtflügel spitzwinklig zueinander stehend.

VORKOMMEN Japanische Art; Park-, Garten- und Straßenbaum an sonnigen oder leicht beschatteten Plätzen, für kalkarme, humose, nicht zu trockene Böden.

WISSENSWERTES Die Rinde dieses Ahorns präsentiert sich – nicht ganz so auffällig wie beim Schlangenhaut-Ahorn – mit hellen Streifen auf dunkel olivgrünem Hintergrund.

Fächer-Ahorn *Acer palmatum*
Ahorngewächse · 44

5 · 2–4 M · MAI · STRAUCH, BAUM

KENNZEICHEN Oft mehrstämmig mit breit ovaler Krone; Blätter tief eingeschnitten 5- bis 7-lappig, 6–10 cm breit, frisch grün mit leuchtend roter Herbstfärbung, teils auch ganzjährig rot; Blüten purpurfarben, in Rispen; Fruchtflügel reif rot, stumpfwinklig zueinander stehend.

VORKOMMEN In Japan und Korea beheimatet; attraktiver Ahorn für frische bis feuchte, leicht saure Böden; wächst in Sonne bis Halbschatten, im Jugendstadium frostempfindlich, verträgt Hitze und Trockenheit schlecht.

WISSENSWERTES Fächer-Ahorne haben, obwohl nicht ganz anspruchslos, in den letzten Jahrzehnten viele Gärten erobert. Häufig werden Sorten wie 'Atropurpureum' gepflanzt, mit ab Austrieb konstant dunkelroten Blättern oder Varietäten und Cultivare mit besonders farbenprächtigem Herbstlaub. Sehr beliebt ist auch die geschlitztblättrige *Dissectum*-Gruppe (S. 80).

Laubbäume und -sträucher

Berg-Ahorn
Acer pseudoplatanus
Ahorngewächse | 44 |

1 | 25–30 M | MAI | BAUM |

KENNZEICHEN Breite, hoch gewölbte Krone, ältere Bäume mit graubrauner, schuppiger Borke; Blätter 5-lappig, gesägt, 8–18 cm breit, oberseits dunkelgrün, unterseits hell und oft graugrün behaart, lang gestielt, goldgelbe Herbstfärbung; Blüten gelbgrün, in hängenden, bis 12 cm langen, traubenartigen Rispen; ab Sept. Flügelnüsschen mit spitzwinklig zueinander stehenden Flügeln.
VORKOMMEN In Mittel- und Südosteuropa heimisch; ursprünglich im Nordwesten fehlend, aber seit Jahrhunderten gepflanzt und eingebürgert; im Tiefland und im Gebirge (bis 1700 m Höhe); in Laubmisch- und in Auwäldern, in Schluchtwäldern, vorzugsweise auf tiefgründigen, feuchten, kalkhaltigen Böden in Sonne und Halbschatten; verträgt Hitze und Lufttrockenheit schlecht.
WISSENSWERTES Der Berg-Ahorn wird in der Landschaft ähnlich vielseitig eingesetzt wie der Feld-Ahorn (S. 74). Er lässt sich allerdings nicht strauchig ziehen und wird deutlich größer, teils mit kurzem, teils mit hohem, astfreiem Stamm. Stadtklima und Schadstoffe setzen ihm zu; im Siedlungsbereich kommt er v. a. als Dorf- und Hofbaum vor. Gern genutzt wird das fast weiße, relativ harte, aber leicht zu bearbeitende Holz. Es findet Verwendung als Möbelfurnier sowie zur Herstellung von Tischplatten oder auch Billardstöcken.

Silber-Ahorn
Acer saccharinum
Ahorngewächse | 44 |

2 | 15–20 M | MÄRZ | BAUM |

KENNZEICHEN Ausladende Krone mit überhängenden Zweigen; Blätter tief 5-lappig, 8–15 cm lang und breit, scharf gesägt, unterseits silbergrau (vgl. Name), gelbe Herbstfärbung; Blüten lange vor dem Laubaustrieb erscheinend, grün bis rötlich, in Büscheln; Fruchtflügel stumpfwinklig zueinander stehend.
VORKOMMEN Im östlichen Nordamerika beheimatet; Parkbaum für sonnigen Platz; frosthart, Äste windbruchgefährdet.
WISSENSWERTES Der in seiner Heimat auch für die Sirup- bzw. Zuckergewinnung verwendete Baum gehört zu den wenigen Ahorn-Arten, deren Blüten vor den Blättern erscheinen (vgl. auch „Schlüssel für blühende, blattlose Gehölze" S. 8ff.).

Feuer-Ahorn
Acer tataricum ssp. *ginnala*
Ahorngewächse | 44 |

3 | 5–7 M | MAI | STRAUCH, BAUM |

KENNZEICHEN Vieltriebig, lockerer Aufbau, Blätter 3-lappig mit meist deutlich größerem Mittellappen, gesägt, glänzend grün, leuchtend rote (und namengebende) Herbstfärbung; Blüten grünlich weiß, in aufrechten Rispen, duftend; Fruchtflügel rötlich, fast parallel zueinander angeordnet.
VORKOMMEN Stammt aus Ostasien; recht anspruchslose, winterharte Art für sonnige Standorte, wird einzeln und in Gruppen, auch in Windschutzhecken, gepflanzt.
WISSENSWERTES Der Feuer-Ahorn zählt zu den am häufigsten gepflanzten kleinen Ahorn-Arten. Er wurde lange als eigenständige Art, *A. ginnala*, betrachtet; heute ordnet man ihn als Unterart des Tataren-Ahorns (s. S. 58) ein.

Gewöhnlicher Schneeball
Viburnum opulus
Schneeballgewächse | 70 |

4 | 2–4 M | MAI–JUNI | STRAUCH | †

KENNZEICHEN Breit aufrecht, dicht verzweigt, Blätter 3- bis 5-lappig, grob gezähnt, 8–12 cm lang, unterseits meist behaart; orangerote Herbstfärbung; Blattstiele mit napfförmigen Nektardrüsen; Blüten weiß, 5-zählig, in flachen, bis 10 cm breiten Schirmrispen, innen mit kleinen Fruchtblüten, außen vergrößerte sterile Randblüten (**4a**); ab Aug. glänzend rote Steinfrüchte, schwach giftig (**4b**); bildet Ausläufer.
VORKOMMEN In ganz Mitteleuropa verbreitet und häufig, vom Tiefland bis in 1500 m Höhe; wächst in Sonne und Halbschatten, bevorzugt lehmige, feuchte, kalkhaltige Böden, verträgt Hitze und Trockenheit schlecht, ansonsten robust; oft in Landschaftshecken und zur Bodenbefestigung, auch an Ufern, verwendet, außerdem verbreitete Zierpflanze.
WISSENSWERTES Der Gewöhnliche Schneeball bildet ein flaches, aber weit verzweigtes Wurzelwerk, das mit Bodennässe außergewöhnlich gut zurechtkommt. Deshalb lässt er sich als so genannte „pumpende" Gehölzart zum Entwässern nasser Stellen einsetzen. Im Siedlungsbereich wird meist die seit gut 400 Jahren kultivierte Form 'Roseum' gepflanzt, auch als Garten-Schneeball bekannt (**4c**). Die Blüten bilden „echte" Schneebälle, rundlich mit bis zu 8 cm Ø, rein weiß und im Verblühen rosa. Sie bestehen lediglich aus sterilen Blüten (Vermehrung erfolgt nur durch Stecklinge).

Laubbäume und -sträucher

Gewöhnliche Rosskastanie
Aesculus hippocastanum
Rosskastaniengewächse [43]

1 | 15–25 M | APR–MAI | BAUM

KENNZEICHEN Meist kurzstämmig mit hoch gewölbter Krone, graubraune Schuppenborke; gefingerte Blätter mit 5–7 Teilblättchen, 10–25 cm lang, länglich verkehrt-eiförmig und kurz zugespitzt, unregelmäßig gesägt bis gezähnt, Entfaltung vor der Blüte (**1c**); gelbe oder braune Herbstfärbung; Winterknospen deutlich klebrig verharzt; Blüten weiß, erst mit gelben, dann mit roten Flecken, 5-zählig, in aufrechten, kegelförmigen, 12–18 cm langen Rispen (**1b**); Früchte rundlich, bis 6 cm Ø, dicht bestachelt (**1a**), mit den typischen braun glänzenden, ungenießbaren Samen mit großem hellen Nabel.
VORKOMMEN In den Balkanländern beheimatet, im 16. Jh. nach Mitteleuropa gebracht, heute vielerorts eingebürgert, als Park-, Alleen- und Dorfbaum gepflanzt; braucht nährstoffreichen, tiefgründigen Boden, empfindlich gegenüber Luftschadstoffen und Streusalz.
WISSENSWERTES Die Blüten der Gewöhnlichen Rosskastanie können sowohl zwittrig als auch eingeschlechtig männlich sein. Zwittrige wie männliche Blüten zeigen Insekten durch gelbe Flecken (Saftmale) im Schlund an, dass sie bestäubungsfähig sind; diese Flecken verfärben sich innerhalb kurzer Zeit rot. Die Rosskastanienfrüchte sind Kapseln, die bei Reife 3-klappig aufspringen und den stark bitterstoffhaltigen Samen freigeben.
Zu der Edel- oder Esskastanie *(Castanea sativa,* S. 140) besteht weder geschmacklich noch botanisch eine nähere Verwandtschaft. Die des Öfteren gepflanzte Kulturform *A. hippocastanum* 'Baumannii' bleibt kleiner, hat gefüllte Blüten und bildet keine Früchte.

Strauch-Rosskastanie
Aesculus parviflora
Rosskastaniengewächse [43]

2 | 2–4 M | JULI–AUG | STRAUCH

KENNZEICHEN Mehrtriebig, durch Bildung unterirdischer Ausläufer im Alter bis 10 m breit; Blätter im Austrieb bronzefarben, 5–7 Teilblättchen, gekerbt, 10–18 cm lang; unterseits stumpf weiß behaart, Herbstfärbung leuchtend gelb; Winterknospen nicht klebrig; aufrechte und 20–30 cm lange, pyramidale Rispen mit oft mehr als 100 Einzelblüten, diese weiß mit langen, roten Staubgefäßen; Früchte bei uns sehr selten.
VORKOMMEN Im südöstlichen Nordamerika beheimatet; wärmeliebend, jedoch recht frosthart; gedeiht in Sonne und Halbschatten auf nährstoffreichen, durchlässigen Böden.
WISSENSWERTES Die Strauch-Rosskastanie wurde in Europa erst im 19. Jh. in Kultur genommen. Das attraktive Gehölz sollte stets einzeln gepflanzt werden – nicht nur wegen der optischen Wirkung, sondern auch aufgrund des starken Breitenwuchses samt ausgeprägter Wurzelausbreitung, der direkte Nachbarpflanzen bald bedrängt. Die Blüten beginnen erst abends zu duften, da sie in der nordamerikanischen Heimat durch Nachtschmetterlinge bestäubt werden.

Pavie *Aesculus pavia*
Rosskastaniengewächse [43]

3 | 6–10 M | MAI–JUNI | STRAUCH, BAUM

KENNZEICHEN Glattrindiger Stamm; 5 Teilblättchen, 10–15 cm lang, meist unregelmäßig gesägt und kahl, gelbe Herbstfärbung; Winterknospen nicht klebrig; Blüten leuchtend rot, in lockeren, 10–15 cm langen Rispen, Kronblätter am Rand deutlich drüsig behaart; Früchte nicht bestachelt.
VORKOMMEN Im östlichen Nordamerika beheimatet; braucht nährstoffreiche, feuchte, durchlässige Böden, wärmeliebend.
WISSENSWERTES *Pavia* wurde früher als gesonderte Gattung angesehen; die Pavie hieß aufgrund der roten Blüten *Pavia rubra* und fand gelegentlich als attraktiver Alleenbaum Verwendung. Da gegenüber Streusalz, Trockenheit und starken Frösten empfindlich, wird die Art bei uns kaum noch gepflanzt und hat eher Bedeutung als Elternteil der nachfolgend beschriebenen Hybridkreuzung.

Rote Rosskastanie
Aesculus x *carnea*
Rosskastaniengewächse [43]

4 | 10–15 M | MAI | BAUM

KENNZEICHEN Kompakte runde Krone; meist 5 Teilblättchen, 10–20 cm lang, derb, oft leicht gewellt, scharf doppelt gesägt; Winterknospen kaum klebrig; Blüten rosa bis rot, in 12–20 cm langen Blütenständen, Kronblätter abgespreizt; Früchte kaum bestachelt, sehr selten.
VORKOMMEN Kreuzung von *A. pavia* mit *A. hippocastanum*, meist auf letztere veredelt; an sonnigen Plätzen in Parks, Alleen und großen Gärten, braucht nährstoffreichen tiefgründigen Boden.
WISSENSWERTES Häufig wird die Sorte 'Briotii' gepflanzt, wegen ihrer dunkelroten Blüten auch Scharlach-Rosskastanie genannt.

Laubbäume und -sträucher

Geschlitzter Japan-Ahorn
Acer japonicum 'Aconitifolium'
Ahorngewächse |44|

1 | 3–5 M | MAI | STRAUCH, BAUM

KENNZEICHEN Locker aufrechter Wuchs; Blätter tief fiederschnittig mit 9–11 Lappen, leuchtend orangerote Herbstfärbung; Blüten mit purpurroten Kelchblättern und rosa Kronblättern, in traubenartigen Rispen; rote Flügelnüsschen, Flügel fast rechtwinklig zueinander stehend.

VORKOMMEN In Parks und Gärten verbreitete Sorte der kaum gepflanzten japanischen Stammart; gedeiht am besten bei leichter Beschattung auf lockeren, humosen, kalkfreien Böden; im Jugendstadium frostempfindlich, leidet unter Hitze und Trockenheit; überhöhte Düngung kann die Herbstfärbung negativ beeinträchtigen.

WISSENSWERTES Die Stammart *A. japonicum* ist als Thunbergs Fächer-Ahorn bekannt. Dieser Name bezieht sich auf den schwedischen Botaniker und Arzt Carl Peter Thunberg (1743–1828), der die Art als Erster beschrieben und klassifiziert hat. Er war Schüler Carl von Linnés, weilte einige Zeit in Japan und verfasste danach seine „Flora japonica", eine Dokumentation und Klassifizierung der dortigen Pflanzenwelt.

Geschlitzter Fächer-Ahorn
Acer palmatum Dissectum-Grp.
Ahorngewächse |44|

2 | 1–3 M | MAI | STRAUCH

KENNZEICHEN Mehrstämmig, breit halbkugelig bis schirmförmig ausgebreitet; Blätter tief fiederschnittig, bis fast an die Basis eingeschlitzt, mit 5–7 schmalen, filigran wirkenden Lappen; Blüten und Früchte unauffällig.

VORKOMMEN Cultivare der nicht geschlitzten Stammart (S. 74) mit denselben Ansprüchen; auffällige Gehölze in Parks und Gärten.

WISSENSWERTES *A. palmatum* 'Dissectum' wird auch Schlitz-Ahorn genannt und hat hellgrüne Blätter, die sich im Herbst leuchtend gelb bis orange färben. Ab Austrieb beständig rote bzw. rotbraune Blätter haben 'Dissectum Garnet' sowie die kleiner bleibende, dunkler belaubte Sorte 'Dissectum Nigrum'. Das geschlitzte, feine Laub dieser Formen bedingt eine recht hohe Verdunstung und damit erhöhte Ansprüche an die Bodenfeuchtigkeit. Nicht zuletzt deshalb werden schlitzblättrige Ahorne häufig in die Nähe eines Teichs gepflanzt. Ebenfalls tief geteilt sind die Blätter von Sorten der Linearilobum-Gruppe. Ihre Zipfel sind sehr schmal und wenig oder nicht gesägt.

Eschen-Ahorn *Acer negundo*
Ahorngewächse |44|

3 | 10–20 M | MÄRZ–APR | BAUM, STRAUCH

KENNZEICHEN Breite, locker aufgebaute Krone; Blätter gefiedert mit 5–7 Teilblättchen, diese eiförmig bis länglich eiförmig, 5–10 cm lang, unregelmäßig gesägt, Herbstfärbung blassgelb; Blüten erscheinen vor Laubaustrieb, gelblich, in hängenden Rispen; Fruchtflügel spitz- oder stumpfwinklig zueinander stehend (**3a**).

VORKOMMEN Stammt aus Nordamerika; im 17. Jh. nach Europa eingeführt; wächst in Sonne und Halbschatten auf fast allen Böden, robust und anspruchslos. Deshalb findet man ihn auch des Öfteren verwildert, und zwar nicht nur im engeren Siedlungsbereich (Bahnhofgelände etc.), sondern oft fernab an Ufern und in Auwäldern. Am Oberrhein gilt er mittlerweile als eingebürgert.

WISSENSWERTES Verbreitet angepflanzt werden panaschierte (buntlaubige) Formen des Eschen-Ahorn, die deutlich kleiner bleiben und oft nur 5 m Höhe erreichen (**3b**). Die Sorte 'Aureomarginatum' hat goldgelb gefleckte Blätter, bei 'Variegatum' sind die Teilblättchen weiß gerandet, bei 'Flamingo' zeigen sie im Austrieb rosa überhauchte Ränder, die später zu Weiß aufhellen. Bei den buntlaubigen Sorten können immer wieder Triebe mit normalen, nicht gefärbten Blättern wachsen, die möglichst bald entfernt werden sollten.

Winter-Jasmin
Jasminum nudiflorum
Ölbaumgewächse |63|

4 | 2–3 M | DEZ–APR | STRAUCH

KENNZEICHEN Rutenartige, grüne, vierkantige Zweige, bogig überhängend oder in die Höhe klimmend; Blätter erscheinen nach der Blüte, 3-zählig, mit lanzettlichen Teilblättchen; Blüten gelb, entlang den vorjährigen Zweigen, mit ausgebreiteter, 6-zipfliger Krone auf schmaler Kronröhre.

VORKOMMEN In Nordchina und Japan beheimatet; bevorzugt nährstoffreichen Boden an sonnigem, höchstens halbschattigem Platz in nicht zu rauer Lage.

WISSENSWERTES Als einer der seltenen Winterblüher zählt *J. nudiflorum* zu den besonders beliebten, häufig gepflanzten Ziergehölzen. Der Spreizklimmer „drückt" seine langen Zweige in die Höhe; um ihn als Kletterpflanze zu ziehen, muss man jedoch durch Aufbinden etwas nachhelfen. Der Winter-Jasmin ist die einzige Jasminart, die in Mitteleuropa häufiger gepflanzt wird.

Laubbäume und -sträucher

Kolchische Pimpernuss
Staphylea colchica
Pimpernussgewächse [23]

1 | 2–4 M | MAI | STRAUCH

KENNZEICHEN Straff aufrechter Wuchs; Blätter 5–8 cm lang, unpaarig gefiedert, mit 5, an den Blütenzweigen oft nur mit 3 eiförmigen Teilblättchen; Blüten weiß, glockenförmig, 5-zählig, in aufrechten oder nickenden, bis 10 cm langen Rispen, leicht duftend; gelbgrüne, 4–5 cm lange Kapselfrüchte, blasig aufgetrieben, hängend, mit braunen Samen.

VORKOMMEN Im Kaukasus beheimatet; Zierstrauch in Parks und Gärten, wächst in Sonne und Halbschatten, recht anspruchslos.

WISSENSWERTES Die Pimpernuss-Arten sind frosthart, gedeihen aber nur auf sommerwarmen Plätzen gut. Wohl auch deshalb fanden sie keine große Verbreitung als Ziersträucher.

Gewöhnliche Pimpernuss
Staphylea pinnata
Pimpernussgewächse [23]

2 | 2–5 M | MAI–JUNI | STRAUCH

KENNZEICHEN Aufrecht, mäßig verzweigt; Blätter bis 25 cm lang, unpaarig gefiedert, mit 5–7 elliptischen Fiederblättchen; diese bis 10 cm lang, oberseits frisch grün, unterseits blaugrün, Ränder gesägt; Blüten weiß bis gelblich, glockenförmig, 5-zählig, in hängenden Rispen, leicht duftend; ab Sept. blassgrüne, bis 5 cm große, hängende Kapselfrüchte, blasig aufgetrieben, enthalten kugelige, hellbraune Samen.

VORKOMMEN In Südosteuropa bis Westasien verbreitet, nördlich bis Süddeutschland, selten; an sonnigen Waldrändern, auf durchlässigen, humosen, kalkhaltigen Böden; gelegentlich in Hecken und Gehölzgruppen gepflanzt.

WISSENSWERTES Die nussähnlich harten Samen sind ab Spätherbst essbar, allerdings nicht sonderlich wohlschmeckend. Die reifen Früchte öffnen sich kaum und bleiben lange am Baum hängen. Bei Windbewegung verursachen die harten Samen darin ein rasselndes Geräusch, das früher als „pümpern" bezeichnet wurde, daher der Name Pimpernuss.

Schwarzer Holunder
Sambucus nigra
Holundergewächse [69]

3 | 2–7 M | JUNI | STRAUCH, BAUM | †

KENNZEICHEN Aufrecht, sparrig verzweigt, mit überhängenden Trieben, seltener als schiefwüchsiger Baum; Zweige mit weißem Mark; Blätter 10–30 cm lang, unpaarig gefiedert, meist 5-zählig, Teilblättchen eiförmig bis elliptisch, lang zugespitzt; Blüten weiß, in 10–15 cm breiten, flachen Schirmrispen, streng riechend; ab Sept. glänzend schwarze, erbsengroße runde, beerenähnliche Steinfrüchte.

VORKOMMEN In Europa fast überall verbreitet und häufig, vom Tiefland in etwa 1600 m Höhe; oft in Siedlungsnähe an Waldrändern, auf Lichtungen, an Böschungen; häufig in gemischten Feldhecken gepflanzt. Wächst in Sonne wie Halbschatten, bevorzugt auf stickstoff- und kalkreichen Böden, empfindlich gegen Trockenheit, sonst sehr robust.

WISSENSWERTES Trotz der bekannten Fruchtverwendung für Holunderbowle u. Ä. sind die Steinfrüchte im wahrsten Sinne des Wortes mit Vorsicht zu genießen. Roh oder gar unreif können sie empfindliche Verdauungsstörungen verursachen. Erst nach Kochen werden die Giftstoffe in den Samenkernen zerstört.
Da die herbsüßen Früchte als Grundlage für Marmeladen, Säfte und Alkoholika recht beliebt sind, wird des Öfteren eine großfrüchtige Form des Kanadischen Holunders, *S. canadensis* 'Maxima', gepflanzt. Deren Blätter sind meist 7-zählig und oberseits seidig glänzend, die Schirmrispen dieser Form erreichen einen Durchmesser von bis zu 40 cm.

Trauben-Holunder
Sambucus racemosa
Holundergewächse [69]

4 | 2–4 M | APR–MAI | STRAUCH | †

KENNZEICHEN Breit aufrecht, schwächer verzweigt als der Schwarze Holunder; Zweige mit gelbbraunem Mark; Blätter 10–25 cm lang, unpaarig gefiedert, meist 5-zählig, Teilblättchen eiförmig bis lanzettlich, 5–8 cm lang, scharf gesägt; Blüten teils schon vor dem Laubaustrieb, grünlich weiß, 5-zählig, in eiförmigen, 5–10 cm langen Rispen; ab Aug. scharlachrote erbsengroße runde Steinfrüchte.

VORKOMMEN In Mitteleuropa verbreitet, im Nordosten teils durch Einbürgerung vielfach gepflanzt; im Tiefland und in den Alpen bis 1800 m Höhe, in Mischwäldern, an Felshängen, in Hecken und Gebüschen. In den Standortansprüchen dem Schwarzen Holunder ähnlich, jedoch Kalk meidend.

WISSENSWERTES Die Früchte können ebenso – und mit denselben Einschränkungen (nur reif und gekocht, möglichst ohne Samen) – verwendet werden wie die des Schwarzen Holunders. Allerdings wird ihr etwas anderer Geschmack nicht immer gleich hoch eingeschätzt.

Laubbäume und -sträucher

Blumen-Esche, Manna-Esche
Fraxinus ornus
Ölbaumgewächse | 63

1 | 5–15 M | MAI–JUNI | BAUM

KENNZEICHEN Oft mehrstämmig, Krone rundlich; Blätter 15–30 cm lang, unpaarig gefiedert, mit 7 bis 9 lanzettlichen, stumpf gesägten, gestielten Teilblättchen; Blüten vor den Blättern erscheinend, klein, weiß, 4-zählig, in nickenden Rispen; ab Sept. einseitig geflügelte Nüsschen, bräunlich, lange haftend.

VORKOMMEN Aus dem östlichen Mittelmeerraum stammend; in Mitteleuropa gelegentlich auf tiefgründigen, kalkhaltigen Böden als Forstbaum gepflanzt, regional eingebürgert; kommt nur in sommerwarmen und wintermilden Gegenden durch, dort auch als Parkbaum.

WISSENSWERTES Die Blumen-Esche sondert aus Stammrissen einen bräunlichen Saft ab, der sich beim Austreten verhärtet. Dieses „Manna", das hauptsächlich aus einem honigartig riechenden Alkohol besteht, wurde in früheren Zeiten in Italien durch großflächigen Anbau des Baums wirtschaftlich genutzt.

Gewöhnliche Esche
Fraxinus excelsior
Ölbaumgewächse | 63

2 | 15–35 M | APR–MAI | BAUM

KENNZEICHEN Kurz- oder langstämmig mit runder Krone; junge Rinde glatt und hell olivgrau, später dicht rissige Borke; Blätter bis 40 cm lang, unpaarig gefiedert mit 9 bis 13 lanzettlichen, fein gesägten Blättchen, die seitlichen sitzend, nur Endfieder gestielt; Blüten vor den Blättern erscheinend, rötlich grün in seitenständigen Rispen; ab Sept. einseitig geflügelte Nüsschen, bräunlich, lange haftend.

VORKOMMEN In Mitteleuropa vom Tiefland bis in die Alpen in ca. 1400 m Höhe, in oft fast reinen Beständen in Au- und Schluchtwäldern; wärme- und sonneliebend, wächst auf nährstoffreichen, tiefgründigen, feuchten Böden, leidet unter Spätfrösten im Frühjahr, durch die nicht selten Blüten und junge Blätter erfrieren.

WISSENSWERTES Von der Gewöhnlichen Esche gibt es mehrere Formen, die in Parks und Alleen als Zierbäume anzutreffen sind. Am verbreitetsten sind die „Hänge-Esche" sowie Formen mit ungeteilten, eiförmigen Blättern. Die Esche liefert wertvolles Nutzholz, das als Edelfurnier und beim Schreiner vielfältige Verwendung findet (z.B. für Werkzeugstiele, Sportgeräte, Musikinstrumente). Einst war es Bauholz und diente als Material für Waffen (Speere, Pfeile usw.).

Weiß-Esche *Fraxinus americana*
Ölbaumgewächse | 63

3 | 15–30 M | APR–MAI | BAUM

KENNZEICHEN Langer, gerader Stamm, gewölbte Krone, gefurchte Rinde; Blätter unpaarig gefiedert mit 5 bis 9 schwach gezähnten Blättchen, unterseits weißgrün; Blüten vor den Blättern erscheinend, unscheinbar, in hängenden Rispen; ab Sept. einseitig geflügelte Nüsschen.

VORKOMMEN In Nordamerika beheimatet; in Mitteleuropa selten, wurde versuchsweise in Forsten eingebracht, da in seiner Heimat ein wertvolles Nutzholz; braucht feuchten, nährstoffreichen, tiefgründigen Boden.

WISSENSWERTES Der schlanke, rasch wachsende Baum ist gelegentlich in bachdurchflossenen Parks in Ufernähe anzutreffen.

Amur-Korkbaum
Phellodendron amurense
Rautengewächse | 39

4 | 10–15 M | JUNI | BAUM

KENNZEICHEN Trichterförmige Krone, im Alter bis 12 m breit, Borke korkig, tief gefurcht; Blätter bis 35 cm lang, mit 5–13 eilanzettlichen Fiederblättchen, oberseits dunkelgrün, unterseits blaugrün, sattgelbe Herbstfärbung; Blüten gelbgrün, in flaumhaarigen Rispen; erst grüne, dann schwarze Steinfrüchte, ungenießbar.

VORKOMMEN Aus China und Japan stammend; auffälliger Baum in Grünanlagen, frosthart, liebt Sonne und feuchte Böden.

WISSENSWERTES Zur Ausbildung der brombeerähnlichen Früchte kommt es in unseren Parks kaum, da beim zweihäusigen Amur-Korkbaum dafür wenigstens je ein männliches und ein weibliches Exemplar nötig ist.

Fiederschnittige Perowskie
Perovskia abrotanoides
Lippenblütengewächse | 68

5 | 0,6–1,2 M | AUG–SEPT | HALBSTRAUCH

KENNZEICHEN Vieltriebig aufrecht, kaum verzweigt; Blätter 4–6 cm lang, fiederschnittig mit linealischen Abschnitten, silbergrau, aromatisch duftend; Blüten lilablau, klein, zahlreich in bis 45 cm langen endständigen Scheinähren.

VORKOMMEN In Westasien heimisch; gedeiht auf sonnigen, trockenen Standorten; kalkliebend, in rauen Lagen Winterschutz nötig.

WISSENSWERTES Die auch Blauraute genannte Perowskie ist seit einiger Zeit ein beliebter Spätblüher in Parks und Gärten.

Laubbäume und -sträucher

Bambusgräser bilden innerhalb der Süßgräser die Unterfamilie **Bambusoideae**. Da die Halme der immergrünen Gräser meist ausdauernd wachsen und verholzen, werden sie den Gehölzen zugerechnet. In Mitteleuropa findet man fast nur Arten aus kühleren Regionen Ostasiens, die hier hinreichende Winterhärte zeigen. Sie leiden jedoch unter austrocknenden, kalten Winden sowie praller Wintersonne und brauchen einen geschützten Standort, auf lockeren, nährstoffreichen, eher feuchten Böden. Die Klassifizierung der Bambusse gestaltet sich recht uneinheitlich, nicht zuletzt, weil die Blüte als wichtiges Gattungs- und Artmerkmal oft nur alle 30 bis 120 Jahre erscheint.

Schwarzrohr-Bambus
Phyllostachys nigra
Süßgrasgewächse 76

1 3–6 M STRAUCH

KENNZEICHEN Halme im Austrieb oliv, dann dunkelbraun gepunktet, später glänzend schwarz, mit abgeflachten Furchen, deshalb auch als Schwarzer Unrund bekannt; Knoten mit 2 bis 3 Seitenhalmen; Blätter lanzettlich, 5–15 cm; kräftige Ausläuferbildung aus Rhizomen (Wurzelstöckchen) **(1a)**.
VORKOMMEN Aus Ostchina; mäßig frosthart; wächst auch im Halbschatten, Halmausfärbung jedoch in der Sonne stärker.
WISSENSWERTES Der sonst sehr ähnliche Zickzack-Bambus *(Phyllostachys flexuosa)* **(1b)** ändert teils an Verzweigungsstellen die Wuchsrichtung, so dass manche Halme „zickzackartig" aussehen. *Phyllostachys*-Arten bilden in ihrer asiatischen Heimat oft armdicke Halme aus und werden dort sehr gerne und häufig als Baumaterial genutzt. Zu dieser Gattung gehören auch die Bambusse, von denen man die jungen Sprossen verzehrt.

Gelbbunter Buschbambus *Pleioblastus auricoma* (*Arundinaria viridistriata*)
Süßgrasgewächse 76

2 0,5–2 M STRAUCH

KENNZEICHEN Buschiger Wuchs; Halme rund, mit deutlichen Blattscheiden, an den oberen Knoten 3 bis 7 Seitenhalme; Blätter lanzettlich, 10–20 cm lang, grün-gelb gestreift, unterseits weich behaart; zahlreiche kurze Ausläufer.
VORKOMMEN Aus Japan; mäßig frosthart; bevorzugt halbschattige Plätze.
WISSENSWERTES Die meist niedrig bleibende Art wird gern als Bodendecker und für Unterpflanzungen verwendet.

Palmwedel-Zwergbambus
Sasa palmata
Süßgrasgewächse 76

3 1–2 M STRAUCH

KENNZEICHEN Breit buschig; verdickte Knoten mit meist nur einem Seitenhalm; Blätter bis 30 cm lang und fast 10 cm breit, oft rechtwinklig vom Halm abstehend; kriechende Ausläufer.
VORKOMMEN Aus Japan; frosthart; bevorzugt Halbschatten.
WISSENSWERTES Meist wird die Form bzw. Sorte 'Nebulosa' mit purpurbraunen Flecken auf den Halmen gepflanzt.

Pfeilbambus *Pseudosasa japonica*
Süßgrasgewächse 76

4 1,5–3 M STRAUCH

KENNZEICHEN Dicht buschig; Halme im oberen Bereich an jedem Knoten mit einem Seitenhalm, daran fächerartig angeordnete, bis 30 cm lange Blätter; kriechende Ausläufer.
VORKOMMEN Aus Japan und Korea; Frosthärte umstritten, bevorzugt Halbschatten.
WISSENSWERTES Den Pfeilbambus konnte man bereits in den 80er Jahren in der Blüte erleben. Anders als beim Schirmbambus starben nicht alle Exemplare ab, sondern hatten nach einigen Jahren wieder vitale Bestände gebildet.

Hellgrüner Schirmbambus
Fargesia murielae (*Sinarundinaria murielae*)
Süßgrasgewächse 76

5 2–4 M STRAUCH

KENNZEICHEN Bildet Horste, mit den Jahren Halme breit schirmartig überhängend; junge Halme weiß bereift, später gelbgrün, ab dem 2. Jahr 3 und mehr Seitenhalme an den Knoten; Blätter lanzettlich, 7–12 cm lang, hellgrün; kaum Ausläuferbildung.
VORKOMMEN Aus Mittelchina; frosthart, wächst in Halbschatten und Sonne.
WISSENSWERTES Mitte der 90er Jahre begannen fast alle Exemplare dieser Art nahezu weltweit zu blühen. Dies geschieht bei *F. murielae* nur etwa alle 80 bis 100 Jahre und hat zur Folge, dass die Pflanzen unweigerlich absterben. Aus den großen Grasblüten **(5a)** bilden sich getreideähnliche Körner (Karyopsen). Diese wurden von Züchtern genutzt, um neue Pflanzen anzuziehen und Rassen bzw. Sorten auszulesen. Der Dunkelgrüne Schirmbambus *(F. nitida)* **(5b)** mit teils purpurn gefärbten Halmen und dunkelgrünen Blättern ist der hellgrünen Art recht ähnlich und gilt als noch frosthärter.

Laubbäume und -sträucher

Sal-Weide, Palm-Weide
Salix caprea
Weidengewächse | 50

1 | 2–10 M | MÄRZ–MAI | STRAUCH, BAUM

KENNZEICHEN Als Strauch aufrecht, als Baum oft mit schiefem, früh hohlem Stamm; Blütenkätzchen vor dem Laubaustrieb, anfangs dicht silbrig pelzig, meist aufrecht; Kätzchen der männlichen Pflanzen eiförmig, 2–3 cm lang; Kätzchen der weiblichen Pflanzen kürzer, sich beim Aufblühen streckend; Blätter sehr variabel, länglich elliptisch bis rund, 6–10 cm lang, oberseits graugrün, unterseits dicht graufilzig, ganzrandig, seltener gezähnt (s. auch Weiden mit gezähnten oder gesägten Blättern, S. 124–130); ab Juni grauwollige Fruchtkätzchen.

VORKOMMEN In Mittel- und Westeuropa, vom Tiefland bis in 1800 m Höhe, durch Pflanzung und Auswilderung häufig; besiedelt vor allem Kahlschläge, Waldränder, aufgelassene Steinbrüche und Kiesgruben. Bevorzugt sonnige Standorte auf nährstoffreichem, lockerem, feuchtem Lehmboden.

WISSENSWERTES Weiden sind zweihäusig, d. h. männliche und weibliche Blüten stehen getrennt an verschiedenen Pflanzen. Bei den Kätzchen handelt es sich um ährenartige Blütenstände mit zahlreichen Einzelblüten ohne Blütenhülle. Dichte, langhaarige Tragblätter bewirken das pelzige Aussehen der Kätzchen. Männliche wie weibliche Blüten haben walzliche Nektarien, die zahlreiche Insekten anlocken. An den unscheinbaren Fruchtständen stehen kleine, sehr samenreiche Kapseln. Die Samen sind mit einem Haarschopf versehene „Flieger".
Die Sal-Weide wird in verschiedenen Züchtungen als Zierstrauch kultiviert, wobei aufgrund der attraktiveren Kätzchen fast nur männliche Exemplare Verwendung finden. Häufig sieht man *S. caprea* 'Pendula', die Hänge-Kätzchen-Weide, die auf Stämmchen veredelt wird und lang herabhängenden Triebe bildet.

Korb-Weide *Salix viminalis*
Weidengewächse | 50

2 | 2–10 M | MÄRZ–APR | STRAUCH, BAUM

KENNZEICHEN Strauch mit langen, schlanken Zweigen oder schiefstämmiger Baum mit bald hohlem Stamm; Kätzchen vor den Blättern erscheinend, länglich walzenförmig, 2–4 cm lang, männliche Kätzchen seidig grau mit gelben Staubgefäßen, weibliche grün; Blätter schmal lanzettlich, bis 15 cm lang, Ränder nach unten gerollt, unterseits seidig behaart; ab Mai grauwollige Fruchtkätzchen.

VORKOMMEN Wild in fast ganz Europa, v. a. in Flussauen und Feuchtwiesen, in Ufer- und Bachgehölzen an sonnigen Stellen. Häufig angepflanzt, früher vielfach zur Nutzung der Zweige als Flechtmaterial und als Dorfbaum; heute als Pioniergehölz in Feuchtzonen und als Vogelschutzgehölz für Höhlenbrüter.

WISSENSWERTES Die Korb-Weide wächst auch in Überschwemmungsgebieten, wo sie im unteren Stammbereich spezielle Wasserwurzeln ausbildet, die nach Sinken des Wasserstands als Wurzelfilz sichtbar werden. Die zähen, gut biegsamen Zweige verwendete man früher häufig für die Korbflechterei. Zur Förderung des Neuaustriebs wurden die Weiden regelmäßig und radikal zurückgeschnitten. Dies führte zum typischen Erscheinungsbild der Kopf-Weiden, das man heute im Rahmen der Landschaftspflege wieder fördert.

Kübler-Weide *Salix* x *smithiana*
Weidengewächse | 50

3 | 5–6 M | MÄRZ–APR | STRAUCH, BAUM

KENNZEICHEN Straff aufrecht, als Baum mit schmaler Krone; Kätzchen vor dem Blattaustrieb, männliche Kätzchen eiförmig, gelb; Blätter lanzettlich, bis 6–12 cm lang, unterseits graufilzig; Fruchtkätzchen grau behaart.

VORKOMMEN Kreuzung von Sal-Weide und Korb-Weide *(S. caprea x S. viminalis)*; robustes Feld- und Landschaftsgehölz.

WISSENSWERTES Imker schätzen diese Art besonders als frühe Bienenweide. Gepflanzt werden meist nur männliche Exemplare. Insektenbestäubung (Lockmittel: Nektar und Pollen) ist bei Weiden üblich, auch wenn Windbestäubung möglich ist und häufig vorkommt.

Woll-Weide *Salix lanata*
Weidengewächse | 50

4 | 0,8–1 M | APR–MAI | STRAUCH

KENNZEICHEN Breitwüchsig, sparrig verzweigt; Zweige dicht weißwollig behaart (vgl. Name), knorrig; Kätzchen nach dem Laubaustrieb erscheinend, männliche Kätzchen bis 5 cm lang, gelb; Blätter breit elliptisch, 3–6 cm lang, jung dicht seidig behaart, später kahl, graugrün, derb.

VORKOMMEN In Nordeuropa verbreitet, vom südlichen Skandinavien bis zum Polarkreis; gelegentlich gepflanzt; wächst in der Sonne auf frischen, vorzugsweise sauren Böden.

WISSENSWERTES Die Woll-Weide ist ein auffälliger, attraktiver Kleinstrauch, der vorwiegend in Gewässernähe eingesetzt wird.

Laubbäume und -sträucher

Kraut-Weide *Salix herbacea*
Weidengewächse [50]

1 0,1–0,8 M | JUNI–AUG | ZWERGSTRAUCH

KENNZEICHEN Nur diesjährige, krautige Triebspitzen über der Erdoberfläche, Äste und Zweige im Boden kriechend; Kätzchen mit den Blättern erscheinend, knopfartig, männliche Kätzchen anfangs rotviolett, später gelb; Blätter rundlich, 1–2 cm lang, beidseits glänzend grün, Rand manchmal kerbig gesägt.

VORKOMMEN Arktisch-alpine Art, in den Alpen und Sudeten (Riesengebirge) oberhalb der Waldgrenze und bis über 3000 m Höhe; besiedelt Schneemulden und Schneetälchen, hochalpine Sumpfränder und nasse Steinrasen an kühlen, sonnigen Stellen.

WISSENSWERTES Die Kraut-Weide gilt als kleinstes Gehölz Europas und wurde schon von Linné als „kleinster aller Bäume" eingestuft. Durch den Wuchs dicht am Boden sind die mehrjährigen Äste und Zweige weitgehend vor Kälte und Frost geschützt.

Kriech-Weide *Salix repens*
Weidengewächse [50]

2 0,3–1 M | APR–MAI | ZWERGSTRAUCH

KENNZEICHEN Vieltriebig, meist niederliegende Zweige, aus unterirdischem Erdstamm entspringend; Kätzchen vor dem Laubaustrieb, eiförmig walzlich, bis 1,5 cm lang, männliche Kätzchen gelb **(2a)**; Blätter sehr variabel, meist breit lanzettlich, 1–2 cm lang, Spitzen nach unten gekrümmt, unterseits silbrig glänzend.

VORKOMMEN Hauptsächlich in Westeuropa, zerstreut, vom Tiefland bis in 1200 m Höhe; wächst in Feucht- und Moorwiesen sowie auf Heiden.

WISSENSWERTES Die Art ist äußerst formenreich, zudem gibt es mehrere Bastarde mit anderen Wildarten. Als Subspecies wird S. repens ssp. argentea (auch ssp. dunensis) **(2b)** geführt, die v. a. in Dünen vorkommt und mit meist aufrechten Trieben wächst. Auch die Rosmarin-Weide *(S. rosmarinifolia)* **(2c)** wird teils als Unterart oder Varietät der Kriech-Weide angesehen. Sie unterscheidet sich im Wesentlichen durch längere, stets schmale Blätter ohne gekrümmte Spitzen. Die Heidelbeer-Weide *(S. myrtilloides)* wächst ebenfalls an moorigen Standorten, ist jedoch äußerst selten geworden und vom Aussterben bedroht. Wie die Kriech-Weide bildet sie einen unterirdisch kriechenden Stamm. Über der Erdoberfläche treiben bis 0,5 m lange Zweige aus, braun und von einer durchsichtigen Haut überzogen. Die Kätzchen erscheinen im Mai bis Juni. Die Art kommt in Nord- und Osteuropa noch häufiger vor, und ist auch im nördlichen Asien (Sibirien bis Japan) und in Kanada zu finden. Aus Skandinavien wurden Bastarde zwischen ihr und der Kriech-Weide gemeldet.

Netz-Weide *Salix reticulata*
Weidengewächse [50]

3 0,1–0,3 M | JULI–AUG | ZWERGSTRAUCH

KENNZEICHEN Niederliegende, weit kriechende, oft wurzelnde Triebe; Kätzchen endständig, aufrecht, ca. 3 cm lang, männliche erst rötlich, später gelb; erscheinen während des (späten) Laubaustriebs; Blätter rundlich bis oval, 2–5 cm lang, anfangs wollig behaart, später kahl, oberseits dunkelgrün mit deutlichen netzartigen Nerven (Name!), unterseits grauweiß.

VORKOMMEN Arktisch-alpine Art, in Europa außer im hohen Norden nur in den Alpen, Hauptverbreitung zwischen 1700 und 2200 m Höhe, zerstreut; wächst auf Geröllhalden und Felsblöcken, in alpinen Zwergstrauchheiden und Schneetälchen; nur an kühl-feuchten Stellen.

WISSENSWERTES Im Gegensatz zu anderen alpinen Weiden lässt sich diese Art auch im Tiefland kultivieren, wo sie bereits im Mai blüht. Zuweilen wird sie als Steingartengehölz für feuchte Plätze angeboten.

Stumpfblättrige Weide
Salix retusa
Weidengewächse [50]

4 0,1–0,3 M | JUNI–AUG | ZWERGSTRAUCH

KENNZEICHEN Niederliegende, weit kriechende, oft wurzelnde Triebe **(4a)**; ältere Zweige knorrig, mit weißlichen Schuppen; Kätzchen während oder nach dem Laubaustrieb erscheinend, eiförmig, 1–2 cm lange männliche anfangs rötlich, später gelb **(4b)**; Blätter verkehrt eiförmig, höchstens 2 cm lang, beidseits glänzend grün.

VORKOMMEN In europäischen Hochgebirgen, Hauptverbreitung zwischen 1500 und 2500 m Höhe, dort recht häufig; auf kalkreichen Felsschuttböden und steinigen Weiden, in Schneetälchen, an kühlen, luftfeuchten Plätzen.

WISSENSWERTES Die Stumpfblättrige Weide spielt bei der Befestigung von Felsschutthängen eine wichtige Rolle. Sie bindet die Steinbrocken, entzieht sie dem Zugriff der mechanischen Erosionskräfte und sammelt mit ihrem knorrigen Astwerk Erde, Schlamm und verwesende Pflanzenteile. So bildet sich eine Humusauflage, auf der anspruchsvollere Gewächse siedeln.

Laubbäume und -sträucher

Stein-Eiche *Quercus ilex*
Buchengewächse [28]

1 | 5–25 M | APR–MAI | BAUM

KENNZEICHEN Meist kurzstämmig mit breiter Krone; immergrün, Blätter ledrig, Form sehr variabel, 5–10 cm lang, unterseits graufilzig, ganzrandig bis gezähnt (1a); männliche und weibliche Blütenkätzchen an einem Baum, unscheinbar (1b); ab Sept. länglich ovale Eicheln.

VORKOMMEN Mediterrane Art, wächst auf nährstoff- und kalkreichen Lehm- oder Steinböden; kaum frosthart, in Mitteleuropa nur in den günstigsten Lagen, meist nur in Parks.

WISSENSWERTES Bis 10 m tief reichende Wurzeln und die ledrigen Blätter helfen der Stein-Eiche, mit langer Sommertrockenheit an den Heimatstandorten zurechtzukommen. Sie prägt die mediterranen Hartlaubwälder, die durch Abholzen und Beweiden schon in der Antike zurückgedrängt wurden; typische Nachfolgevegetation ist die strauchige Macchia.

Rot-Buche *Fagus sylvatica*
Buchengewächse [28]

2 | 25–30 M | APR–MAI | BAUM

KENNZEICHEN Dicht verzweigt, im freien Stand ausladend mit tief hängenden Zweigen; Rinde glatt, silbergrau (2a); Blätter eiförmig, 5–10 cm lang, dunkelgrün glänzend, mit 5 bis 9 deutlichen Seitennervenpaaren, Rand teils leicht gezähnelt; männliche Blüten in Büscheln und weibliche in behaarten, später verholzenden, 4-klappigen Fruchtbechern, darin ab Sept. je 2 3-kantige Nüsse, die Bucheckern (2b); Vollblüte und Fruchtbildung nur etwa alle 4–5 Jahre.

VORKOMMEN In Europa fast überall häufig, von der Ebene bis in Mittelgebirgslagen; als Forstbaum, in naturnahen Pflanzungen und in Parks, auch geschnitten in Hecken. Wächst in Sonne wie Schatten, bevorzugt auf tiefgründigen, feuchten, nährstoffreichen Lehmböden; empfindlich gegen Trockenheit und Hitze.

WISSENSWERTES Die nussig, etwas mandelartig schmeckenden Bucheckern waren v. a. in Notzeiten ein geschätztes Nahrungsmittel. Aufgrund ihres hohen Oxalsäuregehalts können sie jedoch bei Verzehr in größeren Mengen Übelkeit verursachen und somit auf Dauer der Gesundheit schaden.
In Parks findet man verschiedene Zierformen, häufig die als Hänge- oder Trauer-Buche bekannte 'Pendula' und die fiederblättrige 'Laciniata'. Besonders auffällig ist die Blut-Buche (*F. sylvatica* 'Purpurea') mit im Austrieb glänzend dunkelroten, später matt schwarzroten Blättern (2c). Für die Rotfärbung sorgt der Farbstoff Anthocyan, der im Zellsaft des Blattabschlussgewebes gelöst ist. Im Zusammenwirken mit dem Blattgrün der darunter liegenden Zellen ergibt sich die fast schwarzrote Farbe. Ein Schattenplatz beeinträchtigt die Ausfärbung.

Gewöhnlicher Sanddorn
Hippophae rhamnoides
Ölweidengewächse [26]

3 | 1–5 M | APR–MAI | STRAUCH, BAUM

KENNZEICHEN Sparrig verzweigt, Zweige bedornt; Blätter schmal lanzettlich, 1–6 cm lang, oberseits graugrün, unterseits weißlich grau, lange haftend; zweihäusig, Blüten vor dem Laubaustrieb, grünlich bis bräunlich, in kurzen Trauben; ab Sept. erbsengroße gelborange bis orangerote Scheinbeeren.

VORKOMMEN In Mitteleuropa natürliche Verbreitung in Küstengebieten, im Alpenraum und im Oberrheingebiet; häufig gepflanzt, wird u. a. zur Rekultivierung von Sand- und Kiesgruben eingesetzt. Braucht Sonne, bevorzugt humusarme, kalkreiche Böden.

WISSENSWERTES Die roh ungenießbaren, sauren Scheinbeeren haben einen sehr hohen Vitamin-C-Gehalt und lassen sich zu Marmeladen, Säften u. Ä. verarbeiten.

Faulbaum, Pulverholz
Frangula alnus
Kreuzdorngewächse [25]

4 | 1,5–5 M | MAI–JULI | STRAUCH, BAUM †

KENNZEICHEN Zweige unbedornt; Blätter breit eiförmig, 3–6 cm lang, dunkelgrün, unterseits glänzend, mit 7 bis 8 deutlichen, bogig verlaufenden Seitennervenpaaren, Rand gewellt; Blüten gelblich weiß, 5-zählig, zu 2 bis 10 in den Blattachseln; ab Aug. rote, später schwarze Steinfrüchte, giftig.

VORKOMMEN In Mitteleuropa fast überall häufig, von der Ebene bis 1000 m Höhe; wächst in lichten Wäldern, an Waldrändern, in Gebüschen, Mooren und Heiden; bevorzugt saure Böden und liebt boden- und luftfeuchte Stellen in Sonne bis Halbschatten.

WISSENSWERTES Der Faulbaum, lange zur Gattung *Rhamnus* gestellt (s. S. 58), diente früher zur Herstellung von Schießpulver, das man nach Verbrennen der Bäume aus der Holzkohle gewann. Der Name weist auf den faulen Geruch der Rinde hin, die – getrocknet und mindestens 1 Jahr lang gealtert – als Heilmittel Verwendung findet (Abführ-, Leber-, Galle-Präparat). Die 1-jährige Lagerung soll dem Giftabbau dienen.

Laubbäume und -sträucher

Blaugummibaum
Eucalyptus globulus
Myrtengewächse [38]

1 | 10–45 M | DEZ–MAI | BAUM

KENNZEICHEN Meist hochstämmig, mit schmal rundlicher Krone; Rinde weißlich, später hellbraun oder grau, sich in großen Platten abschälend; immergrün, Jugendblätter breit lanzettlich bis eiförmig und silbrig blau, 7–16 cm lang, sitzend (1a); Altersblätter lanzettlich, 10–30 cm lang, sichelförmig hängend, blaugrün, ledrig, gestielt; Blüten einzeln in den Blattachseln; Kronblätter zu kapselartigem Gebilde verwachsen, dessen Deckel später von den sich streckenden gelben Staubgefäßen abgeworfen wird (1b); kugelige, oben abgeflachte Kapselfrüchte, etwa 1,5 cm groß, bläulich.

VORKOMMEN In Australien und Tasmanien beheimatet, dort bis 65 m hoch; in Südeuropa teils zur Zellulose-Gewinnung angebaut, in warmen, wintermilden Regionen Mitteleuropas gelegentlich gepflanzt.

WISSENSWERTES Das medizinisch genutzte Eukalyptus-Öl wird vorwiegend aus den Blättern des Blaugummibaums gewonnen. Im 19. Jh. wurde er nach Südeuropa und Algerien eingeführt, um ihn zur Malaria-Bekämpfung zu nutzen. Dabei baute man zunächst auf die desinfizierenden Eigenschaften der Blattextrakte. Als noch viel hilfreicher erwies sich das rasche Wachstum samt gewaltigem Wasserverbrauch über tief reichende Wurzeln: So ließen sich schnell Sumpfgebiete trockenlegen und damit die Brutplätze der Anopheles-Mücken, die die Krankheit übertragen. Seither trägt die Art auch den Namen „Fieberbaum".

Europäischer Perückenstrauch
Cotinus coggygria
Sumachgewächse [41]

2 | 2–5 M | JUNI–JULI | STRAUCH

KENNZEICHEN Breit buschig; Blätter oval bis verkehrt eiförmig, 3–8 cm lang, oft lang gestielt, gelborange bis rote Herbstfärbung; Blüten gelblich, sehr zahlreich in großen, endständigen Rispen; kleine Steinfrüchte in Rispen an den verlängerten Blütenstielen, diese zur Fruchtzeit flaumig behaart, rötlich.

VORKOMMEN In Südosteuropa und Ostasien beheimatet; Zierstrauch für sonnige, auch trockene Plätze, bevorzugt kalkhaltige Böden.

WISSENSWERTES Der Name Perückenstrauch bezieht sich auf die behaarten, flauschig wirkenden Fruchtstände. Recht häufig gepflanzt wird die Sorte 'Royal Purple', die vom Austrieb bis zum Herbst intensiv dunkel- bis schwarzrote Blätter hat. Die Herbstfarbe von 'Flame' ist ein Orangerot; bei 'Rubifolius' sind die Blätter vom Austrieb bis zum Fall rot gefärbt.

Stacheliger Mäusedorn
Ruscus aculeatus
Spargelgewächse [73]

3 | 0,2–0,8 M | FEB–APR | STRAUCH | †

KENNZEICHEN Aufrecht, Sprosse verzweigt, dunkelgrün, gerieft; die eigentlichen Blätter klein, schuppenförmig, bald vertrocknend; statt dessen blattähnliche, immergrüne Flachsprosse, oft löffelartig gewölbt, mit feiner, stechender Spitze, bis 3,5 cm lang (3b); Pflanze meist zweihäusig, Blüten zu 1 bis 2, gestielt, den Flachsprossen aufliegend, Kronblätter grünlich, violette Staubblätter (bei weiblichen Blüten steril), zu einer Röhre verwachsen; ab Okt. bis März rote, kugelige Beeren mit 1–1,5 cm Ø, schwach giftig (3a).

VORKOMMEN Im Mittelmeerraum und im südlichen Westeuropa verbreitet, meist in lichten Wäldern, auch als Bodendecker gepflanzt. Wächst noch im Schatten, auf trockenen wie feuchten Böden, robust und anspruchslos.

WISSENSWERTES Eine botanische Besonderheit sind die Flachsprosse (Phyllokladien), die anstelle der Blätter die Assimilation übernehmen. Aus den Extrakten des Wurzelstocks werden wirksame Mäusedorn-Präparate gegen Venenleiden hergestellt.

Strauch-Efeu
Hedera helix 'Arborescens'
Efeugewächse [72]

4 | 1–2 M | SEPT–OKT | STRAUCH | †

KENNZEICHEN Aufrecht, dicht buschig; Blätter dunkelgrün, rautenförmig, im Jugendstadium auch gelappte Blätter; Blüten unscheinbar, grünlich gelb, in Dolden; kleine, blauschwarze Steinfrüchte, Fruchtreife im Frühjahr.

VORKOMMEN Kultivierte Form des Gewöhnlichen Efeus (s. S. 28), durch vegetative Vermehrung von Blütentrieben gewonnen. Oft zur Unterpflanzung von Bäumen eingesetzt, bevorzugt nährstoffreiche Böden.

WISSENSWERTES Junge Exemplare wachsen noch kletternd, später ergibt sich ein strauchiger Aufbau, bedingt durch die wurzellosen blühenden Alterstriebe, aus denen diese Form gezogen wird. Vereinzelt findet man auch in der Natur strauchige Efeu-Formen; die Neigung zum Kletter- oder Kriechwuchs scheint v. a. vom Klima abzuhängen. Alle Pflanzenteile sind giftig.

Laubbäume und -sträucher

Alpen-Seidelbast
Daphne alpina
Seidelbastgewächse 48

1 0,1–0,5 M | MAI–JUNI | ZWERGSTRAUCH †

KENNZEICHEN Reich verzweigt; Blätter an den Triebenden gehäuft, länglich bis verkehrt eiförmig, 1–4 cm lang, beidseits behaart; Blüten weiß, duftend, zu 6 bis 15 in Dolden; rote, eiförmige Steinfrüchte.

VORKOMMEN Wild fast nur in den südlichen Kalkalpen, überall selten, geschützte Art.

WISSENSWERTES Bei den Blüten der Seidelbaste fehlen „echte" Kronblätter; statt dessen zeigen die Kelchblätter eine kronblattartige Färbung. Sie sind zu einer Röhre verwachsen, mit 4 abgespreizten Zipfeln an der Spitze.

Lorbeer-Seidelbast
Daphne laureola
Seidelbastgewächse 48

2 0,5–1,2 M | MÄRZ–MAI | STRAUCH †

KENNZEICHEN Schwach verzweigt; immergrün, Blätter groß, lanzettlich, ledrig, schopfartig an den Triebenden; Blüten grünlich gelb, zu 5 bis 10 in blattachselständigen Trauben; ab Juli blauschwarze, olivenähnliche Steinfrüchte.

VORKOMMEN In West- und Südwesteuropa, nördlich bis zum Rheingebiet; selten, geschützte Art. Wächst in lichten Laubwäldern auf kalkhaltigen, durchlässigen Böden.

WISSENSWERTES *Daphne* ist die altgriechische Bezeichnung für Lorbeer, *laureola* bedeutet „kleiner Lorbeer". Tatsächlich erinnern die bis 12 cm langen, dunkelgrün glänzenden Blätter dieser Art an den echten Lorbeer *(Laurus nobilis)*.

Gewöhnlicher Seidelbast
Daphne mezereum
Seidelbastgewächse 48

3 0,5–1,2 M | FEB–APR | STRAUCH †

KENNZEICHEN Locker aufrecht, wenig verzweigt; Blätter länglich lanzettlich, unterseits graugrün; Blüten vor dem Laubaustrieb, rosa bis rot, seltener weiß, duftend; zu 2 bis 3 in seitenständigen Dolden, die an den Triebspitzen ährenähnlich zusammenstehen; ab Aug. rot glänzende Steinfrüchte.

VORKOMMEN In Mitteleuropa fast überall zerstreut, in Berglagen häufiger, geschützte Art; besiedelt lichte Laub- und Laubmischwälder, in Sorten auch als Ziergehölz.

WISSENSWERTES Mezerein, Daphnetoxin und Daphnin heißen die Giftstoffe der Seidelbaste, die Anlass zu großer Vorsicht geben. Die Rinde sowie der Saft aller Pflanzenteile rufen heftige Hautausschläge hervor, und schon der Verzehr weniger Früchte kann tödlich enden.

Maien-Seidelbast
Daphne x *burkwoodii*
Seidelbastgewächse 48

4 0,5–1 M | MAI | STRAUCH †

KENNZEICHEN Blätter eilanzettlich, an den Kurztrieben rosettenartig; Blüten im Aufbruch rosa, nach Entfalten weiß, stark duftend; in Dolden, end- und seitenständig an den Triebspitzen gehäuft; selten fruchtend.

VORKOMMEN Kreuzung des Rosmarin-Seidelbasts mit einer kaukasischen Art; Zierstrauch für sonnige bis halbschattige Plätze.

WISSENSWERTES Der Maien-Seidelbast ist recht kurzlebig, Wuchs und Blüte lassen schon nach wenigen Jahren stark nach.

Gestreifter Seidelbast, Steinröschen
Daphne striata
Seidelbastgewächse 48

5 0,1–0,3 M | JUNI–JULI | ZWERGSTRAUCH †

KENNZEICHEN Niederliegende Triebe; immergrün, Blätter linealisch; Blüten hellrosa, fein längsstreifig, zu 8 bis 12 in endständigen Dolden, stark duftend; braunrote Früchte.

VORKOMMEN Im gesamten Alpengebiet verbreitet, besonders in der Krummholzregion, jedoch selten, geschützte Art.

WISSENSWERTES Es gab verschiedene Versuche, die Art im Tiefland anzusiedeln, die Pflanzen gingen jedoch recht bald zugrunde.

Rosmarin-Seidelbast, Heideröschen
Daphne cneorum
Seidelbastgewächse 48

6 0,1–0,4 M | APR–MAI | ZWERGSTRAUCH †

KENNZEICHEN Niederliegende Zweige; immergrün, Blätter länglich lanzettlich, ledrig; Blüten dunkelrosa, zu 5 bis 10 in endständigen Dolden, duftend; ab Aug. bräunliche Früchte.

VORKOMMEN In den Alpen unter 1500 m zerstreut, im weiteren Vorland selten, geschützte Art. Wächst in lichten, trockenen Wäldern, auf Trockenrasen und an Felshängen. Bevorzugt nährstoffarme, eher trockene Stein- oder Kiesböden; auch als Ziergehölz in Steingärten.

WISSENSWERTES Das Verbreitungsgebiet des Rosmarin-Seidelbasts erstreckte sich früher bis ins Maingebiet, heute ist er dort verschollen. In Deutschland liegt seine Nordgrenze derzeit am 49. Breitengrad oder wenig nördlich davon.

Laubbäume und -sträucher

Schmalblättriger Sommerflieder
Buddleja alternifolia
Sommerfliedergewächse |64|

1 | 2–4 M | JUNI | STRAUCH

KENNZEICHEN Breit buschig, mit langen, rutenartigen, bogig überhängenden Zweigen; Blätter schmal lanzettlich, 3–7 cm lang, oberseits dunkelgrün, unterseits weißfilzig; Blüten hellviolett, röhrig, 4-zipflig, um 1 cm lang und in dichten Büscheln entlang der Zweigenden.

VORKOMMEN In China beheimatet; Zierstrauch für sonnige und warme Plätze; etwas frostempfindlich.

WISSENSWERTES Der Artname *alternifolia* bezieht sich auf die wechselständigen Blätter. Beim Gewöhnlichen Sommerflieder (S. 58) sind die Blätter gegenständig angeordnet.

Schmalblättrige Ölweide
Elaeagnus angustifolia
Ölweidengewächse |26|

2 | 6–8 M | JUNI | STRAUCH, BAUM

KENNZEICHEN Lockerer, unregelmäßiger Aufbau, oft sparrig verzweigt; Zweige mit 1–3 cm langen Dornen; Blüten glöckchenförmig, 4-zipflig, außen weiß, innen gelb, süßlich duftend; etwa 1 cm lange, olivenartige Früchte.

VORKOMMEN Im östlichen Mittelmeergebiet und Kleinasien beheimatet; wächst in Sonne und lichtem Schatten, geringe Bodenansprüche, sehr salzverträglich und trockenheitsresistent, abgasverträglich, mäßig frosthart.

WISSENSWERTES Die attraktiven Ölweiden werden gern als Sicht- und Windschutzgehölze gepflanzt. Da sie selbst karge Böden besiedeln können, lassen sie sich auch zur Begrünung von Ödland einsetzen. Die Früchte sind essbar und schmecken süßlich.

Silber-Ölweide
Elaeagnus commutata
Ölweidengewächse |26|

3 | 2–4 M | MAI–JUNI | STRAUCH

KENNZEICHEN Breit buschig; Zweige unbedornt, mit feinen, silbrig schimmernden Sternhaaren bedeckt, ebenso die Blätter, Blüten und Früchte; Blätter eiförmig, bis 10 cm lang; Blüten röhrig, 4-zipflig, außen silbrig, innen goldgelb, stark duftend; bildet Ausläufer.

VORKOMMEN Stammt aus Nordamerika; Standortansprüche wie Schmalblättrige Ölweide.

WISSENSWERTES Diese Ausläufer treibende Art wird des Öfteren zur Befestigung von Hängen, Böschungen und Dünen gepflanzt.

Preiselbeere, Kronsbeere
Vaccinium vitis-idaea
Heidekrautgewächse |58|

4 | 0,1–0,3 M | MAI–AUG | HALBSTRAUCH

KENNZEICHEN Treibt aus unterirdischen Ausläufern kriechende bis aufsteigende Sprosse, die nur zum Teil verholzen; immergrün, Blätter elliptisch, 1–2,5 cm lang, teils schwach gekerbt, unterseits mit bräunlichen Punkten (Blattdrüsen); Blüten glockig, weiß oder rötlich, in endständigen, hängenden Trauben; ab Aug. rot glänzende Beeren, 5–8 mm Ø.

VORKOMMEN In Mitteleuropa vom Tiefland bis in etwa 3000 m Höhe, zerstreut; in Kiefern- und Fichtenwäldern, Mooren und Heiden, bevorzugt saure, nährstoffarme Böden.

WISSENSWERTES Kulturformen der Preiselbeere entstammen teils dieser Wildart, teils der amerikanischen Cranberry (vgl. 6).

Gewöhnliche Moosbeere, Kleinfrüchtige M. *Vaccinium oxycoccos*
Heidekrautgewächse |58|

5 | 0,1–0,3 M | MAI–JULI | HALBSTRAUCH

KENNZEICHEN Mit dünnen Sprossen am Boden kriechend; immergrün, Blätter sehr klein, höchstens 8 mm lang, zugespitzt, Ränder stark umgerollt; Blüten hellrot, tief 4-teilig, mit zurückgeschlagenen Zipfeln, an bis 4 cm langen, fädigen Stielen; rote Beeren mit 8–12 mm Ø.

VORKOMMEN In Europa zerstreut; in den Alpen bis 1300 m Höhe, weitgehend auf Hochmoore beschränkt.

WISSENSWERTES Die Früchte sind sehr sauer und erst nach Frosteinwirkung genießbar.

Großfrüchtige Moosbeere, Cranberry *Vaccinium macrocarpon*
Heidekrautgewächse |58|

6 | 0,1–0,4 M | MAI–AUG | HALBSTRAUCH

KENNZEICHEN Der Gewöhnlichen Moosbeere recht ähnlich, jedoch mit etwas größeren Blättern, am Rand kaum umgerollt, und fast weißen Blüten; rote Beeren mit 10–20 mm Ø; bis 2 m lange, sich bewurzelnde Ausläufer.

VORKOMMEN Nordamerikanische Wildart, Sorten in Europa als Obstgehölz angebaut.

WISSENSWERTES Bereits die indianischen Ureinwohner Nordamerikas nutzten die vitaminreichen Früchte als Nahrungs- und Heilmittel. Der Name Cranberry geht angeblich auf die Pilgrim Fathers zurück: Die Blütenform soll sie an den Kopf eines Kranichs (engl.: crane) erinnert haben.

Laubbäume und -sträucher

Buchsblättrige Berberitze
Berberis buxifolia
Berberitzengewächse [14]

1 0,5–2 M | MAI | STRAUCH †

KENNZEICHEN Stark verzweigt, mit einfachen oder 3-teiligen Dornen; Blätter elliptisch bis verkehrt eiförmig, bis 2,5 cm lang, selten mit 1 bis 3 Zähnen im oberen Blattdrittel, sitzend oder nur kurz gestielt; Blüten gelblich, zu 1 bis 2 an etwa 2 cm langen Stielen, nickend; rundliche, dunkelpurpurne Beeren.

VORKOMMEN Im südlichen Chile beheimatet; bevorzugt leichte Beschattung, frostverträglich, geringe Bodenansprüche.

WISSENSWERTES Die Art wurde früher gelegentlich in Gärten und Parks gepflanzt. Häufiger findet man die nur 0,3–0,5 m hohe Form *B. buxifolia* 'Nana'. Der dicht buschige und rundliche Zwergstrauch mit den dunkelgrünen, ledrigen Blättern ist kaum bedornt und blüht selten.

Thunbergs Berberitze, Hecken-Berberitze *Berberis thunbergii*
Berberitzengewächse [14]

2 1,5–2 M | MAI | STRAUCH †

KENNZEICHEN Straff aufrecht, dicht verzweigt; einjährige Triebe stark kantig und gerieft, braunrot, Dornen meist einfach (nicht 3-teilig); Blätter verkehrt eiförmig bis spatelförmig, ungleich groß, bis 3 cm lang, unterseits bläulich grün, orangegelbe oder rote Herbstfärbung; Blüten gelb, teils rötlich überlaufen, einzeln oder zu 2 bis 4; ovale, scharlachrote Früchte, ca. 1 cm lang, bis Winter die Zweige schmückend.

VORKOMMEN In Japan und China beheimatet, Ende des 18. Jhs. von dem Schweden Thunberg nach Europa eingeführt; am häufigsten gepflanzte sommergrüne Berberitze, gedeiht auf allen normalen Böden in Sonne und Halbschatten. Kalkreiche, verdichtete oder staunasse Böden mindern die Wuchsfreudigkeit.

WISSENSWERTES Die Stammart wird meist für Schnitt- und frei wachsende Hecken verwendet. Daneben gibt es mehrere rotlaubige Sorten wie 'Atropurpurea', die auch im Einzelstand wirken. Ein auffälliger Cultivar ist 'Aurea' mit goldgelben Blättern. Schließlich findet man Thunbergs Berberitze auch in verschiedenen grün- und rotlaubigen Zwergformen, die gern in Steingärten gepflanzt werden.
Alle Berberitzen enthalten besonders in der Wurzel- und Stammrinde giftige Alkaloide. Anders als bei der Gewöhnlichen Berberitze (S. 158) gelten die Früchte der allermeisten Zierarten als ungenießbar.

Große Blut-Berberitze
Berberis x *ottawensis* 'Superba'
Berberitzengewächse [14]

3 3–4 M | MAI | STRAUCH †

KENNZEICHEN Aufrecht mit überhängenden, gelbbraunen Zweigen, Dornen meist 3-teilig; Blätter bis 5 cm lang, braunrot mit metallischem Glanz, orange- bis dunkelrote Herbstfärbung; Blattform ähnlich wie Thunbergs Berberitze; Blüten leuchtend gelb, in vielblütigen Dolden oder Doldentrauben, stark süßlich duftend; hellrote, bis in den Winter hinein haftende Beeren.

VORKOMMEN Kreuzung von *B. thunbergii* mit *B. vulgaris*; rote Blattausfärbung nur bei sonnigem Stand, wächst auf allen normalen Böden.

WISSENSWERTES Die starkwüchsige, im Alter bis 3 m breite Blut-Berberitze findet vorzugsweise in Grünanlagen Verwendung und wird dort einzeln oder in Gehölzgruppen gepflanzt. Sie gilt als wertvolle Bienenweide. Zuweilen stößt man auf eine Form mit weiß gefleckten Blättern, die unter dem Sortennamen 'Silver Miles' geführt wird.

Schmalblättrige Berberitze
Berberis x *stenophylla*
Berberitzengewächse [14]

4 1,5–3 M | MAI | STRAUCH †

KENNZEICHEN Locker aufgebaut, ausladend mit bogig überhängenden Zweigen, Dornen meist 3-teilig; immergrün, Blätter lanzettlich, etwa 3 cm lang, oberseits dunkelgrün, unterseits bläulich weiß, Ränder stark nach unten gerollt; Blüten goldgelb, zu 2 bis 6 in zahlreichen Doldentrauben; rundliche, blauschwarze Beeren.

VORKOMMEN Kreuzungshybride zweier südamerikanischer Arten (*B. darwinii* x *B. empetrifolia*); starkwüchsig, aber mäßig frosthart; benötigt einen geschützten Platz in der Sonne oder im Halbschatten auf nährstoffreichem, durchlässigem Boden; niedriger wächst 'Crawley Gem' oder der Zwergstrauch 'Corallina Compacta', der allerdings sorgsame Pflege benötigt.

WISSENSWERTES Die Art zählt zu den attraktivsten Berberitzen und wird meist einzeln stehend gepflanzt. Mit etwa 1 cm Ø sind die Blüten für die Gattung recht groß, so dass man gut den Aufbau erkennen kann. Die mehr oder weniger halbkugeligen Berberitzenblüten weisen 6 Kelch- und 6 Blütenblätter auf, die in meist 3-zähligen Kreisen angeordnet sind. Die stets zwittrigen Blüten bergen 6 Staubgefäße. Vorsicht vor den dünnen, spitzen Dornen.

Laubbäume und -sträucher

Die Gattung *Cotoneaster* umfasst etwa 50 immer- oder sommergrüne Arten, von denen nur 2 in Mitteleuropa heimisch sind. Die Mehrzahl der bei uns gepflanzten Arten stammt aus Ostasien. Seit Jahrzehnten werden besonders die niedrigen, bodendeckenden Sträucher häufig verwendet. Zur Gattung gehören aber auch Großsträucher, teils sogar kleine Bäume, für die der Name **Zwergmispel** etwas unpassend erscheint. Die höheren Arten werden deshalb teils auch als Strauchmispeln bezeichnet, daneben ist die Gattung als Felsenmispel bekannt. Die Gehölze bringen unscheinbare zwittrige, glockige, 5-zählige Blüten hervor, die oft streng duften. Daraus entstehen meist zahlreiche, zierende, erbsengroße „Beeren", bei denen es sich botanisch gesehen um Apfelfrüchte handelt. Die Früchte gelten als ungenießbar, höchstens schwach giftig. Die meisten Zierarten sind frosthart und für Stadtklima geeignet, haben geringe Bodenansprüche und gedeihen in Sonne wie Halbschatten.

Filzige Zwergmispel
Cotoneaster nebrodensis (C. tomentosus)
Rosengewächse   24

1 0,5–1,5 M MAI–JUNI STRAUCH

KENNZEICHEN Locker aufgebaut, mäßig verzweigt; Blätter breit eiförmig, ohne Spitze, 3–6 cm lang, unterseits dicht graufilzig, leuchtend gelbe Herbstfärbung; Blüten weißlich, in kleinen Doldentrauben, Blütenbecher und Kelchblätter graufilzig behaart; ab Sept. ziegelrote Früchte.
VORKOMMEN In Südeuropa und im südlichen Mitteleuropa verbreitet, Nordgrenze in Süddeutschland; im Alpenvorland, in den Alpen bis 1700 m Höhe, im Jura, selten, geschützte Art; an felsigen Hängen und in lichten Wäldern, meist auf trockenen, kalkhaltigen Standorten, wärmeliebend, aber frosthart.
WISSENSWERTES Die Filzige Zwergmispel wird zuweilen zum Befestigen von Böschungen und zur Rekultivierung von Steinbrüchen gepflanzt, in seltenen Fällen findet sie auch als Ziergehölz Verwendung.

Gewöhnliche Zwergmispel
Cotoneaster integerrimus
Rosengewächse   24

2 0,5–1 M APR–MAI STRAUCH

KENNZEICHEN Locker aufrecht, reich verzweigt; im Gegensatz zur Filzigen Zwergmispel sind Blütenbecher und Kelchblätter kaum behaart, die Blätter unterseits nur locker filzig und spitz eiförmig; gelbe bis orangefarbene Herbstfärbung, ab Aug. scharlachrote Früchte.
VORKOMMEN In Mitteleuropa weitgehend auf Süd- und Südwestdeutschland beschränkt, in den Alpen (bis 2000 m Höhe) und im Alpenvorland, aber auch vereinzelt in der Eifel; selten, geschützte Art. An ähnlichen Standorten wie die Filzige Zwergmispel, doch noch häufiger an extrem heißen, trockenen Hängen; wird an entsprechenden Stellen auch gerne als Pioniergehölz gepflanzt.
WISSENSWERTES Gewöhnliche wie Filzige Zwergmispel zählen zum Biotoptyp „wärmeliebendes Gebüsch". Solche Pflanzengesellschaften trocken-warmer Standorte stehen in der Regel als Ganzes unter Naturschutz.

Runzlige Zwergmispel
Cotoneaster bullatus
Rosengewächse   24

3 2–3 M MAI–JUNI STRAUCH

KENNZEICHEN Breit ausladend mit überhängenden Zweigen; Blätter eiförmig, meist deutlich zugespitzt (**3a**), 4–10 cm lang, runzlig, unterseits graugrün behaart, rote Herbstfärbung (**3b**); Blüten rötlich, zu 5 bis 20 in Schirmrispen; leuchtend rote Früchte.
VORKOMMEN In Westchina beheimatet; als Zierstrauch in Gehölzgruppen und einzeln.
WISSENSWERTES Nahezu alle Zwergmispeln sind stark anfällig für Feuerbrand, so auch diese Art. Es handelt sich um eine meldepflichtige Bakterienkrankheit, die v. a. auch Obstbäume befällt und in Obstpflanzungen verheerende Schäden anrichten kann. Eine chemische Bekämpfung ist nicht möglich, befallene Pflanzen müssen gerodet werden.

Glänzende Zwergmispel
Cotoneaster lucidus
Rosengewächse   24

4 2–3 M MAI–JUNI STRAUCH

KENNZEICHEN Anfangs straff aufrecht, später mit überhängenden Zweigen; Blätter elliptisch, 2–5 cm lang, oberseits glänzend dunkelgrün, braunrote Herbstfärbung; Blüten rötlich, zu 5 bis 10; schwarze Früchte.
VORKOMMEN In Nordchina beheimatet; einzeln und in Gruppen gepflanzter Zierstrauch, bislang in Mitteleuropa noch kaum verwildert.
WISSENSWERTES Die ostasiatischen Zwergmispeln besiedeln in ihren Heimatregionen Gebirgswälder und Felshänge, entstammen also ähnlichen, wenn auch teils etwas kühleren Standorten wie die mitteleuropäischen Arten.

Laubbäume und -sträucher

Franchets Zwergmispel
Cotoneaster franchetii
Rosengewächse [24]

1 1–2 M MAI–JUNI STRAUCH

KENNZEICHEN Aufrecht mit lang überhängenden Zweigen; halbimmergrün, Blätter eiförmig, an Lang- wie an kurzen Blütentrieben zugespitzt, 2–3 cm lang, oberseits dunkelgrün, unterseits dicht weiß- bis gelbfilzig; Blüten weiß und rosa, zu 5 bis 11 in Schirmrispen; eiförmige, orangerote, lang haftende Früchte.

VORKOMMEN Stammt aus dem südwestlichen China; einzeln und in Gehölzgruppen gepflanzter Zierstrauch, gut hitzeverträglich.

WISSENSWERTES Franchets Zwergmispel ist frostempfindlicher als viele andere Cotoneaster-Arten. In kälteren Regionen sind die Blätter nur wintergrün und fallen vor dem Neuaustrieb weitgehend ab (s. auch Allgemeines zu *Cotoneaster* auf S. 102).

Diels Zwergmispel
Cotoneaster dielsianus
Rosengewächse [24]

2 1–3 M MAI–JUNI STRAUCH

KENNZEICHEN Breit aufrecht mit bogig überhängenden Zweigen; Blätter eiförmig, nur an Langtrieben zugespitzt, 1–2,5 cm lang, oberseits glänzend dunkelgrün, unterseits gelb- bis graufilzig, gelbe bis rote Herbstfärbung; Blüten rosa und weiß, zu 3 bis 7 in Schirmtrauben; scharlachrote, rundliche, lang haftende Früchte.

VORKOMMEN Stammt aus Mittel- und Westchina; einzeln und in Gehölzgruppen gepflanzter Zierstrauch, findet auch als frei wachsende Hecke Verwendung.

WISSENSWERTES Die Artnamen aus Asien stammender Gehölze beziehen sich oft auf die europäischen Erstbeschreiber: Friedrich L. E. Diels (1874–1945) war Direktor des Botanischen Gartens in Berlin und verfasste u. a. „Die Flora von Central-China". Der Name der oben vorgestellten Art ehrt Adrien Franchet (1834–1900), einen französischen Botaniker.

Sparrige Zwergmispel
Cotoneaster divaricatus
Rosengewächse [24]

3 2–3 M MAI–JUNI STRAUCH

KENNZEICHEN Stark breitwüchsig mit fächerartig angeordneten Zweigen, diese behaart, rötlich; Blätter elliptisch, nur leicht zugespitzt, 1–3 cm lang, oberseits glänzend, dunkel braunrote Herbstfärbung; Blüten weiß, am Grund rötlich, zu 2 bis 4 in Schirmtrauben; korallenrote, ovale, lang haftende Früchte.

VORKOMMEN Stammt aus China; einzeln und in Gehölzgruppen gepflanzter Zierstrauch.

WISSENSWERTES Die höher wachsenden Zwergmispeln werden v. a. aufgrund ihres Fruchtschmucks gepflanzt, den diese Art besonders reichlich bietet. Durch die oft bis Dez./Jan. haftenden Früchte zieren diese Sträucher auch winterliche Gärten und Parks.

Niedrige Zwergmispel
Cotoneaster adpressus
Rosengewächse [24]

4 0,2–0,3 M MAI–JULI ZWERGSTRAUCH

KENNZEICHEN Niederliegender Wuchs, mit fächerartig verzweigten, kriechenden Trieben; Blätter breit eiförmig, zugespitzt, 0,5–1,5 cm lang, Ränder oft gewellt, purpur- bis leuchtend rote Herbstfärbung; Blüten rötlich, zu 1 bis 2, eirundliche rote Früchte.

VORKOMMEN Stammt aus Westchina; für flächige Pflanzungen als Bodendecker verwendet.

WISSENSWERTES In der Botanik werden solche Gehölze mit dem Boden anliegenden, manchmal auch wurzelnden Trieben als Spaliersträucher bezeichnet. Niedrige, klein bleibende Zwergmispeln wie die beschriebene Art lassen sich auch in Töpfen und Kübeln kultivieren.

Fächer-Zwergmispel
Cotoneaster horizontalis
Rosengewächse [24]

5 0,7–1,5 M MAI–JUNI STRAUCH

KENNZEICHEN Wächst meist ausgebreitet mit fischgrätenartig verzweigten Trieben (5a); Blätter rundlich, bis 1,2 cm lang, oberseits glänzend dunkelgrün, rote Herbstfärbung, selten wintergrün; Blüten weiß oder rötlich (5b); hellrote, rundliche Früchte, sehr zahlreich und lang haftend.

VORKOMMEN Stammt aus Westchina. Sehr häufig gepflanzt, meist zur flächigen Begrünung, etwa an Böschungen, neben Außentreppen und in Steingärten.

WISSENSWERTES Bei freiem Stand wachsen die Triebe flach ausgebreitet, so dass der Strauch bis 3 m Ø erreicht. Bei Pflanzung vor einer Mauer dagegen schieben sich die Zweige stärker nach oben, die Pflanze zeigt so einen eher aufrechten Wuchs.

Von den als Zierpflanzen eingeführten Zwergmispeln ist es diese Art, die am häufigsten verwildert angetroffen werden kann, und zwar in allen Gegenden Mitteleuropas.

Laubbäume und -sträucher

Vielblütige Zwergmispel
Cotoneaster multiflorus
Rosengewächse | 24

1 | 2–3 M | MAI–JUNI | STRAUCH

KENNZEICHEN Aufrecht mit bogig überhängenden Zweigen; Blätter breit eiförmig, 2–5 cm lang, blaugrün, gelbe Herbstfärbung; Blüten weiß, selten rosa, zu 10 bis 20 in locker aufgebauten Blütenständen; leuchtend rote Früchte, sehr zahlreich.
VORKOMMEN In Ostasien beheimatet; einzeln und in Gehölzgruppen gepflanzter Zierstrauch.
WISSENSWERTES Wie ihr Name schon besagt, blüht diese Art besonders reich. Mit ihren dicht entlang der Zweige aufgereihten Blütenständen gilt sie als attraktivster Blüher unter den Zwergmispeln (s. auch Allgemeines zu *Cotoneaster* auf S. 102).

Kleinblättrige Zwergmispel
Cotoneaster microphyllus var. *cochleatus*
Rosengewächse | 24

2 | 0,3–0,5 M | MAI–JUNI | ZWERGSTRAUCH

KENNZEICHEN Niederliegend mit ausgebreiteten Trieben; immergrün, Blätter elliptisch, etwa 1 cm lang, oberseits glänzend dunkelgrün, unterseits weißlich behaart; Blüten weiß, meist einzeln; scharlachrote Früchte.
VORKOMMEN Im Himalaja beheimatet; oft als flächig gepflanzter Bodendecker, auch in Steingärten; etwas frostempfindlich.
WISSENSWERTES Während heute fast nur die genannte Varietät verwendet wird, pflanzte man früher gelegentlich die etwas höher wachsende Stammart, die allerdings viel stärker unter Frösten leidet.

Teppich-Zwergmispel
Cotoneaster dammeri
Rosengewächse | 24

3 | 0,2–0,5 M | MAI–JUNI | ZWERGSTRAUCH

KENNZEICHEN Niederliegend, Zweige meist weit kriechend und wurzelnd; immergrün, Blätter elliptisch bis länglich, 1,5–3 cm lang, stachelspitzig, oberseits glänzend; Blüten weiß bis hellrosa, meist einzeln; leuchtend rote Früchte, bei Sorten auch orange.
VORKOMMEN Stammt aus Westchina; am häufigsten verwendete Art für flächige Pflanzungen im öffentlichen Grün.
WISSENSWERTES Von dieser seit Jahrzehnten vielfach gepflanzten Art gibt es mehrere Sorten, die sich in Wuchsstärke und Fruchtfarbe unterscheiden. Wichtiges Züchtungsziel ist in neuerer Zeit vor allem die Resistenz gegen Feuerbrand (s. S. 102, Runzlige Zwergmispel); dies wurde bereits bei einigen Sorten erreicht.

Nanshan-Zwergmispel
Cotoneaster praecox
Rosengewächse | 24

4 | 0,3–0,8 M | MAI | ZWERGSTRAUCH

KENNZEICHEN Sparrig verzweigte, bogig überhängende Triebe; Blätter schmal bis rundlich eiförmig, 1–2,5 cm lang, oberseits glänzend dunkelgrün, Ränder gewellt, rote Herbstfärbung; Blüten weiß bis rosa, zu 1 bis 3 in den Blattachseln; orangerote, rundliche Früchte.
VORKOMMEN Stammt aus Westchina; wird für flächige Pflanzungen, in Steingärten sowie in Kübeln und Trögen verwendet.
WISSENSWERTES Der Artname *praecox* bezeichnet die recht früh einsetzende Blüte und Fruchtbildung. Die Früchte haften jedoch nicht lange.

Weidenblättrige Zwergmispel
Cotoneaster salicifolius
Rosengewächse | 24

5 | 2–3 M | JUNI | STRAUCH

KENNZEICHEN Aufrecht, breit ausladend; immergrün, Blätter länglich eiförmig, an beiden Enden spitz, 3–12 cm lang, unterseits blaugrün; Blüten weiß, in vielblütigen Schirmrispen, Staubbeutel violett; rote Früchte.
VORKOMMEN Stammt aus Westchina; einzeln und in Gehölzgruppen gepflanzter Zierstrauch.
WISSENSWERTES Von dieser stark feuerbrandgefährdeten Art gibt es auch einige kriechende Zwergsorten.

Waterers Zwergmispel
Cotoneaster x *watereri*
Rosengewächse | 24

6 | 2–5 M | JUNI | STRAUCH

KENNZEICHEN Aufrecht, locker verzweigt, breit ausladend; wintergrün, Blätter elliptisch bis lanzettlich, 7–10 cm lang, runzlig, rote Herbstfärbung; Blüten weiß, in großen Doldentrauben; rote, kugelige Früchte, sehr zahlreich.
VORKOMMEN Aus England stammende Kreuzung zweier asiatischer Arten, etwas frostempfindlich, braucht nährstoffreiche, nicht zu trockene Böden.
WISSENSWERTES Es gibt einige Sorten mit abweichenden Wuchsformen, z. B. 'Pendula', meist aufrecht gestäbt und dann mit lang herabhängenden Trieben wachsend. Auch gibt es niederliegende Spalier-Sorten.

Laubbäume und -sträucher

Thunbergs Spierstrauch
Spiraea thunbergii
Rosengewächse 24

1 | 0,8–1,2 M | APR–MAI | STRAUCH

KENNZEICHEN Überhängende Zweige; Blätter schmal lanzettlich, 2–3 cm lang, zuweilen ganzrandig, häufiger gesägt, gelbe Herbstfärbung; Blüten rein weiß, in Dolden.
VORKOMMEN In Ostasien beheimatet; Zierstrauch für sonnige, geschützte Plätze.
WISSENSWERTES Diese Art treibt im Frühjahr zeitig aus und blüht zudem etwas früher als andere Spiersträucher (s. S. 154–156), ist dadurch aber auch spätfrostgefährdet.

Echte Quitte *Cydonia oblonga*
Rosengewächse 24

2 | 4–6 M | MAI–JUNI | STRAUCH, BAUM

KENNZEICHEN Natürliche Wuchsform strauchig, Baumformen auf Stämme veredelt; Blätter eiförmig, 5–10 cm lang, unterseits dicht filzig behaart; Blüten weiß bis rosa, 5-zählig, ca. 5 cm Ø, einzeln; Früchte apfel- oder birnenförmig, Reife im Okt., dann goldgelb.
VORKOMMEN Ursprünglich in Westasien beheimatet, wahrscheinlich bereits von den Römern nach Süd- und Mitteleuropa gebracht. In warmen, wintermilden Regionen gelegentlich als Obstgehölz kultiviert; kalkhaltige Böden nachteilig, sonst geringe Bodenansprüche.
WISSENSWERTES Die Früchte sind roh kaum genießbar, lassen sich aber zu schmackhaftem Gelee, Kompott oder Saft verarbeiten. Die Fruchtform ist genetisch festgelegt und so unterscheidet man var. *oblonga*, die Birn-Quitte, von var. *maliformis*, der Apfel-Quitte. Letztere soll die besser schmeckende Frucht tragen, die andere robuster sein und leichter verwildern.

Weidenblättrige Birne
Pyrus salicifolia
Rosengewächse 24

3 | 4–8 M | APR–MAI | BAUM, STRAUCH

KENNZEICHEN Zweige oft bedornt; Blätter schmal lanzettlich, 3–9 cm lang, unterseits graugrün behaart, Blüten weiß, 5-zählig, ca. 2 cm Ø, in Dolden; birnenförmige, 2–3 cm lange, grüne Früchte, hart, nicht essbar.
VORKOMMEN In Südosteuropa und Westasien beheimatet; Zierbaum für sonnige Plätze, verträgt Hitze und Trockenheit, frosthart.
WISSENSWERTES Der genügsame Baum wird gelegentlich auch in Laubmischwäldern sowie in Windschutzgehölzgruppen gepflanzt.

Echte Mispel *Mespilus germanica*
Rosengewächse 24

4 | 3–6 M | MAI–JUNI | STRAUCH, BAUM

KENNZEICHEN Aufrecht, mäßig verzweigt, Wildformen bedornt, junge Zweige dicht behaart; Blätter lanzettlich bis oval, 6–12 cm lang, unterseits graugrün filzig; Blüten weiß, 4–5 cm Ø, 5-zählig, einzeln; apfelförmige Früchtchen.
VORKOMMEN Bereits im Altertum aus Westasien nach Süd- und Mitteleuropa eingeführt und bis zum Mittelalter häufig als Obstgehölz kultiviert; selten in Weinbaugebieten und in lichten Laubmischwäldern verwildert, teils als Ziergehölz gepflanzt. Wärmeliebend, hitzeverträglich, bevorzugt kalkhaltige Böden.
WISSENSWERTES Die Früchte werden erst nach Frosteinwirkung genießbar. Dann entfalten sie einen angenehm süßsäuerlichen Geschmack.

Lorbeer-Kirsche, Kirschlorbeer
Prunus laurocerasus
Rosengewächse 24

5 | 1–6 M | MAI | STRAUCH | †

KENNZEICHEN Buschig, sehr in die Breite wachsend; immergrün, Blätter länglich bis verkehrt eiförmig, 5–25 cm lang, glänzend dunkelgrün, ledrig derb, Rand manchmal schwach gesägt; kleine weiße Blüten in aufrechten, bis 20 cm langen Trauben; kugelige, erbsengroße, schwarze Steinfrüchte, giftig.
VORKOMMEN In Südosteuropa und Kleinasien beheimatet, häufig als Zierstrauch gepflanzt, einzeln und in Hecken; wächst in Sonne wie Schatten, etwas frostempfindlich.
WISSENSWERTES Von der in allen Teilen giftigen Lorbeer-Kirsche gibt es mehrere, meist nur 2–3 m hohe Sorten, außerdem 'Rotundifolia' mit rundlichen Blättern.

Sumpf-Porst *Ledum palustre*
Heidekrautgewächse 58

6 | 0,5–1,5 M | MAI–JUNI | STRAUCH | †

KENNZEICHEN Zweigenden rostrot behaart; immergrün, Blätter linealisch, 2–3,5 cm lang, Ränder stark umgerollt, unterseits rostrot filzig, stark riechend; Blüten weiß, in reichblütigen Dolden; ab Okt. bräunliche Kapseln.
VORKOMMEN In Nordosteuropa und im östlichen Mitteleuropa verbreitet, selten, geschützte, stark gefährdete Art; wächst in Nadelwäldern auf sauren Böden und Hochmooren.
WISSENSWERTES Blätter wie Zweige duften kampferartig streng und wurden früher als Motten-Vertreibungsmittel verwendet.

und -sträucher

...cher Bocksdorn
...rbarum
...hattengewächse | 62

2–3 M | MAI–SEPT | STRAUCH †

KENNZEICHEN Lange, bogig überhängende Zweige, meist bedornt; Blätter sehr variabel, breit elliptisch bis lanzettlich, 2–6 cm lang; Blüten purpurn bis violett, mit verwachsener Kronblattröhre und 5 ausgebreiteten Zipfeln, meist zu 2 bis 3; ab Aug. länglich ovale Beeren, meist rot, seltener gelborange, 1–2 cm lang.

VORKOMMEN Im 18. Jh. aus China eingeführt, in Süd- und Mitteleuropa vielerorts verwildert; gelegentlich als Zierstrauch, häufiger jedoch als Pioniergehölz auf Problemstandorten gepflanzt, etwa zur Befestigung von Böschungen, Dämmen und Geröllflächen.

WISSENSWERTES Der in allen Teilen giftige Bocksdorn hat eine sehr große Standortamplitude, wie dies fachsprachlich genannt wird: Er wächst in Sonne wie Schatten, hat geringe Bodenansprüche und gedeiht selbst auf extrem trockenen, sandigen und sogar auf stark salzhaltigen Böden.

Bittersüßer Nachtschatten
Solanum dulcamara
Nachtschattengewächse | 62

2 | **0,5–3 M | JUNI–AUG | HALBSTRAUCH** †

KENNZEICHEN Wächst mit kletterndem oder niederliegendem Stängel, der nur im unteren Bereich verholzt; Rinde und Blätter unangenehm riechend; Blätter eiförmig, am Grund herz- oder spießförmig geöhrt, lang gestielt; Blüten mit 5 violetten, zurückgeschlagenen Kronblättern, in der Mitte großer, vorstehender Staubbeutelkegel; rundliche Beeren, um 1 cm Ø, erst grün, dann scharlachrot glänzend.

VORKOMMEN In Europa auf nährstoffreichen, feuchten Böden häufig; an Wegrändern und Ufern, in Weidegebüschen und Auwäldern.

WISSENSWERTES Zur Gattung *Solanum* gehören über 1400 Arten, darunter auch Nutzpflanzen wie Kartoffel und Aubergine sowie krautige Wildpflanzen, z. B. der Schwarze Nachtschatten. Von den verholzenden Arten ist nur der Bittersüße Nachtschatten in Mitteleuropa heimisch. Der recht ähnliche, reicher blühende Enzianoder Kartoffelstrauch (*S. rantonnetii*) stammt aus Südamerika und wird bei uns meist als Kübelpflanze kultiviert, in Südeuropa auch frei ausgepflanzt. Der Bittersüße Nachtschatten enthält in allen Pflanzenteilen giftige Alkaloide. Ihre Menge kann nach Pflanzenorgan, Alter und geografischer Rasse schwanken (s.a. S. 24).

Rauschbeere, Moorbeere
Vaccinium uliginosum
Heidekrautgewächse | 58

3 | **0,2–0,8 M | MAI–JULI | ZWERGSTRAUCH** †

KENNZEICHEN Aufrecht, reich verzweigt; Blätter breit eiförmig, 1,5–2 cm lang, bläulich grün, im Gegensatz zur Preiselbeere (S. 98) unterseits ohne braune Punkte; gelbe bis orangerote Herbstfärbung; Blüten weiß oder rötlich, glockenförmig, einzeln oder zu 3 bis 5 in Trauben; ab Juli kugelige blau bereifte, schwarze Beeren mit etwa 1 cm Ø, Saft farblos; bildet Kolonien durch Wurzelausläufer.

VORKOMMEN In Mittel- und Nordeuropa weit verbreitet, aber nur zerstreut vorkommend. Im Tiefland v.a. in nördlicheren Regionen, dort in Mooren, Heiden und feuchten Dünen; im Alpenraum erst ab 600 m Höhe, auf Moorwiesen, an Hängen und in Geröll; in kühlfeuchten Lagen, nur auf sauren, nährstoffarmen Böden.

WISSENSWERTES Der Name deutet schon an, dass die Beeren bei Verzehr Rauschzustände, Schwindelgefühle sowie andere Vergiftungserscheinungen hervorrufen können. Es gibt allerdings Hinweise, dass dies nicht durch Inhaltsstoffe der Früchte, sondern durch einen Pilz verursacht wird, der die Art des Öfteren befällt, wodurch die Beeren rosinenartig eintrocknen. Gesunde Beeren wären demnach harmlos.

Kahle Rosmarinheide
Andromeda polifolia
Heidekrautgewächse | 58

4 | **0,1–0,3 M | MAI–JULI | ZWERGSTRAUCH** †

KENNZEICHEN Äste kriechend mit weit reichenden Ausläufern, Zweige dünn, bogig aufrecht; immergrün, Blätter schmal länglich, etwa 2–3 cm lang, ledrig, oberseits dunkelgrün, unterseits hell blaugrün und kahl, stark eingerollt; Blüten rosaweiß, kugelig glöckchenförmig, zu 2 bis 8 in endständigen Doldentrauben; bräunliche Kapselfrüchte.

VORKOMMEN In den Alpen (bis 2000 m) und im nördlichen Mitteleuropa stellenweise häufig, dazwischen zerstreut und gebietsweise fehlend; Charakterart der Torfmoore; ist im vergangenen Jahrhundert mancherorts durch Zerstörung von Moorlandschaften sehr selten geworden und gilt als gefährdete Art; in Nordeuropa verbreitet.

WISSENSWERTES Die ausgesprochen frostharte Rosmarinheide findet sich in Norwegen noch bis zum Nordkap. In Mitteleuropa hat sie selbst die letzte Eiszeit überstanden, ihr Vorkommen ist bis in vorgeschichtliche Zeit nachgewiesen.

Laubbäume und -sträucher

Nur zwei Arten der Gattung *Rhododendron* sind in Mitteleuropa verbreitet, weltweit gibt es etwa 1300. Vor allem ostasiatische Arten wurden nach Europa eingeführt, vielfach gezüchtet und miteinander gekreuzt. Viele Hybriden lassen sich kaum noch einer bestimmten Stammart zuordnen. Deshalb ist die gärtnerische Einteilung nach Sortengruppenmerkmalen zwar botanisch etwas ungenau, aber praxisnah. Die meist immergrünen, ledrigen, oberseits glänzenden Blätter der Rhododendren stehen oft gehäuft an den Zweigenden, die trichter- oder glockenförmigen Blüten sind in doldenartigen Schirmtrauben vereint. Blätter und Pollen sind schwach giftig. Rhododendren brauchen halbschattige, windgeschützte Plätze auf durchlässigen Böden. Bis auf wenige Ausnahmen sind sie kalkunverträglich und gedeihen nur auf lockeren, feucht gehaltenen (nicht staunassen), sauren Böden (viel Moorerde/Torfmull im Pflanzloch).

Japanische Azaleen (Sortengruppe)
***Rhododendron*-Hybriden**
Heidekrautgewächse   58

1   0,3–1,5 M | MAI–JUNI | STRAUCH   †

KENNZEICHEN Breit buschig; winter- oder immergrün, Blätter eiförmig bis lanzettlich, 2–6 cm lang; Blüten zu vielen, bis 6 cm Ø, in Rosa-, Violett- und Rottönen sowie Weiß.

VORKOMMEN Mehrfachkreuzungen aus ostasiatischen Arten wie *R. obtusum*, *R. kaempferi*, *R. kiusianum*, *R. simsii*.

WISSENSWERTES Bewährte Vertreter dieser Gruppe sind Sorten wie 'Diamant', 'Kermesina' **(1a)**, 'Progres' **(1b)** und 'Rosalind'. Sie zeichnen sich durch kompakten, teils flachen Wuchs aus sowie durch besonderen Blütenreichtum. Die älteren Sorten sind z. T. recht frostempfindlich.

Sommergrüne Azaleen (Sortengruppe) *Rhododendron*-Hybriden
Heidekrautgewächse   58

2   1–2,5 M | MAI–JUNI | STRAUCH   †

KENNZEICHEN Aufrecht; laubabwerfend, Blätter eiförmig bis eilänglich, 12–15 cm lang; Blüten zu vielen, bis 6 cm Ø, in Rosa-, Rot-, Orange- und Gelbtönen sowie Weiß.

VORKOMMEN Kreuzungen aus ostasiatischen, amerikanischen und vorderasiatischen Arten; wichtige Stammarten sind Chinesische Azalee (*R. molle*) und Pontische Azalee (*R. luteum*).

WISSENSWERTES Diese häufig gepflanzten Sorten haben besonders leuchtende Blütenfarben und sind winterhärter als viele immergrüne Rhododendren.

Pontische Azalee
Rhododendron luteum
Heidekrautgewächse   58

3   1–4 M | MAI | STRAUCH   †

KENNZEICHEN Locker verzweigt; laubabwerfend, Blätter länglich lanzettlich, 6–12 cm lang, purpurrote Herbstfärbung; Blüten zu vielen, kräftig gelb, bis 5 cm Ø, außen klebrig.

VORKOMMEN Im Kaukasus und in Osteuropa beheimatet, Vorposten in Kärnten.

WISSENSWERTES Diese robuste Art, Stammform vieler Gartenzüchtungen, besticht durch natürlichen Charme und intensiven Blütenduft.

Rostblättrige Alpenrose
Rhododendron ferrugineum
Heidekrautgewächse   58

4   0,3–1,5 M | JUNI–JULI | STRAUCH   †

KENNZEICHEN Aufrecht, kompakt; Zweige und Blattunterseiten mit rostroten Drüsenschuppen besetzt; immergrün, Blätter eiförmig bis lanzettlich, 2–4 cm lang, ledrig, oberseits glänzend grün; Blüten zu 6 bis 12, purpurrot, 1–2 cm Ø; ab Sept. bräunliche Fruchtkapseln.

VORKOMMEN Zerstreut in den Alpen zwischen 1500 und 2500 m Höhe, geschützte Art; in lichten Gebirgswäldern, auf Bergweiden und Blockhalden; Kalk meidend.

WISSENSWERTES An ihr zusagenden Stellen bildet die Rostblättrige Alpenrose dichte Bestände. Sie ist nur mäßig frosthart und überwintert am sichersten unter dem Schutz einer Schneedecke.

Bewimperte Alpenrose
Rhododendron hirsutum
Heidekrautgewächse   58

5   0,3–1 M | JUNI–AUG | STRAUCH   †

KENNZEICHEN Aufrecht; immergrün, Blätter länglich elliptisch, 1–3 cm lang, am Rand borstig bewimpert, ledrig, oberseits glänzend frischgrün; Blüten zu 3 bis 10, rosa, selten weiß, 1–2 cm Ø; bräunliche Fruchtkapseln.

VORKOMMEN In den mittleren und östlichen Alpen zwischen 1500 und 2500 m Höhe, geschützte Art; in lichten Bergwäldern, an Hängen, auf Blockhalden; vorzugsweise auf Kalkböden.

WISSENSWERTES Obwohl Bewimperte und Rostblättrige Alpenrose wegen unterschiedlicher Kalkverträglichkeit selten vergesellschaftet sind, kommt es zuweilen zur Bastardbildung zwischen den Arten (*Rhododendron x intermedium*, Blätter bewimpert und rostrot drüsenschuppig).

Laubbäume und -sträucher

Catawba-Rhododendron
Rhododendron catawbiense
Heidekrautgewächse [58]

1 2–4 M | MAI–JUNI | STRAUCH †

KENNZEICHEN Dicht verzweigt; immergrün, Blätter elliptisch bis länglich, 6–15 cm lang; Blüten zu 15 bis 20, lilapurpur mit olivgrüner Zeichnung, breit glockig, bis 6 cm Ø **(1a)**.
VORKOMMEN Die Stammart ist im östlichen Nordamerika (Virginia) beheimatet. Sie ist die „Alpenrose der Alleghenies". Das raue Bergklima dort hat in natürlicher Auslese die Robustheit und Frosthärte verursacht, die wir an ihren Hybrid-Nachkommen zu schätzen.
WISSENSWERTES Häufig gepflanzt wird die Sorte 'Catawbiense Boutsault' mit kräftig lila gezeichneten Blüten **(1b)**. Die frostverträgliche Art stand auch Pate bei der Züchtung vieler anderer großblumiger Hybriden, die in den verschiedensten Farbtönen blühen und meist breit aufrecht wachsen. Dazu zählen u. a. die Sorten 'Cunningham's White' (weiße Blüten), 'Roseum Elegans' (lilarosa) oder 'Dr. H. C. Dresselhuys' (purpurrot).

Zwerg-Rhododendren
Rhododendron forrestii Repens-Gruppe
Heidekrautgewächse [58]

2 0,5–1 M | APR–MAI | STRAUCH †

KENNZEICHEN Breitwüchsig, flach kugelig bis aufrecht; immergrün, Blätter eiförmig bis länglich elliptisch, 3–8 cm lang; Blüten zu 3 bis 8, in verschiedenen Rottönen, 3–6 cm Ø.
VORKOMMEN Stammform in Ostasien beheimatet (Myanmar, Tibet, Yunnan).
WISSENSWERTES *R. forrestii* wächst in seiner Heimat als Teppich bildender Zwergstrauch. Die *Repens*-Sorten entstanden durch Einkreuzen großblumiger Hybriden. Sie lassen sich kaum als Bodendecker verwenden, doch es sind kompakte Sträucher, die gut in kleinere Gärten passen und sogar in Pflanzkübeln gedeihen. Die Sorten zeigen unterschiedliche Frosthärte. Oft gepflanzte Züchtungen wie 'Bad Eilsen' und die etwas größer werdende 'Scarlet Wonder', beide scharlachrot, sind recht zuverlässig winterhart. Doch selbst mit frostverträglichen, kleinwüchsigen Rhododendren haben Gartenbesitzer oft Probleme. Hauptgrund dafür sind meist ungeeignete Bodenverhältnisse. Der Boden muss, von wenigen kalktoleranten Sorten abgesehen, nicht nur sauer sein (pH-Wert zwischen 4,5 und 5,5). Rhododendren brauchen zudem unbedingt gut durchlässiges, lockeres, nicht zu trockenes Erdreich mit hohem Humusgehalt.

Williamsianum-Rhododendren
Rhododendron-Williamsianum-Hybriden
Heidekrautgewächse [58]

3 1–2 M | MAI | STRAUCH †

KENNZEICHEN Breit kugelig; immergrün, Blätter eiförmig bis eilänglich, um 5 cm lang; Blüten zu 2 bis 10, oft ausgeprägt glockig, 5–10 cm Ø, in Rosa-, Violett- und Rottönen sowie Weiß.
VORKOMMEN Stammform in Westchina (Sichuan) beheimatet.
WISSENSWERTES In Gärten und Parks sieht man häufig altbewährte *R.-Williamsianum*-Hybriden wie 'Wega' **(3a)**, 'August Lamken' (dunkelrosa) **(3b)** oder 'Gartenbaudirektor Glocker' (rosarot). Die ursprüngliche Art, *R. williamsianum*, wurde schon früh im 20. Jh. züchterisch bearbeitet. Bei dieser wie bei anderen Hybridgruppen versuchte man durch Einkreuzen weiterer Arten und Sorten vor allem die Winterhärte zu verbessern. Zudem wurden meist größere Blüten angestrebt, oft auf Kosten des natürlichen Charmes der Ausgangsformen. Von Zeit zu Zeit erleben deshalb die reizvollen Wildarten ein Comeback. So etwa der ostasiatische Veilchenblaue Rhododendron (*R. impeditum*) mit violettblauen Blüten, 0,5–1 m hoch, oder die auf S. 112 beschriebenen europäischen Wildformen, die allerdings in schneefreien Wintern unter Frösten leiden (im Gebirge werden sie durch eine hohe Schneedecke vor dem Erfrieren geschützt).

Yakushima-Rhododendren
Rhododendron-Yakushimanum-Hybriden
Heidekrautgewächse [58]

4 0,5–1,5 M | MAI–JUNI | STRAUCH †

KENNZEICHEN Kompakter Wuchs; immergrün; Blätter schmal bis breit elliptisch, 8–15 cm lang, kräftig dunkelgrün; Blüten zu vielen, um 5 cm Ø, in Rosa-, Lila- und Rottönen, auch in Weiß oder zartem Gelb ('Festivo', 'Babette').
VORKOMMEN Stammform in Japan beheimatet (Insel Yaku Shima).
WISSENSWERTES Der Yakushima-Rhododendron wird gelegentlich auch in der reinen Art gepflanzt, deren anfangs zartrosa Knospen später rein weiß aufblühen. Die Art wird oftmals als Varietät von Metternichs Rhododendron (*R. degronianum*) angesehen, der vormals *R. metternichii* hieß. Dies mag einen kleinen Einblick in die Schwierigkeit der botanischen Einteilung dieser umfangreichen Gattung geben. Bei den Hybriden wurden wiederum großblumige Züchtungen eingekreuzt, wobei geschlossener Wuchs, Blattform und Blütenreichtum des *R. yakushimanum* weitgehend erhalten blieben.

Laubbäume und -sträucher

Kobushi-Magnolie *Magnolia kobus*
Magnoliengewächse 9

1 8–10 M | APR–MAI | STRAUCH, BAUM

KENNZEICHEN Aufrecht, Zweige manchmal fast waagrecht ausgebreitet; Blätter verkehrt eiförmig, 8–10 cm lang; schon ab Herbst seidig behaarte Blütenknospen; Blüten vor den Blättern erscheinend, weiß, mit meist 6 ausgebreiteten Kronblättern, etwa 10 cm Ø; bis 10 cm lange, rötliche, walzenförmige Früchte.
VORKOMMEN In Japan beheimatet. Nur im Jugendstadium etwas frostempfindlich; kalkverträglicher als andere Magnolien.
WISSENSWERTES Unter den bei uns winterharten Gehölzen warten Magnolien mit den größten Blüten auf. Die zwittrigen Blüten stehen einzeln am Ende der Zeige. Leider erscheinen sie bei der Kobushi-Magnolie erst ab dem 10. Standjahr regelmäßig und in ihrer ganzen Fülle.

Sommer-Magnolie
Magnolia sieboldii
Magnoliengewächse 9

2 2–3 M | JUNI–JULI | STRAUCH

KENNZEICHEN Breit ausladend; Blätter breit elliptisch, 6–15 cm lang; Blüten weiß mit kräftig roten Staub- und Fruchtblättern, schalenförmig, 9 Kronblätter, 7–10 cm Ø, lang gestielt und nickend, deutlicher Duft; 3–6 cm lange, karminrote Fruchtstände, hängend.
VORKOMMEN Stammt aus Japan; winterhart, durch späte Blüte nicht spätfrostgefährdet.
WISSENSWERTES Alle Magnolien gedeihen in der Sonne und in lichtem Schatten. Sie brauchen frischen bis feuchten, gut durchlässigen, humosen Boden, in der Regel kalkarm und bevorzugt schwach sauer. Die Sommer-Magnolie blüht bereits als Junggehölz.

Stern-Magnolie *Magnolia stellata*
Magnoliengewächse 9

3 1,5–3 M | MÄRZ–APR | STRAUCH

KENNZEICHEN Dicht verzweigt; Blätter schmal verkehrt eiförmig, 5–10 cm lang; Blüten vor den Blättern erscheinend, weiß, mit 12 bis 20 schmalen Blütenblättern, 7–10 cm Ø, duftend.
VORKOMMEN In Japan beheimatet. Braucht einen warmen, geschützten Standort, da die zeitige Blüte spätfrostgefährdet ist.
WISSENSWERTES Die zierlichste unter den Magnolienarten – überdies wächst sie recht langsam und eignet sich auch für kleinere Gärten sehr gut. Sie blüht schon als kleiner Strauch.

Hohe Magnolie *Magnolia x loebneri*
Magnoliengewächse 9

4 6–8 M | APR–MAI | STRAUCH

KENNZEICHEN Locker baumartiger Wuchs; Blätter elliptisch, 10–15 cm lang; Blüten erscheinen mit dem Laubaustrieb, weiß oder zart rosa, sternförmig ausgebreitet, mit 12 bis 16 Blütenblättern und 10–12 cm Ø.
VORKOMMEN Kreuzung zwischen Kobushi- und Sternmagnolie (*M. kobus* x *M. stellata*).
WISSENSWERTES Ebenso wie bei *M. stellata* setzt bei dieser Hybride, auch Große Stern-Magnolie genannt, die Blüte bereits im Jugendstadium ein. Die vielblättrigen Blüten sind wie die Blühfähigkeit im Jugendalter von der Stern-Magnolie vererbt (vgl. 3), der kräftige, hohe Wuchs geht dagegen auf die Kobushi-Magnolie zurück (vgl. 1).

Purpur-Magnolie *Magnolia liliiflora*
Magnoliengewächse 9

5 3–4 M | APR–MAI | STRAUCH

KENNZEICHEN Breit aufrecht, dicht verzweigt; Blätter verkehrt eiförmig, 10–15 cm lang, dunkelgrün glänzend; Blüten erscheinen mit dem Laubaustrieb, tulpenartig, mit 6 Kronblättern, aufrecht, bis 7 cm Ø, purpurn, innen weiß.
VORKOMMEN In China beheimatet; frostempfindlich.
WISSENSWERTES Eine des Öfteren gepflanzte Form ist 'Nigra' mit etwas größeren, außen tief purpurroten Blütenblättern (bislang das dunkelste Rot aller Magnolienblüten).

Tulpen-Magnolie
Magnolia x soulangiana
Magnoliengewächse 9

6 3–6 M | APR–MAI | STRAUCH, BAUM

KENNZEICHEN Locker aufrecht, breit ausladend; Blätter verkehrt eiförmig, 15–20 cm lang; Blüten meist mit den Blättern erscheinend, aufrecht, tulpenförmig, später schalenförmig geöffnet, bis 25 cm Ø; Blütenfarbe je nach Sorte weiß, dann außen rosa bis purpurn überlaufen, oder dunkelrosa.
VORKOMMEN Kreuzung zwischen Purpur- und Yulan-Magnolie (*M. liliiflora* x *M. denudata*), 1826 in Frankreich entdeckt. Im Blütenstadium recht frostempfindlich.
WISSENSWERTES Die Tulpen-Magnolie ist die am weitesten verbreitete Magnolie. Sie blüht bereits als junge Pflanze. Nach der Frühjahrsblüte folgt häufig eine spärlichere Nachblüte im Sommer.

Laubbäume und -sträucher

Zwergbuchs, Buchs-Kreuzblume
Polygala chamaebuxus
Kreuzblumengewächse [37]

1 | BIS 0,3 M | MAI–JUNI | HALBSTRAUCH

KENNZEICHEN Wächst niederliegend mit unterirdischen Ausläufern; immergrün, Blätter verkehrt eiförmig, etwa 2 cm lang, ledrig, kurz stachelspitzig; Blüten zu 1 bis 3 achsel- und endständig; schmetterlingsblütenähnlich, um 1,5 cm lang, zweifarbig mit cremeweißen oder gelben Flügeln und gelbem, rötlichem oder lila Schiffchen; Zuchtsorten auch mit violetten Blütenblättern; rundliche Kapselfrüchte.
VORKOMMEN Zerstreut in den Alpen bis über 2000 m, im Vorland selten, geschützte Art; oft auf Kalkmagerrasen und in trockenen Kiefernwäldern. Wird auch in Steingärten gepflanzt.
WISSENSWERTES In höheren Alpenlagen blüht der Halbstrauch mit seinen bogig aufsteigenden Blütentrieben häufig aus dem Schnee heraus.

Gewöhnlicher Judasbaum
Cercis siliquastrum
Johannisbrotgewächse [35]

2 | 3–8 M | MAI | BAUM, STRAUCH

KENNZEICHEN Locker aufgebaut; Blätter rundlich nierenförmig, deutlich handnervig, 7–12 cm lang und breit; Blüten vor dem Laubaustrieb, rosa oder violett, schmetterlingsblütenähnlich, um 2 cm lang; gebüschelt an den Zweigen und am Stamm entlang; grün- bis bräunliche Fruchthülsen, über Winter haltend.
VORKOMMEN Im Mittelmeergebiet und in Kleinasien beheimatet. Frostempfindlich, wächst und blüht bei uns nur in klimatisch begünstigten Regionen gut; braucht nährstoffreichen, lockeren, etwas feuchten Boden.
WISSENSWERTES Eine Besonderheit dieser Gattung stellt die Stammblütigkeit dar: Die Blüten erscheinen nicht nur an Zweigen, sondern auch an dicken Ästen und direkt am Stamm.

Niederliegender Geißklee
Cytisus decumbens
Schmetterlingsblütengewächse [36]

3 | 0,2–0,6 M | MAI–JUNI | ZWERGSTRAUCH †

KENNZEICHEN Niederliegend, Zweige oft wurzelnd; Blätter länglich, 1–2 cm lang, unterseits weich behaart; Blüten leuchtend gelb, 1–1,5 cm lang, zu 1 bis 3 entlang der Zweige; Fruchthülsen unauffällig, etwa 2 cm lang.
VORKOMMEN In Südeuropa beheimatet; braucht sonnige, warme Plätze, bevorzugt durchlässige Böden mit hohem Sandanteil.
WISSENSWERTES Die charakteristischen Schmetterlingsblüten setzen sich aus 5 unterschiedlich gestalteten Kronblättern zusammen: Das obere, die Fahne, ist am größten und steht meist aufrecht, die 2 seitlichen werden Flügel genannt und greifen um die beiden unteren, miteinander verwachsenen Kronblätter, das Schiffchen. Gemeinsam ist den Schmetterlingsblütlern auch die Lebensgemeinschaft mit Knöllchenbakterien (Rhizobien), die sich an den Wurzeln ansiedeln und den Luftstickstoff pflanzenverfügbar machen. Deshalb werden Arten wie der Niederliegende Geißklee gern als Pioniergehölze für sandige, nährstoffarme Stellen verwendet.

Elfenbeinginster
Cytisus x *praecox*
Schmetterlingsblütengewächse [36]

4 | 1,5–2 M | APR–MAI | STRAUCH †

KENNZEICHEN Breit buschig, Zweige dünn bogig überhängend; Blätter länglich lanzettlich, 1–2 cm lang, seidig behaart; Blüten rahmweiß oder hellgelb, etwa 1 cm lang, sehr zahlreich entlang der Zweige, unangenehm duftend; Fruchthülsen unauffällig.
VORKOMMEN Kommt wild nicht vor, Hybride aus zwei Mittelmeerarten; sehr frosthart, braucht kalkfreie, leichte, durchlässige Böden.
WISSENSWERTES Es gibt einige Zierformen mit auffälligeren Blütenfarben, so die kräftig gelbe Sorte 'Allgold' und die rubinrote 'Hollandia'.

Gewöhnlicher Besenginster
Cytisus scoparius
Schmetterlingsblütengewächse [36]

5 | 1–2 M | MAI–JUNI | STRAUCH †

KENNZEICHEN Aufrecht mit kräftig grünen, kantigen oder gerieften Zweigen; zahlreiche Seitenzweige, dadurch besenartig; an Langtrieben teils einfache, länger haftende Blätter, sonst 3-teilige Blätter, die nur kurz am Strauch verbleiben; etwa 2–3 cm große gelbe, selten weiße Blüten, zu 1–2 cm in den Blattachseln, zahlreich, strenger Geruch; Gartenformen auch mit rötlichen und gelbroten Blüten.
VORKOMMEN In West- und Nordwesteuropa heimisch, fehlt in den Alpen; vielfach auch gepflanzt. Braucht Sonne und durchlässige, kalkfreie Böden; recht empfindlich gegen Hitze, Bodennässe, Wind und vor allem Frost.
WISSENSWERTES Seine mangelnde Robustheit gleicht der Besenginster durch gute Regenerationsfähigkeit wieder aus. Er gilt als Bodenbefestiger und Bodenbereiter (Stickstoffsammler).

118

Laubbäume und -sträucher

Purpur-Zwergginster
Chamaecytisus purpureus
Schmetterlingsblütengewächse [36]

1 0,4–0,8 M | APR–JUNI | STRAUCH

KENNZEICHEN Rutenartige Zweige, oft bogig überhängend, teils niederliegend, gerieft oder schwach 4-kantig, unbedornt; 3-teilige, gestielte Blätter, seltener einfache schmale Blätter, um 2–3 cm lang **(1a)**; Blüten purpurrot, seltener rosa oder weiß, zu 1 bis 4 in den Blattachseln stehend, um 2 cm lang; ab Aug. kahle, braune, 2–5 cm lange Fruchthülsen.
VORKOMMEN In Süd- und Osteuropa heimisch, dort vorwiegend in Gebirgslagen, etwa an Felshängen, in den Südalpen bis 1500 m Höhe. In Mitteleuropa schon seit dem 18. Jh. als Ziergehölz gepflanzt, mancherorts verwildert. Sonne- und wärmeliebend, aber frosthart; wächst gut auf durchlässigen sandigen Böden.
WISSENSWERTES Der anmutig wirkende Strauch wird gern in Stein- oder Heidegärten gepflanzt, wo er sich langsam durch unterirdische Sprosse ausbreitet. An seinen Naturstandorten stößt man gelegentlich auf eine im Habitus ähnliche Art, den in Osteuropa beheimateten Weißen Zwergginster (*C. albus*) **(1b)**. Wie schon sein Name besagt, hat er weiße Blüten, die köpfchenartig zu 3 bis 10 am Ende der Triebe sitzen. Die Blätter, v. a. die Unterseiten, und Zweige sind, anders als beim Purpur-Zwergginster, behaart. Weitere Arten mit (stets) 3-teiligen Blättern sind auf Seite 202 beschrieben. Die Botaniker sind sich nicht ganz einig, ob es sich bei all diesen Arten um eine eigene Gattung *Chamaecytisus* (Zwergginster) handelt oder um Angehörige der Gattung *Cytisus* (Geißklee, S. 118, S. 200). Bei der deutschen Bezeichnung kann wiederum der Bezug zum Ginster (*Genista*, S. 122) für Verwirrung sorgen. Neben vielen äußeren Ähnlichkeiten haben die Pflanzen dieser Gattungen einen mehr oder weniger hohen Alkaloidgehalt gemeinsam. Gefahr besteht v. a., wenn spielende Kinder die Hülsen verzehren.

Pfriemenginster
Spartium junceum
Schmetterlingsblütengewächse [36]

2 2–3 M | APR–JUNI | STRAUCH

KENNZEICHEN Aufrecht mit mehreren reich verzweigten Haupttrieben; rutenartige, runde Zweige, anfangs grün, später graubraun und grün gestreift; Blätter einfach, lanzettlich, 1,5–3 cm lang, bläulich grün, früh abfallend; Blüten leuchtend gelb, um 2 cm lang, mit großer, oft zurückgebogener Fahne, duftend, in endständigen, lockeren, lang gestreckten Trauben; bis 10 cm lange, braune, hell behaarte Fruchthülsen.
VORKOMMEN In den Mittelmeerländern bestandsbildende Art der trockenen Busch- und Strauchgesellschaften (Macchia, Garigue), vorwiegend auf kalkhaltigen Böden; recht frosthart; in wärmeren Regionen Mitteleuropas schon seit Jahrhunderten gepflanzt und teils verwildert.
WISSENSWERTES Der Pfriemenginster wird auch Binsenginster genannt, da die bald unbeblätterten Zweige tatsächlich an Binsen erinnern. Die jungen Sprosse wurden früher im Mittelmeerraum zum Korbflechten verwendet, aus den Bastfasern stellte man außerdem Schnüre und Gewebe her. Die runden Zweige unterscheiden den Pfriemenginster von dem im Habitus recht ähnlichen Besenginster (S. 118). Sehr deutlich ist der Unterschied im Blütenduft: Anstelle des ginsterüblichen strengen Geruchs entfaltet diese Art ein blumiges, an Jasmin erinnerndes Aroma, das durch Blütenextraktion für Duftöle und Kosmetika genutzt wird.

Flügelginster
Chamaespartium sagittale
Schmetterlingsblütengewächse [36]

3 0,1–0,2 M | MAI–JUNI | ZWERGSTRAUCH

KENNZEICHEN Niederliegend, mit kriechenden, sich bewurzelnden Ästen; aufsteigende Zweige mit 2 breiten, glänzenden Flügeln; nur wenige, bis 2 cm lange Blätter; Blüten gelb, in endständigen rundlichen Trauben; behaarte, um 2 cm lange Früchte.
VORKOMMEN In Mitteleuropa heimisch; wächst auf trockenen Wiesen, am Rand lichter Kiefern- und Eichenwälder und v. a. in Zwergstrauch- und Sandheiden; in vielen Regionen geschützte Art; bevorzugt magere, kalkarme, sandige Böden in sonnigen Lagen, etwas frostempfindlich. Des Öfteren als Zierstrauch in Stein- und Heidegärten gepflanzt.
WISSENSWERTES Der Flügelginster wird teils als *Genista sagittalis* den echten Ginstern zugerechnet, zeitweise sah man ihn auch als Art einer gesonderten Gattung mit Namen *Genistella*. Jedenfalls stellen die beidseitigen Flügel unter den ginsterähnlichen Schmetterlingsblütlern eine Besonderheit dar. Sie übernehmen weitgehend die Funktion der Blätter und stellen die hauptsächliche Assimilationsfläche dar. Die Pflanze wird zwiespältig beurteilt: als zäher Kriechbodenpionier, der tiefwurzelnd Magerböden lockert und Humus anreichert; daneben als schlimmes Weideunkraut, das als Futter vom Vieh verschmäht wird und Gras verdrängt.

Laubbäume und -sträucher

Englischer Ginster
Genista anglica
Schmetterlingsblütengewächse [36]

1 | 0,1–0,5 M | MAI–JUNI | ZWERGSTRAUCH

KENNZEICHEN Triebe niederliegend bis aufsteigend, breitwüchsig, kantige Zweige mit langen Dornen; Blätter elliptisch bis lanzettlich, höchstens 1 cm lang, blaugrün, kahl, im Sommer abfallend; Blüten goldgelb in Trauben; kleine braune Fruchthülsen; Blütenkelche und Früchte unbehaart.

VORKOMMEN In Westeuropa und im nördlichen Mitteleuropa verbreitet, Vorkommen weiter südlich aus früheren Anpflanzungen verwildert. Da im atlantisch beeinflussten Klima heimisch, Ausbreitung nur in regenreichen, luftfeuchten wintermilden Regionen. Wächst in Zwergstrauchheiden, auf Weiden, an sonnigen Waldrändern auf kalkarmen, sandigen Böden.

WISSENSWERTES Wo der Englische Ginster auf Grünland wächst, gilt er als lästiges Weideunkraut (wird vom Vieh verschmäht).

Deutscher Ginster
Genista germanica
Schmetterlingsblütengewächse [36]

2 | 0,3–0,6 M | MAI–JUNI | ZWERGSTRAUCH

KENNZEICHEN Triebe aufsteigend oder aufrecht; kantige Zweige, zum Teil mit Dornen; dem Englischen Ginster sehr ähnlich, Blattränder, Blütenkelche und Fruchthülsen sind jedoch oft zumindest leicht behaart, die Fruchthülsen schwarzbraun.

VORKOMMEN In Mittel- und Osteuropa verbreitet, fehlt in den Alpen und in der Oberrheinebene. Besiedelt trockene, lichte Wälder, Heidegebüsche, Magerrasen und sandige Wiesen; kalkmeidend, mäßig frosthart.

WISSENSWERTES Diese Art zeigt je nach Standort recht unterschiedliche Ausprägungen in der Wuchs- und Blattform sowie bei der Bedornung.

Färber-Ginster *Genista tinctoria*
Schmetterlingsblütengewächse [36]

3 | 0,3–0,7 M | JUNI–AUG | ZWERGSTRAUCH

KENNZEICHEN Wächst aufrecht, dicht verzweigt; Zweige grün, mehr oder weniger kantig, unbedornt; Blätter lanzettlich, 1–5 cm lang; Blüten goldgelb mit langer Fahne, zu vielen in gestreckten, endständigen Trauben; bräunliche, kahle Fruchthülsen.

VORKOMMEN In fast ganz Europa verbreitet, vom Tiefland bis ins Alpenvorland; in lichten Wäldern, an sonnigen Waldrändern, auf trockenen Wiesen und Weiden. Gedeiht noch im lichten Schatten, kalkverträglich, frostempfindlich.

WISSENSWERTES Die Blüten wurden früher zum Einfärben von Wolle und Leinen verwendet, wobei sich die Pflanzenfarbe als sehr beständig erwiesen hat.

Behaarter Ginster *Genista pilosa*
Schmetterlingsblütengewächse [36]

4 | 0,1–0,4 M | MAI–JUNI | ZWERGSTRAUCH

KENNZEICHEN Zweige niederliegend bis aufsteigend, knotig, gerieft oder schwach kantig, unbedornt; Blätter klein, oft kürzer als 1 cm, wenigstens unterseits weich behaart; Blüten goldgelb, um 1 cm lang, seidig behaart, einzeln oder bis zu 3 in Trauben, an den Triebenden gehäuft; behaarte, bis 2,5 cm lange Fruchthülsen.

VORKOMMEN In fast ganz Europa verbreitet, in Mitteleuropa im Westen und Südwesten am stärksten vertreten, in den Alpen fehlend. Wächst in Zwergstrauchheiden, an sonnigen Waldrändern und Felshängen, nur auf kalkarmen Böden, mäßig frosthart.

WISSENSWERTES Der Behaarte Ginster wird wie mehrere seiner Verwandten zum Begrünen von Sandflächen eingesetzt. Daneben eignet er sich auch recht gut als Erstbesiedler von Torfböden. Von den einheimischen Ginstern sind einige in Kultur genommen worden und werden als Sorten angeboten, meist sehr wüchsig und reichblütig: 'Goldilocks' von *G. pilosa* wächst über 0,5 m hoch, 'Royal Gold' ist ein Färber-Ginster, der etwa 1 m Höhe auf 1 m Breite erbringt, 'Plena' ist das kaum 0,5 m hohe Pendant.

Lydischer Ginster *Genista lydia*
Schmetterlingsblütengewächse [36]

5 | 0,3–0,5 M | MAI–JUNI | ZWERGSTRAUCH

KENNZEICHEN Wächst kissenartig in die Breite; Zweige anders als beim Behaarten Ginster nicht knotig und deutlich 4-kantig, graugrün, oft bläulich bereift; Zweige unbedornt; kleine, lanzettliche, graugrüne Blätter, oft kürzer als 1 cm, kahl oder kaum behaart; Blüten goldgelb, in kurzen, dichten Trauben, sehr zahlreich.

VORKOMMEN In Westasien und Südosteuropa beheimatet; sonne- und wärmeliebendes Ziergehölz, mäßig frosthart, kalkverträglich.

WISSENSWERTES Mit kompaktem, fast flachkugeligem Wuchs und reicher Blüte ziert dieser Ginster Stein- und Heidegärten. Er verträgt allerdings wie die meisten Ginsterarten Düngung nur sehr schlecht und benötigt eher nährstoffarmen Boden.

Laubbäume und -sträucher

Zur Gattung **Salix** gehören etwa 400 Arten, darunter 30 mitteleuropäische. **Weiden** sind eingeschlechtig zweihäusig, d. h. männliche und weibliche Blütenkätzchen stehen an verschiedenen Pflanzen. Nachfolgende Beschreibungen beziehen sich vorrangig auf die männlichen Kätzchen. Diese sind durch die meist gelben Staubblätter markanter als die grünen weiblichen Kätzchen, die sich nach Befruchtung oft strecken. Die meisten Weiden sind an sonnige Standorte mit frischen bis feuchten Böden gebunden. Recht häufig treten in der Natur Bastarde zwischen verschiedenen Weiden auf, was die genaue Bestimmung teils sehr schwer macht. Einige Arten haben ganzrandige Blätter und sind ab S. 88–90 beschrieben. Die Rinde aller Arten enthält Gerbstoffe und bittere Salicylverbindungen (Fraßabwehr). Salicylsäure (von *Salix*) wirkt keimtötend (konservierend), auch schmerzstillend und blutverdünnend.

Spitzblättrige Weide
Salix acutifolia 'Pendulifolia'
Weidengewächse | 50

1 | 4–6 M | MÄRZ–APR | STRAUCH

KENNZEICHEN Dünne, bogig überhängende Zweige, rotbraun und bläulich bereift; Blätter lanzettlich, lang zugespitzt, 8–15 cm lang, fein gesägt, nur beim Austrieb aufrecht, später senkrecht hängend; Kätzchen vor den Blättern erscheinend, gelb, walzlich, dicht behaart.

VORKOMMEN Cultivar einer vorderasiatischen Art; frosthart, geringe Bodenansprüche.

WISSENSWERTES Der elegant wirkende, manchmal baumartig wachsende Strauch wird schon seit Beginn des 20. Jhs. als Ziergehölz gepflanzt und findet sich recht häufig in Parks.

Reif-Weide, Schimmel-Weide
Salix daphnoides
Weidengewächse | 50

2 | 4–10 M | MÄRZ–APR | BAUM, STRAUCH

KENNZEICHEN Ovale Krone, junge Zweige steif, abwischbar blau bis weißlich bereift, später rotbraun, nicht elastisch; Blätter lanzettlich, spitz, 4–12 cm lang, fein gesägt; Kätzchen vor den Blättern erscheinend, anfangs silbrig, später gelb, bis 8 cm lang.

VORKOMMEN In Mitteleuropa verbreitet, auch gepflanzt und verwildert. Oft im Überschwemmungsbereiche von Flüssen; kalkliebend, meidet humusreiche Standorte.

WISSENSWERTES Männliche Exemplare werden wegen der auffälligen Kätzchen auch als Ziergehölze gepflanzt, meist in Strauchformen.

Bruch-Weide *Salix fragilis*
Weidengewächse | 50

3 | 5–15 M | APR–MAI | BAUM, STRAUCH

KENNZEICHEN Stamm oft krumm, Krone unregelmäßig rundlich; Blätter lanzettlich, bis 16 cm lang, oberseits glänzend dunkelgrün, unterseits matt bläulich, fein gesägt; am Blütenstiel unterhalb der Blattspreite 2 Drüsen; gelbgrüne Kätzchen mit Blattaustrieb, 3–7 cm lang.

VORKOMMEN In Mitteleuropa verbreitet, oft gepflanzt und verwildert; in Ufergebüschen und Auwäldern, verträgt zeitweise Überschwemmung; kalkmeidend.

WISSENSWERTES Bruch- oder Knack-Weide heißt diese Art wegen ihrer spröden jungen Zweige, die leicht und mit knackendem Geräusch abbrechen (vgl. *fragilis* = zerbrechlich).

Silber-Weide *Salix alba*
Weidengewächse | 50

4 | 8–20 M | APR–MAI | BAUM, STRAUCH

KENNZEICHEN Kurz- oder schiefstämmig mit breiter, rundlicher Krone; graue, längsrissige Borke, junge Zweige anfangs seidenhaarig, später kahl; Blätter schmal lanzettlich, 5–10 cm lang, unterseits silberweiß behaart, Ränder fein gesägt, Blattstiel ohne Drüsen (**4a**); Kätzchen mit Blattaustrieb, 4–6 cm lang.

VORKOMMEN Verbreitung und Standorte ähnlich wie bei der Bruch-Weide, jedoch nur auf kalkhaltigen Böden. Sehr häufig gepflanzt, zur Uferbefestigung wie als Zierbaum, früher als Korbweide genutzt.

WISSENSWERTES Im Siedlungsbereich und in Grünanlagen sieht man des Öfteren eine Hängeform der Silberweide, die als Trauer-Weide (*S. alba* 'Tristis') bekannt ist (**4b**). Sie wächst ausladend mit fast senkrecht herabhängenden Zweigen (**4c**) und wird bis 20 m breit.

Korkenzieher-Weide
Salix matsudana 'Tortuosa'
Weidengewächse | 50

5 | 4–8 M | MÄRZ–APR | BAUM, STRAUCH

KENNZEICHEN Äste, Zweige und Blätter spiralig gewunden bzw. korkenzieherartig verdreht; Blätter schmal lanzettlich, lang zugespitzt, 5–10 cm lang, scharf gesägt; kleine Kätzchen.

VORKOMMEN Cultivar einer ostasiatischen Stammform; geringe Bodenansprüche.

WISSENSWERTES Diese Art ist mit ihrer besonderen Wuchsform kaum zu verwechseln. Ein ähnliches Erscheinungsbild bietet die Korkenzieher-Hasel (S. 140).

Laubbäume und -sträucher

Ohr-Weide *Salix aurita*
Weidengewächse | 50

1 | 0,5–2 M | APR–MAI | STRAUCH

KENNZEICHEN Breitwüchsig, Zweige auffallend dünn; Blätter verkehrt eiförmig, 2,5–5 cm lang, wellig gesägt, Blattnerven tief eingesenkt, dadurch oberseits runzlig; Unterseite bläulich grün, große nierenförmige Nebenblätter am Blattstiel (**1a**); kleine silbrige bis gelbe Kätzchen, meist vor Laubaustrieb (**1b**).

VORKOMMEN In Mitteleuropa weit verbreitet und häufig, im Tiefland, an der Küste und in Gebirgslagen. Vorwiegend auf feuchten, sauren Böden, in Mooren, auf Feuchtwiesen, in feuchten, lichten Wäldern, oft mit Erlen.

WISSENSWERTES Die Ohr-Weide gehört zu den wichtigsten Gehölzen für die Erstbepflanzung bodensaurer, nasser Gelände. Ihre großen Nebenblätter („Ohren") sowie die dünnen Zweige helfen, sie von ähnlichen Arten wie Sal-Weide und Grau-Weide zu unterscheiden (s. auch Allgemeines zu *Salix* auf S. 124).

Grau-Weide *Salix cinerea*
Weidengewächse | 50

2 | 2–5 M | APR–MAI | STRAUCH

KENNZEICHEN Dicht buschig; Zweige dick, jung mit grauen Härchen, erst spät kahl; Blätter verkehrt eiförmig oder lanzettlich, 5–12 cm lang, gekerbt oder gesägt, oberseits grau behaart, unterseits blaugrün, filzig; Kätzchen oft vor dem Laubaustrieb, bis 5 cm lang, männliche eiförmig, orange bis gelb.

VORKOMMEN Im Mitteleuropa häufig, vom Tiefland bis in die Alpen auf 1500 m Höhe; Naturstandorte wie die Ohr-Weide, doch etwas kalkverträglicher, oft als Pioniergehölz in Feuchtgebieten gepflanzt.

WISSENSWERTES Die Grau-Weide ist eine sehr formenreiche Art, da sie stark zur Bastardisierung neigt. Sie ist auch Elternteil der Bandstock-Weide (*S.* x *dasyclados*), einer beständigen Kreuzung mit Sal-Weide (vgl. 3) und Korb-Weide (s. S. 88). Dieser 3–6 m hohe Strauch ist eine der wichtigsten Flechtweiden, hat kräftige Zweige und bis 20 cm lange Blätter.

Sal-Weide, Palm-Weide
Salix caprea
Weidengewächse | 50

3 | 2–10 M | MÄRZ–MAI | STRAUCH, BAUM

KENNZEICHEN Als Strauch aufrecht, als Baum oft mit schiefem, früh hohlem Stamm; Blätter sehr variabel, länglich elliptisch bis rund, 6–10 cm lang, oberseits graugrün, unterseits dicht graufilzig, gezähnt oder ganzrandig; Kätzchen vor den Blättern (**3b**), anfangs silbrig pelzig, meist aufrecht, männliche eiförmig, 2–3 cm lang. Die Samen der Sal-Weide sind Haarschopf-Flieger.

VORKOMMEN In Mittel- und Westeuropa, vom Tiefland bis in 1800 m Höhe; durch Pflanzung und Auswilderung häufig; bevorzugt nährstoffreiche, lockere, feuchte Lehmböden.

WISSENSWERTES Die Sal-Weide findet Einsatz bei Erstbegrünungen und Schutzpflanzungen, gilt als wertvolle Bienenweide, liefert „Palmkätzchen" und wird auch als Ziergehölz gepflanzt, häufig als stammveredelte Hänge-Weide (**3a**) (s. auch S. 88).

Großblättrige Weide
Salix appendiculata
Weidengewächse | 50

4 | 2–6 M | APR–MAI | STRAUCH, BAUM

KENNZEICHEN Breitwüchsig; Blätter schmal verkehrt eiförmig, 5–18 cm lang, grob gezähnt oder auch ganzrandig, Ränder wellig, Blattoberseite stark runzlig mit vertiefter Aderung, große herzförmige Nebenblätter; Kätzchen vor oder während Blattaustrieb, etwa 3 cm lang.

VORKOMMEN Mitteleuropäische Art, hauptsächlich im Gebirge und Vorland verbreitet, an kühlen, luftfeuchten Stellen auf kalkhaltigem Untergrund; wächst an Nordhängen, auf Felshalden, in Schluchtgebüschen.

WISSENSWERTES Auch diese Art bildet häufiger Bastarde, meist mit der Sal-Weide: Diese sind in der Blattform recht veränderlich.

Purpur-Weide *Salix purpurea*
Weidengewächse | 50

5 | 2–6 M | MÄRZ–APR | STRAUCH, BAUM

KENNZEICHEN Vieltriebig, besenförmig verzweigt; lange, dünne, biegsame Zweige, anfangs glänzend purpurrot (**5b**), Blattpaare oft angenähert und dadurch gegenständig erscheinend; Blätter sehr stark variierend, meist verkehrt lanzettlich, 5–10 cm lang, unterseits bläulich; Kätzchen vor den Blättern, 2–5 cm lang, männliche erst purpurn, später gelb (**5a**).

VORKOMMEN In Mitteleuropa verbreitet und häufig; meist an Flussufern und Gräben, in Weidegebüschen und Auwäldern, gedeiht aber auch an trockeneren Stellen; kalkliebend.

WISSENSWERTES Eine der oft bastardisierenden, äußerst formenreichen Weiden mit mehreren Varietäten; daneben gibt es auch klein bleibende und hängewüchsige Zierformen.

Laubbäume und -sträucher

Lorbeer-Weide *Salix pentandra*
Weidengewächse [50]

1 3–15 M MAI–JUNI STRAUCH, BAUM

KENNZEICHEN Breit ausladend, graue, längsrissige Borke; Blätter breit lanzettlich, lang zugespitzt, 5–15 cm lang, oberseits dunkelgrün glänzend mit gelber Mittelader, ledrig, Rand gesägt; junge Blätter und Zweige mit klebriger, aromatisch duftender Sekretabsonderung; gelbe Kätzchen nach dem Blattaustrieb.
VORKOMMEN In Europa und Asien verbreitet; in Mitteleuropa nach Osten häufiger, im Nordwesten fehlend, allgemein selten, gelegentlich gepflanzt. Wächst in Flussauen, Waldmooren, Weidegebüschen.
WISSENSWERTES Trotz ihrer besonderen Attraktivität hat sich die Lorbeer-Weide als Ziergehölz nicht etabliert. Wo Boden- und Luftfeuchte nicht hinreichend sind, kümmert sie schnell, zudem leidet sie stark unter Wind und Schneelasten (s. auch Allgemeines zu *Salix* auf S. 124).

Lavendel-Weide *Salix elaeagnos*
Weidengewächse [50]

2 2–6 M APR–MAI STRAUCH, BAUM

KENNZEICHEN Aufrecht, vieltriebig, Zweige steif, brüchig; Blätter lanzettlich bis linealisch, 5–15 cm lang, unterseits weiß- bis graufilzig, Ränder eingerollt **(2a)**; kleine Kätzchen an kurzen beblätterten Zweigen, vor dem Aufblühen dicht seidig behaart **(2b)**.
VORKOMMEN In Mittel- und Südeuropa verbreitet, wild im Alpenbereich, im Schwarzwald und Bodenseegebiet; weiter nördlich meist gepflanzt, teils verwildert; oft auf Kies-, Schotter- und Sandufern, kalkliebend. Gelegentlich als Ziergehölz gepflanzt.
WISSENSWERTES Auch diese Art ist eine typische „Rekultivierungsweide", etwa für Kies- und Sandgruben. Sie verträgt zeitweilige Überschwemmung ebenso wie eine Überschüttung von Wurzelbereich und Stammfuß, wie sie etwa durch Erdauftrag oder herabrutschenden Sand entstehen kann.

Mandel-Weide *Salix triandra*
Weidengewächse [50]

3 2–4 M APR–MAI STRAUCH, BAUM

KENNZEICHEN Aufrecht, teils ausladend; Borke löst sich oft schuppenartig ab, darunter rotbraune Rinde; Zweige dünn, brüchig; Blätter lanzettlich, 5–10 cm lang, gesägt, ober- wie unterseits glänzend grün; gelbe Kätzchen vor oder mit dem Blattaustrieb erblühend.
VORKOMMEN In ganz Europa zerstreut vorkommend, häufig gepflanzt; fast nur im Tiefland und dort besonders in hügeligen Gegenden, in Auwäldern, an Flüssen und Bächen; wächst auf kalkhaltigen wie auf sauren Torfböden; spätfrostempfindlich.
WISSENSWERTES Die Mandel-Weide wird vorwiegend zur Uferbefestigung oder als Pioniergehölz auf nassen Standorten gepflanzt, man schätzt sie aber auch seit jeher als Lieferant von Korbflechtmaterial.

Schwarzwerdende Weide
Salix myrsinifolia (*S. nigricans*)
Weidengewächse [50]

4 1–4 M APR–MAI STRAUCH

KENNZEICHEN Breitwüchsig, Zweige schwarz- bis braungrün; Blätter sehr variabel, rundlich bis lanzettlich, Spitze heller grün als Blattspreite, 4–10 cm lang; Kätzchen vor den Blättern erscheinend, bis 3 cm lang, eiförmig, vor dem Aufblühen seidig behaart.
VORKOMMEN In Mitteleuropa zerstreut vorkommend, am häufigsten in kühl-feuchten Regionen und im Alpenbereich; wächst in Gewässernähe, in Auwäldern und Weidegebüschen, wird in gemischten Hecken in Feuchtgebieten und auch gerne zur Uferbefestigung gepflanzt.
WISSENSWERTES Diese Art lässt sich kaum anhand von Blattform oder -farbe bestimmen, da diese extrem variieren. Das verlässlichste Blattmerkmal steckt im Namen: Trockene Blätter, ob abgeschnitten oder am Baum, färben sich schwarz.

Bäumchen-Weide
Salix waldsteiniana
Weidengewächse [50]

5 0,3–1 M JUNI STRAUCH

KENNZEICHEN Breitwüchsig, stark verzweigt; Zweige anfangs dicht borstig, später kahl; Blätter verkehrt eiförmig, oberseits grün und deutlich geadert, unterseits blaugrün, schwach gesägt; Kätzchen während des (späten) Laubaustriebs, männliche gelb oder rötlich.
VORKOMMEN Mittel- und südeuropäische Alpenpflanze, zwischen 1400 und 2500 m Höhe, selten; wächst an Hängen und auf Felshalden, die lange Zeit von Schnee bedeckt sind, nur auf kalkhaltigen Untergründen.
WISSENSWERTES Die Bäumchen-Weide wird manchmal in Hochlagen als Pioniergehölz eingesetzt, um Geröllflächen und Lawinenhänge zu befestigen.

Laubbäume und -sträucher

Matten-Weide *Salix breviserrata*
Weidengewächse [50]

1 0,1–0,3 M | JUNI–JULI | ZWERGSTRAUCH

KENNZEICHEN Niederliegend, polsterartig; Blätter elliptisch-lanzettlich, bis 3 cm lang, beidseits glänzend grün; Kätzchen mit den Blättern erscheinend, endständig an kurzen Seitentrieben, dick walzlich, männliche Kätzchen mit roten Staubbeuteln.

VORKOMMEN Im gemäßigten arktischen Raum, in Mitteleuropa nur in den Westalpen, selten; in Legföhrengebüschen, an Bachufern; bevorzugt nasse, steinige, kalkarme Lehmböden.

WISSENSWERTES Mit ihrem bodendeckenden Wuchs, den auffälligen roten Kätzchen und den glänzenden Blättern wäre die Matten-Weide ein hübsches Ziergehölz. Doch Versuche, sie im Tiefland zu kultivieren, schlugen fehl. Ähnlich der Matten-Weide wächst in den Ostalpen (bis zu den Karpaten und nach Siebenbürgen) die Alpen-Weide (*S. alpina*) mit meist ganzrandigen Blättern. Beide Arten werden oft mit der arktischen Myrten-Weide als Sammelart unter dem Namen *S. myrsinites* agg. geführt.

Kahle Weide *Salix glabra*
Weidengewächse [50]

2 0,5–1,5 M | MAI–JULI | STRAUCH

KENNZEICHEN Aufrecht mit kurzen Trieben; Zweige kräftig, unbehaart, glänzend rotbraun; Blätter breit elliptisch bis verkehrt eiförmig, 4–6 cm lang, sehr dick, oberseits glänzend dunkelgrün, unterseits blaugrün, gezähnt; Kätzchen silbrig, später gelb, bis 7 cm lang.

VORKOMMEN Hauptsächlich in den Ostalpen von 1400–2000 m Höhe zu finden, auch im Alpenvorland; an steinigen Hängen, auf Geröllhalden, an Bergbächen und Quellen; bevorzugt luftfeuchte Lagen, wächst nur auf kalkhaltigen, humusarmen Untergründen; bewährtes Pioniergehölz zum Befestigen von Hängen, steinigen Böschungen und sandigen Flächen.

WISSENSWERTES Mehrere alpine Weidenarten, darunter die Kahle Weide, gehören zur charakteristischen Vegetation des Legföhren- oder Krummholzgürtels, der oberhalb der Waldgrenze beginnt. Hier wachsen Pflanzengesellschaften aus niedrigen Sträuchern und krautigem Unterwuchs. Nach der prägenden Zwerg-Kiefer (s. S. 260), bezeichnet man das Biotop als Legföhren- oder Latschengebüsch. Alpenrosen, Heidel- und Preiselbeere kommen hier ebenfalls häufig vor, ebenso verschiedene Geißblattarten und die Zwerg-Mehlbeere. Legföhrengebüsche stehen unter gesetzlichem Schutz.

Spieß-Weide *Salix hastata*
Weidengewächse [50]

3 0,5–1,5 M | MAI–JUNI | STRAUCH

KENNZEICHEN Niederliegend mit bogig aufsteigenden Zweigen; junge Zweige anfangs behaart, später gelb, rotbraun; Blätter elliptisch bis breit eiförmig, 3–10 cm lang, mattgrün, am Rand gesägt oder ganzrandig, große herzförmige Nebenblätter; Kätzchen vor oder mit Blattaustrieb, männliche erst silbrig weiß, dann gelb.

VORKOMMEN Gebirgspflanze, in Mitteleuropa fast überall selten und zerstreut, in den Alpen zwischen 1000 und 2000 m Höhe etwas häufiger; braucht kühl-feuchte Bedingungen, wächst oft an Nordhängen, auf feuchten Hochstaudenfluren, an Gebirgsbächen und -flüssen, auf schwach sauren wie alkalischen Böden; wird als Pioniergehölz auf Geröllflächen gepflanzt.

WISSENSWERTES Klein bleibende Weiden mit auffälligen Kätzchen bieten sich als Ziergehölze für Gärten geradezu an. Doch oft gelingt es nicht, solche Arten, die meist Gebirgsregionen entstammen, in Kultur zu nehmen. Die Spieß-Weide ist eine der Ausnahmen: Von ihr wurde ein besonders reich blühender männlicher Klon ausgelesen, der aufrecht wächst, aber dabei etwas niedriger bleibt als die Art. Diese Form namens 'Wehrhahnii' ziert auch viele Gärten und Parks.

Schweizer Weide *Salix helvetica*
Weidengewächse [50]

4 0,5–1 M | MAI–JUNI | STRAUCH

KENNZEICHEN Dicht buschig, rundlich; junge Zweige und Blattoberseiten anfangs weißfilzig behaart, später kahl, Blattunterseiten bleiben weißfilzig; Blätter verkehrt eiförmig bis lanzettlich, bis 4 cm lang, gesägt; Kätzchen vor dem Blattaustrieb, 3–5 cm lang, anfangs weißlich bis silbrig behaart, später gelb, alt grau (**4a**).

VORKOMMEN Gebirgspflanze, hauptsächlich in der Schweizer und den Österreichischen Alpen verbreitet, selten, geschützte Art; wächst im Legföhrengürtel auf feuchten, kalkarmen Standorten (Zentralalpen).

WISSENSWERTES Die Schweizer Weide lässt sich recht gut im Tiefland ansiedeln und wird zuweilen als zierendes Steingartengehölz gepflanzt (**4b**). Die Art ist mit der Lappland-Weide, *S. lapponum* (Skandinavien), verwandt und unterscheidet sich kaum (stärkere Behaarung) von ihr. Zur Eiszeit waren beide wohl eine Art, nach der Trennung durch die „Wärmebarriere" hat sich jede ihrem Restareal eigenständig weiterentwickelt.

Laubbäume und -sträucher

Schwarz-Pappel *Populus nigra*
Weidengewächse   50

1 15–30 M | MÄRZ–APR | BAUM

KENNZEICHEN Breitkronig, kräftige Äste; junge Zweige rund, gelbbraun, kahl; Blätter variabel, dreieckig bis rautenförmig, lang zugespitzt, 5–10 cm lang, kerbig gesägt, beidseits unbehaart, lang gestielt (**1a**); hängende Kätzchen, 5–8 cm lang, männliche rot, weibliche gelbgrün.

VORKOMMEN In Mitteleuropa häufig, jedoch hauptsächlich durch Anpflanzen und Verwildern, ursprüngliche Bestände selten; wächst in Auwäldern und an Gewässerufern. Braucht Sonne und feuchten, tiefgründigen, neutralen bis alkalischen Boden.

WISSENSWERTES Eine häufig gepflanzte Form der Schwarz-Pappel ist die schlanke Säulen-Pappel *S. nigra* 'Italica' mit straff aufrechten Ästen (**1b**). Es handelt sich um eine Sorte, die nur männliche Blüten trägt und stets vegetativ vermehrt wird. Die Pappeln sind wie die eng verwandten Weiden zweihäusig. Ihre Blütenkätzchen erscheinen vor dem Laubaustrieb.

Kanada-Pappel
Populus x *canadensis*
Weidengewächse   50

2 20–30 M | MÄRZ–APR | BAUM

KENNZEICHEN Kegelförmige, geschlossene Krone; junge Zweige rund bis leicht kantig, kahl; Blätter annähernd dreieckig, lang zugespitzt, 6–10 cm lang, kerbig gesägt, lang gestielt; Kätzchen hängend, 7–10 cm lang, männliche rot, weibliche gelbgrün.

VORKOMMEN Bastard der Schwarz-Pappel mit einer kanadischen Art (*P. nigra* x *P. deltoides*). Wird in der freien Landschaft gepflanzt und im Siedlungsbereich, auch als Alleebaum. Standortansprüche wie Schwarz-Pappel.

WISSENSWERTES Diese Hybridart erweist sich ebenso wie die Schwarz-Pappel in den ersten 30 Standjahren als windfest, danach werden die Äste und Zweige brüchig und es kommt immer häufiger zu Windschäden.

Simons Pappel *Populus simonii*
Weidengewächse   50

3 12–15 M | MÄRZ–APR | BAUM

KENNZEICHEN Schmalkronig; junge Zweige kahl, kantig, leicht geflügelt, rotbraun; sehr früher Austrieb; Blätter verkehrt eiförmig, 6–12 cm lang, gesägt, oberseits dunkelgrün, unterseits weißlich hellgrün, unbehaart; rötliche Kätzchen, 2–3 cm lang.

VORKOMMEN In China beheimatet; Zierbaum in Parks, an Wegen und Plätzen.

WISSENSWERTES Mit ihrer vergleichsweise bescheidenen Größe und der schmalen Krone eignet sich diese Pappel wesentlich besser für den Siedlungsbereich als die heimischen Arten. Zudem ist sie recht trockenheitsverträglich.

Zitter-Pappel, Espe
Populus tremula
Weidengewächse   50

4 10–30 M | MÄRZ–APR | BAUM

KENNZEICHEN Breitkronig; Rinde anfangs gelblich-grau und glatt, später mit schwarzgrauer, rissiger Borke; junge Zweige kahl; Blätter rund bis breit eiförmig, 3–7 cm lang, buchtig gezähnt, unterseits blaugrün (**4a**); sehr lange, seitlich zusammengedrückte Blattstiele; hängende, grauzottige Kätzchen, 5–10 cm lang (**4b**).

VORKOMMEN In Mitteleuropa häufig, im Tiefland wie in Gebirgslagen; wächst in lichten Mischwäldern, an Waldrändern, in Baumhecken, an Hängen, auf felsigem Gelände. In Bezug auf die Bodenverhältnisse sehr anpassungsfähig. Wird als Pioniergehölz und auch als Zierbaum gepflanzt.

WISSENSWERTES Die Länge der Blattstiele und ihre seitliche Abflachung führen dazu, dass die Blätter schon durch geringe Luftbewegungen in „Unruhe" versetzt werden – also „wie Espenlaub zittern".

Moor-Gagelstrauch *Myrica gale*
Gagelstrauchgewächse   32

5 0,5–1,5 M | APR–MAI | STRAUCH

KENNZEICHEN Aufrecht, reich verzweigt; Blätter schmal verkehrt eiförmig, 2,5–6 cm lang, gesägt, ledrig, oberseits glänzend dunkelgrün; zweihäusig, Blütenkätzchen ährenähnlich an den Zweigspitzen, männliche Kätzchen gelbbraun, weibliche grünbraun; kleine 3-spitzige Steinfrüchte mit gelben Harzdrüsen.

VORKOMMEN In West- und Nordeuropa verbreitet, selten, geschützte Art; auf feuchten, sauren, humosen Böden, etwa in Heidemooren, feuchten Kiefernwäldern, Torfbrüchen.

WISSENSWERTES Die Blätter entfalten beim Zerreiben einen stark aromatischen Duft. Sie enthalten ätherische Öle, ebenso die Blütenstände. Das konzentrierte Öl ist giftig, allerdings kommt es in den Pflanzenteilen nur in minimalen Mengen vor. In den nördlichen Küstengebieten war es vormals üblich, dem Biersud statt des Hopfens „Gagel"blätter zuzusetzen, was zudem das Bier „berauschender" gemacht hätte.

Laubbäume und -sträucher

Herzblättrige Erle
Alnus cordata
Birkengewächse [29]

1 | 10–15 M | MÄRZ–APR | BAUM

KENNZEICHEN Krone schmal oval; Blätter eiförmig mit herzförmiger Basis, fein gesägt, 5–10 cm lang, dunkelgrün glänzend, lang gestielt; Blütenkätzchen vor den Blättern erscheinend, männliche grünlich, 5–10 cm lang; braune Fruchtzapfen, bis 2,5 cm lang, gestielt.

VORKOMMEN Stammt aus dem Mittelmeerraum, auch Italienische Erle genannt; bei uns gepflanzt als Feldgehölz, an Landstraßen, als Parkgehölz; geringe Bodenansprüche, kalkverträglich, gedeiht in Sonne und Halbschatten.

WISSENSWERTES Anders als die zweihäusigen Weidegewächse (Weide, Pappel) sind die Birkengewächse meist eingeschlechtig einhäusig, d.h. jede Pflanze trägt männliche und weibliche Blütenkätzchen. Bei den Erlen sind die männlichen Kätzchen wesentlich größer als die weiblichen, die nur einen knappen halben Zentimeter messen. Sie reifen nach Windbestäubung zu etwa doppelt so großen Zapfen heran, die verholzen und die in ihnen geborgenen Nussfrüchte meist erst im Folgejahr freigeben. Die Blütenkätzchen der Erlen werden schon im Sommer angelegt und überwintern frei bis zur zeitigen Blüte im Frühjahr.

Schwarz-Erle, Rot-Erle
Alnus glutinosa
Birkengewächse [29]

2 | 10–25 M | MÄRZ–APR | BAUM

KENNZEICHEN Locker aufgebaute, breite Krone, Zweige fast waagrecht; junge Zweige kahl, klebrig; schwarzbraune, rissige Borke; Blätter rundlich breit bis verkehrt eiförmig mit abgerundeter, eingekerbter Spitze, 4–10 cm lang, doppelt gesägt, klebrig; Winterknospen klebrig; Kätzchen vor den Blättern erscheinend, daneben meist noch die vorjährigen, erbsengroßen Fruchtzapfen; männliche Kätzchen rötlich braun, 5–10 cm lang, hängend; Fruchtzapfen zu 3 bis 5, dunkelbraun (2a); Holz im Anschnitt rostrot (2b).

VORKOMMEN In Mittel- und Westeuropa verbreitet und häufig, in der Ebene und in Gebirgslagen bis 1000 m Höhe; in Au- und Bruchwäldern, an Gewässerrändern und feuchten Hängen, in Moorgebieten; kalkmeidend, braucht feuchte bis nasse Böden, wächst in Sonne und Halbschatten.

WISSENSWERTES Erlen gehen mit Strahlenpilzen im Boden eine Symbiose ein, wodurch für sie der Luftstickoff direkt verfügbar wird. Zusammen mit ihrer Nässeverträglichkeit macht sie dies zu wichtigen Pioniergehölzen auf entsprechenden Standorten. Die Schwarz-Erle vermag zudem mit ihren Wurzeln verdichtete Tonhorizonte im Boden aufzuschließen.

Grau-Erle, Weiß-Erle
Alnus incana
Birkengewächse [29]

3 | 8–12 M | MÄRZ–APR | BAUM, STRAUCH

KENNZEICHEN Als Baum mit kegelförmiger Krone, als Strauch dicht verzweigt; junge Zweige leicht behaart, nicht klebrig; Rinde hellgrau, glatt; Blätter eiförmig bis elliptisch, 5–10 cm lang, doppelt gesägt, unterseits weiß- bis graugrün; Kätzchen vor dem Laubaustrieb, männliche rötlich braun, bis 10 cm lang; Fruchtzapfen dunkelbraun, zu 4 bis 8, sitzend oder kurz gestielt, oft bis zur nächsten Blüte haftend; starke Ausläuferbildung.

VORKOMMEN Im Nordosten Europas verbreitet, in vielen Teilen Mitteleuropas eingebürgert; vorwiegend in Gebirgslagen, an Flüssen und Bächen, in Auwäldern, an feuchten Hängen; bevorzugt kalkhaltige, nährstoffreiche Böden und kühl-feuchte Lagen; sehr frosthart.

WISSENSWERTES Mit ihrer intensiven Adventivwurzel- und Ausläuferbildung eignet sich die Grau-Erle gut zur Befestigung von Ufern und nassen Hängen. Die etwas kleiner bleibende Sorte 'Aurea' hat gelblich grüne Blätter und wird als Ziergehölz gepflanzt.

Grün-Erle *Alnus viridis*
Birkengewächse [29]

4 | 1–3 M | APR–JUNI | STRAUCH

KENNZEICHEN Reich verzweigt, breit ausladend; junge Zweige kahl, klebrig; Blätter sehr variabel, breit eiförmig bis rundlich, zugespitzt, 3–8 cm lang, doppelt gesägt, unterseits auf den Adern behaart, kurz gestielt (4b); Kätzchen während des Laubaustriebs erscheinend, männliche gelb, hängend (4a); Fruchtzapfen zu 3 bis 5 in Trauben; bildet Ausläufer.

VORKOMMEN Im Hochgebirge und Hochlagen der Mittelgebirge, in den Alpen bis zur Baumgrenze; in Schluchtwäldern, auf Geröllflächen, an Nordhängen; wächst nur in kühl-feuchten Lagen auf sauren, kalkarmen Untergründen.

WISSENSWERTES Die Grün-Erle wird bevorzugt zur Bodenbefestigung in Gebirgslagen gepflanzt, zur Sicherung von Lawinenhängen und Verhinderung von Erosion. Ist in der Lausitz vielerorts ausgepflanzt und verwildert. Gilt im Alpenvorland dagegen als Weideunkraut.

Laubbäume und -sträucher

Chinesische Birke
Betula albosinensis
Birkengewächse　　　　　　　　　29

1　8–10 M　APR　BAUM

KENNZEICHEN Locker aufgebaute Krone mit leicht überhängenden Zweigen; Borke orange- bis rotbraun, in sehr dünnen Fetzen abrollend; Blätter eiförmig bis länglich eiförmig, lang zugespitzt, 5–8 cm lang, doppelt gesägt, gelbe Herbstfärbung; Blütenkätzchen mit dem Blattaustrieb erscheinend, hängend; Fruchtkätzchen meist einzeln, 2,5–4 cm lang.
VORKOMMEN In China beheimateter Zierbaum; gedeiht am besten in sonniger, etwas geschützter Lage auf nährstoffreichem Boden.
WISSENSWERTES Bei den Birken löst sich die äußere abgestorbene Rindenschicht, die Borke, in charakteristischer Weise ringsum in Fetzen ab (Ringelborke). Die Chinesische Birke fällt durch ihre besonders intensiv gefärbte Borke auf, nach der sie auch als Kupfer-Birke bezeichnet wird.

Gold-Birke **Betula ermanii**
Birkengewächse　　　　　　　　　29

2　15–20 M　APR　BAUM

KENNZEICHEN Oft mehrstämmig mit ausladender Krone; junge Zweige orangebraun, abrollende Borke gelblich weiß; Blätter breit eiförmig, lang zugespitzt, 5–8 cm lang, grob gesägt, lang gestielt; namensgebende goldgelbe Herbstfärbung; Blütenkätzchen mit dem Blattaustrieb erscheinend; Fruchtkätzchen aufrecht, eiförmig, 2–3 cm lang.
VORKOMMEN In Japan, Korea und auf Pazifikinseln beheimatet; in Parks und großen Gärten gepflanzt, gelegentlich auch in der Landschaft. Braucht Sonne, sonst recht geringe Ansprüche.
WISSENSWERTES Auf der russischen Halbinsel Kamtschatka bildet die Gold-Birke ausgedehnte Bestände in den höheren Lagen der Vulkanlandschaften, ebenso auf der Insel Sachalin. Die weitgehend unberührte Vegetation Kamtschatkas wurde als Weltnaturerbe großflächig unter Schutz gestellt.

Strauch-Birke **Betula humilis**
Birkengewächse　　　　　　　　　29

3　0,5–1,5 M　APR–MAI　STRAUCH

KENNZEICHEN Aufrecht, sparrig verzweigt; Blätter elliptisch bis verkehrt eiförmig, 1–4 cm lang, grob gesägt, kleine, aufrechte Blütenkätzchen vor oder mit Laubaustrieb; Fruchtkätzchen aufrecht, kurz gestielt, eiförmig bis zylindrisch, um 1 cm lang, mit breit geflügelten Nüsschen.
VORKOMMEN Verbreitung eng auf bestimmte Regionen begrenzt, v.a. im norddeutschen Tiefland, im nördlichen Ostdeutschland, Alpen- und Schwarzwaldvorland, Donautal; selten, geschützte Art; besiedelt saure, moorige, nasse Standorte in luftfeuchten Lagen; hat im bayerischen Alpenvorland ab Mitte des vergangenen Jh. viele ihrer Standorte verloren.
WISSENSWERTES Die Strauch-Birke wird ebenso wie die Zwerg-Birke gelegentlich als Moor- oder Heidebeetpflanze in Gärten kultiviert.

Zwerg-Birke **Betula nana**
Birkengewächse　　　　　　　　　29

4　0,2–0,6 M　APR–MAI　ZWERGSTRAUCH

KENNZEICHEN Reich verzweigt, niederliegend bis aufsteigend; Blätter rundlich, etwa 1 cm lang, grob gekerbt, dick, gelborange Herbstfärbung; Blütenkätzchen mit den Blättern erscheinend, Blüten- und Fruchtkätzchen aufrecht, knapp 1 cm lang; Nüsschen schmal geflügelt.
VORKOMMEN Hauptverbreitung in der kalt gemäßigten und arktischen Klimazone, in Mitteleuropa sehr selten in Hoch- und Kiefernmooren, geschützte Art; Standortansprüche ähnlich Strauch-Birke.
WISSENSWERTES Trockenlegen von Mooren und Torfabbau haben die Zwerg-Birke, ein Relikt der letzten Eiszeit, stark in Bedrängnis gebracht. Ihre noch verbliebenen Vorkommen sind zum größten Teil als Schutzgebiete ausgewiesen. Bastarde mit Weiß- oder Moor-Birke (s. S. 138) sehr selten; es sind Bäumchen bis 4 m Höhe.

Schwarz-Birke **Betula nigra**
Birkengewächse　　　　　　　　　29

5　15–20 M　APR–MAI　BAUM

KENNZEICHEN Locker rundkronig, meist mehrstämmig; Borke rot- bis gelbbraun, kraus aufgerollt, aber nicht ablösend, im Alter fast schwarz (**5a**); Blätter rautenförmig bis eiförmig, 4–9 cm lang, doppelt gesägt oder schmal gelappt, oberseits glänzend grün (**5b**), unterseits blaugrün, gelbe Herbstfärbung; Blütenkätzchen vor dem Austrieb, gelblich, männliche bis 8 cm lang; Fruchtkätzchen aufrecht, 2,5–4 cm lang.
VORKOMMEN Im östlichen Nordamerika beheimatet; braucht Sonne, bevorzugt feuchte, nährstoffreiche Böden, frosthart.
WISSENSWERTES Die Schwarz-Birke wurde bei uns in den letzten Jahrzehnten des Öfteren im Siedlungsbereich gepflanzt und ist zuweilen als stattlicher Alleenbaum zu sehen, ebenso in Mischpflanzungen in der Landschaft. Sie kann auch mehrstämmig wachsen.

Laubbäume und -sträucher

Papier-Birke *Betula papyrifera*
Birkengewächse [29]

1 15–20 M | APR–MAI | BAUM

KENNZEICHEN Hoch gewölbte Krone, oft mehrstämmig; Borke weiß, sehr glatt, papierartig abblätternd; Blätter eiförmig, 4–9 cm lang, doppelt gesägt, Blütenkätzchen mit den Blättern erscheinend, gelbgrün; Blüten- und Fruchtkätzchen hängend, bis 4 cm lang.

VORKOMMEN Stammt aus Nordamerika, Zierbaum in Parks und großen Gärten; braucht nährstoffreichen, durchlässigen Boden.

WISSENSWERTES Die sehr helle Borke mancher Birkenarten deutet darauf hin, dass sie Hitze schlecht vertragen. Dem beugt die weiße Farbe vor, die die Sonnenstrahlen reflektiert und übermäßige Erwärmung verhindert.

Weiß-Birke, Hänge-Birke
Betula pendula (B. verrucosa)
Birkengewächse [29]

2 8–25 M | APR–MAI | BAUM

KENNZEICHEN Krone locker kegelförmig bis hoch gewölbt, mit überhängenden Zweigen; Rinde weiß, abblätternd, im Alter und an Verletzungsstellen schwarz, längsrissig; Blätter sehr variabel, meist rautenförmig bis dreieckig, lang zugespitzt, 3–6 cm lang, doppelt gesägt, kahl, gestielt, goldgelbe Herbstfärbung; Blütenkätzchen kurz vor oder mit Laubaustrieb, männliche gelblich-braun, bis 10 cm lang, hängend; weibliche grünlich, aufrecht, als Fruchtkätzchen hängend, 2–3 cm lang.

VORKOMMEN In Mitteleuropa vom Tiefland bis in 1800 m Höhe verbreitet, in lichten Wäldern, auf Heiden und Mooren; nimmt mit fast jedem Boden vorlieb, selbst mit sandigem, nährstoffarmem Untergrund, deshalb auch der Name Sand-Birke; in Hänge- und Säulenformen als Ziergehölz gepflanzt.

WISSENSWERTES Warzen-Birke ist ein weiterer Name für diese Art, der sich auf die Korkwarzen auf der Rinde bezieht. Die männlichen Kätzchen, Verursacher heftiger Pollenallergien, werden schon im Sommer angelegt und bleiben über Winter ungeschützt, die kleineren weiblichen überwintern als Knospen. In den Fruchtkätzchen reifen kleine Nüsse heran.

Moor-Birke *Betula pubescens*
Birkengewächse [29]

3 5–20 M | APR–MAI | BAUM, STRAUCH

KENNZEICHEN Aufrecht, oft mehrstämmig, Zweige nicht überhängend; Rinde schmutzig weiß, in dünnen Streifen abrollend; Blätter breit eiförmig, 4–6 cm lang, doppelt gesägt, unterseits wenigstens auf den Adern behaart, Blattstiel behaart; Blütenkätzchen mit dem Laubaustrieb, denen der Weiß-Birke ähnlich, aber etwas kleiner, ebenso die Fruchtkätzchen.

VORKOMMEN In Mitteleuropa zerstreut in kühlen Lagen, vom Tiefland bis in die Alpen; in Moor- und Bruchwäldern, auf feuchten, torfigen Wiesen, nur auf sauren Böden.

WISSENSWERTES Die Wuchsform der Moor-Birke kann sehr unterschiedlich sein. In Hochlagen wächst sie meist nur als niedrig bleibender Strauch. 3 Unterarten wurden beschrieben: *pubescens*, Baum, Jungzweige behaart; *carpatica*, Strauch, Jungzweige ± kahl; *tortuosa*, krumm- und nieder-, oft mehrstämmiges Bäumchen.

Himalaja-Birke *Betula utilis*
Birkengewächse [29]

4 10–15 M | MAI | BAUM

KENNZEICHEN Meist mehrstämmig mit anfangs schmaler, später breit ovaler Krone; Borke weiß, sich in dünnen, großen Fetzen ablösend; Blätter herzförmig, 3–5 cm lang, goldgelbe Herbstfärbung; Blütenkätzchen mit dem Laubaustrieb, männliche ca. 5 cm lang.

VORKOMMEN Im Himalaja und in China beheimatet, in Parks und großen Gärten gepflanzt, bescheidene Bodenansprüche.

WISSENSWERTES Ein attraktiver Zierbaum; allerdings bereitet er als Gartengehölz mit den Jahren ebenso Probleme wie die anderen Birken, da sehr ausladend und mit einem kräftigen, weit streichenden Wurzelwerk versehen.

Baum-Hasel *Corylus colurna*
Haselgewächse [30]

5 10–15 M | FEB–MÄRZ | BAUM

KENNZEICHEN Krone kegelförmig; Blätter breit eiförmig, 6–15 cm lang, doppelt gesägt, gelappt wirkend, lang gestielt; Blütenkätzchen vor Laubaustrieb, männliche gelbbraun, bis 12 cm lang, hängend; Früchte in Büscheln, Fruchthülle tief geschlitzt, dickschalige, bis 1,5 cm lange Nüsse, essbar.

VORKOMMEN In Südosteuropa und Kleinasien beheimatet; als Straßenbaum, in Grünanlagen und Alleen gepflanzt.

WISSENSWERTES Obwohl auch die strauchigen Haseln (s. S. 140) robuste Gehölze sind, hat sich die Baum-Hasel als besonders unverwüstlich erwiesen. Sie ist trockenheits- und hitzeverträglich und toleriert hohe Abgasbelastung. Ihr Stamm liefert Möbelholz.

Laubbäume und -sträucher

Gewöhnliche Hasel *Corylus avellana*
Haselgewächse |30|

1 | 2–7 M | FEB–APR | STRAUCH

KENNZEICHEN Breit aufrecht, vielstämmig; Blätter rundlich bis breit eiförmig, 5–10 cm lang, doppelt gesägt, weich behaart, mit 6 bis 7 Seitennervenpaaren; Blütenkätzchen vor dem Blattaustrieb, männliche gelbbraun, 3–7 cm lang, hängend, weibliche unscheinbar; Früchte rundlich, 1,5–2 cm lang, zu 1 bis 4, Fruchthülle etwa so lang wie Nuss, mit breiten Zipfeln (**1a**).

VORKOMMEN In Mitteleuropa verbreitet und häufig; in lichten Laubmischwäldern und Feldgebüschen, an Waldrändern, an sonnigen bis halbschattigen Stellen. Wächst – von sauren und staunassen Böden abgesehen – auf fast jedem Standort; frosthart.

WISSENSWERTES Robust, anpassungsfähig, sehr schnittverträglich, hohes Ausschlagsvermögen – dies alles macht die Gewöhnliche Hasel zu einem wertvollen Gehölz für Schutz- und Unterpflanzungen jeder Art. Für die Nutzung als Obstgehölz werden spezielle Fruchtformen gepflanzt, die Früchte nennt man auch Zellernüsse. Eine markante Ziersorte ist die Korkenzieher-Hasel (*C. avellana* 'Contorta') (**1b**).

Große Hasel, Lamberts Hasel
Corylus maxima
Haselgewächse |30|

2 | 2–6 M | FEB–APR | STRAUCH

KENNZEICHEN Der Gewöhnlichen Hasel sehr ähnlich; Hauptunterschied sind die größeren, bis 2,5 cm langen, länglichen Früchte, tief in der verlängerten behaarten Fruchthülle sitzend.

VORKOMMEN In Südeuropa und Kleinasien beheimatet; bei uns vorwiegend als Obstgehölz oder rotblättriges Ziergehölz angebaut; weniger frosthart als die Gewöhnliche Hasel.

WISSENSWERTES Bei käuflichen Haselnüssen handelt es sich meist um Früchte dieser Art. Für gute Ernten ist ein sonniger Stand nötig. Die Nussbildung spielt bei der schwarzrot belaubten Sorte *C. maxima* 'Purpurea' kaum eine Rolle. Sie ist unter dem Namen Blut-Hasel als attraktiver Zierstrauch bekannt.

Ess-Kastanie, Marone
Castanea sativa
Buchengewächse |28|

3 | 10–30 M | JUNI–JULI | BAUM

KENNZEICHEN Breit ausladende Krone; Blätter länglich, 10–25 cm lang, grob gezähnt, oberseits dunkelgrün, mit deutlichen parallelen Seitennerven; männliche Blüten in Knäueln, die bis 20 cm lange Blütenstände bilden; weibliche Blüten unscheinbar; ab Sept. 3 stachlige Fruchthülle, in der bis Okt. die braunen Nussfrüchte (Maronen) heranreifen.

VORKOMMEN Ursprünglich aus Kleinasien, schon lange in Südeuropa verbreitet; in wintermilden Regionen Mitteleuropas als Parkbaum oder in Mischwäldern gepflanzt; braucht Sonne, bevorzugt humose, kalkarme Böden.

WISSENSWERTES Die Ess-Kastanie fruchtet bei uns nur in Weinbaugebieten einigermaßen sicher. Ebenso wie die Weinrebe wurde sie von den Römern im Zuge ihrer Eroberungen nach Germanien und Britannien eingeführt. Dies ist das derzeitige Ergebnis eines 100-jährigen Gelehrtenstreites, ob nun der Baum in Mitteleuropa urwüchsig sei oder eingeschleppt.

Pontische Eiche *Quercus pontica*
Buchengewächse |28|

4 | 4–6 M | MAI | STRAUCH, BAUM

KENNZEICHEN Mäßig verzweigt; Blätter breit oval bis verkehrt eiförmig, 10–15 cm lang, scharf gezähnt, derb, oberseits glänzend grün; männliche und weibliche Blütenkätzchen unscheinbar; ab Sept. rötliche Eicheln.

VORKOMMEN In Armenien und im Kaukasus beheimatet, bei uns gelegentlich in Parks und großen Gärten anzutreffen; frosthart, braucht nährstoffreiche, durchlässige Böden in voller Sonne.

WISSENSWERTES Diese langsam wachsende Eiche wird nicht allzu groß und ist mit ihrem glänzenden, esskastanienähnlichen Laub ein ansehnliches Gehölz, das jedoch als Gartenpflanze nie besondere Popularität erreicht hat.

Wintergrüne Eiche
Quercus x *turneri*
Buchengewächse |28|

5 | 5–15 M | APR | BAUM, STRAUCH

KENNZEICHEN Als Baum breitkronig; wintergrün, Blätter elliptisch, 6–12 cm lang, ledrig, beidseits mit 4 bis 6 Lappen, Buchten spitz, dadurch eher gezähnt wirkend; unscheinbare Blütenkätzchen; Eicheln mit filzigem Becher.

VORKOMMEN Kreuzung aus Stiel-Eiche und Stein-Eiche (s. S. 92), nicht völlig frosthart, doch in wintermilden Regionen Mitteleuropas in der Sorte 'Pseudoturneri' als Parkgehölz und Straßenbaum mit Erfolg gepflanzt.

WISSENSWERTES In Mitteleuropa gedeiht sonst keine andere Eiche, die über den Winter ihre Blätter behält.

Laubbäume und -sträucher

Radbaum
Trochodendron aralioides
Radbaumgewächse [15]

1 3–5 M | MAI–JUNI | STRAUCH, BAUM

KENNZEICHEN Aromatische Rinde; immergrün, Blätter eiförmig bis lanzettlich, 5–15 cm lang, ledrig, oberseits glänzend dunkelgrün, gebüschelt an den Zweigenden; Blüten gelblich-grün in aufrechten Trauben; balgfruchtartige, verholzende, rötlich braune Früchte.
VORKOMMEN In Ostasien beheimatet; frostempfindlich, bei uns vorwiegend in Botanischen Gärten und Parks zu sehen, in Westeuropa gelegentlich als Gartengehölz gepflanzt.
WISSENSWERTES Der Radbaum ist nicht nur die einzige Art seiner Gattung, sondert bildet auch eine gesonderte Familie. Besonders eigentlich sind die „Strahlenblüten", die keine Blütenblätter aufweisen. Statt dessen umkränzen die zahlreichen Staubblätter radspeichenähnlich den hoch gewölbten Blütenboden.

Weißer Maulbeerbaum
Morus alba
Maulbeerengewächse [34]

2 6–15 M | MAI–JUNI | BAUM

KENNZEICHEN Rundliche Krone; Blätter variabel, breit eiförmig oder 3-bis 5-lappig, 6–20 cm lang, grob gezähnt, oberseits hellgrün, glatt oder schwach rau, unterseits höchstens an Adern behaart; grünliche, kätzchenähnliche Blüten; ab Aug. länglich himbeerartige Fruchtstände (s. S. 286: 4), weiß oder hell rosa, 1,5–2,5 cm lang. 'Pendula' hat überhängende Zweige.
VORKOMMEN In Ostasien beheimatet; sehr frostempfindlich, in Südeuropa häufig, in wintermilden Regionen Mitteleuropas selten angepflanzt; braucht Sonne und nährstoffreichen Boden, recht winterhart.
WISSENSWERTES Die „Maulbeeren" setzen sich aus zahlreichen kleinen Nüssen mit fleischiger Hülle zusammen und schmecken bei dieser Art süßlich fad. Genutzt werden allerdings die Blätter: In Ostasien dienen sie als Futter für die Seidenraupenzucht.

Schwarzer Maulbeerbaum
Morus nigra
Maulbeerengewächse [34]

3 6–15 M | MAI–JUNI | BAUM

KENNZEICHEN Dem Weißen Maulbeerbaum ähnlich, Blätter jedoch oberseits dunkelgrün und sehr rau, unterseits behaart; Scheinfrüchte dunkelrot bis schwarzviolett, 2–2,5 cm lang.
VORKOMMEN Ursprünglich in Vorderasien beheimatet, in Südeuropa verbreitet, in klimabegünstigten Gegenden Mitteleuropas gelegentlich gepflanzt; frostempfindlich, braucht Sonne, Wärme und gut durchlässigen Boden.
WISSENSWERTES Anders als die Weiße Maulbeere bringt diese Art angenehm säuerlich schmeckende, aromatische Früchte hervor. Sie findet als Obstgehölz durchaus ihre Liebhaber und hat zudem einigen Zierwert. Da sie recht langsam wächst, lässt sie sich bei entsprechendem Klima gut als Gartengehölz kultivieren.

Eisenholzbaum
Parrotia persica
Zaubernussgewächse [20]

4 5–8 M | MÄRZ | STRAUCH, BAUM

KENNZEICHEN Aufrecht, ausladend; Borke glatt, sich schuppig ablösend; Blätter verkehrt eiförmig, 6–10 cm lang, obere Hälfte bogig gezähnt, oberseits glänzend dunkelgrün, auffällige Herbstfärbung in Gelb- und Rottönen (**4a**); Blüten zwittrig, vor dem Blattaustrieb erscheinend, ohne Kronblätter, mit tiefbraunen, samtig behaarten Hochblättern und roten Staubgefäßen, in dichten Köpfchen (**4b**).
VORKOMMEN Im Nordiran beheimatet; prächtiges Ziergehölz in Parks und großen Gärten; wärmeliebend, wächst in Sonne und Halbschatten auf nicht allzu trockenem Boden.
WISSENSWERTES Der Eisenholzbaum, schon im Sommer ein sehr ansprechendes Gehölz, bietet im Herbst einen fast konkurrenzlosen Anblick: Die Blätter verfärben sich gelb, orange oder purpurrot, dies in besonders leuchtkräftigen Tönen und über mehrere Wochen anhaltend.

Scheinparrotie
Parrotiopsis jacquemontiana
Zaubernussgewächse [20]

5 2–3 M | MAI | STRAUCH

KENNZEICHEN Straff aufrecht; Blätter rundlich, 5–8 cm lang, gezähnt, goldgelbe Herbstfärbung; Blüten zwittrig, mit den Blättern erscheinend, ohne Kronblätter, mit innen weißen, außen braunschuppigen Hochblättern und gelben Staubgefäßen, in dichten Köpfchen.
VORKOMMEN Im Himalaja beheimatet; braucht einen geschützten Platz.
WISSENSWERTES Ähnlich wie der Eisenholzbaum besticht die Scheinparrotie durch auffällig gefärbtes Herbstlaub. Sie hat sich jedoch als Gartengehölz nicht durchsetzen können und ist nur recht selten anzutreffen, obschon ihre großen Scheinblüten reizvoll sind.

Laubbäume und -sträucher

Berg-Ulme, Weißrüster
Ulmus glabra
Ulmengewächse [33]

1 | 20–40 M | MÄRZ–APR | BAUM

KENNZEICHEN Meist kurzstämmig mit runder, dichter Krone; Blätter elliptisch bis breit eiförmig (**1a**), oft 3-spitzig, Spreitengrund asymmetrisch, 8–18 cm lang, oberseits auffällig rau, unterseits behaart; Blüten vor den Blättern erscheinend, grün-rötlich, fast sitzend, in dichten Büscheln (**1b**); Früchte schon ab Mai, die rundum geflügelte Nüsschen mit den Samen in der Mitte, Flügel nicht eingeschnitten.
VORKOMMEN In ganz Europa verbreitet, vom Tiefland bis in die Alpen in 1400 m Höhe; in Berg- und Schluchtwäldern, in Auwäldern, an Hängen; an eher kühlen, luftfeuchten Standorten, verträgt noch Halbschatten, braucht lockeren, nährstoffreichen, kalkhaltigen Boden.
WISSENSWERTES Ein typisches Gattungsmerkmal ist der asymmetrische Blattaufbau: Häufig setzen die Blätter unten am Stiel ausgesprochen ungleich an, so dass die Blatthälften unterschiedlich gestaltet sind. Die Arten sind allein anhand der Blätter schwer zu bestimmen; den besseren Anhaltspunkt bieten die Früchte.
Die früher häufige Berg-Ulme ist heute stark in ihrer Existenz bedroht. Die Ursache ein Schadpilz, der durch den Ulmensplintkäfer übertragen wird. Er zerstört und verstopft die Wasserleitgefäße der Bäume, die dann innerhalb kurzer Zeit absterben. Eine wirkungsvolle chemische Bekämpfung der Ulmenkrankheit, die alle Arten befallen kann, gibt es nicht.

Feld-Ulme, Rotrüster
Ulmus minor *(U. carpinifolia)*
Ulmengewächse [33]

2 | 20–35 M | MÄRZ–APR | BAUM

KENNZEICHEN Meist kurzstämmig mit breit runder Krone; ältere Zweige oft mit Korkleisten (**2a**). Blätter elliptisch bis eiförmig, am Grund asymmetrisch, 4–18 cm lang, doppelt gesägt, oberseits glänzend grün; Blüten sehr ähnlich der Berg-Ulme; ab Mai elliptische Flügelnüsschen, Samen in der oberen Hälfte, unterhalb des Flügeleinschnitts.
VORKOMMEN In Europa verbreitet, nur bis etwa 500 m Höhe; wächst in Au- und Mischwäldern, oft als Feldgehölz und Alleenbaum gepflanzt; gedeiht in Sonne und Halbschatten auf nährstoffreichen, kalkhaltigen Böden, toleriert Trockenheit, nur mäßig frosthart.
WISSENSWERTES Von der Feld-Ulme gibt es mittlerweile einige Klone, die gegen das Ulmensterben resistent sind. Wo Feld-Ulme und Berg-Ulme gemeinsam wachsen, kommt es leicht zu vermehrungsbeständigen Bastardformen, die unter der Bezeichnung Bastard-Ulme oder Holländische Ulme (*Ulmus x hollandica*) (**2b**) zusammengefasst werden. Wuchs- und Blattmerkmale sind je nach Elternanteil sehr uneinheitlich, die Flügelnüsschen ähneln meist denen der Feld-Ulme. Von der Bastard-Ulme wurden einige Formen selektiert, die auch als Sorten im Handel sind. Resistent gegen Ulmensterben sollen z.B. 'Bea Schwarz' und 'Groenefeld' sein; 'Belgica' wächst mit breit kugeliger, 'Superba' dagegen mit schmal kegeliger Krone.

Flatter-Ulme   ***Ulmus laevis***
Ulmengewächse [33]

3 | 10–35 M | MÄRZ–APR | BAUM

KENNZEICHEN Breit runde, lockere Krone; junge Zweige dicht behaart; Blätter verkehrt eiförmig, 6–12 cm lang, am Grund asymmetrisch, doppelt gesägt, oberseits glänzend grün, unterseits dicht grauhaarig; Blüten vor den Blättern, lang gestielt, hängend, in dichten Büscheln; Früchte rundlich eiförmig, Samen in der Mitte, Flügel oben eingeschnitten.
VORKOMMEN In Ost- und Mitteleuropa verbreitet, nach Westen seltener; in Au- und Bruchwäldern, in feuchten Niederungen; liebt Wärme sowie hohe Luft- und Bodenfeuchte, bevorzugt sandige Lehm- und Tonstandorte.
WISSENSWERTES Anders als bei den zuvor beschriebenen Arten hängen die Blüten an etwas längeren Stielen und vermögen so zu „flattern". Bei der Flatter-Ulme ist es gelungen, einige resistente Sorten gegen den Ulmensplintkäfer (s. 1) zu züchten.

Haar-Ulme, Englische Ulme
Ulmus procera
Ulmengewächse [33]

4 | 15–30 M | MÄRZ–APR | BAUM

KENNZEICHEN Breitkronig; junge Zweige behaart; Blätter eiförmig, am Grund asymmetrisch, 5–10 cm lang, scharf gesägt, oberseits rau, unterseits behaart, Flügelnüsschen rundlich, gut 1 cm breit, Samen unterhalb des Flügeleinschnitts, oberhalb der Mitte.
VORKOMMEN Stammt von den Britischen Inseln, auf dem Kontinent des Öfteren gepflanzt, jedoch stark vom Ulmensterben betroffen.
WISSENSWERTES Die wüchsige, leicht über Schösslinge zu vermehrende Haar-Ulme ist ein geschätzter Holzlieferant für den Innenausbau von Häusern und die Möbelherstellung.

Laubbäume und -sträucher

Südbuche, Scheinbuche
Nothofagus antarctica
Buchengewächse · 28

1 · 5–7 M · APR–MAI · BAUM, STRAUCH

KENNZEICHEN Unregelmäßig aufgebaut, dicht fischgrätenartig verzweigt; dunkle Borke mit hellen Korkzellenbändern; kleine Blätter, breit eiförmig, 1–2 cm lang, Rand stark wellig, gesägt, glänzend grün, im Austrieb aromatisch duftend, leuchtend gelbe Herbstfärbung; Blüten grünlich gelb, unscheinbar.

VORKOMMEN Stammt aus Südamerika; Zierbaum in Parks und Gärten an sonnigen bis halbschattigen Stellen, verlangt frischen bis feuchten, kalkarmen Boden, recht frosthart.

WISSENSWERTES Die Scheinbuche ist eines der wenigen Gehölze aus der südlichen Hemisphäre, die bei uns gut gedeihen. In ihrer Heimat, z. B. in den chilenischen Anden, dringt sie als Krummholz bis zur Baumgrenze vor.

Rot-Buche *Fagus sylvatica*
Buchengewächse · 28

2 · 25–30 M · APR–MAI · BAUM

KENNZEICHEN Dicht verzweigt, oft mit tief hängenden Zweigen; Rinde glatt, silbergrau; Blätter eiförmig, 5–10 cm lang, dunkelgrün glänzend, mit 5 bis 9 Seitennervenpaaren, gekerbt oder wellig ganzrandig (s. auch S. 92); männliche Blüten in Büscheln, weibliche in behaarten, später verholzenden, 4-klappigen Fruchtbechern, darin ab Sept. je 2 3-kantige Nüsse, die Bucheckern.

VORKOMMEN In Europa fast überall häufig; als Forstbaum, in naturnahen Pflanzungen und in Parks, auch geschnitten in Hecken. Wächst in Sonne wie Schatten, bevorzugt auf tiefgründigen, feuchten, nährstoffreichen Lehmböden; empfindlich gegen Trockenheit und Hitze.

WISSENSWERTES Es gibt mehrere von der Art deutlich abweichende Zierformen, wie etwa die Blut-Buche (*F. sylvatica* 'Purpurea') (s. S. 92).

Gewöhnliche Hainbuche, Weißbuche *Carpinus betulus*
Birkengewächse · 29

3 · 5–25 M · MAI · BAUM

KENNZEICHEN Hoch gewölbte, rundliche Krone, Stamm oft drehwüchsig, wulstig, Rinde grau; Blätter elliptisch bis eiförmig, 4–10 cm lang, scharf doppelt gesägt, oberseits dunkelgrün, 10 bis 15 Seitennervenpaare; männliche und weibliche Blütenkätzchen gelbgrün, hängend, mit den Blättern erscheinend; ab Sept. kleine braune Nüsschen mit einem 3-lappigen Tragblatt.

VORKOMMEN Weit verbreitet und häufig, in den Alpen bis 1000 m; in Laubmischwäldern und Feldgehölzen, als Straßenbaum und in Hecken; verträgt Beschattung wie Hitze, wächst auf allen nicht zu extremen Böden.

WISSENSWERTES Der markante Baumhabitus hilft beim Erkennen der Hainbuche oft nicht weiter; denn das sehr schnittverträgliche Gehölz wird häufig in Hecken gezogen und leistet so z. B. als Windschutz hervorragende Dienste.

Gewöhnliche Hopfenbuche
Ostrya carpinifolia
Haselgewächse · 30

4 · 10–20 M · APR–MAI · STRAUCH, BAUM

KENNZEICHEN Als Baum mit breit kegelförmiger Krone; Blätter eiförmig, 5–12 cm lang, fein doppelt gesägt, oberseits dunkelgrün, 11 bis 15 Seitennervenpaare; männliche Blütenkätzchen bis 12 cm lang, schmal, hängend, weibliche Kätzchen 4–6 cm lang, an Hopfenblütenstände erinnernd (Name!); eiförmige Nüsse in langer, blasiger Hülle.

VORKOMMEN Im Mittelmeergebiet und den Südalpen verbreitet; in wintermilden Regionen Mitteleuropas gelegentlich in Parks zu sehen; bevorzugt sommerwarme, aber feuchte Standorte und kalkreiche Böden.

WISSENSWERTES In mittleren Höhenlagen Süd- und Südosteuropas ist die Hopfenbuche oft ein prägendes, bestandbildendes Waldgehölz.

Silber-Linde *Tilia tomentosa*
Lindengewächse · 46

5 · 10–30 M · JULI · BAUM

KENNZEICHEN Breit kegelförmige Krone, Äste spitzwinklig aufstrebend; Blätter rundlich bis herzförmig, 7–10 cm lang, unterseits dicht silbrig filzig, goldgelbe Herbstfärbung; hellgelbe Blüten büschelartig zu 5 bis 10, duftend; kleine eiförmige Nussfrüchte, deutlich zugespitzt und gerippt, in Stieldolde am Tragblatt.

VORKOMMEN In Südosteuropa und Kleinasien beheimatet; bei uns seit gut 200 Jahren als Park- und Alleebaum gepflanzt; kalkliebend, sonst keine besonderen Bodenansprüche.

WISSENSWERTES Die Art verträgt Stadtklima, Abgase und Trockenheit recht gut und kommt im städtischen Umfeld besser zurecht als Sommer- und Winter-Linde (S. 148). Sie kam in Verruf, weil man unter ihrer blühenden Krone häufig tote Bienen findet. Ihre Blüten enthalten jedoch kein Bienengift.

Laubbäume und -sträucher

Sommer-Linde
Tilia platyphyllos
Lindengewächse 46

1 15–40 M JUNI BAUM

KENNZEICHEN Meist kurzstämmig, mit erst kegelförmiger, später rundlicher Krone; Blätter schief herzförmig, 8–15 cm lang, flaumig behaart, unterseits mit weißen Achselbärten an den Nerven; Blüten hellgelb, zu 2 bis 5; ab Sept. graufilzige Früchte, deutlich 5-rippig.
VORKOMMEN Wild selten bis zerstreut, jedoch vielfach gepflanzt und verwildert; wächst in artenreichen Laubwäldern, Berg- und Schluchtwäldern; klassischer Dorfbaum. Wärmeliebend, verträgt Lufttrockenheit schlecht, braucht gleichmäßig frische bis feuchte, durchlässige, nährstoffreiche Böden, salz- und abgasempfindlich.
WISSENSWERTES Mit ihren mächtigen, harmonisch aufgebauten Kronen und den ansprechenden, fein bis grob gesägten Blättern sind Linden besonders schöne Bäume, die früher oft als prägende Dorfbäume gepflanzt wurden. Im Habitus recht ähnlich, lassen sich Sommer- und Winter-Linde sowie ihre Hybriden nicht auf den ersten Blick auseinander halten. Wichtige Unterscheidungsmerkmale sind die Farbe der Achselbärte in den Nervenwinkeln auf der Blattunterseite sowie die Zahl der gelblichen bis grünen, duftenden Blüten in den doldigen, hängenden Blütenständen. Als Früchte bilden die Linden kleine Nüsse aus, der Fruchtstand ist an ein als Flugorgan dienendes Tragblatt angeheftet. Getrocknete Blütenstände der 2 heimischen Arten geben Lindenblütentee (schweißtreibend, das Immunsystem stärkend).

Holländische Linde
Tilia x *vulgaris*
Lindengewächse 46

2 25–30 M JUNI BAUM

KENNZEICHEN Hoch gewölbte Krone; Blätter schief herzförmig, 6–10 cm lang, unterseits weiße oder gelbe Achselbärte; Blüten zu 3 bis 7; rundliche, schwach gerippte Früchte.
VORKOMMEN Kreuzungshybride aus Sommer- und Winter-Linde; wächst in Laubmischwäldern, gepflanzt als Straßen- und Alleenbaum; gedeiht anders als die Elternarten auch auf trockeneren, sandigen Böden.
WISSENSWERTES Natürlich vorkommende Bastarde zwischen unseren beiden mitteleuropäischen Linden sind seit Jahrhunderten unbekannt und wurden früher auch als *T.* x *europaea*, *T.* x *intermedia* oder *T.* x *hollandica* (vgl. Name) bezeichnet.

Winter-Linde *Tilia cordata*
Lindengewächse 46

3 10–30 M JUNI–JULI BAUM

KENNZEICHEN Meist kurzstämmig, mit anfangs kegelförmiger, später hoch gewölbter Krone; Blätter schief herzförmig, 3–6 cm lang, kahl, unterseits mit rotbraunen Achselbärten an den Nerven; Blüten hell grüngelb, zu 5 bis 11; ab Sept. graufilzige Früchte, schwach gerippt.
VORKOMMEN Wie Sommer-Linde; wild v. a. in sommerwarmen Regionen, gern im Eichen-Hainbuchen-Wald, auch in Auwäldern sowie im Hangwald mit Ahorn oder Kiefer; häufig als Dorf- und Alleenbaum gepflanzt, als Feldgehölz und in Baumhecken zu finden, an Straßen und in Parks.
WISSENSWERTES Die Winter-Linde ist etwas weniger anspruchsvoll als die Sommer-Linde, verträgt aber Stadtklima und Abgase ebenso schlecht. Anders die Krim-Linde *(Tilia x euchlora)*, eine recht unempfindliche Kreuzung der Winter-Linde mit der Kaukasischen Linde *(T. dasystyla)*. Man sieht diese auffällig schlanke Linde mit der schmal ovalen Krone als Park- und Alleenbaum, häufiger auch im städtischen Bereich. Die oben glänzend dunkelgrünen Blätter zeigen unterseits rotbraune Achselbärte, die Blütenstände sind 3- bis 7-blütig.

Amerikanische Linde
Tilia americana
Lindengewächse 46

4 20–30 M JUNI–JULI BAUM

KENNZEICHEN Krone hoch gewölbt mit überhängenden Ästen; Blätter breit eiförmig, 15–20 cm lang, scharf gesägt; Blütenstände 5- und mehrblütig; rundliche, nicht gerippte Früchte mit derb holziger Hülle.
VORKOMMEN Im östlichen Nordamerika beheimatet; in der Landschaft und im öffentlichen Grün gepflanzt; hitzeverträglich und frosthart.
WISSENSWERTES Die gut schnittverträgliche Linde fällt durch ihre sehr großen Blätter auf. Das Einführen solch fremdländischer Arten (vgl. auch Silber-Linde, S. 146) erfolgte in dem Bestreben, das besondere Flair der Linden auf Standorte zu übertragen, an denen unsere heimischen Arten schlecht gedeihen. Dasselbe gilt für Kreuzungen wie die Gelbgrüne Linde *(T.* x *flavescens)*, ein Bastard zwischen Amerikanischer Linde und Winter-Linde, der als Park-, Straßen- und Alleenbaum Verwendung findet. Ältere Exemplare zeichnen sich durch sehr breit ausladenden Wuchs aus. Die Blätter ähneln denen der Winter-Linde.

Laubbäume und -sträucher

Gewöhnliche Stechpalme, Hülse
Ilex aquifolium
Stechpalmengewächse [56]

1 | 2–8 M | MAI–JUNI | STRAUCH, BAUM | †

KENNZEICHEN Breit aufrecht; immergrün, Blätter eiförmig, stachelig gezähnt, 3–8 cm lang, ledrig, dunkelgrün glänzend (1a); Altersblätter oft ganzrandig; weiße kleine Blüten, büschelig in den Blattachseln; glänzend rote, giftige Steinfrüchte; zweihäusig, für Fruchtbildung weibliche und männliche Pflanzen nötig.

VORKOMMEN Wild in Wäldern, in Mitteleuropa hauptsächlich im Westen, Nordwesten und Alpenvorland, geschützte Art; in Feldhecken und Knicks gepflanzt, Sorten als Ziergehölze; bevorzugt halbschattige Plätze und frische bis feuchte Böden, mäßig frosthart.

WISSENSWERTES In Gärten und Parks werden häufig die großfrüchtige Sorte 'L. C. van Tool' und die kegelförmig wachsende 'Pyramidalis' gepflanzt. Beide haben kaum Stachelzähne. Daneben gibt es niedrige Strauchformen und Sorten mit weiß/gelb gerandeten Blättern (1b).

Meservea-Stechpalme
Ilex x meserveae
Stechpalmengewächse [56]

2 | 2–4 M | MAI | STRAUCH | †

KENNZEICHEN Breit dichtbuschig; der Gewöhnlichen Stechpalme ähnlich, mit etwas kleineren, dunkleren Blättern, dunkel rotbraunen Zweigen und sehr zahlreichen Früchten.

VORKOMMEN Cultivar, einzeln und in Hecken gepflanzt; wächst in Sonne und Halbschatten auf allen normalen Böden, sehr frosthart.

WISSENSWERTES Ilex-Ziersorten sind häufig rein weibliche Auslesen bzw. Klone. Für guten Fruchtansatz ist ein männlicher Pollenspender wie *I. x meservea* 'Blue Prince' nötig.

Alpen-Kreuzdorn
Rhamnus alpinus
Kreuzdorngewächse [25]

3 | 1–3 M | MAI–JUNI | STRAUCH | †

KENNZEICHEN Schwach verzweigt; Blätter länglich elliptisch, 5–8 cm lang, schwach gesägt, glänzend dunkelgrün, deutliche parallele Seitennerven; Blüten gelblich, 4-zählig; beerenartige blauschwarze Steinfrüchte.

VORKOMMEN Südeuropäische Gebirgspflanze, in Mitteleuropa nur in den Alpen und im Jura in mittleren Hochlagen, sehr selten; wächst auf Felsen und Geröll sowie in lichten Wäldern auf kalkhaltigem Untergrund.

WISSENSWERTES Der Alpen-Kreuzdorn vermag Stellen unter Felswänden zu besiedeln, an denen ständig herabfallendes Kalkgestein die Entwicklung anderer Gehölze verhindert.

Zwerg-Kreuzdorn
Rhamnus pumilus
Kreuzdorngewächse [25]

4 | 0,1–0,2 M | JUNI–JULI | ZWERGSTRAUCH | †

KENNZEICHEN Niederliegende knorrige Zweige; Blätter länglich eiförmig, 3–6 cm lang, schwach gesägt, dunkelgrün; kleine Blüten, hellgrün, 4-zählig; blauschwarze Steinfrüchte.

VORKOMMEN Mittel- und südeuropäische Gebirgspflanze in Hochlagen zwischen 1400 und 2400 m Höhe; zwischen Felsblöcken und an steilen Wänden auf Kalkgestein.

WISSENSWERTES Der Zwerg-Kreuzdorn braucht kaum humoses Substrat und verträgt pralle Sonne ebenso wie starke Fröste.

Südlicher Zürgelbaum
Celtis australis
Ulmengewächse [33]

5 | 10–20 M | APR–MAI | BAUM

KENNZEICHEN Breit runde Krone; Blätter länglich elliptisch, lang zugespitzt, 5–12 cm lang, gesägt, oberseits rau, unterseits weich behaart; Blüten unscheinbar; lang gestielte, kirschähnliche, violettbraune Steinfrüchte, essbar, süßlich schmeckend.

VORKOMMEN Im Mittelmeergebiet beheimatet, bei uns in wintermilden Gebieten (z.B. Oberrheintal) gelegentlich als Parkbaum.

WISSENSWERTES In Südeuropa wird der Baum mit der schön geformten, breiten Krone öfter als Schatten spendender Baum im Siedlungsbereich gepflanzt. Dort gedeiht auch der Westliche Z., *C. occidentalis* (Blätter ± kahl).

Bastard-Säckelblume
Ceanothus x delilianus 'Gloire de Versailles'
Kreuzdorngewächse [25]

6 | 1–2 M | JULI–OKT | STRAUCH

KENNZEICHEN Aufrechter Wuchs; Blätter eilänglich, bis 8 cm lang, oberseits dunkelgrün, unterseits leicht filzig behaart; Blüten dunkelblau; in aufrechten, bis 10 cm langen Rispen.

VORKOMMEN Cultivar; braucht einen sonnigen, geschützten Platz, wächst auf jedem kultivierten Boden, mäßig frosthart.

WISSENSWERTES Nach Rückschnitt erfrorener Zweige im Frühjahr treibt die Säckelblume willig wieder aus.

Laubbäume und -sträucher

Carolina-Schneeglöckchenbaum
Halesia carolina
Storaxbaumgewächse [60]

1 | 4–5 M | APR–MAI | BAUM, STRAUCH

KENNZEICHEN Fast waagrechte Seitenäste; Blätter eiförmig, 5–10 cm lang, gesägt, unterseits graugrün, gelbe Herbstfärbung; Blüten mit dem Laubaustrieb, weiß, glockenförmig, 4-zipflig, 1,5–2 cm lang an dünnen Stielen; 4-flügelige Steinfrüchte, 4–5 cm lang, bis in den Winter hinein am Baum haftend.

VORKOMMEN In Nordamerika beheimatet; Ziergehölz für sonnige, geschützte Plätze, braucht tiefgründigen, nicht zu trockenen, kalkarmen nährstoffreichen Boden.

WISSENSWERTES Diese Art und die sehr ähnliche, in allen Teilen etwas größere *H. monticola* sieht man nur selten in Parks und Gärten, da die Schneeglöckchenbäume als recht anspruchsvoll gelten. In nicht allzu rauen Lagen blühen sie allerdings recht sicher.

Hybrid-Zaubernuss
Hamamelis x *intermedia*
Zaubernussgewächse [20]

2 | 3–5 M | DEZ–MÄRZ | STRAUCH

KENNZEICHEN Trichterförmiger Aufbau, wenig verzweigt; Blätter breit eiförmig, 10–15 cm lang, buchtig gezähnt, gelbe bis rote Herbstfärbung; Blüten vor dem Laubaustrieb in fast sitzenden Büscheln (**2a**), je nach Sorte gelb, orange, rotbraun oder dunkelrot, mit bandförmigen Blütenblättern; kleine Kapselfrüchte (**2b**).

VORKOMMEN Häufig gepflanzte Hybridkreuzung aus Japanischer und Chinesischer Zaubernuss; wächst in Sonne und Halbschatten, auf humosen, nährstoffreichen, durchlässigen, nicht zu trockenen Böden.

WISSENSWERTES Mit ihrer sehr frühen Blüte sind die Zaubernüsse nahezu konkurrenzlos, in der Frosthärte der Blüten unerreicht: Die fädigen Büschel vertragen Temperaturen bis –10°C. Der Zeitpunkt des Blühbeginns ist bei den Hybriden je nach Sorte unterschiedlich. Die Zaubernüsse werden stets einzeln gepflanzt und wachsen mit den Jahren sehr breit ausladend.

Japanische Zaubernuss
Hamamelis japonica
Zaubernussgewächse [20]

3 | 2–3 M | JAN–MÄRZ | STRAUCH

KENNZEICHEN Trichterförmiger Aufbau, wenig verzweigt; Blätter rundlich eiförmig, 5–10 cm lang, gelbe bis gelborange Herbstfärbung (**3b**); Blüten vor dem Laubaustrieb in fast sitzenden Büscheln, gelb, mit 4 bandförmigen, um 2 cm langen Kronblättern, dazwischen die 4 rotbraunen, mit den Zipfeln zurückgeschlagenen Kelchblätter (**3a**); Kronblätter etwas zerknittert wirkend; kleine Kapselfrüchte.

VORKOMMEN In Japan beheimatet; Ansprüche wie die Hybrid-Zaubernuss.

WISSENSWERTES Die unauffälligen holzigen Kapselfrüchte der Zaubernüsse platzen im Herbst bei Reife mit deutlichem Knackgeräusch auf und schleudern die schwarzen Samen aus.

Chinesische Zaubernuss
Hamamelis mollis
Zaubernussgewächse [20]

4 | 2–5 M | JAN–MÄRZ | STRAUCH

KENNZEICHEN Trichterförmiger Aufbau, wenig verzweigt; Blätter rundlich eiförmig, bis 15 cm lang, beidseits behaart, unterseits graufilzig, goldgelbe Herbstfärbung; Blüten vor dem Laubaustrieb in fast sitzenden Büscheln, duftend; kräftig gelb, ähnlich denen der Japanischen Zaubernuss, jedoch Kelchblätter nur wenig zurückgeschlagen, Kronblätter weniger wellig; kleine Kapselfrüchte.

VORKOMMEN Stammt aus China; Ansprüche wie die Hybrid-Zaubernuss.

WISSENSWERTES Die am häufigsten gepflanzte Sorte 'Pallida' ist besonders dicht mit großen Blüten besetzt, hat schwefelgelbe Kronblätter und einen weinroten Kelch.

Virginische Zaubernuss
Hamamelis virginiana
Zaubernussgewächse [20]

5 | 3–5 M | SEPT–OKT | STRAUCH, BAUM

KENNZEICHEN Trichterförmiger Aufbau, wenig verzweigt; Blätter verkehrt eiförmig mit deutlich verschobener Basis, 8–15 cm lang, leuchtend gelbe Herbstfärbung; Blüten hellgelb in kurz gestielten, achselständigen Büscheln; streng duftend; kleine Kapselfrüchte.

VORKOMMEN Im östlichen Nordamerika beheimatet; Ansprüche wie die anderen Zaubernuss-Arten.

WISSENSWERTES Die selten gepflanzte Virginische Zaubernuss fällt gegenüber den anderen Arten komplett aus der Reihe: Ihre Blüten öffnen sich erst mit beginnendem Blattfall. Die Früchte (falls gebildet) erscheinen im nächsten Sommer. So kam die Gattung auch zu ihrem Namen: Frucht (im Sommer) vor der Blüte (im Herbst) war Zauberei. Aus *H. virginiana* werden die Grundstoffe für kosmetische Produkte gewonnen.

Laubbäume und -sträucher

Armblütige Scheinhasel
Corylopsis pauciflora
Zaubernussgewächse [20]

1 | 1–1,5 M | MÄRZ–APR | STRAUCH

KENNZEICHEN Breit buschig, feingliedrig verzweigt; Blätter eiförmig, 3–7 cm lang, kurzborstig gezähnt, im Austrieb rötlich; hellgelbe Blütenglöckchen vor dem Laubaustrieb, zu 2 bis 3 in kurzen, hängenden Ähren mit großen, bald abfallenden Deckblättern.

VORKOMMEN In Japan beheimatet; Zierstrauch für sonnige bis halbschattige Plätze auf humosen Böden.

WISSENSWERTES Die Scheinhasel ist v. a. im Austrieb frostgefährdet und wird am besten an einen etwas geschützten Platz gepflanzt.

Chinesische Radspiere
Exochorda racemosa
Rosengewächse [24]

2 | 3–4 M | MAI | STRAUCH

KENNZEICHEN Etwas sparrig, ausladend; Blätter länglich eiförmig, 3–8 cm lang, nur in der vorderen Hälfte kerbig gesägt, oben heller, unterseits dunkler grün; Blüten weiß, zu 6 bis 10 in hängenden Trauben, Kronblätter rundlich, unten zu kurzem Nagel verschmälert; braune 5-kantige Kapselfrüchte.

VORKOMMEN In Ost-China beheimatet; wird einzeln und in Blütenhecken gepflanzt; verträgt noch Halbschatten, wächst am besten auf sandig humosen, auch sauren Böden, frosthart.

WISSENSWERTES Die Radspiere beansprucht mit bis 4 m Breite schon recht viel Platz. Durch Einkürzen langer Triebe nach der Blüte kann man eine bessere Verzweigung erzielen.

Wald-Schaumspiere
Holodiscus discolor
Rosengewächse [24]

3 | 2–3 M | JULI–AUG | STRAUCH

KENNZEICHEN Aufrecht mit überhängenden Zweigen; Blätter breit eiförmig, 4–10 cm lang, doppelt (fast lappig) gesägt, unterseits graugrün; kleine gelblich weiße Blüten in bis 25 cm langen, überhängenden Rispen.

VORKOMMEN Stammt aus Nordamerika; bei uns meist in Einzelstellung gepflanzt; braucht nährstoffreichen, humosen, kalkarmen Boden, empfindlich gegen Hitze und pralle Sonne.

WISSENSWERTES Der Name Schaumspiere beschreibt treffend den Anblick der Blüten, die den Strauch im Sommer wie überschäumende Kaskaden überziehen.

Polster-Spierstrauch
Spiraea decumbens
Rosengewächse [24]

4 | 0,2–0,3 M | APR–MAI | ZWERGSTRAUCH

KENNZEICHEN Niederliegend mit aufrechten Grundtrieben, oft Teppiche bildend; Blätter elliptisch, bis 3 cm lang, doppelt gesägt; Blüten weiß, in Dolden.

VORKOMMEN In Südeuropa beheimatet; als Zierstrauch und Bodendecker gepflanzt; gedeiht in Sonne und Halbschatten auf jedem normalen, vorzugsweise frischen Boden.

WISSENSWERTES Der zart wirkende Spierstrauch breitet sich durch unterirdische Ausläufer aus und begrünt bald größere Flächen. Die lanzettlichen Blätter von ssp. *tomentosa* sind unten, wie die Stängel ringsum, behaart.

Japanischer Spierstrauch
Spiraea japonica
Rosengewächse [24]

5 | 0,3–0,6 M | JUNI–JULI | ZWERGSTRAUCH

KENNZEICHEN Meist dicht buschig und gedrungen; Blätter eilanzettlich, 1–3 cm lang, einfach bis doppelt gesägt; Blüten rosa oder weiß in flachen Dolden.

VORKOMMEN Stammform aus Japan; wird in Gruppen und Hecken gepflanzt, in Parks oft flächig; Licht- und Bodenansprüche wie Polster-Spierstrauch.

WISSENSWERTES Die etwas höher wachsenden, kräftig rosa bis karminrot blühenden Bumalda-Hybriden werden seit einiger Zeit als spezielle Formengruppe dieser Art angesehen. Ihre Blätter sind bis 7 cm lang, ihre zahlreichen Blüten stehen in Schirmrispen beisammen, die Blüte dauert oft bis zum September an.

Billards Spierstrauch
Spiraea x *billardii*
Rosengewächse [24]

6 | 1,5–2,5 M | JUNI–JULI | STRAUCH

KENNZEICHEN Aufrecht; Blätter lanzettlich, 5–10 cm lang, gesägt, etwas runzlig; Blüten hell- bis dunkelrosa, in doldigen Rispen.

VORKOMMEN Cultivar, Hybride (*S. douglasii* x *S. salicifolia*); Ansprüche ähnlich wie der Polster-Spierstrauch, jedoch kalkmeidend.

WISSENSWERTES Als Zierstrauch wird nur gelegentlich die purpurrosa blühende Sorte 'Triumphans' gepflanzt. Die Art ist jedoch gebietsweise aus früheren Pflanzungen verwildert und eingebürgert und wächst so etwa in ortsnahen Gebüschen und an Bachläufen.

Laubbäume und -sträucher

Nippon-Spierstrauch
Spiraea nipponica
Rosengewächse [24]

1 | 1,5–2,5 M | MAI–JUNI | STRAUCH

KENNZEICHEN Wuchs trichterförmig mit überhängenden Zweigen; Blätter elliptisch bis eiförmig, 3–5 cm lang, gesägt, unterseits blaugrün; Blüten weiß, in flach kugeligen Doldentrauben, zahlreich entlang der einjährigen Triebe.
VORKOMMEN Stammt aus Japan; wächst in Sonne und Halbschatten (dann etwas weniger reich blühend) auf jedem normalen, vorzugsweise frischen Boden.
WISSENSWERTES Die anspruchslosen, blühwilligen Spieren oder Spiräen, wie sie auch genannt werden, erfreuen sich als Ziersträucher sehr großer Beliebtheit. Unter den frühjahrsblühenden Spieren ist der Nippon-Spierstrauch der späteste.

Thunbergs Spierstrauch
Spiraea thunbergii
Rosengewächse [24]

2 | 0,8–1,2 M | APR–MAI | STRAUCH

KENNZEICHEN Locker aufrecht mit zierlichen überhängenden Zweigen; Blätter schmal lanzettlich, 2–3 cm lang, zumindest ab der Mitte fein und scharf gesägt, selten auch ganzrandig, gelbe Herbstfärbung; Blüten weiß, in Dolden, sehr zahlreich entlang der Zweige.
VORKOMMEN In Ostasien beheimatet; meist einzeln gepflanzt, Licht- und Bodenansprüche wie Nippon-Spierstrauch.
WISSENSWERTES Diese Art blüht in der Regel 1 bis 2 Wochen vor den anderen frühjahrsblühenden Spiersträuchern und treibt entsprechend früher aus. Dadurch leidet sie aber auch viel stärker unter Spätfrösten und gedeiht an einem geschützten Platz am sichersten.

Braut-Spierstrauch *Spiraea* x *arguta*
Rosengewächse [24]

3 | 1,5–2,5 M | APR–MAI | STRAUCH

KENNZEICHEN Breit aufrecht mit zierlichen überhängenden Zweigen; Blätter länglich verkehrt eiförmig bis lanzettlich, 3–6 cm lang, im oberen Drittel scharf gesägt, lebhaft grün; Blüten weiß, Einzelblüten bis 1 cm Ø, sehr zahlreich in Dolden entlang der vorjährigen Triebe.
VORKOMMEN Bastard zwischen *S. thunbergii* und einer reich blühenden Hybride *(S.* x *multiflora)*; wird einzeln, in Gruppen und Hecken gepflanzt; Licht- und Bodenansprüche wie Nippon-Spierstrauch, sehr frosthart.
WISSENSWERTES Der Braut- oder Schnee-Spierstrauch, wie er auch genannt wird, ist besonders anspruchslos und robust, zudem gut schnittverträglich. Mit seinem überreichen Blütenschmuck gehört er zu den am häufigsten gepflanzten Spieren.
Weitaus seltener sieht man den Pflaumenblättrigen Spierstrauch *(S. prunifolia)*, im Wuchs dem Braut-Spierstrauch ähnlich und zur selben Zeit blühend, jedoch frostempfindlich. Die Einzelblüten sind noch größer und bei der meist gepflanzten Sorte 'Plena' gefüllt. Zudem zeigt der Strauch eine schöne rote Herbstfärbung der fein und scharf gesägten Blätter.

Pracht-Spierstrauch
Spiraea x *vanhouttei*
Rosengewächse [24]

4 | 1,5–3 M | MAI–JUNI | STRAUCH

KENNZEICHEN Breit buschig, mit erst bogig aufrechten, dann weit überhängenden Zweigen; Blätter eiförmig, 3–5 cm lang, doppelt (fast lappig) gesägt, unterseits bläulich grün; Blüten weiß, in halbkugeligen Dolden, die an Kurztrieben längs der Zweige stehen.
VORKOMMEN Bastard zweier ostasiatischer Arten *(S. cantonensis* x *S. trilobata)*; einzeln oder in Gruppen gepflanzter Zierstrauch, häufig in Grünanlagen. Eignet sich gut für sauren Boden, doch gibt es auch kalkverträgliche Sorten.
WISSENSWERTES Der Name ist bei dieser Spiere Programm: In der Blüte wirkt sie überaus prächtig. Beliebt ist sie außerdem, weil sie sich als sehr anspruchslos und widerstandsfähig erwiesen hat. Die Pflanze hat sich schon fast 150 Jahre lang bewährt. Der Belgier Van Houtte hat sie um 1860 in Frankreich gezüchtet.

Aschgrauer Spierstrauch
Spiraea x *cinerea*
Rosengewächse [24]

5 | 1,5–2 M | APR–MAI | STRAUCH

KENNZEICHEN Dicht buschig mit locker überhängenden Zweigen, Blätter lanzettlich, bis 2,5 cm lang, meist nur an der Spitze gezähnt, mehr oder weniger graufilzig; Blüten weiß, in Dolden, zahlreich entlang der vorjährigen Zweige.
VORKOMMEN Bastard einer osteuropäischen und einer eurosibirischen Art *(S. cana* x *S. hypericifolia)*; wird gern in Blütenhecken gepflanzt; anspruchslos und sehr frosthart.
WISSENSWERTES Der Strauch hat sich als Gartengehölz bislang nicht durchgesetzt, ist aber öfter im öffentlichen Grün zu sehen.

Laubbäume und -sträucher

Die Gattung **Berberis** ist mit 500 Arten nahezu weltweit verbreitet, in Mitteleuropa kommt allerdings nur eine Art, die Gewöhnliche **Berberitze**, wild vor. Kultiviert werden bei uns vorwiegend ostasiatische Arten und deren Hybriden. Ihre Früchte sind, anders als bei der heimischen Art, ungenießbar bis giftig. Wurzel- und Stammrinde der Berberitzen enthalten giftige Alkaloide. Die Sprosse zeigen eine Gliederung in Lang- und Kurztriebe, die Blätter der Langtriebe sind in 3-teilige, seltener einfache Dornen umgewandelt, die Blätter der Kurztriebe büschelig rosettenartig angeordnet. Die stets gelblichen, 6-zähligen Blüten werden an den Kurztrieben angelegt. Bei vielen Arten sind die Blattränder stachelig gezähnt, nur wenige haben mehr oder weniger ganzrandige Blätter (s. S. 100). Fast alle bei uns wachsenden Berberitzen haben keine besonderen Ansprüche an den Boden und gedeihen in Sonne wie Halbschatten.

Gewöhnliche Berberitze
Berberis vulgaris
Berberitzengewächse 14

1 1–3 M MAI–JUNI STRAUCH †

KENNZEICHEN Wächst anfangs straff aufrecht, später bogig überhängend; Zweige graubraun, Dornen meist 3-teilig, 1–2 cm lang; Blätter länglich elliptisch, 2–4 cm lang, gezähnt, schwach netznervig, gelborange bis rote Herbstfärbung; Blüten gelb, zu 6 bis 12 in ca. 5 cm langen Trauben, streng duftend; ab Aug. rote, längliche, ca. 1 cm lange Beeren, im Geschmack säuerlich.

VORKOMMEN Zerstreut in den Kalkgebieten des gemäßigten Europa, nach Nordwesten zu seltener wild, aber vielfach gepflanzt und eingebürgert; besiedelt Gebüsche, Waldsäume und lichte Laub- oder Kiefernwälder; bevorzugt nährstoff- und kalkreiche lockere Lehmböden in sonniger bis halbschattiger Lage.

WISSENSWERTES Die reifen Beeren sind zunächst sehr sauer, nach einigen Frösten schmecken sie jedoch deutlich angenehmer. Man sollte die Gewöhnliche Berberitze nicht in ackernahen Gärten anpflanzen, da sie Zwischenwirt des Getreideschwarzrosts ist. Deshalb wurde sie in Getreidebauregionen oft ausgerottet.

Thunbergs Berberitze
Berberis thunbergii
Berberitzengewächse 14

2 1,5–2 M MAI STRAUCH †

KENNZEICHEN Straff aufrecht, dicht verzweigt; einjährige Triebe stark kantig und gerieft, braunrot, Dornen meist einfach; Blätter verkehrt eiförmig bis spatelförmig, ungleich groß, bis 3 cm lang, unterseits bläulich grün, Rand nur ausnahmsweise mit einigen Zähnen, orangegelbe oder rote Herbstfärbung; Blüten gelb, teils rötlich überlaufen, einzeln oder zu 2 bis 4; ovale, scharlachrote Beeren, ca. 1 cm lang.

VORKOMMEN In Japan und China beheimatet, am häufigsten gepflanzte sommergrüne Berberitze, meist in geschnittenen und frei wachsenden Hecken.

WISSENSWERTES Neben der reinen Art, die nach ihrer häufigsten Verwendung auch Hecken-Berberitze heißt, sind verschiedene buntlaubige und Zwergformen in Kultur (s. S. 100).

Gagnepains Berberitze
Berberis gagnepainii var. *lanceifolia*
Berberitzengewächse 14

3 1–2 M MAI–JUNI STRAUCH †

KENNZEICHEN Dicht verzweigt; Dornen 3-teilig, bis 2 cm lang; immergrün, Blätter lanzettlich, 3–10 cm lang, stachelzähnig; Blüten tief gelb, um 1 cm Ø, zu 3 bis 10 in Büscheln; Beeren eiförmig, ungefähr 1 cm lang, schwarz, bläulich bereift.

VORKOMMEN In West-China beheimatet; meist einzeln gepflanzt.

WISSENSWERTES Vorwiegend wird die schmalblättrige Varietät *B. gagnepainii* var. *lanceifolia* gepflanzt, die locker und zierlich wächst, ausgewachsen mit bogig überhängenden Zweigen.

Gagnepains Bastard-Berberitze
Berberis x *hybrido-gagnepainii*
Berberitzengewächse 14

4 1–3 M MAI–JUNI STRAUCH †

KENNZEICHEN Breit buschig, aufrechte Grundtriebe; Dornen 3-teilig, bis 2 cm lang; immergrün, Blätter schmal elliptisch, 3–6 cm lang, unterseits blau weiß bereift; Blüten schwefelgelb, bis 1,5 cm Ø; Beeren eiförmig, etwa 1 cm lang, schwarz, bläulich bereift.

VORKOMMEN Kreuzung aus Gagnepains Berberitze und Warzen-Berberitze; meist einzeln gepflanzt, verträgt Trockenheit recht gut.

WISSENSWERTES Der Strauch wird selten in Gärten verwendet und hat eher Bedeutung bei der Bepflanzung von Grünanlagen und Parks. Die Sorte 'Chenault' ist am häufigsten verbreitet; die Blätter sind schmal oval (3–5 x 0,6–1 cm), die Zweige leicht warzig (Elter ist die Warzen-B., *Berberis verruculosa*, s. S. 160). Doch mittlerweile wird auch die Sorte 'Barmstedt', niedrigwachsend und mit kleinen sattgrünen Blättern, immer häufiger in Gärten gepflanzt.

Laubbäume und -sträucher

Schneeige Berberitze
Berberis candidula
Berberitzengewächse [14]

1 0,5–0,8 M | MAI | STRAUCH †

KENNZEICHEN Kompakter und halbkugeliger Wuchs; junge Zweige spärlich mit Warzen besetzt, Dornen 3-teilig, 2 cm lang; immergrün, Blätter elliptisch, 2–3 cm lang, oft nur zur Spitze hin grannig gezähnt, oberseits glänzend dunkelgrün, unterseits schneeweiß bereift; Blüten einzeln, hellgelb, bis 1,5 cm Ø; kleine, längliche, blauschwarze Beeren.
VORKOMMEN In Westchina beheimatet; wird meist in Einzelstellung gepflanzt, recht trockenheitsverträglich, etwas frostempfindlich. Mit der Sorte ‚Jytte' (Blätter länglich schmal) ist allerdings schon eine recht frostharte Züchtung in den Handel gekommen.
WISSENSWERTES Die breit geschlossene Wuchsform hat der Art auch den Namen Kissen-Berberitze eingetragen. Sie lässt sich gut in Stein- und Heidegärten sowie für Böschungen verwenden. Die Blüten sind zwar für Berberitzen recht groß, verstecken sich aber zum Teil unter der dichten Belaubung (s. Allgemeines zu *Berberis* auf S. 158).

Warzen-Berberitze
Berberis verruculosa
Berberitzengewächse [14]

2 0,5–1,5 M | MAI | STRAUCH †

KENNZEICHEN Der Schneeigen Berberitze sehr ähnlich, im Wuchs jedoch weniger kompakt, ausgewachsen deutlich größer mit bogig überhängenden Zweigen **(2a)**. Wichtigste Unterscheidungsmerkmale: junge Zweige mit dunklen Warzen übersät; Blätter unterseits blaugrün, meist stark gewellt **(2b)**.
VORKOMMEN Stammt aus Westchina; einzeln und in Strauchgruppen gepflanzt; sehr robust und winterfest, toleriert auch Schatten.
WISSENSWERTES In Parks und im öffentlichen Grün sieht man diese ausgesprochen anspruchslose, stadtklimafeste Art häufiger. Sie ist gut schnittverträglich und wird auch für niedrige Hecken verwendet.
Als Bastard von Warzen-Berberitze und Schneeiger Berberitze entstand die sehr frostharte Kugel-Berberitze (*B. x frikartii*) **(2c)**, die von den Elternarten nur schwer zu unterscheiden ist. Sie zeigt mäßigen Warzenbesatz junger Zweige und grauweiße Blattunterseiten, hat stark bedornte, abwärts gerichtete Zweige, wird so hoch wie die Warzen-Berberitze und im Alter bis 2 m breit. Die eiländlichen Früchte erscheinen selten. Sie sind schwarzpurpurn, dazu blaugrau bereift.

Hookers Berberitze
Berberis hookeri
Berberitzengewächse [14]

3 1,5–2 M | MAI–JUNI | STRAUCH †

KENNZEICHEN Straff aufrecht, dicht buschig; Dornen 3-teilig, kräftig, bis 3 cm lang; immergrün, Blätter elliptisch lanzettlich, 3–7 cm lang, gezähnt, unterseits blauweiß, im Herbst rot verfärbt; Blüten grüngelb, um 1,5 cm Ø; kleine, eiförmige, blauschwarze Beeren.
VORKOMMEN In China im Himalaja beheimatet; in Parks und Gärten meist in Einzelstellung gepflanzt.
WISSENSWERTES Immergrüne Arten sind oft frostempfindlicher als sommergrüne derselben Gattung, so auch bei den Berberitzen. Nach dem Laubabwurf vollständig auf Winterruhe eingestellt, sind die oberirdischen Teile der Sommergrünen recht unempfindlich, sofern nicht extreme Fröste Holzschäden verursachen. Eine große Rolle spielt zudem die Frosttrocknis: Wenn die obere Bodenschicht längere Zeit gefroren ist, können die Immergrünen ihr Blattwerk nicht mehr mit Wasser versorgen. Verschärft wird dies durch intensive Sonnenbestrahlung bei winterlichem Hochdruckwetter, die die Verdunstung über die Blätter verstärkt. Gartenbesitzern wird deshalb empfohlen, immergrüne Gehölze nach längeren Trockenperioden an frostfreien Tagen zu wässern. In strengen Wintern werfen einige der immergrünen Berberitzen sozusagen „vorbeugend" ihr Laub ab.

Julianes Berberitze
Berberis julianae
Berberitzengewächse [14]

4 2–3 M | MAI–JUNI | STRAUCH †

KENNZEICHEN Aufrecht, dicht verzweigt, Zweige bogig überhängend, junge Zweige kantig; Dornen 3-teilig, bis 4 cm lang; immergrün, Blätter länglich verkehrt eiförmig, 6–8 cm lang, abstehend gesägt, ledrig, oberseits glänzend dunkelgrün; Blüten gelb, zu 8 bis 15 in Doldentrauben; kleine, eiförmige, blauschwarze Beeren.
VORKOMMEN Stammt aus China; häufig verwendeter Zierstrauch, in Einzelstellung und als Heckenpflanze; sehr frosthart.
WISSENSWERTES Julianes Berberitze entwickelt sich bei freiem Stand zu einem sehr dekorativen Strauch von hohem Schmuckwert. Allerdings muss man ihr dann schon etwas Platz einräumen, da sie im Alter bis 4 m breit werden kann. C.K. Schneider (1876–1951), Bearbeiter der Gattung, hat diese Art seiner Frau gewidmet.

Laubbäume und -sträucher

Hahnensporn-Weißdorn
Crataegus crus-galli
Rosengewächse [24]

1 6–10 M | MAI–JUNI | BAUM, STRAUCH

KENNZEICHEN Meist als Baum mit schirmartiger Krone; bis 6 cm lange Dornen; Blätter verkehrt eiförmig, 2–5 cm lang, gesägt, dunkelgrün, ledrig, orangerote Herbstfärbung; Blüten weiß, in vielblütigen Schirmrispen; Früchte stumpfrot, rundlich, gut 1 cm Ø.
VORKOMMEN Im östlichen Nordamerika beheimatet; Zierbaum im öffentlichen Grün, selten in Gärten; anspruchslos, bevorzugt kalkhaltige Böden, frosthart und stadtklimafest.
WISSENSWERTES Nach den auffälligen Dornen heißt die Art auch schlicht Hahnendorn. Bei den *Crataegus*-Dornen handelt es sich um umgewandelte Kurztriebe.

Pflaumenblättriger Weißdorn
Crataegus persimilis 'MacLeod'
Rosengewächse [24]

2 4–6 M | JUNI | BAUM, STRAUCH

KENNZEICHEN Als Baum mit kompakter Krone; Dornen höchstens 4 cm lang; Blätter verkehrt eiförmig bis rundlich, bis 8 cm lang, scharf gesägt, glänzend dunkelgrün, gelbe bis rote Herbstfärbung; Blüten weiß, in Schirmrispen; kugelige dunkelrote Früchte, bis 2 cm Ø.
VORKOMMEN Kreuzungshybride *(C. crus-galli x C. macrantha)*; anspruchsloser Park- und Gartenbaum, auch Heckenstrauch.
WISSENSWERTES Die Früchte der Weißdorn-Arten sind kleine Steinäpfel und haben meist hartes Fruchtfleisch. Für Marmeladen u. Ä. werden nur die innen mehligen Früchte der heimischen Arten (s. S. 188) genutzt.

Lederblättriger Weißdorn
Crataegus* x *lavallei 'Carrierei'
Rosengewächse [24]

3 5–7 M | MAI–JUNI | BAUM, STRAUCH

KENNZEICHEN Meist kleinkroniger Baum; nur spärlich bedornt; Blätter elliptisch bis länglich, 5–15 cm lang, grob gesägt, glänzend dunkelgrün, stark ledrig, Herbstfärbung orangegelb bis rot; gelblich weiße, teils rosa getönte Blütenrispen mit bis zu 2,5 cm großen Einzelblüten; kugelige dunkelrote Früchte, bis 2 cm Ø.
VORKOMMEN Kreuzungshybride *(C. crus-galli x C. pubescens)*; ausgesprochen robuster Straßenbaum, auch für Gärten geeignet.
WISSENSWERTES Diese Art behält ihr attraktives Herbstlaub oft bis in den Dezember hinein.

Kultur-Apfel *Malus domestica*
Rosengewächse [24]

4 2–15 M | APR–MAI | BAUM

KENNZEICHEN Vielgestaltig, da fast stets durch Erziehung und Schnitt geformt, Wuchs überdies unterlagen- und sortenabhängig; Blätter breit eiförmig, mindestens doppelt so lang wie ihr Stiel, gesägt, beim Holz-Apfel unterseits graugrün; Blüten in Doldentrauben, weiß, oft außen rötlich überlaufen, mit 5 Blütenblättern, die 1–2 cm lang werden; Früchte je nach Sorte.
VORKOMMEN Als stets veredelte Gehölze in zahlreichen Sorten gepflanzt; Apfelbäume brauchen sonnige Standorte auf humosen, tiefgründigen, nährstoffreichen Böden und sind in der Blüte etwas spätfrostgefährdet.
WISSENSWERTES Die Kultur-Apfelsorten können sich nicht selbst befruchten, es ist stets eine zweite Sorte als Pollenspender nötig. Alte, verwilderte Apfelbäume bringen nur kleine Früchte hervor und sind kaum vom seltenen Holz-Apfel *(M. sylvestris)* zu unterscheiden. Der Holz-Apfel zeigt gelegentlich an den Kurztrieben spitze Dornen (Kulturformen nie), die Blattunterseiten sind kahl oder nur an den Nerven behaart. Die Apfelblüte kann durch ihre gelben Staubbeutel leicht von der Birnblüte unterschieden werden; Letztere hat rote Staubbeutel.

Vielblütiger Apfel, Zierapfel
Malus floribunda
Rosengewächse [24]

5 3–10 M | MAI | STRAUCH, BAUM

KENNZEICHEN Als Strauch aufrecht, als Baum breitkronig; Blätter eiförmig bis elliptisch, 2–6 cm lang, doppelt gesägt, selten gelappt; Knospen tiefrot, Blüten rosa, oft auch kräftig hellrot (**5a**); zahlreiche kleine Apfelfrüchte mit kaum 1 cm Ø (**5b**), an der Sonnenseite rotbackig.
VORKOMMEN In Japan beheimatet, auch dort nur in Kultur bekannt; braucht Sonne, wächst am besten auf humosen, tiefgründigen Böden.
WISSENSWERTES *M. floribunda* ist durch überreichen Blüten- und Fruchtbesatz der markanteste unter den Zieräpfeln und wurde vielfach in Hybriden eingekreuzt. Dasselbe gilt für *M. sargentii*, in der reinen Art nur bis 6 m hoch (**5c**). Er bringt weiße Blüten und kleine dunkelrote Früchte hervor. Die Blätter sind teils schwach 3-lappig, was sich oft auch bei den Kreuzungen wiederfindet. Heute werden fast nur noch Hybriden wie 'Van Eseltine' gepflanzt, die auf unterschiedlich hohe Stämme veredelt sind. Die Früchte der Zieräpfel schmecken sehr sauer und sind kein Genuss.

Laubbäume und -sträucher

Chinesische Zier-Birne
Pyrus calleryana 'Chanticleer'
Rosengewächse |24|

1 | 8–15 M | APR–MAI | BAUM |

KENNZEICHEN Krone schmal kegelförmig, im Alter breit; Blätter breit elliptisch, 8–12 cm lang, gesägt, oberseits glänzend dunkelgrün, Herbstlaub gelb, orange und rot, lange haftend; Blüten weiß, um 2 cm Ø, in Dolden, streng riechend; kleine grüne bis braune Früchte, ungenießbar.

VORKOMMEN Selektion einer chinesischen Wild-Birne; mäßig frosthart, braucht sonnigen Platz, sonst sehr anspruchslos.

WISSENSWERTES Die Chinesische Zier-Birne wird hauptsächlich in wintermilden Regionen als Straßenbaum an Stadtstraßen gepflanzt, gibt aber auch einen schönen Gartenbaum ab. 'Chanticleer' wird bei uns am häufigsten angepflanzt, 'Bradfort' wächst im Alter nicht ganz so ausladend. Von beiden Sorten wird angegeben, dass sie gegen Feuerbrand resistent sind.

Garten-Birne, Kultur-Birne
Pyrus communis
Rosengewächse |24|

2 | 1–25 M | APR–MAI | BAUM |

KENNZEICHEN Vielgestaltig, Wuchs abhängig von Erziehung und Schnitt, Veredlungsunterlage und Sorte; durchweg ohne Dornen; Blätter rundlich bis eiförmig, 2,5–8 cm lang, oft fast ebenso lang gestielt, ledrig, oberseits glänzend dunkelgrün, fein gesägt oder gekerbt, untere Blatthälfte oft ganzrandig; Blüten in Doldentrauben, mit 5 weißen, 1,5–2,5 cm langen Kronblättern und meist roten Staubbeuteln, streng riechend; Früchte je nach Sorte.

VORKOMMEN In zahlreichen Sorten gepflanzt; wärme- und sonneliebend, frostempfindlicher als Apfel; braucht humosen, tiefgründigen, nährstoffreichen Boden.

WISSENSWERTES Birnbäume sind – wie auch die meisten anderen Obstbäume – zweiteilige Gehölze: Sie bestehen aus einer Unterlage, die Wurzelwerk und Stammfuß beiträgt, und der darauf veredelten Sorte, die nach Einsetzen von Augen oder Trieben (Reisern) mit der Unterlage verwächst. Als Unterlagen dienen Quitten oder aus Samen gezogene, robuste, „halbwilde" Birnen. Die Blüte, meist etwas früher als beim Apfel, leidet oft unter Spätfrösten. Für die Befruchtung ist jeweils eine geeignete zweite Sorte als Pollenspender nötig. Wegen ihrer Kälteempfindlichkeit werden Birnen häufig als Spalier an einer warmen, geschützten Hauswand gezogen.

Wild-Birne *Pyrus pyraster*
Rosengewächse |24|

3 | 5–20 M | APR–MAI | BAUM, STRAUCH |

KENNZEICHEN Krone unregelmäßig, etwas sparrig; Kurztriebe zum Teil bedornt; Blätter wie Garten-Birne, Rand meist auch in unterer Hälfte gesägt; Blüten wie Garten-Birne, Kronblätter jedoch nur bis gut 1,5 cm lang; kleine gelbe oder bräunliche Früchte, rundlich bis eiförmig, kaum birnenförmig, ungenießbar.

VORKOMMEN Vorzugsweise in sommerwarmen, wintermilden Regionen Mitteleuropas zerstreut in lichten Wäldern, in Feldgebüschen und an Hängen, selten.

WISSENSWERTES Die Früchte schmecken unangenehm sauer und aufgrund des hohen Gerbstoffgehalts herb-bitter. Sie enthalten zahlreiche verholzte Steinzellen.

Japanische Zierquitte
Chaenomeles japonica
Rosengewächse |24|

4 | 0,8–1,5 M | MÄRZ–APR | STRAUCH |

KENNZEICHEN Breitwüchsig, Zweige teils niederliegend, schwach bedornt; Blätter eiförmig, 3–5 cm lang, kerbig gesägt; Blüten mit den Blättern erscheinend, ziegelrot, schalenförmig, etwa 3 cm Ø, breit, in Büscheln zu 2 bis 6; Früchte apfelähnlich, rundlich, 4–5 cm Ø, gelb mit orangen Punkten, duftend, essbar.

VORKOMMEN In Japan beheimatet; gedeiht in Sonne und Halbschatten auf jedem normalen Boden, frosthart und stadtklimafest.

WISSENSWERTES Durch Kreuzung mit der Chinesischen Zierquitte entstanden mehrere Hybridsorten, die unter *C. x superba* zusammengefasst werden und große Blüten in verschiedenen Rottönen hervorbringen.

Chinesische Zierquitte
Chaenomeles speciosa
Rosengewächse |24|

5 | 2–3 M | MÄRZ–APR | STRAUCH |

KENNZEICHEN Aufrecht, ausladend, Zweige bedornt; Blätter schmaler und meist länger (bis 8 cm) als bei der Japanischen Zierquitte, Rand scharf gesägt; Blüten rosa bis dunkelrot, bis 5 cm Ø; Früchte länglich, bis 8 cm lang, gelbgrün bis bräunlich, schwach duftend, essbar.

VORKOMMEN In China und Japan beheimatet; ähnlich anspruchslos wie die Japanische Zierquitte, jedoch kalkunverträglich.

WISSENSWERTES Eine aparte, öfter zu sehende Sorte ist 'Nivalis' mit rein weißen Blüten.

Laubbäume und -sträucher

Mittelmeer-Feuerdorn
Pyracantha coccinea
Rosengewächse |24|

1 | 1–3 M | MAI–JUNI | STRAUCH

KENNZEICHEN Vieltriebig, sparrig verzweigt, stark bedornt; winter- bis immergrün, Blätter lanzettlich bis schmal eiförmig, 2–4 cm lang, dicht kerbig gesägt, ledrig, oberseits glänzend; kleine weiße Blüten, zahlreich in Schirmrispen; ab Sept. rote oder gelbe, beerenartige Steinäpfelchen, um 0,5 cm Ø, lange haftend, ungenießbar **(1a)**.

VORKOMMEN In Südeuropa beheimatet, im 17. Jh. nach Mitteleuropa eingeführt, oft gepflanzt, zuweilen verwildert; findet Verwendung an Straßenböschungen, für Hecken (sehr schnittverträglich), in Sorten auch als Gartenpflanze. Wächst in Sonne und Halbschatten auf allen nicht zu sauren Böden, hitze- und trockenheitsverträglich, stadtklimafest.

WISSENSWERTES Hybridsorten haben Früchte in leuchtenden roten, orangen oder gelben Farbtönen **(1b)**, die im Herbst einen schönen Kontrast zum dunkelgrünen Laub bilden. Sie sind etwas anspruchsvoller und frostempfindlicher als die reine Art. Die Früchte werden manchmal als schwach giftig eingestuft.

Filzige Apfelbeere *Aronia arbutifolia*
Rosengewächse |24|

2 | 1–2 M | MAI–JUNI | STRAUCH

KENNZEICHEN Straff aufrecht; Blattunterseiten, Blütenstiele und Kelchblätter filzig behaart; Blätter elliptisch bis verkehrt eiförmig, 2–8 cm lang, fein gesägt, oberseits glänzend, rote Herbstfärbung; Blüten weiß, selten hellrosa, mit roten Staubbeuteln, etwa 1 cm Ø, zu 10 bis 20 in Schirmrispen; erbsengroße, beerenartige, rote Apfelfrüchte, lange haftend.

VORKOMMEN In Nordamerika und Kanada beheimatet; gelegentlich als Zierstrauch und im Straßenbegleitgrün gepflanzt, anspruchslos, frosthart, gedeiht in Sonne wie Halbschatten.

WISSENSWERTES Die Fruchtstände erinnern an die der Vogelbeere (S. 228), weshalb die Art auch Zwergvogelbeere heißt. Die Früchte sind essbar, aber nur mäßig schmackhaft.

Kahle Apfelbeere
Aronia melanocarpa
Rosengewächse |24|

3 | 1–2 M | MAI–JUNI | STRAUCH

KENNZEICHEN Der Filzigen Apfelbeere sehr ähnlich, doch anfängliche Behaarung bald verschwindend; Früchte glänzend schwarz, bald nach der Reife abfallend.

VORKOMMEN Herkunft und Ansprüche wie Filzige Apfelbeere; gelegentlich in reichfrüchtigen Sorten als Obstgehölz gepflanzt.

WISSENSWERTES Schon die Ureinwohner Amerikas nutzten die herb süßlich schmeckenden Früchte, die heute meist zu Gelee, Marmelade, Saft, Wein oder Likör verarbeitet werden.

Gewöhnliche Mehlbeere
Sorbus aria
Rosengewächse |24|

4 | 5–12 M | MAI–JUNI | BAUM, STRAUCH

KENNZEICHEN Breitkronig, kurzstämmig; Blätter variabel, meist elliptisch, 6–12 cm lang, doppelt gesägt, ledrig derb, oberseits glänzend dunkelgrün, unterseits weißfilzig behaart; Blüten weiß, meist um 2 cm Ø, in flachen Schirmrispen, Kelch auffallend filzig-weiß behaart; ab Sept. rotorange, kugelige Früchte mit etwa 1 cm Ø, fad und mehlig im Geschmack.

VORKOMMEN In Mitteleuropa v. a. in Mittelgebirgslagen, vorwiegend im Süden und Südwesten; an sonnigen Waldrändern, Hängen und Böschungen, als Feldgehölz; oft auf steinigen, kalkhaltigen Lehmböden, kalkliebend, nässeempfindlich, frosthart.

WISSENSWERTES Gelegentlich sieht man die Art als Straßen- und Alleenbaum. Sie kommt mit Hitze und Trockenheit sehr gut zurecht. Wird in mehrere Unterarten aufgeteilt, die sich vor allem im Blatt-Zuschnitt unterscheiden.

Zwerg-Mehlbeere
Sorbus chamaemespilus
Rosengewächse |24|

5 | 1–3 M | JUNI–JULI | STRAUCH

KENNZEICHEN Breitwüchsig, mäßig verzweigt; Blätter elliptisch bis länglich, 3–7 cm lang, gesägt, ledrig derb, oberseits glänzend dunkelgrün, unterseits blaugrün; Blüten rosa bis rötlich, etwa 1 cm Ø, in Schirmrispen, Blütenstiele weißfilzig; Früchte rot bis braunrot, rundlich bis länglich, um 1 cm lang, fad schmeckend.

VORKOMMEN In Gebirgen Mittel- und Südeuropas bis 2000 m Höhe, zerstreut; im Legföhrengebüsch, an Hängen, auf Hochweiden, vorwiegend an sonnigen Stellen auf steinigem, kalkhaltigem Untergrund.

WISSENSWERTES Obwohl der Strauch wild nur ab etwa 800 m Höhe vorkommt, lässt er sich an geeigneten Standorten auch im Tiefland ansiedeln und wird hier und da sogar in Steingärten gepflanzt.

Laubbäume und -sträucher

Kahle Felsenbirne
Amelanchier laevis
Rosengewächse [24]

1 | 3–5 M | MAI | STRAUCH, BAUM

KENNZEICHEN Locker aufrecht mit überhängenden Zweigen; Blätter im Austrieb rötlich, eiförmig bis elliptisch, 4–6 cm lang, fein gesägt, unterseits kahl, gelbe bis rote Herbstfärbung; Blätter zur Blütezeit meist voll entfaltet; Blüten weiß, bis 4 cm Ø, zu 5 bis 9 in hängenden Trauben; ab Aug. beerenähnliche, etwa 1 cm dicke Apfelfrüchte mit zurückgeschlagenem Kelch, anfangs rot, später blauschwarz bereift, essbar.
VORKOMMEN Stammt aus dem östlichen Nordamerika; gepflanzt in Parks und Gärten, in der Landschaft und als Feldgehölz. Verträgt nur leichte Beschattung, gedeiht am besten auf humosem, gut durchlässigem Boden, ansonsten recht anspruchslos.
WISSENSWERTES Die Felsenbirnen sind robuste, pflegeleichte Gehölze mit hohem Zierwert und naturnahem Charme. Sie zeigen meist eine prächtige Herbstfärbung, von der sich die blauschwarzen Früchte attraktiv abheben. Bei der Kahlen Felsenbirne kommt im Frühjahr der Kontrast zwischen rötlichem Austrieb und den recht großen weißen Blüten hinzu, die wie alle hier kultivierten Arten 5 schmale, sternförmig angeordnete Kronblätter aufweisen.

Kupfer-Felsenbirne
Amelanchier lamarckii
Rosengewächse [24]

2 | 6–8 M | MAI | STRAUCH, BAUM

KENNZEICHEN Breit aufrecht; Blätter beim Austrieb charakteristisch kupferfarben gerötet, elliptisch bis länglich elliptisch, 3–8 cm lang, fein gesägt, unterseits weißlich seidenhaarig, leuchtend gelbe bis orangerote Herbstfärbung; Blätter zur Blütezeit meist noch nicht entfaltet; Blüten weiß, kleiner als bei *A. laevis*, zu 8 bis 10 in lockeren, übergebogenen Trauben; Früchte mit aufrechtem Kelch, etwa 1 cm Ø, anfangs rot, reif schwarzpurpurn, essbar.
VORKOMMEN Im östlichen Nordamerika beheimatet; hat sich in Westeuropa und im westlichen Mitteleuropa seit über 100 Jahren in lichten Laubwäldern eingebürgert. Wohl die am häufigsten gepflanzte Art; Ansprüche ähnlich wie Kahle Felsenbirne, verträgt aber noch Halbschatten.
WISSENSWERTES Die kleinen Früchte sind erstaunlich saftig, mild süß mit leichtem Bittermandelgeschmack und munden schon als Frischobst recht gut. Häufiger werden sie zu Marmeladen und Gelees verarbeitet, früher verwendete man sie getrocknet als Korinthenersatz (plattdeutscher Name: Krintenboom). Die Art wurde lange Zeit Kanada-Felsenbirne genannt. Diese kommt aber in Europa nicht vor.

Gewöhnliche Felsenbirne
Amelanchier ovalis
Rosengewächse [24]

3 | 1–3 M | APR–MAI | STRAUCH

KENNZEICHEN Aufrecht, locker verzweigt; Blätter oval bis rundlich, 2,5–5 cm lang, gesägt, anfangs unterseits dicht filzig behaart, Herbstfärbung orange bis rot; Blüten vor dem Blattaustrieb erscheinend, weiß, klein, zottig behaart, in aufrechten Trauben, streng duftend; erbsengroße, kugelige, blauschwarze Früchte, essbar; Ausläufer treibend.
VORKOMMEN In Südeuropa beheimatet, kommt auch nördlich der Alpen (bis Hessen und Thüringen) hier und da wild vor, in den Alpen selbst bis 1800 m Höhe; gedeiht vor allem in trocken-warmen, sommerheißen, sonnigen Lagen, am besten auf Sand- und Kiesböden, kalkliebend.
WISSENSWERTES Die Gewöhnliche Felsenbirne ist eine typische Pionierpflanze, die als Erstbesiedlerin den Boden für andere Gewächse aufbereitet, wobei ihr die Fähigkeit Ausläufer zu bilden zugute kommt. Auch im Siedlungsbereich wird sie gelegentlich gepflanzt.

Ährige Felsenbirne
Amelanchier spicata
Rosengewächse [24]

4 | 2–4 M | MAI | STRAUCH

KENNZEICHEN Breit ausladend; Blätter breit, verkehrt eiförmig bis rundlich, 3–6 cm lang, gesägt, zur Blütezeit hellgrün und noch unterseits filzig behaart, später kahl, Herbstfärbung gelbbraun; kleine weiße Blüten in aufrechten Trauben, dicht wollig behaart; Blütentrauben aufrecht; blauschwarze Früchte, essbar, aber wenig schmackhaft; Ausläufer treibend.
VORKOMMEN Herkunft unklar, möglicherweise Bastard aus nordamerikanischen Arten; im nördlichen Mitteleuropa und im küstennahen Westeuropa nicht selten aus der Kultur verwildert. Gedeiht gut nur in luftfeuchtem Klima mit nicht zu großen Temperaturunterschieden.
WISSENSWERTES Die Ährige Felsenbirne wurde zu Anfang des 20. Jh. bei uns häufiger gepflanzt. Aus dieser Zeit stammen die verwilderten Bestände. Mithilfe seiner Ausläufer kann der Strauch regelrechte Kolonien bilden.

...ng *Prunus* zählen weit über 400 Arten, ...en viele bei uns Bedeutung als Obst- ...Ziergehölze haben. Es gibt keine übergedeutsche Bezeichnung, denn hierzu gehören u.a. Pflaume, Kirsche und Mandel. Die meisten Arten sind sommergrün und haben gesägte Blätter; etwas aus der Reihe fällt die immergrüne Lorbeer-Kirsche (S. 108). Die Blüten haben stets 5 Kronblätter und zahlreiche Staubblätter. Das Fruchtfleisch der Steinfrüchte ist oft essbar, die Steinkerne dagegen enthalten teils größere Mengen an Amygdalin, das giftige Blausäure abspaltet (s. S. 292, 320).

Gewöhnliche Schlehe, Schwarzdorn
Prunus spinosa
Rosengewächse | 24

1 | 1–3 M | MÄRZ–APR | STRAUCH

KENNZEICHEN Sparrig verzweigt, oft dichte Bestände bildend; Kurztriebe in Dornen endend; Blätter jung flaumhaarig, später kahl, elliptisch eiförmig, etwa 4–5 cm lang, drüsig gesägt, oberseits dunkelgrün; Blüten oft vor den Blättern erscheinend, meist einzeln, aber zahlreich entlang der Zweige, weiß, mit 1–1,5 cm Ø; Früchte (Schlehen) erbsengroß, kugelig, schwarz, blau bereift, mit herb-saurem, zusammenziehendem Geschmack, essbar.

VORKOMMEN Weit verbreitet, vom Tiefland bis in die Alpen bis 1000 m Höhe; häufig an Waldrändern, in Gebüschen, an Felsenhängen. Geringe Bodenansprüche, kalkliebend; bevorzugt Sonne und Wärme, frosthart.

WISSENSWERTES Durch weit streichende Ausläufer und Schösslinge breitet sich die Schlehe schnell aus, was bei Verwendung als Pioniergehölz von Vorteil ist. Das Gestrüpp bietet Vögeln und anderen Tieren guten Unterschlupf, zudem ist der Strauch eine wertvolle Bienenweide. Die Früchte werden nach einigen Frösten genießbar und können zur Herstellung von alkoholischen Getränken, Säften oder Marmeladen verwendet werden.

Kirschpflaume, Myrobalane
Prunus cerasifera
Rosengewächse | 24

2 | 4–8 M | MÄRZ–APR | STRAUCH, BAUM

KENNZEICHEN Wächst als Baum mehrstämmig mit runder Krone; oft unbedornt; Blätter länglich eiförmig, 4–8 cm lang; Blüten vor oder mit den Blättern erscheinend, meist einzeln, bei grünblättrigen Formen weiß, bei rotblättrigen rosa, bis 2,5 cm Ø, Blütenstiele kahl; Früchte rundlich, gelb oder rot, bis 3 cm dick, essbar.

VORKOMMEN In Westasien beheimatet, bei uns fast nur in der schwarzrot beblätterten Form (Blut-Pflaume) als Ziergehölz kultiviert; anspruchslos, gedeiht auf tiefgründigen, nährstoffreichen Böden in der Sonne am besten; ist gelegentlich verwildert anzutreffen, vor allem in wärmeren Lagen (Weinbaugebiete).

WISSENSWERTES Die reine, grünblättrige Art ist eine wichtige Veredlungsunterlage für Kultur-Pflaumen. Die ansehnlichere Blut-Pflaume, *P. cerasifera* 'Nigra', wird mit den Jahren sehr ausladend. In Gärten sieht man deshalb häufiger eine nur etwa 2 m hoch und breit werdende Hybride namens *P.* x *cistena*, mit braunrotem Laub und zahlreichen zartrosa Blüten im Mai.

Späte Traubenkirsche
Prunus serotina
Rosengewächse | 24

3 | 5–12 M | MAI–JUNI | STRAUCH, BAUM

KENNZEICHEN Meist strauchig; Blätter verkehrt eiförmig, 8–15 cm lang, oberseits deutlich glänzend; hängende, lange Blütentrauben mit kleinen weißen Einzelblüten; Früchte dunkelrot bis schwarz, erbsengroß, essbar (nur verarbeitet), Stein ohne jede Grube, absolut glatt.

VORKOMMEN In Nordamerika beheimatet; als Windschutz- und Pioniergehölz gepflanzt, gebietsweise verwildert; anspruchslos.

WISSENSWERTES Diese Art blüht etwa 2 Wochen später als die Gewöhnliche Traubenkirsche und wird wegen ihrer bis in den November hinein grün bleibenden Blätter geschätzt.

Gewöhnliche Traubenkirsche
Prunus padus
Rosengewächse | 24

4 | 3–12 M | APR–MAI | STRAUCH, BAUM

KENNZEICHEN Haupttriebe straff aufrecht, Zweige überhängend; Blätter verkehrt eiförmig, 6–12 cm lang, fein gesägt, oberseits etwas runzlig, höchstens schwach behaart; hängende Blütentrauben mit kleinen, weißen Einzelblüten, duftend; erbsengroße, glänzend schwarze Früchte, essbar (nur verarbeitet), mit grubig gefurchten Steinen.

VORKOMMEN In Mitteleuropa meist nur zerstreut; besiedelt vor allem lichte Stellen in Au- und Bruchwäldern, wächst auf feuchten bis nassen Böden, dort auch zur Bodenbefestigung und Entwässerung gepflanzt.

WISSENSWERTES Die Traubenkirsche wird häufig von Gespinstmotten befallen und ist dann bereits im Juni völlig kahl gefressen und mit einem seidigen Gespinst überzogen.

Laubbäume und -sträucher

Scharlach-Kirsche
Prunus sargentii
Rosengewächse [24]

1 | 6–10 M | APR–MAI | STRAUCH, BAUM

KENNZEICHEN Trichterförmig aufrecht, im Alter breit ausladend; Blätter im Austrieb bronzefarben, elliptisch bis eiförmig, 7–12 cm lang, grob doppelt gesägt, Herbstfärbung orange bis scharlachrot; Blüten vor dem Laubaustrieb, rosarot, bis 4 cm Ø, zu 2 bis 5 in Dolden (1a); Früchte glänzend schwarz, etwa 1 cm dick, ungenießbar.

VORKOMMEN Stammt aus Japan; Ziergehölz in Parks und großen Gärten, frosthart; braucht Sonne und frische bis feuchte, tiefgründige, nährstoffreiche, kalkhaltige Böden.

WISSENSWERTES Mit der prächtig leuchtenden Herbstfärbung dieser Art kann keine andere japanische Zierkirsche mithalten (1b). Auch in der Blüte ist die Scharlach-Kirsche sehr attraktiv. Mit 8–10 m Breite beansprucht sie allerdings mit den Jahren sehr viel Platz; auch die hohen Ansprüche an den Boden tragen dazu bei, dass die Art nicht allzu häufig gepflanzt wird (s. auch Allgemeines zu *Prunus* auf S. 170).

Yoshino-Kirsche *Prunus* x *yedoensis*
Rosengewächse [24]

2 | 8–10 M | MÄRZ–APR | BAUM

KENNZEICHEN Breitkronig mit überhängenden Zweigen; Blätter elliptisch bis eiförmig, deutlich zugespitzt, 6–12 cm lang, fein einfach oder doppelt gesägt, gelborange Herbstfärbung; Blüten vor dem Laubaustrieb, beim Aufblühen rosa, später rein weiß, gut 3 cm Ø, zu 4 bis 6 in Schirmtrauben; erbsengroße schwarze Früchte, ungenießbar.

VORKOMMEN Zierform aus Japan, in Parks und großen Gärten gepflanzt; gedeiht noch im lichten Schatten, am besten auf humosen, durchlässigen, nicht zu trockenen Böden.

WISSENSWERTES Im Frühjahr völlig mit schneeweißen Blüten bedeckt, wirkt der Baum ausgesprochen malerisch. Der namengebende Yoshino ist ein japanischer Berg, der für seine überwältigende Kirschblüte bekannt ist: An seinen Hängen stehen Tausende von Kirschbäumen.

Japanische Blütenkirsche
Prunus serrulata
Rosengewächse [24]

3 | 3–12 M | APR–MAI | STRAUCH, BAUM

KENNZEICHEN Meist trichterförmig aufrecht, mit den Jahren breit ausladend; Blätter eiförmig bis elliptisch, 6–15 cm lang, am Rand mit zumeist spitzen Zähnen, Herbstfärbung gelb bis orange; Blüten vor dem Laubaustrieb, weiß oder in verschiedenen Rosatönen, bis 5 cm Ø, lang gestielt zu 2 bis 7 in oft hängenden Schirmtrauben, sehr zahlreich entlang der Zweige (3a); Sorten oft mit gefüllten Blüten (3b), unfruchtbar.

VORKOMMEN Stammform in Ostasien beheimatet, Sorten häufig in Gärten und im öffentlichen Grün gepflanzt; braucht Sonne, wächst auf jedem normalen Boden, kalkliebend.

WISSENSWERTES Die in Japan gezüchteten Sorten von *P. serrulata* gelten in Europa als die Zierkirschen schlechthin und werden am häufigsten angepflanzt. Häufig sieht man die Sorte 'Kanzan', meist strauchig, bis 8 m hoch, im Mai mit dunkelrosa, dicht gefüllten Blüten. Beliebt ist auch die Hänge-Zierkirsche 'Shidare-sakura' mit lang herabhängenden Blütenzweigen, ebenfalls dunkelrosa blühend. Die Blütenfüllung kommt durch Umwandlung von Staubblättern in Kronblätter zustande, gefüllte Blüten haben oft 20 und mehr Kronblätter.

Higan-Kirsche *Prunus subhirtella*
Rosengewächse [24]

4 | 3–6 M | APR–MAI | STRAUCH, BAUM

KENNZEICHEN Lockerer Wuchs, Zweige im Alter überhängend; Blätter eiförmig bis länglich eiförmig, zugespitzt, 3–8 cm lang, einfach bis doppelt gesägt, gelbe bis orange Herbstfärbung; Blüten vor dem Laubaustrieb, weiß oder in verschiedenen Rosatönen, einfach oder gefüllt, 2–3 cm Ø, kurz gestielt, zu 1 bis 5 in Dolden, zahlreich entlang der Zweige; selten kleine schwarze Steinfrüchte.

VORKOMMEN In Japan beheimatet, bei uns nur in Sorten gepflanzt; Ansprüche wie die Japanische Blütenkirsche.

WISSENSWERTES Eine häufig anzutreffende Sorte ist 'Fukubana', oft als bis 6 m hoher Kleinbaum mit breiter Krone gezogen. Die halb gefüllten Blüten sind im Knospenstadium dunkelrosa, später rosa, mit tief eingeschnittenen Kronblättern und kraus wirkend. Die erste nach Europa eingeführte Sorte war die heute noch kultivierte 'Autumnalis'. Sie entfaltet ihre weißen bis hellrosa Blüten bei günstiger Witterung bereits im November. Fröste unterbrechen das Blühen, das dann aber im Frühjahr fortgesetzt wird. Ihre Zweige hängen schwach über. Daneben gibt es auch noch echte Hängesorten ('Pendula') und viele mit aufstrebenden Zweigen und in verschiedener Wuchshöhe. 'Plena' heißen die dichtblütigen; 'Pendula Plena Rosea' ist also eine Sorte mit hängenden Zweigen, die im Frühjahr dicht mit tiefrosa Blüten überdeckt sind.

Laubbäume und -sträucher

Sauer-Kirsche, Weichsel
Prunus cerasus
Rosengewächse [24]

1 | 3–6 M | APR–MAI | BAUM

KENNZEICHEN Wuchsform je nach Unterlage, Sorte und Schnitt, Äste weniger steil als bei Süß-Kirsche; Blätter eiförmig bis elliptisch, 6–12 cm lang, gesägt, oberseits glänzend, Blattstiel meist ohne Drüsen; Blüten vor dem Laubaustrieb, weiß, um 2,5 cm Ø, lang gestielt, zu 2 bis 4 in sitzenden Dolden; ab Juni sauer schmeckende Steinfrüchte mit rundlichem Kirschkern, hellrot bis dunkel braunrot.

VORKOMMEN Wild in Westasien vorkommend, seit der Römerzeit gepflanzt und nach Mitteleuropa eingeführt, örtlich verwildert; in mehreren Sorten als veredeltes Obstgehölz kultiviert. Recht anspruchsloses Obstart, verträgt noch leichten Schatten und gedeiht am besten auf durchlässigen, sandigen, nährstoffreichen Lehmböden.

WISSENSWERTES Sauerkirschensorten werden auf Vogel-Kirschen-Unterlagen oder der schwächer wüchsigen Steinweichsel veredelt. Auf Vogel-Kirschen veredelt man meist unterhalb der Krone, so dass die Unterlage den kompletten Stamm beiträgt. Die am häufigsten gepflanzten Sorten sind selbstfruchtbar und brauchen keinen Pollenspender. Der „Klassiker" unter den Weichseln ist die 'Schattenmorelle'; verwilderte Exemplare fallen durch lang herabhängende, dünne Peitschentriebe auf (s. auch Allgemeines zu *Prunus* auf S. 170).

Vogel-Kirsche, Süß-Kirsche
Prunus avium
Rosengewächse [24]

2 | 8–20 M | APR–MAI | BAUM

KENNZEICHEN Wuchsform je nach Unterlage, Sorte und Schnitt, Äste schräg aufwärts wachsend, im Alter mit breit ausladender Krone; Blätter eiförmig bis elliptisch, zugespitzt, 5–15 cm lang, gesägt, unterseits behaart, bis 5 cm langer Blattstiel mit 1 oder 2 roten Drüsen; Blüten mit dem Laubaustrieb, weiß, um 3 cm Ø, bis 5 cm lang gestielt, zu 2 bis 4 in sitzenden Dolden (2a); gelb orange bis rote Herbstfärbung (2b); ab Juni süß schmeckende Steinfrüchte mit rundlichem Kirschkern, rot bis schwarzrot oder gelblich, bei der Wildform auch schwarz, unter 1 cm dick, bitter-süß.

VORKOMMEN Als Wildform in Mitteleuropa zerstreut am Rand von Laub- oder Mischwäldern, in rauen Lagen selten oder fehlend; als veredelter Obstbaum in vielen Sorten kultiviert. Braucht Sonne und gedeiht am besten auf warmen, tiefgründigen, etwas feuchten, nährstoffreichen Böden; das Holz leidet unter starken Frösten, die Blüte – etwas früher als bei Sauer-Kirschen – ist spätfrostgefährdet.

WISSENSWERTES Die Nutzung der Vogel-Kirsche als Obst geht vermutlich bis in die Eisenzeit zurück. Die Süß-Kirsche wird auf verschiedene Kirsch-Selektionen veredelt. In den letzten Jahrzehnten gelang es, schwachwüchsige Unterlagen und somit kleinere Baumformen zu entwickeln. Die meisten Süß-Kirschen brauchen eine andere Sorte als Pollenspender.

Steinweichsel, Felsen-Kirsche
Prunus mahaleb
Rosengewächse [24]

3 | 3–6 M | APR–MAI | STRAUCH, BAUM

KENNZEICHEN Sparriger Wuchs, breit ausladend bis überhängend; Blätter rundlich eiförmig, 3–6 cm lang, kerbig gesägt, etwas ledrig, oberseits glänzend, 1–2 cm lang gestielt; kleine weiße Blüten vor oder mit dem Laubaustrieb, zu 4 bis 10 in Doldentrauben; ab Juni erbsengroße Steinfrüchte, anfangs gelbrot, später schwarz, im Geschmack herb bitter.

VORKOMMEN Hauptverbreitungsgebiet im Mittelmeerraum, erreicht im südwestlichen Mitteleuropa die Nordgrenze ihrer Verbreitung; hier selten an sonnigen Hängen und Waldrändern auf trockenen, kalkreichen Böden, auch auf Felsen.

WISSENSWERTES Die Steinweichsel wird gelegentlich an felsigen Böschungen und auf Halden gepflanzt. Ebenso wie die Gewöhnliche Traubenkirsche (S. 170) leidet sie öfter unter Kahlfraß durch Gespinstmotten.

Drüsen-Kirsche
Prunus glandulosa 'Alboplena'
Rosengewächse [24]

4 | 1–2 M | APR–MAI | STRAUCH

KENNZEICHEN Aufrecht, fein verzweigt; Blätter elliptisch bis länglich lanzettlich, 3–8 cm lang, dicht drüsig gesägt; Blüten mit dem Laubaustrieb, weiß bis rosa, 1–2,5 cm Ø, zu 1 bis 2 entlang der Zweige; Früchte dunkelrot, etwa 1 cm dick, nicht zum Verzehr geeignet.

VORKOMMEN Stammt aus China, einzeln oder in Gruppen als Zierstrauch gepflanzt; braucht Sonne, sonst recht anspruchslos, aber häufig von der Monilia-Krankheit befallen.

WISSENSWERTES Am häufigsten sieht man von dieser Art die Sorte 'Alboplena' mit weißen, dicht gefüllten Blüten.

Laubbäume und -sträucher

Pfirsich *Prunus persica*
Rosengewächse [24]

1 | 3–10 M | MÄRZ–APR | STRAUCH, BAUM

KENNZEICHEN Oft mit ausladender, flacher Krone; Blätter breit lanzettlich, über der Mitte am breitesten, 8–15 cm lang, scharf gesägt; Blüten vor oder mit dem Laubaustrieb, rosa oder rotviolett, um 3 cm Ø; ab Juli 5–7 cm dicke, gelbrote Früchte mit tief gefurchtem, leicht lösendem Stein, samtig behaart (Pfirsiche) oder unbehaart (Nektarinen).

VORKOMMEN Stammt ursprünglich aus China, kam über Persien ins antike Griechenland und Rom, von dort nach Mittel- und Westeuropa; wärmeliebendes, frostempfindliches Obstgehölz, vorwiegend in wintermilden Regionen gepflanzt; gedeiht am besten auf durchlässigen, humosen, frischen Böden.

WISSENSWERTES Der Pfirsich wird ebenso wie die Aprikose häufig als Spalierobst an einer sonnigen, warmen Hauswand gezogen. Die Sorten sind auf Pfirsich- oder Pflaumensämlinge veredelt und meist selbstfruchtbar (s. auch Allgemeines zu *Prunus* auf S. 170).

Mandel
Prunus dulcis (P. amygdalus)
Rosengewächse [24]

2 | 3–10 M | MÄRZ–APR | BAUM, STRAUCH

KENNZEICHEN Krone flach ausladend; Blätter oval bis länglich, über der Mitte am breitesten, 5–12 cm lang, Blattstiele um 2 cm lang; Blüten vor dem Laubaustrieb, hellrosa oder weiß, 3–5 cm Ø; eiförmige, grüne, filzig behaarte, trockene Früchte, die einen schwach gefurchten Stein, die Mandel, enthalten

VORKOMMEN In Westasien beheimatet, in milden Lagen Mitteleuropas gelegentlich angebaut, obwohl die Samen hier selten reifen; braucht Wärme und Sonne, frostempfindlich.

WISSENSWERTES Während der Amygdalin-Gehalt bei den Süß-Mandeln sehr gering ist, enthalten die Bitter-Mandeln etwa 8% dieser zu Blausäure umgesetzten Verbindung und sind, in größeren Mengen verzehrt, hochgiftig.

Aprikose, Marille
Prunus armeniaca
Rosengewächse [24]

3 | 4–8 M | MÄRZ–APR | BAUM

KENNZEICHEN Fast waagrecht abstehende Äste; Blätter breit eiförmig bis herzförmig, 5–10 cm lang, gesägt, meist mit 2 deutlichen Drüsenhöckern am Blattstiel; Blüten vor dem Laubaustrieb, weiß, außen rötlich, um 2,5 cm Ø, fast sitzend; ab Juli kugelige, fein behaarte, etwa 3 cm dicke Früchte mit leicht lösendem Stein, gelb, teils rot überlaufen.

VORKOMMEN In der Römerzeit aus Westasien eingeführt. Braucht noch mehr Wärme als der Pfirsich, Blüte sehr stark spätfrostgefährdet; verträgt mehr Trockenheit als der Pfirsich.

WISSENSWERTES Für Aprikosenbäume dienen meist Pflaumen- oder Aprikosensämlinge, seltener Pfirsiche, als Unterlage. Die meisten Sorten sind selbstfruchtbar.

Mandelbäumchen
Prunus triloba
Rosengewächse [24]

4 | 1,5–3 M | MÄRZ–MAI | STRAUCH

KENNZEICHEN Als Strauch dichtbuschig; oft auf Stämmchen veredelt; Blätter breit elliptisch, oft deutlich 3-lappig, 3–6 cm lang, scharf doppelt gesägt; Blüten vor oder mit dem Laubaustrieb, rosa, fast immer gefüllt, bis 3 cm Ø, gestielt; Früchte rundlich, selten.

VORKOMMEN In China beheimatet. Ziergehölz nur in klimabegünstigten Regionen, da Blüte sehr spätfrostempfindlich.

WISSENSWERTES Sind Mandelbäumchen einer Unterlage aufgepfropft, schlägt diese oft aus und überwächst die „echten" Triebe. Dann hilft nur regelmäßiges Ausschneiden (s.a. S. 190: 4).

Pflaume, Zwetschge
Prunus domestica
Rosengewächse [24]

5 | 3–15 M | APR–MAI | BAUM

KENNZEICHEN Ältere Bäume breit ausladend; Blätter eiförmig, 4–10 cm lang, gesägt, unterseits zuweilen dicht behaart; Blüten vor oder mit dem Laubaustrieb, weiß oder grünlich weiß, um 2 cm Ø, nicht gefüllt, zu 2 bis 3, Blütenstiele flaumig behaart; Früchte ab August: Pflaumen groß, rundlich bis kurzoval, meist blauviolett; Zwetschgen eiförmig, zugespitzt, blau bis violett; Mirabellen klein, kugelig, gelb; Renekloden grüngelb oder rötlich, sehr groß.

VORKOMMEN Ursprungsgebiet in Vorderasien; gute, humose Böden günstig, aber recht anspruchslos; etwas spätfrostgefährdet.

WISSENSWERTES Die zahlreichen Sorten variieren sehr stark in der Blütezeit und Fruchtreife, manche benötigen eine zweite Sorte als Pollenspender. Pflaumenbäume sind meist veredelt, oft auf Kirschpflaumen (vgl. S. 170). Vor allem Zwetschgenbäume verwildern gern, doch nur im Anbaubereich an Hängen und Feldwegen.

Laubbäume und -sträucher

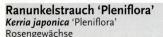

Ranunkelstrauch 'Pleniflora'
Kerria japonica 'Pleniflora'
Rosengewächse   24

1 | 1–2 M | MAI–JUNI | STRAUCH

KENNZEICHEN Anfangs straff aufrecht, bald mit überhängenden, rutenartigen Zweigen **(1a)**, jüngere Zweige mit glänzend grüner Rinde und dickem weißem Mark; Blätter eiförmig, lang zugespitzt, 4–8 cm lang, doppelt gesägt, frischgrün; Blüten mit dem Laubaustrieb, goldgelb, dicht gefüllt, bis 4,5 cm Ø, meist einzeln an Kurztrieben entlang der Zweige **(1b)**; treibt lange unterirdische Ausläufer.
VORKOMMEN Stammart in China beheimatet, gefüllt blühende Form schon seit langem in Ostasien kultiviert; meist in Gehölzgruppen gepflanzt. Gedeiht in Sonne und Halbschatten auf jedem kultivierten, lockeren Boden; bei sehr sonnigem Stand Blüten deutlich ausbleichend.
WISSENSWERTES Der Ranunkelstrauch bringt im Herbst oft noch eine schwächere Nachblüte hervor. In sehr kalten Wintern kann es zu Frostschäden an den Zweigen kommen, nach Rückschnitt erfrorener Partien treibt der Strauch jedoch willig wieder aus. Die heute selten gepflanzte reine Art **(1c)** bleibt in allen Teilen etwas kleiner als 'Pleniflora' und entwickelt kürzere Ausläufer. Die leuchtend gelben Blüten sind schalenförmig mit 5 ausgebreiteten Kronblättern **(1d)**. Gelegentlich kommt es zur Ausbildung kleiner braunschwarzer Nüsschen. Ranunkelsträucher wurden bereits im 19. Jh. nach Europa eingeführt und sind hier und da aus Gärten ausgewildert. Mit ihren Ausläufern bilden sie mit der Zeit kleine Dickichte. Die Gattung ist monotypisch, soll heißen, sie umfasst nur diese eine Art.

Weiße Silberwurz *Dryas octopetala*
Rosengewächse   24

2 | BIS 0,15 M | JUNI–AUG | ZWERGSTRAUCH

KENNZEICHEN Niederliegend, reich verzweigt, mit wurzelnden Ästen; immergrün, Blätter länglich eiförmig bis elliptisch mit stumpfer Spitze, 1–3 cm lang, mit umgebogenem, gekerbtem Rand, ledrig, oberseits dunkelgrün, unterseits weißfilzig behaart; Blüten weiß, 2–4 cm Ø, mit 7 bis 9 freien Kronblättern, einzeln, an langen, aufrechten Stielen in den Blattachseln **(2a)**; bildet als Früchte Nüsschen mit langem Federschweif **(2b)**.
VORKOMMEN Im hohen Norden verbreitet, in Mitteleuropa nur in den Alpen und im Alpenvorland, hier zum Teil herabgeschwemmt, zum Teil auch als Relikt der Eiszeit, in Kalkgebieten häufig, geschützte Art; überzieht teppichartig Felsenschutt, Kiesbänke, Steinrasen, Moränen. Wird auch als Steingartenpflanze an nicht zu sonnigen Stellen auf kalkhaltigem, durchlässigem Untergrund kultiviert.
WISSENSWERTES Während der letzten Eiszeit herrschten phasenweise ähnliche Bedingungen wie in den baumlosen Tundren des Nordens. Pollenuntersuchungen haben gezeigt, dass die Silberwurz zur typischen Vegetation gehörte, weshalb die Zeit des letzten Kälterückfalls (vor rund 11 000 Jahren) auch als Jüngere Dryas-Periode bezeichnet wird. Die Silberwurz zählt zu den Pionierpflanzen auf Felsschutt, die für andere Bewohner den Boden bereiten. Durch die Symbiose mit einem Wurzelpilz (Mykorrhiza) ist sie in der Lage, sich selbst auf mageren Standorten genügend Nährstoffe anzueignen. Der wohltönende Name des Sträuchleins ist durch die Ähnlichkeit seiner Blätter mit denen von *Teucrium chamaedrys* (vgl. S. 70) zustande gekommen; *drys* (gr.) ist die Eiche, *chamai-drys* heißt Erd-Eiche (= Kriechende Eiche oder Kriech-Sträuchlein).

Japanischer Ysander, Schattengrün
Pachysandra terminalis
Buchsbaumgewächse   17

3 | 0,1–0,3 M | APR–MAI | HALBSTRAUCH

KENNZEICHEN Teppichartiger Wuchs mit kurzen, aufrechten, fleischigen Trieben, die nur am Grund verholzen; immergrün, Blätter an den Triebenden gehäuft, verkehrt eiförmig, 6–8 cm lang, zur Spitze hin beidseits mit 1 bis 3 groben Zähnen, manchmal auch ganz gezähnt, ledrig, oberseits glänzend grün, 1–2 cm lang gestielt; Blüten unscheinbar, weiß, in dichten, endständigen, 3–5 cm langen Ähren; kleine Steinfrüchte; bildet lange unterirdische Ausläufer.
VORKOMMEN Stammt aus den Wäldern Japans; wertvoller Bodendecker für Halbschatten und Schatten auf lockeren, durchlässigen, humosen, frischen bis feuchten Böden.
WISSENSWERTES Der Ysander, auch als Dickmännchen bekannt, fasst anfangs etwas langsam Fuß, doch dann bedeckt er dicht und attraktiv Schattenpartien unter hohen Bäumen und Sträuchern. Im Herbst erscheint er geradezu als „Laubfresser": Herabfallende Blätter verschwinden nach wenigen Tagen unter seiner grünen Decke. Eine verbreitete Sorte ist 'Green Carpet', die noch niedriger bleibt und kleinere Blätter hat. Von der botanischen Einordnung her stellt der Ysander, wie manch anderer Bodendecker, einen Grenzfall dar: Man stuft ihn nicht selten als rein krautige Staude ein.

Laubbäume und -sträucher

Japanischer Storaxbaum
Styrax japonicum
Storaxbaumgewächse — 60

1 | 5–7 M | JUNI–JULI | BAUM, STRAUCH

KENNZEICHEN Meist kurzstämmig mit breit ausladender Krone und fast waagrechten Ästen; Blätter elliptisch, zugespitzt, an Langtrieben bis 9 cm lang, an Seitentrieben kleiner, schwach gezähnt bis ganzrandig, gelbe bis rote Herbstfärbung; Blüten weiß, glockig, um 2 cm groß, lang gestielt, zu 3 bis 6 in hängenden Büscheln, diese an kurzen Seitentrieben; kleine eiförmige Steinfrüchte.

VORKOMMEN In Japan, China und Korea beheimatet; recht frosthart, wächst in Sonne und Halbschatten auf jedem kultivierten, nicht zu trockenen Boden.

WISSENSWERTES Es gibt immer wieder mal Phasen, in denen der Storaxbaum größere Aufmerksamkeit genießt, doch merkwürdigerweise hat er sich als Zier- und Gartenbaum bislang nicht durchsetzen können. Man sieht ihn am ehesten in Parks und Botanischen Gärten: Er kann mit dem Schneeglöckchenbaum *(Halesia carolina*, S. 152) verwechselt werden, der jedoch deutlich früher blüht.

Zwergalpenrose
Rhodothamnus chamaecistus
Heidekrautgewächse — 58

2 | 0,1–0,4 M | JUNI–JULI | ZWERGSTRAUCH

KENNZEICHEN Kompakter Wuchs, dicht verzweigt, Zweige sehr dünn; immergrün; Blätter elliptisch lanzettlich, spitz, kaum 1 cm lang, am Rand borstig gewimpert, ledrig, oberseits glänzend; Blüten hellrosa, mit tief 5-zipfliger, ausgebreiteter Krone, 2–3 cm Ø, zu 1 bis 3 endständig, lang gestielt, Blütenstand dicht drüsenhaarig; Frucht eine kugelige, bräunliche, 5-fächrige Kapsel.

VORKOMMEN Fast nur in den Ostalpen, westlich bis zum Allgäu, zwischen 1300 und 2400 m Höhe, besiedelt Zwergstrauchheiden und Krummholzgebüsche, in den tieferen Regionen lichte Nadelwälder. Bevorzugt kühl-feuchte Lagen, wächst an sonnigen bis halbschattigen Stellen, kalkverträglich.

WISSENSWERTES Diese Art wurde früher den Rhododendren zugerechnet und ähnelt auch in ihrer Erscheinung den heimischen Alpenrosen (S. 112). Mit der Bewimperten Alpenrose ist sie oft vergesellschaftet, ebenso mit Silberwurz und Alpen-Bärentraube. Versuche, die hübsche Alpenpflanze im Tiefland zu kultivieren, waren wenig erfolgreich: Das auch Zwerg- oder Steinröserl genannte Gehölz erwies sich als äußerst heikler Zierstrauch.

Japanische Lavendelheide
Pieris japonica
Heidekrautgewächse — 58

3 | 2–3 M | MÄRZ–APR | STRAUCH | †

KENNZEICHEN Breit buschig, locker verzweigt; immergrün, Blätter an den Triebenden gehäuft, länglich lanzettlich, 3–8 cm lang, stumpf gesägt, oberseits glänzend, im Austrieb kupferrot; Blüten weiß, krugförmig, nickend in 6–12 cm langen Doppeltrauben, sehr zahlreich; kleine, braune Kapselfrüchte.

VORKOMMEN Stammt aus Japan; Zierstrauch in Parks und Gärten für halbschattige und schattige Plätze; frosthart, bevorzugt frische bis feuchte, saure Böden, kalkunverträglich.

WISSENSWERTES Schattenglöckchen ist eine weitere Bezeichnung für diesen Strauch, der eine schöne Begleit- oder Hintergrundpflanze für Rhododendren abgibt. Für Gärten kommen v.a. Sorten infrage, die nur etwa 1 m hoch und breit werden. Bei diesen Züchtungen sind die jungen Blätter oft sehr auffällig rot gefärbt und stehen quirlartig über den grünen, älteren Blättern. Die recht ähnliche Amerikanische Lavendelheide (*P. floribunda*) bleibt kleiner als die japanische Art und hat aufrechte Blütenstände.

Traubenheide
Leucothoe fontanesiana (L. walteri)
Heidekrautgewächse — 58

4 | 0,5–1 M | MAI–JUNI | STRAUCH

KENNZEICHEN Aufrecht mit bogig überhängenden Zweigen; immergrün, Blätter im Austrieb bronzefarben, eilanzettlich, lang zugespitzt, 5–15 cm lang, gesägt, oberseits glänzend dunkelgrün, weinrote Herbstfärbung; kleine glockige Blüten mit 5 sich überlappenden Kronblattzipfeln, im Knospenstadium rötlich, aufgeblüht weiß, in etwa 5 cm langen Trauben; treibt Ausläufer und kann so in die Breite wachsen.

VORKOMMEN Im östlichen Nordamerika beheimatet; frosthärter Kleinstrauch für Halbschatten und Schatten, braucht sauren, humosen, frischen bis feuchten Boden.

WISSENSWERTES Die Traubenheide eignet sich gut als Unterwuchs hoher Bäume und als Flächendecker für schattige Bereiche. Interessant ist die herbstliche Verfärbung der Blätter, die bei immergrünen Gehölzen recht selten in dieser Intensität zu beobachten ist. In Kultur sind 2 bis 3 ähnliche Arten der Gattung und der Bastard *fontanesiana* x *axillaris*.

Laubbäume und -sträucher

Prachtglocke
Enkianthus campanulatus
Heidekrautgewächse [58]

1 | 2–3 M | MAI–JUNI | STRAUCH

KENNZEICHEN Straff aufrecht mit etagenartig angeordneten Seitenästen; Blätter quirlartig gebüschelt, verkehrt eiförmig, 3–7 cm lang, gesägt, leuchtend rote Herbstfärbung; Blüten glockig, gelblich rosa, in Schirmtrauben.
VORKOMMEN Japanische Waldpflanze; Zierstrauch im Gehölzschatten und als Rhododendron-Begleiter; braucht humosen, lockeren, frischen bis feuchten Boden.
WISSENSWERTES Der malerische Strauch reagiert ausgesprochen empfindlich auf Verdichtung der Bodenoberfläche sowie Grabarbeiten im direkten Umfeld, da er zahlreiche oberflächennahe Feinwurzeln ausbildet.

Niederliegende Scheinbeere
Gaultheria procumbens
Heidekrautgewächse [58]

2 | BIS 0,2 M | JUNI–AUG | ZWERGSTRAUCH †

KENNZEICHEN Mit niederliegenden Trieben und unterirdischen Ausläufern teppichartig wachsend; immergrün, Blätter verkehrt eiförmig bis elliptisch, 2,5–5 cm lang, gesägt, glänzend dunkelgrün, rötliche Winterfärbung; kleine glockenförmige Blüten, weiß, rötlich überlaufen; beerenartige, hellrote Früchte, die bis zum Frühjahr haften, ungenießbar.
VORKOMMEN Im westlichen Nordamerika beheimatet; Bodendecker für schattige Plätze in Gärten und im öffentlichen Grün, auf humosen, sauren, frischen bis feuchten Standorten.
WISSENSWERTES Die Blätter und die als leicht giftig geltenden Früchte duften aromatisch. Sie enthalten Methylsalicylat, einen schmerzlindernden Wirkstoff, der als Rheumamittel genutzt wird, innerlich aber giftig wirkt.

Alpen-Bärentraube
Arctostaphylos alpina
Heidekrautgewächse [58]

3 | 0,1–0,3 M | MAI | ZWERGSTRAUCH

KENNZEICHEN Niederliegend mit aufsteigenden Zweigenden; Blätter verkehrt eiförmig, 3–4 cm lang, scharf gezähnt, ledrig, im Herbst rötlich verfärbt; krugförmige Blüten, grünlich weiß, oft rosa überhaucht, zu 2 bis 5 in endständigen Trauben; beerenartige Steinfrüchte, zunächst rot, reif glänzend schwarzblau.
VORKOMMEN Bei uns nur in den Alpen, geschützte Art; wächst v. a. in Zwergstrauchheiden und im Legföhrengebüsch, in sonniger Lage auf kalkarmen Felsböden.
WISSENSWERTES Die Alpen-Bärentraube sorgt als Pionierpflanze für die Humusanreicherung des Bodens. Die für den Menschen ungenießbaren Früchte werden von Vögeln gefressen, die so zur Verbreitung beitragen.

Rotfrüchtige Bärentraube
Arctostaphylos uva-ursi
Heidekrautgewächse [58]

4 | 0,2–0,3 M | APR–MAI | ZWERGSTRAUCH

KENNZEICHEN Teppichartig, niederliegend mit oft wurzelnden Zweigen und kurzen, aufrechten Blütensprossen; immergrün, Blätter verkehrt eiförmig, 1–3 cm lang, ledrig, glänzend, oberseits dunkelgrün; Blüten weiß bis hellrosa, krugförmig, zu 4 bis 8 in endständigen Trauben; reife Früchte glänzend rot.
VORKOMMEN In Mitteleuropa vom Norden bis in die Alpen verbreitet, im Tiefland selten geworden, geschützte Art; besiedelt Heiden, lichte Kiefernhaine und trockene Grabenränder, braucht trockene, durchlässige Böden in sonniger bis halbschattiger Lage; wird als Bodendecker und Steingartenpflanze kultiviert.
WISSENSWERTES Die Bärentraube ist eine alte Heilpflanze. Tees und Extrakte aus den Blättern werden bei entzündlichen Harnwegserkrankungen eingesetzt. Als Nebenwirkungen treten aber öfters Magen/Darmreizungen auf.

Heidelbeere, Blaubeere
Vaccinium myrtillus
Heidekrautgewächse [58]

5 | 0,15–0,5 M | APR–JUNI | ZWERGSTRAUCH

KENNZEICHEN Reich verzweigt, mit weit kriechender, unterirdischer Sprossachse, Zweige grün, kantig; Blätter rundlich eiförmig, 1–3 cm lang, fein gesägt; Blüten kugelig krugförmig, grün, rötlich überlaufen, einzeln in den Blattachseln, hängend; Beeren schwarzblau, bereift, mit stark rot färbendem Saft.
VORKOMMEN In Europa vom Tiefland bis in Hochgebirgslagen verbreitet, v. a. in feuchten Klimalagen; in Wäldern, Heidemooren und Zwergstrauchheiden, nur auf sauren Böden. Kultur-Heidelbeeren brauchen humoses, durchlässiges, gleichmäßig feuchtes Substrat.
WISSENSWERTES Die Beeren werden gern gesammelt und zu Marmelade, Gelee oder Wein verarbeitet. Die Früchte der Wildart sind wesentlich vitaminreicher als die der Kultur-Heidelbeere, die von der amerikanischen Blueberry (*V. corymbosum*) abstammt.

Laubbäume und -sträucher

Von etwa 600 Arten der Gattung **Quercus** sind 3 in Mitteleuropa heimisch, außerdem gedeihen bei uns einige süd- und osteuropäische sowie nordamerikanische **Eichen**. Bei vielen Arten zeigen die Blätter die charakteristische Lappung, es gibt aber auch einige Ausnahmen (S. 92, S. 140). Die eingeschlechtigen Blütenstände sind auf einem Baum vereint, die männlichen Blüten in hängenden, grünlichen Kätzchen, die weiblichen unscheinbar in einer Hülle. Bei den meist ab September reifenden, 2–4 cm langen Eicheln handelt es sich botanisch gesehen um Nüsse (s. S. 282: 2, 3).

Stiel-Eiche *Quercus robur*
Buchengewächse · 28

1 · 20–35 M · APR–MAI · BAUM

KENNZEICHEN Meist kurzstämmig mit breit runder, lockerer Krone (**1a**); junge Zweige unbehaart; Borke dunkelgrau, tief gefurcht; Blätter im Umriss verkehrt eiförmig, unregelmäßig rund gelappt, am Grund der Blattspreite meist mit 2 kleinen, lappenartigen „Öhrchen", 5–10 cm lang, sehr kurz gestielt, unbehaart, oberseits glänzend tiefgrün; Eicheln zu 1 bis 3 an einem 3–10 cm langen (namengebenden) Stiel (**1b**).

VORKOMMEN In Mitteleuropa häufig und bestandbildend, von der Ebene bis ins mittlere Bergland; wertvoller Forstbaum in Eichen-, Laubmisch- und Auwäldern, auch Parkbaum; braucht tiefgründigen, eher feuchten, nährstoffreichen Boden, kalkliebend.

WISSENSWERTES Stiel-Eichen können 800 Jahre und älter werden. Dieses Alter erreichen sie jedoch selten, da sie als Nutzholz-Lieferanten (Furniere, Möbel) sehr begehrt sind. Neben der reinen Art sieht man in Parks verschiedene Formen, öfter mit sehr schmalen Blättern. Bei der Kamm-Eiche, *Q. robur* 'Pectinata', sind sie zudem tief eingeschnitten. Normal geformte Blätter, aber eine prägnante, schlanke Wuchsform mit schräg aufrechten Ästen zeigt die Säulen-Eiche 'Fastigiata' (**1c**).

Trauben-Eiche *Quercus petraea*
Buchengewächse · 28

2 · 20–30 M · APR–MAI · BAUM

KENNZEICHEN Meist langstämmig mit breiter, runder Krone; junge Zweige unbehaart; Borke graubraun, längsrissig gerippt; Blätter länglich verkehrt eiförmig, recht regelmäßig gelappt, Spreitengrund meist ohne „Öhrchen", 8–12 cm lang, um 2 cm lang gestielt, oberseits glänzend, unterseits haarige Achselbärtchen; Eicheln zu mehreren an sehr kurzem, gemeinsamem Stiel.

VORKOMMEN Ebenso weit verbreitet wie Stiel-Eiche, oft mit Buche und Hainbuche vergesellschaftet; bevorzugt saure Böden, tendiert mehr zu trockeneren Standorten als Stiel-Eiche; Forst-, Park- und Alleenbaum.

WISSENSWERTES Die Trauben-Eiche blüht 4 bis 10 Tage früher als die Stiel-Eiche und ist dadurch noch etwas stärker spätfrostgefährdet. Sie liefert nicht nur wertvolles Möbel- und Furnierholz, sondern auch das Material der berühmten originalen Cognacfässer.

Flaum-Eiche *Quercus pubescens*
Buchengewächse · 28

3 · 5–10 M · APR–MAI · BAUM, STRAUCH

KENNZEICHEN Als Baum oft schiefwüchsig und breitkronig; junge Zweige flaumig behaart; Blätter im Umriss verkehrt eiförmig, regelmäßig abgerundet gelappt (**3a**), 5–10 cm lang, anfangs beidseits flaumig behaart, oben bald verkahlend, unterseits bleibend graugrün filzig (**3b** links; zum Vergleich rechts Stiel-Eiche); Eicheln zu 1 bis 4 sitzend oder sehr kurz gestielt, etwa zur Hälfte vom Becher umgeben.

VORKOMMEN Südeuropäische Art, erreicht in milden Lagen des südwestlichen Mitteleuropas die Nordgrenze ihrer Verbreitung, selten; benötigt kalkhaltigen, lockeren Boden, wächst oft an steinigen Standorten.

WISSENSWERTES Die Flaum-Eiche bildet häufig Bastarde mit Trauben-Eiche und Zerr-Eiche. Sie ist in Blattform und -größe sehr veränderlich, so dass aufgrund dieser Merkmale einige Varietäten gebildet wurden, die jedoch oft nicht sicher bestimmt werden können.

Zerr-Eiche *Quercus cerris*
Buchengewächse · 28

4 · 20–30 M · APR · BAUM

KENNZEICHEN Oft langstämmig mit breit kegelförmiger Krone; junge Zweige flaumig behaart; Blätter im Umriss schmal eiförmig, unregelmäßig tief gelappt, Lappen zugespitzt, 6–12 cm lang, unterseits flaumig behaart; Eicheln zu 1 bis 4 sitzend oder kurz gestielt, Becher auffällig schmalschuppig.

VORKOMMEN Südeuropäische Arten, selten im südlichen Mitteleuropa; in Südosteuropa und Oberitalien beheimatet; in wintermilden Regionen gelegentlich als Parkbaum gepflanzt.

WISSENSWERTES In Süd- und Südosteuropa ist die Zerr-Eiche ein verbreitetes, oft bestandbildendes Waldgehölz. Besonderheit: Die zipfelartigen Nebenblätter am Blattstielgrund überdauern den Blattfall.

Laubbäume und -sträucher

Rot-Eiche *Quercus rubra*
Buchengewächse [28]

1 | 10–25 M | MAI | BAUM

KENNZEICHEN Meist langstämmig, runde, hoch gewölbte Krone; Blätter im Umriss verkehrt eiförmig, beidseits mit 4 bis 6 gezähnten Lappen, 15–20 cm lang, Blätter kahl, unterseits blassgrün bis grau, gelborange bis rote Herbstfärbung; Eicheln 2–3 cm lang, zu 1 oder 2, kurz gestielt, mit flachem Becher (s. S. 282: 2).

VORKOMMEN Im östlichen Nordamerika beheimatet; als Forst- und Parkbaum gepflanzt; gedeiht am besten in Regionen mit feuchtmildem Klima, auf durchlässigen, kalkarmen Böden.

WISSENSWERTES Von den amerikanischen Eichen wird diese Art in Mitteleuropa am häufigsten gepflanzt, auch als forstlich genutzter Holzlieferant. Sie wächst schneller als unsere heimischen Eichen und begnügt sich notfalls mit schlechteren Böden. In Parks wird öfter eine Form mit nach Austrieb leuchtend gelben, erst später vergrünenden Blättern gepflanzt.

Scharlach-Eiche *Quercus coccinea*
Buchengewächse [28]

2 | 10–20 M | MAI | BAUM

KENNZEICHEN Meist langstämmig, lockere Krone mit aufwärts gerichteten Ästen; Blätter beidseits mit 4 abstehenden, wiederum gelappt-gezähnten Lappen, 8–15 cm lang, tief scharlachrote Herbstfärbung; Eicheln bis 2,5 cm lang, meist einzeln, gewöhnlich etwa zur Hälfte vom Becher umgeben.

VORKOMMEN Im östlichen Nordamerika beheimatet, bei uns fast nur als Parkbaum; bevorzugt lockere, nicht zu trockene Böden, sonst recht anspruchslos.

WISSENSWERTES Die Herbstfärbung der Scharlach-Eiche ist noch intensiver als bei der ähnlichen Rot-Eiche.

Sumpf-Eiche *Quercus palustris*
Buchengewächse [28]

3 | 15–25 M | MAI | BAUM

KENNZEICHEN Meist langstämmig mit breit kegelförmiger Krone; Blätter auf jeder Blatthälfte mit 2 bis 4 fast waagrecht abstehenden Lappen, diese wiederum gelappt-gezähnt, 8–15 cm lang und fast ebenso breit, beidseits glänzend grün, rötliche Herbstfärbung; Eicheln um 1,5 cm lang, zu 1 bis 2, fast sitzend, mit flachem Becher.

VORKOMMEN Im östlichen Nordamerika beheimatet; dekorativer Parkbaum auf feuchten bis mäßig trockenen Böden, in Mitteleuropa fast überall genügend frosthart.

WISSENSWERTES Ältere Sumpf-Eichen sind oft ausgesprochen breitkronig und in Grünanlagen beliebte Schattenspender, unter denen gerne Bänke platziert werden.

Bastard-Mehlbeere
Sorbus x *hybrida*
Rosengewächse [24]

4 | 7–10 M | MAI–JUNI | BAUM

KENNZEICHEN Breit kegelförmige Krone; Blätter im unteren Teil gefiedert, im oberen fiedrig gelappt, Ränder gezähnt, bis über 10 cm lang, rötlich braune Herbstfärbung; gut 1 cm breite, weiße Blüten in Schirmrispen; rundliche rote Früchte mit etwa 1 cm Ø.

VORKOMMEN Bastard zwischen Vogelbeere (S. 228) und Schwedischer Mehlbeere (S. 188); hauptsächlich in Skandinavien und im nördlichen Mitteleuropa verbreitet; in Laubmischwäldern und als Feldgehölz; bevorzugt Sonne, dabei aber kühl-feuchte Lagen und frische bis feuchte Böden.

WISSENSWERTES Gelegentlich wird die reich fruchtende Sorte 'Gibbsii' als Zier- oder Straßenbaum gepflanzt. Sie erreicht etwa 9 m Höhe und bildet eine kompakte, ausladende Krone.

Vogesen-Mehlbeere, Berg-Mehlbeere *Sorbus mougeotii*
Rosengewächse [24]

5 | 8–20 M | JUNI | STRAUCH, BAUM

KENNZEICHEN Ovale Krone; Blätter elliptisch, mehr oder weniger stark gelappt, 7–12 cm lang, unterseits hell graufilzig; gut 1 cm breite, weiße Blüten in Schirmrispen; rundliche rote Früchte mit etwa 1 cm Ø.

VORKOMMEN In mittel- und südeuropäischen Gebirgslagen verbreitet, selten; wächst in Laubmischwäldern, in Gebüschen, an felsigen Hängen; liebt Wärme und Sonne, oft an eher trocken, steinigen Standorten, kalkliebend.

WISSENSWERTES Die Art kommt, wie der Name besagt, tatsächlich häufiger in den Vogesen vor, ebenso u. a. im Schwarzwald. Sie bildet gewissermaßen das südliche Gegenstück zur Schwedischen Mehlbeere (S. 188) und wird als Bastard der Vogelbeere angesehen. Die Gruppe im Alpenraum Österreichs und im Balkan ist nach neuer Erkenntnis eine eigene Art (Österreichische M., *S. austriaca*). Ihre Blätter sind etwas breiter, dazu etwas tiefer gelappt und die Früchte ein wenig dicker. Sicherstes Merkmal ist aber die geografische Lage.

Laubbäume und -sträucher

Elsbeere *Sorbus torminalis*
Rosengewächse [24]

1 5–20 M | MAI–JUNI | BAUM, STRAUCH

KENNZEICHEN Eiförmige bis rundliche Krone; Blätter im Umriss breit eiförmig, ahornähnlich spitz gelappt, 5–10 cm lang, oberseits glänzend dunkelgrün, gelbe bis orangerote Herbstfärbung; sehr zahlreiche rein weiße Blüten (um 1 cm Ø) in Schirmrispen; ab Okt. rundlich eiförmige, etwa 1,5 cm lange, gelbe bis rötlich gelbe Früchte, voll reif lederbraun und hell gepünktelt.

VORKOMMEN In Mitteleuropa hauptsächlich im Süden und Südwesten, in Eichenmischwäldern, an Waldrändern, in Gebüschen, auch strauchig im Unterwuchs; wächst in Sonne und Halbschatten, auf nährstoffreichen, durchlässigen, bevorzugt kalkhaltigen Substraten.

WISSENSWERTES Die kleinen Apfelfrüchte der Elsbeere wurden früher häufig gesammelt. Sie sind erst bei Überreife essbar, werden dann teigig und schmecken ziemlich sauer. Man verwendet sie heute manchmal noch als geschmacksabrundenden und konservierenden Zusatz für Obstweine.

Schwedische Mehlbeere
Sorbus intermedia
Rosengewächse [24]

2 8–15 M | MAI–JUNI | BAUM

KENNZEICHEN Rundlich eiförmige, dicht verzweigte Krone; Blätter im Umriss elliptisch, 6–10 cm lang, mit gekerbten Lappen, unterseits hell graufilzig; weiße Blüten (um 1 cm Ø) in bis 10 cm breiten Schirmrispen; ab Sept. eiförmige oder kugelige, gut 1 cm lange, scharlachrote Früchte, kaum genießbar.

VORKOMMEN Erbfest gewordener Bastard zwischen Mehlbeere (S. 166) und Vogelbeere (S. 228); in nordeuropäischen Laubwäldern verbreitet, in Norddeutschland vielfach aus Pflanzungen verwildert und eingebürgert; liebt kühle, luftfeuchte Lagen, oft auf sandigen Böden, kalkverträglich.

WISSENSWERTES In Nord- und Nordostdeutschland sieht man die Schwedische Mehlbeere recht häufig im Siedlungsbereich, etwa als Straßen-, Alleen- und Hofbaum oder in gemischten Feldgehölzgruppen. Der sehr windfeste Baum wird vor allem in skandinavischen Küstenregionen gern für Windschutzpflanzungen verwendet. Anders als sonstige *Sorbus*-Arten gilt die Schwedische Mehlbeere als kaum anfällig für Feuerbrand (vgl. dazu auch Hinweis bei Eingriffliger Weißdorn: 4).

Zweigriffliger Weißdorn
Crataegus laevigata
Rosengewächse [24]

3 2–10 M | MAI–JUNI | STRAUCH, BAUM

KENNZEICHEN Aufrecht, sparrig verzweigt; etwa 2 cm lange, spitze Dornen; Blätter schwach gelappt, am Grunde abgestumpft und deutlich weniger breit als lang (Länge 3–5 cm), am Rand kerbig gesägt, oberseits glänzend dunkelgrün, ledrig, Herbstfärbung gelb bis orange; Blüten zu 5 bis 10 in Doldenrispen, weiß, etwa 1–1,5 cm Ø, mit 2, seltener 3 Griffeln **(3a)**; Zierformen mit roten Blüten; ab Aug. scharlachrote, eiförmige, um 1 cm lange Früchte.

VORKOMMEN In Mitteleuropa im Tiefland bis in untere Mittelgebirgslagen weit verbreitet und häufig; besiedelt lichte Wälder, Waldränder und Hecken, in der Landschaft oft gepflanzt, im Siedlungsbereich meist in Sorten als Ziergehölz; wächst auf jedem nicht zu trockenen und nicht verdichteten Boden in Sonne und Halbschatten.

WISSENSWERTES Der Zweigriffliger Weißdorn wird gern zur Rohbodenbefestigung an Straßenböschungen gepflanzt. Die bei Reife mehligen Früchte kann man zu Kompott, Marmelade oder Gelee verarbeiten. Unter den Zierformen dominiert der so genannte Rotdorn, *C. laevigatus* 'Paul's Scarlet' mit sehr zahlreichen, karminroten, gefüllten Blüten **(3b)**. Den Rotdorn sieht man oft als rundkronigen Kleinbaum.

Eingriffliger Weißdorn
Crataegus monogyna
Rosengewächse [24]

4 2–6 M | MAI–JUNI | STRAUCH, BAUM

KENNZEICHEN Aufrecht, sparrig, unregelmäßiger Aufbau; 2–2,5 cm lange, spitze Dornen; Blätter tief geteilt, unterste Lappen meist mindestens halb so lang wie das Blatt, Blattlänge 2–5 cm, Ränder nur schwach gezähnt, oberseits matt dunkelgrün, gelborange bis rote Herbstfärbung; Blütenstände wie Zweigriffliger Weißdorn, Blüten jedoch nur mit 1 Griffel; ab Sept. meist kugelige, dunkelrote Früchte.

VORKOMMEN Verbreitung wie Zweigriffliger Weißdorn, jedoch bevorzugt auf kalkreichen, auch trockenen Böden.

WISSENSWERTES Die sehr gut ausschlagsfähige, robuste, windfeste Art wird ebenso wie der Zweigriffligen Weißdorn zur Bodenbefestigung und für Schutzpflanzungen verwendet. In Obstbaugebieten fanden allerdings zum Teil Rodungen statt, weil die Weißdornarten anfällig sind für Feuerbrand, eine gefürchtete Bakterienkrankheit des Kernobstes.

Laubbäume und -sträucher

Pracht-Spierstrauch
Spiraea x *vanhouttei*
Rosengewächse [24]

1 1,5–3 M | MAI–JUNI | STRAUCH

KENNZEICHEN Breit buschig, mit erst bogig aufrechten, dann weit überhängenden Zweigen; Blätter eiförmig, 3–5 cm lang, doppelt gesägt mit starken Einschnitten, 3-lappig erscheinend, unterseits bläulich grün; Blüten weiß, in halbkugeligen Dolden, die an Kurztrieben längs der Zweige stehen.

VORKOMMEN Bastard zweier ostasiatischer Arten (*S. cantonensis* x *S. trilobata*); einzeln oder in Gruppen gepflanzter Zierstrauch, häufig in Grünanlagen.

WISSENSWERTES Die annähernd gelappte Blattform kommt vom Kreuzungselter *S. trilobata*, dem Dreilappigen Spierstrauch. Diese Art wird, anders als die robuste, reich blühende Hybride, bei uns kaum noch kultiviert.

Kleine Kranzspiere
Stephanandra incisa
Rosengewächse [24]

2 1–2 M | JUNI | STRAUCH

KENNZEICHEN Breit buschig mit bogig überhängenden Zweigen; Blätter 3-lappig, am Rand tief eingeschnitten und unregelmäßig gesägt, 2–6 cm lang, mit bleibenden Nebenblättern am kurzen Stiel; Blüten grünlich weiß, in lockeren, endständigen Rispen.

VORKOMMEN Stammt aus Ostasien; Zierstrauch für sonnige und halbschattige Plätze auf eher feuchten, nährstoffreichen Böden.

WISSENSWERTES Im öffentlichen Grün, teils auch in Gärten, sieht man häufig die nur gut 0,5 m hohe, sehr breitwüchsige Sorte 'Crispa', die oft flächig in Gruppen gepflanzt wird. Ihre Blätter sind etwas runzlig gekraust, sonst wie die der Art. Der Art sehr ähnlich ist die in allen Teilen etwas größere Große Kranzspiere (*S. tanakae*), die regelmäßig gesägte, dunkelgrüne Blätter hat.

Schneeball-Blasenspiere
Physocarpus opulifolius
Rosengewächse [24]

3 3–4 M | JUNI–JULI | STRAUCH

KENNZEICHEN Breit aufrecht mit überhängenden Zweigen; Blätter meist 5-lappig, bis 10 cm lang; Blüten weiß bis blassrosa, in Doldentrauben mit etwa 5 cm Ø; rötliche, kapselartige, blasig aufgetriebene Früchte mit gelben Samen.

VORKOMMEN Stammt aus Nordamerika, nach ihrer Herkunft auch Virginia-Blasenspiere genannt; anspruchsloser, frostharter, wind- und stadtklimafester Strauch für Sonne und Halbschatten; als Feldgehölz, in Windschutzhecken und im städtischen Grün häufig gepflanzt.

WISSENSWERTES Die Blasenspiere hat Wildgehölzcharakter und wird als Vogelschutzgehölz und Bienenweide geschätzt. Für Zierzwecke gibt es die dunkelrotblättrige Sorte 'Diabolo' sowie 'Dart's Gold' mit goldgelbem Laub.

Mandelbäumchen *Prunus triloba*
Rosengewächse [24]

4 1,5–3 M | MÄRZ–MAI | STRAUCH

KENNZEICHEN Als Strauch dichtbuschig; oft auf Stämmchen veredelt; Blätter breit elliptisch, oft deutlich 3-lappig, 3–6 cm lang, scharf doppelt gesägt; Blüten vor oder mit dem Laubaustrieb, rosa, fast immer gefüllt, bis 3 cm Ø, gestielt; Früchte rundlich, selten.

VORKOMMEN In China beheimatet. Ziergehölz nur in klimabegünstigten Regionen, da Blüte sehr spätfrostempfindlich.

WISSENSWERTES Mandelbäumchen sind nicht zu verwechseln mit der Echten Mandel (*P. dulcis*, S. 176), die in Mitteleuropa noch viel seltener gepflanzt wird. Als Bäumchen werden sie meist auf eine Unterlage veredelt. 'Multiplex' ist die erprobte Sorte, gezüchtet aus der Wildform var. *simplex*. Die neue Sorte 'Rosenmund' ist kräftiger in Wuchs und Blütenfarbe (s.a. S. 176: 4).

Siebolds Apfel *Malus sieboldii*
Rosengewächse [24]

5 2–4 M | MAI | BAUM

KENNZEICHEN Breikronig; Blätter an den Langtrieben meist gelappt, an den Kurztrieben kaum, Ränder scharf gesägt bis gekerbt, gelbe oder rote Herbstfärbung; Blüten in der Knospe rosa, aufgeblüht weiß, um 2 cm Ø; Früchte mit kaum mehr als 1 cm Ø, gelb, öfter auch rötlich, meist zu mehreren in Büscheln.

VORKOMMEN In Japan beheimatet; empfindlich gegen Spätfröste, daher nur in milderen Lagen Mitteleuropas; bevorzugt lockeren und nährstoffreichen Boden.

WISSENSWERTES Siebolds Apfel ist eine der ostasiatischen Arten, die früher in Mitteleuropa häufig als Zieräpfel angebaut wurden. Seit einigen Jahrzehnten werden jedoch vorwiegend Hybriden gepflanzt, wobei als Kreuzungseltern *M. sargentii* und *M. floribunda* (S. 162) eine große Rolle spielen.

190

Laubbäume und -sträucher

Silber-Pappel *Populus alba*
Weidengewächse 50

1 | 15–30 M | MÄRZ–APR | BAUM

KENNZEICHEN Breit runde Krone; junge Zweige weißfilzig; Borke dunkelgrau, gefurcht; Blätter an Langtrieben 3- bis 5-lappig, am Rand gekerbt, 6–12 cm lang, unterseits weißfilzig; Blätter an Kurztrieben rundlich eiförmig; Knospen dicht weißfilzig; hängende Blütenkätzchen vor dem Laubaustrieb, zweihäusig, Kätzchen beiderlei Geschlechts gelbgrün, anfangs mit rötlichen Staubbeuteln bzw. Narben, Kätzchenschuppen zottig bewimpert; bildet Wurzelausläufer.
VORKOMMEN In Mitteleuropa v. a. im Süden und Osten verbreitet, sonst regional eingebürgert; wächst zerstreut in Auwäldern, oft mit Eschen und Ulmen; wärmeliebend, etwas frostempfindlich, meidet zu nasse Standorte.
WISSENSWERTES Mit ihrer starken Ausläuferbildung eignet sich die Silber-Pappel gut zum Befestigen von Uferbereichen und feuchten Hängen. Ein Bastard zwischen Silber-Pappel und Zitter-Pappel (S. 132) ist die Grau-Pappel, *Populus x canescens*. Sie ähnelt mehr der Silber-Pappel, hat aber nur schwach gelappte Blätter. Knospen, Jungtriebe und Blattunterseiten sind dünner und eher grau behaart.

Strauch-Eibisch *Hibiscus syriacus*
Malvengewächse 47

2 | 1,5–2 M | JULI–SEPT | STRAUCH

KENNZEICHEN Straff aufrechter Wuchs; Blätter kurz 3-lappig, grob gezähnt, 5–10 cm lang; Blüten mit 5 freien Kronblättern und weit herausragendem, von der Staubblattröhre umgebenem Griffel, 5–10 cm Ø, Blütenfarbe je nach Sorte weiß, rosa, purpurrot oder blauviolett.
VORKOMMEN In Indien und China beheimatet, braucht einen sonnigen, geschützten Platz und in raueren Lagen unbedingt Winterschutz; gedeiht auf tiefgründigen, humosen Böden.
WISSENSWERTES Obwohl v. a. im Jugendstadium recht frostempfindlich, wird der attraktive Strauch-Eibisch bei uns seit gut 200 Jahren als Zierstrauch gepflanzt. Sorten mit gefüllten Blüten gelten als besonders frostgefährdet.

Gewöhnlicher Efeu *Hedera helix*
Efeugewächse 72

3 | 0,5–20 M | SEPT–OKT | KLETTERSTRAUCH

KENNZEICHEN Immergrüner Haftwurzelkletterer, auch kriechend wachsend; dunkelgrüne Blätter mit hellem Adernetz, bei Sorten auch gelb- oder weiß-bunt, 5–10 cm lang, 3- bis 5-lappig; an den Blütentrieben älterer Pflanzen ungelappte, rautenförmige Blätter; unscheinbare, grünlich gelbe Blüten in Dolden; kleine, blauschwarze, beerenähnliche Steinfrüchte.
VORKOMMEN Wild in Laubwäldern, in Auen, an Felsen, als ausgewilderte Kulturpflanze recht häufig; bevorzugt nährstoffreiche, lehmige Böden, schattige Plätze und luftfeuchtes Klima.
WISSENSWERTES Ausführliche Hinweise zum Gewöhnlichen Efeu finden Sie auf S. 28 bei den Kletterpflanzen.

Alpen-Johannisbeere
Ribes alpinum
Stachelbeerengewächse 22

4 | 1–2,5 M | APR–JUNI | STRAUCH

KENNZEICHEN Anfangs straff aufrecht, später breit überhängend; Zweige unbestachelt; Blätter 3- bis 5-lappig, Ränder gekerbt, 2–4 cm lang; Blüten grünlich gelb, duftend, stets in aufrechten Trauben, männliche und weibliche meist an verschiedenen Sträuchern; ab Juni kleine, rote, fad schmeckende Beeren.
VORKOMMEN Wächst trotz des Namens auch im mitteleuropäischen Tiefland, in den Alpen bis etwa 1700 m Höhe; wild im Unterwuchs von Wäldern, in Gebüschen; gut schattenverträglich und windfest, häufig als Böschungsbegrünung, in Feldhecken und im Straßenbegleitgrün gepflanzt; wächst auf allen nicht zu trockenen und nicht zu sauren Böden.
WISSENSWERTES Der robuste Wildstrauch ist ein wertvolles Vogelschutz- und Nährgehölz.

Gold-Johannisbeere
Ribes aureum
Stachelbeerengewächse 22

5 | 1–2 M | APR–MAI | STRAUCH

KENNZEICHEN Straff aufrecht; Zweige unbestachelt; Blätter tief 3-, seltener 5-lappig, 3–6 cm lang und breit, tiefrote Herbstfärbung; Blüten goldgelb, duftend, in meist aufrechten oder abstehenden Trauben; schwarze, erbsengroße Beeren, wohlschmeckend; bildet Ausläufer.
VORKOMMEN In Kalifornien beheimatet, bereits 1812 nach Europa eingeführt; Ansprüche und Verwendung wie Alpen-Johannisbeere, jedoch kalkunverträglich.
WISSENSWERTES Diese Art hat etwas mehr Zierwert als die Alpen-Johannisbeere und ist deshalb häufiger in Parks und Gärten zu finden. Wird als Pfropfunterlage für hochstämmige Stachel- und Johannisbeeren in manchen Gegenden feldmäßig angebaut; „abgeerntet" wird allerdings noch vor der Blühfähigkeit.

Laubbäume und -sträucher

Blut-Johannisbeere
Ribes sanguineum
Stachelbeerengewächse 22

 1 1,5–2,5 M | APR–MAI | STRAUCH

KENNZEICHEN Breit aufrecht, dicht verzweigt, Zweige unbestachelt; Blätter im Umriss rundlich, 3- bis 5-lappig, 5–10 cm lang, runzlig, unterseits dicht graufilzig, riechen nach dem Zerreiben unangenehm; Blüten rosa bis tiefrot, röhrenförmig, meist zu mehr als 15 in hängenden Trauben; blauschwarze, weiß bereifte, fad schmeckende Beeren.

VORKOMMEN Stammt aus Nordamerika, seit 1826 in Europa als Zierpflanze kultiviert; braucht Sonne, gedeiht auf jedem normalen nicht zu trockenen Boden, stadtklimageeignet.

WISSENSWERTES Die Blut-Johannisbeere wird meist in reich gefüllten Sorten gepflanzt, oft mit kräftig roten Blütentönen. Häufig ist sie mit der Forsythie „vergesellschaftet". In Parks stößt man öfter auf die bis 3 m hohe Sorte 'Pulborough Scarlet', deren dunkelrote Blüten dicht in langen Trauben stehen.

Rote Johannisbeere
Ribes rubrum
Stachelbeerengewächse 22

2 1–2 M | APR–MAI | STRAUCH

KENNZEICHEN Breit aufrecht; unbestachelt, Zweigspitzen drüsenlos; Blätter im Umriss rundlich, 4–10 cm breit, 3- bis 5-lappig, Lappen stumpf bis spitz; Blüten gelb grünlich, mit kahlen Kelchblättern, zu meist mehr als 15 in hängenden oder abstehenden Trauben; ab Ende Juni rote, bei Sorten auch gelblich weiße Beeren, süßsäuerlich.

VORKOMMEN Sehr selten wild in nassen Au- und Bruchwäldern West- und Mitteleuropas; Kultursorten wachsen und tragen am besten an einem sonnigen Platz auf humosem, nährstoffreichem, leicht saurem Boden.

WISSENSWERTES Die botanische Nomenklatur von Wild- und Kulturformen wird recht uneinheitlich gehandhabt. Kein Wunder, denn die Art ist recht variabel und echte Wildtypen lassen sich von verwilderten Sträuchern nur schwer abgrenzen. Bei der Entstehung der auch als Varietät *domesticum* geführten Garten-Johannisbeere standen wahrscheinlich verschiedene europäische und westasiatische Wildarten Pate. Als Weiße Johannisbeeren geführte hellfrüchtige Sorten gehören ebenfalls zu *R. rubrum*. Bei als Hochstämmchen gezogenen Garten-Johannisbeeren dient meist die Gold-Johannisbeere (S. 192) als Unterlage. Die ersten Sorten reifen bereits um den Johannistag am 24. Juni, woraus sich der deutsche Name dieser Obstarten erklärt (in Österreich oft Ribiseln genannt).

Schwarze Johannisbeere
Ribes nigrum
Stachelbeerengewächse 22

3 1–2 M | APR–MAI | STRAUCH

KENNZEICHEN Breit aufrecht; unbestachelt; Zweigspitzen (auffällig im Knospenstadium) mit gelblichen Drüsen bzw. Harzausscheidungen; Blätter und Rinde riechen beim Zerreiben unangenehm nach Blattwanzen; Blätter im Umriss rundlich, 5–10 cm breit, tief 3- bis 5-lappig, runzlig, unterseits mit gelblichen Drüsen; Blüten grünlich rötlich, zu 5 bis 10 in hängenden Trauben; ab Anfang Juli schwarze, herb süßsäuerlich schmeckende Beeren.

VORKOMMEN Wild selten in Bruch- und Auwäldern Mitteleuropas, teils in Flachmooren, geschützte Art; Wildform nur in kühl-luftfeuchten Lagen, oft im Schatten; Ansprüche der Kultursorten wie Rote Johannisbeere.

WISSENSWERTES Der Vitamin-C-Gehalt der Früchte ist etwa 5-mal so hoch wie bei den Roten Johannisbeeren. Durch den herben Beigeschmack eignen sich die Früchte kaum für den Frischverzehr, munden aber sehr gut in diversen Fruchtzubereitungen, von Marmelade bis zum Likör. Etwas süßer sind die großen, ebenfalls schwarzen Früchte der Jostabeere (*R. x nidigrolaria*), einer Kreuzung zwischen der Oregon-Stachelbeere (s. S. 196: 2) und der Schwarzen Johannisbeere, der sie mehr ähnelt.

Felsen-Johannisbeere
Ribes petraeum
Stachelbeerengewächse 22

 4 0,8–1,8 M | APR–MAI | STRAUCH

KENNZEICHEN Aufrecht; unbestachelt, Zweigspitzen drüsenlos; Blätter im Umriss rundlich, 7–10 cm breit, tief 3- bis 5-lappig, Lappen meist spitz, runzlig, unterseits drüsenlos; Blüten grüngelb, rötlich gepunktet, zu 10 bis 25 in hängenden Trauben, Kelchblätter fein behaart; ab Juli rote, sehr saure Beeren.

VORKOMMEN In Mitteleuropa sehr selten wild in Hochlagen (Schwarzwald, Sudeten), in feuchten Bergmisch- und Schluchtwäldern, auf schattigen Schutthalden; bevorzugt sauren, steinigen Boden.

WISSENSWERTES Die Felsen-Johannisbeere ist an ihren natürlichen Standorten ein Relikt der Eiszeit. Wird in einigen Gebirgsgegenden als Beerenobst gesammelt oder in Gärten verpflanzt.

Laubbäume und -sträucher

Gewöhnliche Stachelbeere
Ribes uva-crispa
Stachelbeerengewächse [22]

1 0,5–1,5 M APR–MAI STRAUCH

KENNZEICHEN Anfangs aufrecht, später übergeneigt, dicht verzweigt; Zweige dicht bestachelt; Blätter im Umriss rundlich, 2–6 cm breit, 3- bis 5-lappig, oft gebüschelt; Blüten glockig, grüngelb, teils rotbraun überlaufen, zu 1 bis 3; ab Juli mehr oder minder steifhaarige, bis über 1 cm dicke Beeren, rot, gelb oder grün, süßsäuerlich schmeckend; Wildform mit nur erbsengroßen, bräunlichen Früchten.
VORKOMMEN Selten wild oder verwildert in Gebüschen, in Au- und Schluchtwäldern, an Zäunen und Burgmauern; kalkliebend; da in der Blüte spätfrostgefährdet, wählt man für Kultursorten etwas geschützte, sonnige Standorte auf humosen, nährstoffreichen Böden.
WISSENSWERTES Während unsere Baumobstarten schon seit der Römerzeit in Kultur sind, begann man erst ab dem 15. Jh. Beerensträucher anzubauen. Sehr intensiv wurde dies in Frankreich und v. a. in England betrieben, wo man schon früh großfrüchtige Stachelbeersorten selektierte. Die modernen Sorten entstanden teils durch Einkreuzen nordamerikanischer Arten. Stachel- wie Johannisbeersträucher sind Flachwurzler, deshalb ist sehr behutsame Bodenbearbeitung nötig. In Europa gibt es 3 Unterarten dieser Stachelbeere, im zentralen Mitteleuropa nur 1.

Oregon-Stachelbeere
Ribes divaricatum
Stachelbeerengewächse [22]

2 2–3 M APR STRAUCH

KENNZEICHEN Breit aufrecht; Zweige mit kräftigen, 1–2 cm langen, oft gekrümmten Stacheln; Blätter im Umriss rundlich, 2–6 cm breit, meist 3-lappig, Ränder gekerbt; Blüten grünlich weiß, rotbraun überlaufen, zu 1 bis 4; Beeren rundlich, etwa 1 cm dick, dunkelviolett bis schwarz, im Geschmack herb süßsäuerlich.
VORKOMMEN In lichten Wäldern und Prärien Nordamerikas beheimateter, anspruchsloser Strauch; bei uns gelegentlich für Landschaftshecken und Unterpflanzungen verwendet.
WISSENSWERTES Besondere Bedeutung hat diese Art in der Beerenobstzüchtung. Anders als die Gewöhnliche Stachelbeere und die Schwarze Johannisbeere wird sie nicht vom Amerikanischen Stachelbeermehltau befallen. Durch Einkreuzen in die genannten Obstarten gelang es resistente Sorten zu züchten.

Zimt-Himbeere *Rubus odoratus*
Rosengewächse [24]

3 1,5–2 M JUNI–AUG STRAUCH

KENNZEICHEN Aufrecht, wenig verzweigt; Zweige stachellos, durch Drüsenhaare klebrig; Blätter 10–30 cm breit, 3- bis 5-lappig, Lappen zugespitzt, doppelt gesägt; Blüten rosarot, mit 3–5 cm Ø, duftend, oft zu mehr als 10 in Rispen; Früchte selten, rot, himbeerartig, kaum zum Verzehr geeignet; treibt Ausläufer.
VORKOMMEN Im östlichen Nordamerika beheimatet; bei uns in der Landschaft für Unterpflanzungen und Randpflanzungen verwendet; liebt Schatten und feuchte, humose Böden.
WISSENSWERTES Als attraktiv blühender Schattenstrauch kommt die Zimt-Himbeere auch für Gärten infrage, wo man allerdings die Ausläufer im Zaum halten muss.

Echter Feigenbaum *Ficus carica*
Maulbeerengewächse [34]

4 3–10 M STRAUCH, BAUM

KENNZEICHEN Kräftige Triebe, als Baum meist kurzstämmig; Blätter 10–20 cm breit, 3- bis 5-lappig, Lappen stumpf, beidseits rau; männliche und weibliche Blüten getrennt in krugförmigen bis kugeligen Blütenständen; als Fruchtstände die grünen, braunen oder dunkelvioletten Feigen, innen mit kleinen Steinfrüchten und grünem oder rotem Fruchtfleisch.
VORKOMMEN Ursprünglich aus Südwestasien, im Mittelmeerraum verbreitet, in wintermilden, sommerwarmen Regionen Mitteleuropas gelegentlich gepflanzt; braucht neben Sonne und Wärme einen tiefgründigen, nährstoffreichen, frischen Boden. Gelegentlich auftretende Verwilderungen (zwischen Bahngleisen, an Weinbergrändern) halten sich meist nur wenige Jahre.
WISSENSWERTES Die Feigen haben höchst diffizile Befruchtungsverhältnisse. Sie bilden jeweils im Frühjahr, Frühsommer und Spätsommer Blüten in den krugförmigen Ständen aus. Die Bestäubung kann nur durch eine bestimmte Gallwespe erfolgen, deren Lebenszyklus eng an die Feigenentwicklung gebunden ist. Sie legt ihre Eier in die Blütenstände ab; erst die dort herangewachsene nächste Gallwespengeneration kann wiederum die nächste Blütenstandanlage bestäuben. Bei der Kultur-Feige (var. *domestica*) wird das noch dadurch verkompliziert, dass sie nur weibliche Blütenstände anlegt und den Pollen der Bocksfeige (var. *caprificus*) braucht. Allerdings gibt es mittlerweile auch selbstbefruchtende Feigen, die sich für den Hobby-Anbau eignen.

Laubbäume und -sträucher

Amerikanischer Amberbaum
Liquidambar styraciflua
Zaubernussgewächse [20]

1 | 10–25 M | MAI | BAUM

KENNZEICHEN Krone kegelförmig bis eiförmig; Zweige mit auffallenden unregelmäßigen Korkleisten; lang gestielte, ahornartige Blätter mit meist 5 länglichen Lappen, 10–20 cm lang, oberseits glänzend dunkelgrün, auffällige Herbstfärbung; Blüten grün, unscheinbar; bis 3 cm große, kugelige, verholzte Fruchtkapseln.
VORKOMMEN Aus Nordamerika stammender Zierbaum in Parks und großen Gärten; braucht Sonne und tiefgründigen, frischen bis feuchten Boden; als junger Baum frostempfindlich.
WISSENSWERTES Von Gelborange über Tiefrot bis Violettbraun reicht das lang andauernde Farbenspiel, das der Amberbaum mit seinem Herbstlaub bietet. Der Name Amberbaum bezieht sich auf das duftende balsamische Harz des Stamms.

Morgenländische Platane
Platanus orientalis
Platanengewächse [16]

2 | 10–40 M | MAI | BAUM

KENNZEICHEN Breite, kugelig gewölbte Krone, untere Zweige herabhängend; Borke in größeren Lappen ablösend; Blätter 15–30 cm breit, tief 5- bis 7-lappig; Blüten unscheinbar, in lang gestielten kugeligen Ständen; Fruchtkugeln mit behaarten Nüsschen, zu 3 bis 6 an einem gemeinsamen langen Stiel.
VORKOMMEN In Kleinasien und Südeuropa verbreitet, selten in klimabegünstigten Gegenden Mitteleuropas als Parkbaum; braucht Sonne und feuchte, tiefgründige Böden.
WISSENSWERTES Die Art wächst im Mittelmeerraum nicht nur in Wäldern, sondern wird auch gern in Städten als Schattenbaum gepflanzt.

Gewöhnliche Platane
Platanus x *hispanica*
Platanengewächse [16]

3 | 10–35 M | MAI | BAUM

KENNZEICHEN Meist kurzstämmig mit breiter Krone, untere Zweige herabhängend; Borke gelb bis graubraun, in größeren Lappen ablösend; Blätter 15–25 cm breit, 3- bis 5-lappig, nur bis zur Mitte eingeschnitten; Blüten unscheinbar, in lang gestielten kugeligen Ständen; Fruchtkugeln meist zu 2 an einem gemeinsamen, langen Stiel.
VORKOMMEN Herkunft unklar, vermutlich Bastard zwischen Morgenländischer und Amerikanischer Platane (*P. occidentalis*); bei uns recht häufig als Park- und Alleenbaum; braucht Sonne und tiefgründigen, frischen Boden, sonst anspruchslos, abgas- und stadtklimaverträglich.
WISSENSWERTES Wegen ihrer ahornartigen Blätter wurde die Art auch als *P.* x *acerifolia* bezeichnet. Das harte, rötliche Holz findet ebenso wie das der Morgenländischen Platane Verwendung beim Möbelbau und für Furniere.

Amerikanischer Tulpenbaum
Liriodendron tulipifera
Magnoliengewächse [9]

4 | 20–30 M | MAI–JUNI | BAUM

KENNZEICHEN Sehr breite, ausladende Krone; Blätter 8–15 cm lang, mit 2 Seitenlappen und sattelförmigem Mittelteil, langstielig, frischgrün, im Herbst leuchtend goldgelb; Blüten tulpenartig, grünlich weiß mit gelben und orangefarbenen Flecken, 4–5 cm groß.
VORKOMMEN In Nordamerika beheimatet; nur bedingt frost- und stadtklimaverträglicher Parkbaum auf durchlässigen, frischen Böden.
WISSENSWERTES Der Tulpenbaum gehört mit seinen aparten Blüten, den eigenartigen Blättern und der eindrucksvollen Gestalt zu den besonderen Sehenswürdigkeiten unserer Parks. Neuerdings findet man ihn aber auch schon gelegentlich als Einzelbaum in Forste eingebracht.

Ginkgo *Ginkgo biloba*
Ginkgogewächse [1]

5 | 10–30 M | APR | BAUM

KENNZEICHEN Kurzstämmig, breite, lockere Krone; Blätter fächerförmig, tief gespalten bis 2-lappig, lederartig, fächrig geädert, lang gestielt, goldgelbe Herbstfärbung; zweihäusig, männliche wie weibliche Blüten unscheinbar; an älteren weiblichen Bäumen mirabellenähnliche Samen mit gelbfleischiger Schale, bei Reife sehr unangenehm riechend.
VORKOMMEN In China beheimatet, schon lange in Japan kultiviert und von dort um 1730 nach Europa gebracht; robuster, anspruchsloser Baum in Parks und großen Gärten.
WISSENSWERTES Diese Art überlebte als einzige einer großen Pflanzengruppe, die vor rund 200 Millionen Jahren weltweit verbreitet war. Sie gilt als älteste noch lebende höhere Pflanzenart der Erde. Der ganze Verwandtschaftskreis gehört eindeutig zu den Nacktsamern, der Ginkgo ist demnach mit den Nadelgehölzen enger verwandt als mit den Laubbäumen. Ginkgo-Extrakte finden sich in manchen medizinischen und kosmetischen Präparaten.

Laubbäume und -sträucher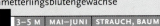

Alpen-Goldregen
Laburnum alpinum
Schmetterlingsblütengewächse [36]

1 | 3–5 M | MAI–JUNI | STRAUCH, BAUM | †

KENNZEICHEN Aufrecht mit überhängenden Zweigen; Blätter kleeähnlich 3-teilig, 3–8 cm lang, junge Blätter unterseits fast immer kahl; Blüten hell goldgelb, fast nie mit braunen Strichen auf der Fahne, in 20–30 cm langen, hängenden, dichten Trauben; flache, zwischen den Samen eingeschnürte Fruchthülsen.
VORKOMMEN In Südeuropa beheimatet, dort bis 10 m hoch; in Mitteleuropa gelegentlich gepflanzt; gedeiht in warmen, sonnigen Lagen, auch auf trockenen Böden.
WISSENSWERTES Der Alpen-Goldregen wird immer mal wieder als robuster Zierstrauch angeboten, hat sich aber in Parks und Gärten nie so etabliert wie die nachfolgend beschriebenen Arten.

Gewöhnlicher Goldregen
Laburnum anagyroides
Schmetterlingsblütengewächse [36]

2 | 5–7 M | MAI–JUNI | STRAUCH, BAUM | †

KENNZEICHEN Aufrecht mit überhängenden Zweigen; glatte, längs gestreifte Rinde; Blätter 3-teilig, 3–6 cm lang, junge Blätter unterseits dicht behaart; Blüten goldgelb, ca. 2 cm lang, Fahne am Grund mit rötlicher Zeichnung, in 20–30 cm langen, hängenden Trauben; flache Fruchthülsen, seidig behaart, bis 8 cm lang.
VORKOMMEN In Südeuropa und im südlichen Mitteleuropa verbreitet, weiter nördlich gelegentlich verwildert; seit langem beliebte Zierpflanze, wächst in Sonne und Halbschatten auf tiefgründigen, kalkreichen Böden.
WISSENSWERTES Sämtliche Goldregen-Arten enthalten in allen Pflanzenteilen das stark giftige Alkaloid Cytisin. Besonders konzentriert ist es in den Samen. Es gab schon öfter schwere, sogar tödliche Vergiftungen bei Kindern, die von den Hülsen gegessen hatten.

Edel-Goldregen
Laburnum x *watereri*
Schmetterlingsblütengewächse [36]

3 | 5–8 M | MAI–JUNI | STRAUCH, BAUM | †

KENNZEICHEN Aufrecht mit überhängenden Zweigen; dem Gewöhnlichen Goldregen sehr ähnlich, jedoch junge Blätter an der Unterseite höchstens spärlich behaart; leuchtend gelbe Blüten, häufig mit rötlichen Strichen auf der Fahne, in 40–50 cm langen Trauben.
VORKOMMEN Bastard zwischen Gewöhnlichem Goldregen und Alpen-Goldregen, nur gelegentlich verwildert; Ansprüche wie Gewöhnlicher G.
WISSENSWERTES Die seit etwa 100 Jahren bekannte Züchtung ist heute „der" Goldregen in Parks und Gärten, da seine Blütenfülle und die Länge der Blütentrauben unübertroffen sind.

Gewöhnlicher Besenginster
Cytisus scoparius
Schmetterlingsblütengewächse [36]

4 | 1–2 M | MAI–JUNI | STRAUCH | †

KENNZEICHEN Aufrecht mit kräftig grünen, kantigen oder gerieften Zweigen; durch zahlreiche Seitenzweige besenartig; 3-teilige Blätter sehr früh abfallend, an den Langtrieben einfache, länger haftende Blätter; gelbe, selten weiße Blüten, zu 1–2 cm in den Blattachseln, zahlreich, strenger Geruch; Gartenformen auch mit rötlichen und gelbroten Blüten; 4–5 cm lange, fast schwarze Fruchthülsen, Ränder behaart.
VORKOMMEN In West- und Nordwesteuropa heimisch, fehlt in den Alpen; vielfach auch gepflanzt. Braucht Sonne und durchlässige, kalkfreie Böden; recht empfindlich gegen Hitze, Bodennässe, Wind und vor allem Frost.
WISSENSWERTES Da der Besenginster Sandboden festigt und durch Stickstoffanreicherung verbessert, wird er in geeigneten Gebieten auch forstmäßig angepflanzt, neuerdings des Öfteren auch *C. striatus* (reife Hülsen dicht behaart).

Schwarzwerdender Geißklee
Cytisus nigricans
Schmetterlingsblütengewächse [36]

5 | 0,5–1,5 M | JUNI–AUG | STRAUCH | †

KENNZEICHEN Aufrecht breitbuschig; Zweige werden beim Trocknen schwarz; Blätter gestielt, kleeähnlich 3-teilig, Blättchen 1–3 cm lang, unterseits behaart; Blüten goldgelb, duftend, in aufrechten Trauben; um 3 cm lange, schwarzbraune, behaarte Fruchthülsen.
VORKOMMEN Erreicht in Mitteleuropa am Ostrand des Schwarzwalds seine westliche, in der Höhe des Maingebiets seine nördliche Verbreitungsgrenze; selten in lichten Trockenwäldern und Gebüschen, auch auf steinigem Untergrund, kalkliebend.
WISSENSWERTES Die Art galt lange als wenig attraktiv und etwas frostempfindlich. In letzter Zeit hat sie, v. a. in der Sorte ‚Cyni', einen kleinen Boom erfahren und sich scheinbar doch als frostfest erwiesen. Jedenfalls ist sie mit ihrer späten, langen Blütezeit eine Besonderheit unter den Geißklee- und Ginsterarten.

Laubbäume und -sträucher

Rauhaariger Zwergginster
Chamaecytisus hirsutus
Schmetterlingsblütengewächse │36│

1 │ 0,3–0,6 M │ MAI–JUNI │ ZWERGSTRAUCH †

KENNZEICHEN Aufrecht; junge Zweige, Kelchblätter und Fruchthülsen abstehend rau behaart; Blätter kleeähnlich 3-teilig; Blüten gelb mit oft rötlich braun gefleckter Fahne; Hülsen 2,5–4 cm lang.

VORKOMMEN Süd- und südosteuropäische Gehölzart, selten in warmen, sommertrockenen Regionen des südlichen Mitteleuropas, hier auch gelegentlich verwildert; in Buschwäldern und an warmen, trockenen Südhängen, meist auf Kalkgestein.

WISSENSWERTES Der Rauhaarige oder Zottige Zwergginster ist typisch für die Vegetation des mediterranen Trockenbuschwalds, der von der Flaum-Eiche (S. 184) dominiert wird. Die Art ist auch als *Cytisus hirsutus* bekannt. Ebenso werden die anderen Zwergginster manchmal der Gattung *Cytisus* zugerechnet. Bei Abtrennung der Zwergginster als *Chamaecytisus* gibt es zusammen mit *Cytisus* (Geißklee) und *Genista* (Ginster) gleich drei Gattungen, deren Arten im Deutschen oft unterschiedslos als Ginster bezeichnet werden (vgl. auch Hinweis auf S. 120 beim Purpur-Zwergginster). Die „Ginsterartigen" sind fast ebenso giftig wie der nah verwandte Goldregen (S. 200).

Purpur-Zwergginster
Chamaecytisus purpureus
Schmetterlingsblütengewächse │36│

2 │ 0,4–0,8 M │ APR–JUNI │ STRAUCH †

KENNZEICHEN Rutenartige Zweige, oft bogig überhängend, teils niederliegend, gerieft oder schwach 4-kantig; kleeähnliche 3-teilige, selten auch einfache, gestielte Blätter; Blüten purpurrot, seltener rosa oder weiß, zu 1 bis 4 in blattachselständigen Ständen, um 2 cm lang; ab Aug. kahle, braune, 2–5 cm lange Fruchthülsen.

VORKOMMEN In Süd- und Osteuropa heimisch, dort vorwiegend in Gebirgslagen, etwa am Felshängen, in den Alpen bis 1500 m Höhe. In Mitteleuropa schon seit dem 18. Jh. als Ziergehölz gepflanzt, mancherorts verwildert. Sonne- und wärmeliebend, aber frosthart; wächst gut auf durchlässigen sandigen Böden.

WISSENSWERTES Der anmutig wirkende Strauch wird gern in Stein- oder Heidegärten gepflanzt, wo er sich langsam durch unterirdische Sprosse ausbreitet. Unter den Zwergginstern ist er der einzige, der häufiger gärtnerisch genutzt wird. Die weißblütige Form wird fo. *albus* genannt.

Regensburger Zwergginster
Chamaecytisus ratisbonensis
Schmetterlingsblütengewächse │36│

3 │ 0,1–0,3 M │ MAI–JUNI │ ZWERGSTRAUCH †

KENNZEICHEN Wuchs niederliegend bis aufsteigend, Zweige kaum kantig; junge Zweige, Kelchblätter und Fruchthülsen anliegend behaart; Blätter kleeähnlich 3-teilig, oberseits dunkelgrün, unterseits grau behaart; Blüten gelb mit rötlich braun gefleckter Fahne, meist einzeln an Kurztrieben; Hülsen 2–3 cm lang.

VORKOMMEN Verbreitet in Südosteuropa, in Mitteleuropa weitgehend auf Donautal (pannonische Tiefebene), Alpenvorland und Bayerischen Wald beschränkt, selten; wächst in lichten Trockenwäldern, an Waldrändern, in Zwergstrauchheiden, meist auf kalkhaltigem, zumindest basischem Untergrund.

WISSENSWERTES Die Art eignet sich gut als Pioniergehölz auf sandig-kiesigen bis steinigen Stellen und wird zur Rekultivierung von Steinbrüchen gepflanzt. Manchmal setzt man sie auch für Dachbegrünungen und zur Bepflanzung von Betonformsteinen ein.

Kopf-Zwergginster
Chamaecytisus supinus
Schmetterlingsblütengewächse │36│

4 │ 0,2–0,5 M │ MAI–JULI │ ZWERGSTRAUCH †

KENNZEICHEN Dicht buschig, aufrecht bis niederliegend; Zweige und Blätter anfangs dicht abstehend und rau behaart, ebenso die Fruchthülsen; Blätter kleeähnlich 3-teilig; Blüten gelb mit rötlich braun gefleckter Fahne, in Köpfchen am Ende diesjähriger Zweige; Hülsen 2–3,5 cm lang. Dem Rauhaarigen Z. ähnlich.

VORKOMMEN Verbreitung ähnlich dem Regensburger Zwergginster, doch in Deutschland etwas mehr nach Nordwesten ausgreifend, in den Südalpen bis zum Tessin. In Kiefernwäldern, an Waldrändern, auf Heiden und in Trockenrasen. Gern auf wenig sauren, lockeren, sandigen oder steinigen Lehmböden, auch über Felsen.

WISSENSWERTES Vom Regensburger Zwergginster lässt sich diese Art gut durch die kopfigen Blütenstände und die rauere Behaarung unterscheiden. Ähnlich wie jener wird sie gelegentlich für Erstbegrünungen extremer Standorte eingesetzt. Die Blütezeit des Kopf-Zwergginsters erstreckt sich teils bis zum August, oft mit einem „Sommerloch" zwischen dem ersten und letzten Flor. Denn im Frühsommer entfalten sich zunächst die Blüten der Kurztriebe, die der Langtriebe öffnen sich manchmal erst im Hoch- oder Spätsommer.

Laubbäume und -sträucher

Fünfblättriger Backenklee
Dorycinum pentaphyllum
Schmetterlingsblütengewächse [36]

1 | 0,3–0,5 M | MAI–JUNI | HALBSTRAUCH

KENNZEICHEN Niederliegend bis aufstrebend, Sprosse seidig behaart; Blätter dem Namen entsprechend 5-zählig mit linealischen Blättchen; kleine weiße Blüten mit bläulichem Schiffchen, zu 10 bis 12 in achselständigen Köpfchen an den Zweigenden; rundliche, nur etwa 5 mm große, einsamige Früchte.
VORKOMMEN Südeuropäische Art, sehr selten in warmen, wintermilden Regionen Mitteleuropas (Vorland beidseits der Alpen).
WISSENSWERTES In seiner mediterranen Heimat wächst der Backenklee zusammen mit Pfriemenginster (S. 120) und Rosmarin in den Garigue genannten Buschgesellschaften. An nicht allzu trockenen Standorten kann er auch bestandbildende Art werden und prägt dann zusammen mit Stauden und Gräsern die so genannten Backenklee-Heiden.

Strauch-Kronwicke
Hippocrepis emerus (*Coronilla emerus*)
Schmetterlingsblütengewächse [36]

2 | 0,5–2 M | APR–JUNI | STRAUCH

KENNZEICHEN Aufrecht, reich verzweigt; Blätter unpaarig gefiedert mit 7–9 ganzrandigen Teilblättchen, unterseits hell graugrün; Blüten gelb, Fahne oft mit roter Zeichnung, nickend, zu 3 bis 5 in achselständigen, lang gestielten Dolden; 5–10 cm lange, braune Fruchthülsen.
VORKOMMEN In Westasien und Südeuropa verbreitet, sehr selten in warmen Regionen des südlichen Mitteleuropa, geschützte Art; wächst an Felshängen und in lichten Wäldern, oft auf steinigen, bevorzugt kalkhaltigen Böden.
WISSENSWERTES Besonders in Frankreich und in der Schweiz wird die recht hübsch und lange blühende Pflanze des Öfteren als Ziergehölz gepflanzt.

Borstige Robinie
Robinia hispida
Schmetterlingsblütengewächse [36]

3 | 1,5–3 M | MAI–JUNI/SEPT | STRAUCH

KENNZEICHEN Aufrecht, sparrig; Zweige rotborstig behaart, ohne Dornen; Blätter unpaarig gefiedert, bis 25 cm lang, 7 bis 13 rundliche Teilblättchen, unterseits graugrün; Blüten tiefrosa bis purpurn, um 2,5 cm lang, duftlos, zu 3 bis 6 in kurzen Trauben; bis 8 cm lange, dicht borstige Fruchthülsen; bildet Ausläufer.
VORKOMMEN Im östlichen Nordamerika beheimatet; braucht Sonne und einen windgeschützten Platz, da die Zweige leicht brüchig sind; bevorzugt lockeren, nicht zu feuchten Boden, ansonsten geringe Ansprüche.
WISSENSWERTES Die Sträucher werden meist auf *R. pseudoacacia* veredelt und dann manchmal auch baumartig gezogen. Am häufigsten sieht man die großblättrige und großblütige Sorte 'Macrophylla' mit bis zu 8-blütigen Trauben. Oft mit Nachblüte (bis Sept.).

Gewöhnliche Robinie, Scheinakazie
Robinia pseudoacacia
Schmetterlingsblütengewächse [36]

4 | 10–25 M | MAI–JUNI | BAUM | †

KENNZEICHEN Krone meist rundlich, im Alter locker schirmförmig; zumindest an jungen Zweigen beidseits des Blattstiels je ein Dorn; Blätter unpaarig gefiedert, 20–30 cm lang, mit 7 bis 19 eiförmigen Teilblättchen; weiße Blüten in 10–20 cm langen, hängenden Trauben (**4a**), stark duftend; braune, glatte Fruchthülsen, 5–10 cm lang (**4b**); bildet Ausläufer.
VORKOMMEN In Nordamerika beheimatet, bereits 1635 nach Europa eingeführt, gilt heute als eingebürgerte Art; gedeiht nur an sonnigen Plätzen auf lockeren, durchlässigen Böden; stadtklimafest und abgasverträglich.
WISSENSWERTES Die Robinien bilden wie alle Schmetterlingsblütler eine Lebensgemeinschaft mit Knöllchenbakterien in ihren Wurzeln, die für sie den Luftstickstoff verfügbar machen. So kommen sie auch auf kargen Standorten zurecht, wo sie sich mithilfe ihrer Wurzelausläufer schnell etablieren. Die Gewöhnliche Robinie wird deshalb auch zur Bodenbefestigung an sandigen, trockenen Stellen gepflanzt, findet Verwendung als Feldgehölz und als Straßenbaum. Allerdings ist die Höhengrenze von 700 m gesetzt, da sie im raueren Bergklima kümmert. Sie gilt als gute Bienenweide.
Im siedlungsnahen Bereich überwiegen spezielle Formen und Sorten. Besonders markant ist die Kugel-Robinie 'Umbraculifera' mit dicht geschlossener, runder Krone (**4c**). Sie wird nur etwa 6 m hoch. Daneben gibt es u.a. säulenförmige und goldgelbblättrige Formen sowie 'Tortuosa' mit korkenzieherartig gedrehten Zweigen. Eine starke Blattabweichung zeigt 'Unifolia' mit stark vergrößertem Endblättchen und höchstens 4, teils sogar ganz fehlenden Seitenblättchen. Die tiefrosa blühende 'Casque Rouge' wird oft als Sorte der Gewöhnlichen Robinie angesehen, ist aber eine Hybride unbekannter Herkunft.

Laubbäume und -sträucher

Echtes Gelbholz
Cladrastis lutea
Schmetterlingsblütengewächse [36]

1 | 8–15 M | MAI–JUNI | BAUM

KENNZEICHEN Meist mehrstämmiger Baum; Blätter unpaarig gefiedert mit 7 bis 11 breit eiförmigen, bis 10 cm langen Teilblättchen und noch größerem Endblättchen, goldgelbe Herbstfärbung; Blüten weiß, in 30–40 cm langen, lockeren Doppeltrauben.

VORKOMMEN In Nordamerika beheimatet; bei uns gelegentlich als wärmeliebender Park- oder Gartenbaum an sonnigen Plätzen; braucht tiefgründigen, nährstoffreichen Boden.

WISSENSWERTES Der Baum mit dem anfangs gelb gefärbten Holz ist ein dekoratives Gehölz, verlangt aber Geduld: Die Blüten erscheinen erstmals nach einigen Jahren und auch danach etwas unregelmäßig.

Japanischer Schnurbaum
Sophora japonica
Schmetterlingsblütengewächse [36]

2 | 12–20 M | AUG–SEPT | BAUM

KENNZEICHEN Meist kurzstämmig mit breiter, runder Krone; Blätter 20–25 cm lang, unpaarig gefiedert mit 10 bis 15 eiförmigen Teilblättchen, unterseits bläulich und behaart; Blüten gelblich weiß, in aufrechten, bis 30 cm langen, rispenartigen Trauben; Hülsen 5–8 cm lang, zwischen den Samen perlschnurartig eingeschnürt.

VORKOMMEN In China und Korea beheimatet; bei uns Parkbaum, vorzugsweise in wärmeren Regionen, braucht lockeren, durchlässigen Boden, sonst anspruchslos und stadtklimafest.

WISSENSWERTES Mit seiner Spätsommerblüte stellt der Japanische Schnurbaum eine Besonderheit dar – zu dieser Zeit blüht bei uns kein anderer Baum. Allerdings setzt die Blüte frühestens ab dem 12. Standjahr ein.

Gewöhnlicher Blasenstrauch
Colutea arborescens
Schmetterlingsblütengewächse [36]

3 | 1,5–4 M | MAI–AUG | STRAUCH | †

KENNZEICHEN Aufrecht, im Alter ausgebreitet; Blätter unpaarig gefiedert mit 7 bis 11 elliptischen, dünnen, 6–12 cm langen Teilblättchen; Blüten gelb, in 6- bis 8-blütigen, aufrechten Trauben; pergamentartige, stark aufgeblasene Fruchthülsen, 6–8 cm lang, ab Juli bräunlich.

VORKOMMEN Im Mittelmeergebiet verbreitet, in Mitteleuropa selten, bis Südwestdeutschland; besiedelt Ränder von Flaum-Eichen-Wäldern und Trockengebüsche; wird gepflanzt als Spezialist für Sonne, Hitze, Trockenheit und kalkhaltige Böden, mäßig frosthart.

WISSENSWERTES Früher wurden die Blasenstrauchblätter in der Volksheilkunde verwendet. Heute ist man da vorsichtiger: Der Strauch gilt als giftig, besonders nach Einnahme der Samen kann es zu Durchfall und Erbrechen kommen.

Scheinindigo, Bastardindigo
Amorpha fruticosa
Schmetterlingsblütengewächse [36]

4 | 1,5–3 M | JUNI–AUG | STRAUCH

KENNZEICHEN Sparriger Wuchs; Blätter bis 25 cm lang, unpaarig gefiedert mit 11 bis 25 eiförmigen, stachelspitzigen Teilblättchen; Blüten in 8–15 cm langen, meist aufrechten Trauben; „Schmetterlingsblüten" ohne Flügel und Schiffchen, nur aus der purpurvioletten Fahne bestehend, gelbe Staubbeutel gut sichtbar.

VORKOMMEN Stammt aus Nordamerika; mäßig frosthart, in wärmeren Regionen Mitteleuropas einzeln oder in frei wachsenden Hecken gepflanzt; wächst in Sonne und Halbschatten, geringe Bodenansprüche. Hat sich in wärmeren Gebieten (z.B. Oberrheinische Tiefebene) verwildernd in Flussauen eingebürgert.

WISSENSWERTES Der Bastardindigo liefert einen blauen Farbstoff, der früher zum Färben von Textilien benutzt wurde. Mit dem echten Indigostrauch, einem in Indien beheimateten Gehölz, ist er nicht verwandt.

Gewöhnlicher Erbsenstrauch
Caragana arborescens
Schmetterlingsblütengewächse [36]

5 | 0,5–4 M | MAI–JUNI | STRAUCH | †

KENNZEICHEN Straff aufrecht, wenig verzweigt; Blätter paarig gefiedert mit 8 bis 12 elliptischen, stachelspitzigen Teilblättchen, anfangs beidseits lang behaart, später verkahlend; goldgelbe, meist vereinzelt an den Zweigen sitzende Blüten; zylindrische Fruchthülsen, gut 5 cm lang, grünlich-rotbraun.

VORKOMMEN In Sibirien und der Mandschurei beheimatet; meist als Hecken- und Windschutzgehölz verwendet; braucht volle Sonne, geringe Bodenansprüche, kalkliebend.

WISSENSWERTES Mit seiner spärlichen Blüte ist der Gewöhnliche Erbsenstrauch kein besonders ansprechendes Ziergehölz. Sein Wert liegt in der Wuchsfreudigkeit auf sonst kaum bepflanzbarem Rohboden. Da winterfest, kann er auch in raueren Gegenden Verwendung finden. In Sibirien dienen die jungen Hülsen der Nahrung.

Laubbäume und -sträucher

Ungefähr 200 Arten umfasst die Gattung *Rosa*. Neben den verschiedenen Kultur-**Rosen**, bei denen es sich meist um Hybriden handelt, kommen in Mitteleuropa etwa 40 Arten wild vor. Die meisten Rosen wachsen als aufrechte Sträucher, es gibt aber auch kletternde und kriechende Arten und Formen (s. S. 32). Viele Wildarten bilden Wurzelausläufer. Rosen tragen botanisch gesehen keine Dornen (das sind Spross- oder Blattumbildungen), sondern als Auswüchse der Oberhaut (Epidermis) gebildete Stacheln. Die Blätter sind stets unpaarig gefiedert, mit meist eiförmigen, gesägten bis gezähnten Fiederblättchen. Die überwiegend 5-zähligen Blüten stehen einzeln, in Rispen oder büschelartig beisammen. Bei den Hagebutten handelt es sich um Sammelfrüchte, deren meist rotes Fruchtfleisch zahlreiche Nüsschen umschließt (s.a. S. 294).

Bibernell-Rose, Dünen-Rose
Rosa spinosissima (R. pimpinellifolia)
Rosengewächse

1 0,3–1 M MAI–JUNI STRAUCH

KENNZEICHEN Zweige dicht mit dünnen Stacheln und Stachelborsten besetzt; Blätter 7- bis 9-teilig; Blüten einzeln, weiß, um 5 cm Ø, purpurschwarze, flach kugelige Hagebutten.
VORKOMMEN In Mitteleuropa als Wildgehölz zerstreut bis selten, in Dünengebieten wie in mittleren Gebirgslagen; vielfach gepflanzt und verwildert; wächst bevorzugt an trockenwarmen Standorten auf kalkhaltigen Böden.
WISSENSWERTES Die Bibernell-Rose eignet sich mit ihrer sehr starken Ausläuferbildung gut zum Befestigen sandiger wie steiniger Hänge.

Kriechende Rose
Rosa arvensis
Rosengewächse

2 0,5–2 M JUNI–JULI STRAUCH

KENNZEICHEN Zweige kriechend, zuweilen kletternd; Stacheln sichelartig gekrümmt; Blätter meist 7-teilig, Blüten weiß, 3–5 cm Ø, duftlos, lang gestielte rote, eiförmige Hagebutten. Diese gekrönt von einer ca. 3 mm langen Griffelsäule mit aufsitzendem, kugeligem Narbenköpfchen.
VORKOMMEN In West- und Mitteleuropa an Waldsäumen, in lichten Laub- oder Mischwäldern und Wegrandgebüschen häufig; bevorzugt tiefgründige, nährstoffreiche Lehmböden.
WISSENSWERTES Die Kriechende Rose kommt wild vorwiegend im Unterwuchs von Wäldern vor und gilt als besonders schattenverträglich. Schattenformen aber oft schwach und ohne Blüte, an grünen Alt-Zweigen gut erkennbar.

Zimt-Rose, Mai-Rose
Rosa majalis
Rosengewächse

3 0,5–2 M MAI–JUNI STRAUCH

KENNZEICHEN Stacheln paarig an den Knoten; Blätter 3- bis 7-teilig, Blättchen beidseits behaart; Blüten rosarot, um 5 cm Ø, einzeln oder zu wenigen; rote, rundliche Hagebutten.
VORKOMMEN In Nord- und Osteuropa verbreitet, in Mitteleuropa inselartige Wildvorkommen; besiedelt feuchte Standorte wie Auwälder ebenso wie trockene Gebüsche und Felsspalten.
WISSENSWERTES Die Zimt-Rose wird schon seit dem 16. Jh. als Ziergehölz gepflanzt und in neuerer Zeit auch für Wildhecken und als Bodenbefestiger verwendet.

Hecht-Rose *Rosa glauca*
Rosengewächse

4 1–3 M JUNI–JULI STRAUCH

KENNZEICHEN Zweige mäßig bestachelt, braunrot und hechtblau überlaufen, ebenso die Blätter; Blätter 5- bis 9-teilig; Blüten zu wenigen, rosarot mit weißem Auge, 3–4 cm Ø; rote, kugelige Hagebutten.
VORKOMMEN Im südlichen Mitteleuropa sehr selten in den Mittelgebirgen und den Kalkalpen, an Felsen und in Trockenbuschgesellschaften, sonst regional gepflanzt oder verwildert.
WISSENSWERTES Die Hecht-Rose lässt sich gut zur Bepflanzung von Böschungen, Steinfugen und Mauerkanten einsetzen.

Alpen-Rose *Rosa pendulina*
Rosengewächse

5 0,5–2,5 M MAI–JUNI STRAUCH

KENNZEICHEN Aufrecht buschig; meist nur spärlich bestachelt; Blätter 7- bis 11-zählig, Blättchen 2–6 cm lang, unterseits blassgrün, schwach behaart; Blüten rosa bis purpurrot, 4–5 cm Ø, einzeln oder bis zu 5; ziegelrote, meist flaschenförmige Hagebutten, oft hängend, teils mit, teils ohne Drüsenborsten.
VORKOMMEN In den Gebirgen Mittel- und Südeuropas zerstreut, in trockenwarmen Licht- oder Halbschattenlagen in Nadelmischwäldern und auf alpinen Grasmatten, kalkmeidend.
WISSENSWERTES Die Alpen-Rose – nicht zu verwechseln mit den Alpenrosen (*Rhododendron*, S. 112) – ist unter den heimischen Rosen die am höchsten ins Gebirge aufsteigende. Anders als der Name suggeriert, kommt sie auch im Süd-Schwarzwald, in der Südwest-Alb, im Bayerischen-, Oberpfälzer- und Böhmer-Wald vor.

Laubbäume und -sträucher

Griffel-Rose *Rosa stylosa*
Rosengewächse |24|

1 | 0,5–3 M | JUNI | STRAUCH

KENNZEICHEN Breitwüchsig mit überhängenden Zweigen; zerstreute, hakige Stacheln; Blätter 5- bis 7-teilig, Blättchen schmal eiförmig bis lanzettlich, oberseits glänzend dunkelgrün, unterseits graugrün, leicht flaumig; Blüten meist in vielblütigen Ständen weiß bis hellrosa, 3–5 cm Ø, den Fruchtknoten deutlich überragender dünner „Griffelstrauß"; rote, eiförmige Hagebutten; keine Wurzelausläufer.

VORKOMMEN Auf Westeuropa und westliches Mitteleuropa begrenzt, von der Ebene bis ins Hügelland in wintermilden, luftfeuchten Regionen, selten, geschützte Art; besiedelt Gebüsche, Hecken und lichte Laubmischwälder, bevorzugt auf kalkhaltigen, flachgründigen Böden, nur an sonnigen Stellen. Die in SW-Deutschland an wenigen Orten vorkommenden Pflanzen weichen im Aussehen etwas von der in Westeuropa lebenden Art ab. Sie zeigen geringe Ähnlichkeiten zur Hunds-Rose (s. 3). Was die Ursachen dafür sind und ob Bastardierung mit hineinspielt, ist noch nicht geklärt.

WISSENSWERTES Von auf Wildgehölze spezialisierten Baumschulen wird die Griffel-Rose gelegentlich als robuste Pflanze für frei wachsende Hecken angeboten (s. auch Allgemeines zu Rosa auf S. 208).

Raublättrige Rose *Rosa jundzillii*
Rosengewächse |24|

2 | 0,5–2 M | JUNI–JULI | STRAUCH

KENNZEICHEN Zweige oft überhängend, mit schwach gekrümmten Stacheln und drüsigen Borsten besetzt; Blätter meist 7-teilig, Blättchen etwas rundlich, unterseits auffällig netznervig mit Drüsen auf den Nerven, Blatt- und Blütenstiele meist drüsenborstig; Blüten hellrosa, 5–7 cm Ø, meist einzeln; kleine leuchtend rote, rundliche Hagebutten.

VORKOMMEN Verbreitung in Mitteleuropa lokal begrenzt, in Norddeutschland und im Alpenraum fehlend, selten, geschützte Art; wärmeliebend, wächst an sonnigen Waldrändern, in lichten Mischwäldern und Gebüschen, bevorzugt auf steinigen, kalkhaltigen Lehmböden. Das Gesamtareal reicht vom Don bis zur Saone.

WISSENSWERTES Die Raublättrige Rose wird gelegentlich zum Rekultivieren von Steinbrüchen eingesetzt sowie als Pioniergehölz an trockenen Böschungen. In letzter Zeit hat man sie auch als hübsche Wildrose für Gärten und Parks entdeckt.

Hunds-Rose *Rosa canina*
Rosengewächse |24|

3 | 1–3 M | JUNI–JULI | STRAUCH

KENNZEICHEN Sehr breit buschig mit überhängenden Zweigen (3a), mit den hakig gebogenen Stacheln auch kletternd (3b); Blätter 5- bis 7-teilig, Blättchen kahl, teils bläulich grün; Blüten weiß bis hellrosa, auch rot, um 5 cm Ø, schwach duftend, meist einzeln in den Blattachseln, Hochblätter umhüllen die Blütenstiele nur zum Teil; Kelchblätter nach dem Verblühen zurückgeschlagen; scharlachrote, eiförmige Hagebutten, die Kelchblätter abgefallen.

VORKOMMEN In Mittel- und Westeuropa häufig, vom Tiefland bis in die Alpen bei 1300 m Höhe; besiedelt lichte Mischwälder, Waldränder, Hecken, Wegraine; häufig gepflanzt; bevorzugt nährstoffreiche, nicht zu trockene und v. a. tiefgründige Böden, da sie ihre Wurzeln weit über einen Meter in die Tiefe treibt.

WISSENSWERTES Die Hunds-Rose gehört zu den am häufigsten gepflanzten Wildarten und ist auch im Straßenbegleitgrün sowie in Parks oft zu sehen, nicht selten in der kirschrot blühenden Sorte 'Kiese'. Die Hagebutten der Hunds-Rose werden gern gesammelt und zu Marmeladen, Gelees und Säften verarbeitet. Hagebutten weisen unter allen genutzten Früchten bzw. Fruchtverbänden mit Abstand die höchsten Vitamin-C-Gehalte auf und enthalten außerdem reichlich Provitamin A. Die getrockneten Schalen (mit und ohne Nüsschen), auch die „Kerne" allein, geben geschätzten Haustee, aber auch Heiltee (etwa zur Austreibung von Nieren- und Blasensteinen).

Die Hunds-Rose ist in unseren Breiten die wohl formenreichste Art. Hier zeigt sich besonders, was für die Rosen generell gilt: Es handelt es sich um eine „taxonomisch sehr schwierige" Gattung. So werden u. a. *R. tomentella* (= *R. obtusifolia*) und *R. corymbifera* (= *R. deseglisei*) teils als Formen von *R. canina* angesehen, teils als eigenständige Arten behandelt. Beiden ist gemeinsam, dass sie nur lokal begrenzt vorkommen und an ihren Naturstandorten als gefährdet gelten. Die Stumpfblättrige Rose (*R. tomentella*) (3c) wächst bevorzugt auf trockenen, kalkhaltigen Böden. Ihre Blättchen sind im Unterschied zur Hunds-Rose etwas dicklich und runzlig, unterseits drüsig und meist beidseits weich behaart, ebenso die Blattstiele. Eine ähnliche Behaarung zeigt die Déséglise-Rose (*R. corymbifera*) (3d), die teils nur gering bestachelt ist. Die Form *R. corymbifera* 'Lana' wird ebenso wie einige *R. canina*-Selektionen als Unterlage für veredelte Rosen verwendet.

Laubbäume und -sträucher

Lederblättrige Rose *Rosa caesia*
Rosengewächse [24]

1 | 1–2 M | JUNI–JULI | STRAUCH

KENNZEICHEN Zweige teils bläulich bereift, Stacheln hakig gekrümmt; Blätter 5- bis 7-teilig, Blättchen derb, zumindest unterseits flaumig behaart und graugrün; Blüten rosa, 4–5 cm Ø, mit großen Hochblättern, die die Blütenstiele umhüllen; Kelchblätter nach der Blüte abstehend; rote, oft kugelige Hagebutten.

VORKOMMEN In Mitteleuropa zerstreut bis selten, geschützte Art; besiedelt v.a. zwischen 500 und 1000 m Höhe buschreiche Felsenhalden, Steinschuttwälder und Waldsäume, in sonniger, warmer Südlage.

WISSENSWERTES Die Lederblättrige Rose gehört zu den schwer abzugrenzenden, besonders formenreichen Arten. Es gibt bei dieser Sippe zahlreiche Übergänge sowohl zur Hunds-Rose (S. 210) wie auch zur Graugrünen Rose (s. auch Allgemeines zu *Rosa* auf S. 208).

Graugrüne Rose *Rosa dumalis*
Rosengewächse [24]

2 | 1–2 M | JUNI–JULI | STRAUCH

KENNZEICHEN Zweige oft bläulich bereift, dicht bestachelt; Blätter 5- bis 7-teilig, Blättchen unbehaart, grau- bis blaugrün; Blüten rosa, 4–5 cm Ø, duftend, in den Achseln großer Hochblätter, die die Blütenstiele umhüllen; Kelchblätter nach der Blüte abstehend; tiefrote, oft längliche Hagebutten, die Kelchblätter abgefallen.

VORKOMMEN In Verbreitung und Standortvorlieben weitgehend der Lederblättrigen Rose entsprechend, jedoch eher in luftfeuchten Lagen und noch im Halbschatten gedeihend.

WISSENSWERTES Die Graugrüne Rose gilt teils als identisch mit der Vogesen-Rose *(R. vosagiaca)*, teils als von dieser zu unterscheidende Art oder als Unterart von *R. canina*.

Filz-Rose *Rosa tomentosa*
Rosengewächse [24]

3 | 1–3 M | JUNI | STRAUCH

KENNZEICHEN Stacheln schwach gekrümmt; Blätter 5- bis 7-zählig, Blättchen graugrün, unterseits dicht filzig behaart, Blüten blassrosa, um 4 cm Ø, Blütenstiele drüsig; Kelchblätter nach der Blüte bald abfallend; große, rote, ei-kugelige Hagebutten, oft mit Drüsenborsten.

VORKOMMEN In Südeuropa häufig, in Mitteleuropa zerstreut, besiedelt Wälder, Gebüsche und Wegränder in sommerwarmen Lagen, gedeiht noch im Halbschatten.

WISSENSWERTES Die Filz-Rose findet gelegentlich in naturnahen Gartengestaltungen Verwendung. Verwandt, oft nur als Unterart geführt, ist die Kratz-Rose, *R. pseudoscabriuscula*, mit nach der Blüte bleibend aufgerichteten Kelchblättern. Die Zähne der Blättchen sind nochmals gezähnt und mit Kopfdrüsen besetzt.

Apfel-Rose *Rosa villosa (R. pomifera)*
Rosengewächse [24]

4 | 1–3 M | JUNI–JULI | STRAUCH

KENNZEICHEN Stacheln dünn, völlig gerade; Blätter 5- bis 7-zählig, Blättchen bis 6 cm lang, bläulich oder graugrün, leicht behaart; Blüten hell- bis dunkelrosa, um 4 cm Ø; Blütenstiele drüsig; Kelchblätter nach der Blüte abstehend; sehr große, rote, kugelige Hagebutten, die abstehend drüsenborstig (und klebrig) sind.

VORKOMMEN In Mitteleuropa wild fast nur im Süden, vorwiegend in mittleren Gebirgslagen, darüber hinaus vielerorts verwildert; wärmeliebend, wächst bevorzugt auf flachgründigen Steinböden in Gebüschen und auf Steinhaufen.

WISSENSWERTES Die heute gelegentlich zur Begrünung trockener Problemflächen eingesetzte Apfel-Rose wurde früher weitaus häufiger gepflanzt, v. a. zur Hagebuttengewinnung. Sie blüht recht früh und die Hagebutten sind zeitiger reif als die der meisten anderen Arten.

Kartoffel-Rose *Rosa rugosa*
Rosengewächse [24]

5 | 1–2,5 M | JUNI–SEPT | STRAUCH

KENNZEICHEN Zweige dicht mit Haarfilz, Stacheln und Stachelborsten besetzt; Blätter 5- bis 9-zählig, Blättchen bis 5 cm lang, derb, oberseits dunkelgrün glänzend, runzlig, unterseits graugrün, behaart; Blüten tiefrosa bis purpurn, seltener weiß, 6–10 cm Ø; große, orange- bis ziegelrote, flachkugelige Hagebutten.

VORKOMMEN Stammt aus Ostasien, in Mitteleuropa viel gepflanzt und oft verwildert in Wegrandgebüschen, an alten Siedlungsstellen und auf Ödland; relativ anspruchslos, doch wärmebedürftig; für Kultursorten sonnige Plätze und tiefgründige Böden nötig.

WISSENSWERTES Die großen, recht weichfleischigen Hagebutten lassen sich sehr gut zur Verarbeitung (Marmelade, Mus, Säfte) nutzen. Aus der Wildform wurden mehrere verbreitete Strauchrosensorten gezüchtet; am auffallendsten ist 'Alba' mit großen, rein weißen Blüten, doch gibt es auch Variationen der Hagebutten. Dazu kommen noch Hybriden wie z.B. x *rugotida* oder x *micrugosa* und x *kamtschatica*.

Laubbäume und -sträucher

Wein-Rose *Rosa rubiginosa*
Rosengewächse [24]

1 | 2–3 M | JUNI–JULI | STRAUCH

KENNZEICHEN Aufrecht mit sparrig abstehenden Seitenzweigen; kräftige, hakenförmige Stacheln, oft mit feinen Stachelborsten untermischt; Blätter 5- bis 7-teilig, Blättchen oberseits behaart oder kahl, unterseits behaart und dicht drüsig, stark nach Wein duftend; Blüten hell- bis karminrosa, 3–5 cm Ø, zu 1 bis 4, Blütenstiele mit Stieldrüsen besetzt, duftend; orange- bis scharlachrote, birnförmige Hagebutten.

VORKOMMEN Zerstreut in fast ganz Europa, im Norden selten bis fehlend; vom Tiefland bis in die Alpen bei 1200 m Höhe; besiedelt Magerrasen, Waldsäume, Weiden und steinige Hänge; wärmeliebend, wächst bevorzugt auf kalkhaltigen, nährstoffreichen, tiefgründigen, eher trockenen Böden an sonnigem Platz.

WISSENSWERTES Die Wein-Rose wird schon seit Jahrhunderten als Garten-Rose kultiviert. Früh schon begann man, besonders attraktive Formen auszulesen und mit anderen Arten zu kreuzen. Einige attraktive Straucharten sind Abkömmlinge dieser Art, so etwa 'Fritz Nobis' mit lachsrosa, gefüllten, duftenden Blüten (s. auch Allgemeines zu *Rosa* auf S. 208).

Acker-Rose, Feld-Rose *Rosa agrestis*
Rosengewächse [24]

2 | 1–2 M | JUNI | STRAUCH

KENNZEICHEN Rutenartig verlängerte Zweige mit hakenförmigen Stacheln; Blätter 5- bis 7-teilig, Blättchen länglich elliptisch, meist kahl und glänzend, unterseits stark drüsig, nach Äpfeln duftend; Blüten weiß bis blassrosa, 3–4 cm Ø, einzeln oder bis zu 10 in den Blattachseln, Blütenstiele nicht drüsig, nicht oder nur schwach duftend (2a); rote, eiförmige Hagebutten, die sehr spät reifen; früher Blattfall an den Fruchtzweigen.

VORKOMMEN Ähnliche Verbreitung wie die Wein-Rose, jedoch in Mitteleuropa seltener, vermutlich aus Süd- oder Westeuropa eingeschleppt; besiedelt Waldränder, Weidengebüsche, Ackerraine und lichte Auwälder in tieferen Lagen; braucht nährstoff- und kalkreiche, gut durchfeuchtete, tiefgründige Böden, gedeiht noch im Halbschatten.

WISSENSWERTES Der Strauch fällt durch seinen charakteristischen, etwas zerzausten Eindruck schon von weitem auf. In dieselbe Gruppe der mit der Wein-Rose eng verwandten Kleinarten gehören *R. elliptica* und *R. micrantha*, beide mit unterseits drüsenbesetztem, duftendem Laub.

Die Keilblättrige Rose *(R. elliptica)* **(2b)** kommt v. a. im mittleren bis nördlichen Mitteleuropa vor und tritt im Alpenvorland nur ganz vereinzelt auf (z. B. Isny). Sie wächst eher gedrungen, ist dicht verzweigt, hat elliptische Blättchen mit keilförmigem Grund, bildet kleine, kugelige Hagebutten aus und ist ansonsten der Acker-Rose sehr ähnlich. Hauptsächlich im südlichen Mitteleuropa kommt die Kleinblütige Rose *(R. micrantha)* **(2c)** vor. Ihre weißen bis hellrosa Blüten werden kaum über 3 cm groß, die Fiederblättchen sind rundlich bis breit eiförmig. Sie wird bis zu 3 m hoch, ist lockerwüchsig und licht- wie wärmebedürftig. Sie ist hauptsächlich in Westeuropa und im Mittelmeer-/Schwarzmeer-Raum verbreitet.

Glanzblättrige Rose
Rosa nitida
Rosengewächse [24]

3 | 0,5–1 M | JUNI | STRAUCH

KENNZEICHEN Zweige unregelmäßig mit dünnen Stacheln und Stachelborsten besetzt; Blätter meist 7- bis 9-teilig, Blättchen oberseits stark glänzend, dunkelgrün, oft länglich; Blüten meist einzeln, kräftig rosa, 4–6 cm Ø, duftend, auf drüsigem Stiel; rote, flach rundliche Hagebutten. Braunrote Herbstverfärbung.

VORKOMMEN Stammt aus Nordamerika, Zierstrauch in Gärten und im öffentlichen Grün; braucht durchlässigen, humosen, lockeren Boden und sonnigen Stand.

WISSENSWERTES Die schon 1807 eingeführte Glanzblättrige Rose wird meist für flächige Pflanzungen und niedrige Hecken verwendet. Sie wächst sehr schnell in die Breite.

Stacheldraht-Rose, Seiden-Rose
Rosa sericea ssp. *omeiensis* fo. *pteracantha*
Rosengewächse [24]

4 | 2–4 M | JUNI | STRAUCH

KENNZEICHEN Breit ausladend, vieltriebig, mit am Grund flügelartig verbreiterten, roten Stacheln; Blätter mit 7 bis 17, meist kahlen Teilblättchen fein gesägt; Blüten weiß, meist nur mit 4 Kronblättern, um 3 cm Ø; kleine rote, kugelige bis birnenförmige Hagebutten.

VORKOMMEN In Westchina beheimatet; Zierstrauch in Parks und großen Gärten; braucht lockeren, nährstoffreichen Boden, genügend Feuchtigkeit und Sonne.

WISSENSWERTES Im Einzelstand kommt diese etwas ausgefallene Rosenschönheit besonders gut zur Geltung, sie wird aber auch für dichte, undurchdringliche Hecken genutzt.

Laubbäume und -sträucher

Sweginzows Rose
Rosa sweginzowii
Rosengewächse | 24

1 | 2–4 M | JUNI | STRAUCH

KENNZEICHEN Breit buschig, stark verzweigt; große, flache, dreieckige Stacheln; Blätter 9- bis 11-teilig, Blättchen ei-lanzettlich, unterseits behaart; Blüten hellrosa, 4–6 cm Ø, einzeln oder in Büscheln bis zu 10; große hell- bis orangerote, flaschenförmige Hagebutten.

VORKOMMEN Stammt aus Nordwestchina; in Parks und Gärten gepflanzt; braucht Sonne und tiefgründige, nährstoffreiche Böden.

WISSENSWERTES Die Sorte 'Macrocarpa' hat besonders große, 3–4 cm lange, zierende Hagebutten. Sie wächst nur bis 2,5 m hoch und ist die häufigste Gartenform dieser Art (s. auch Allgemeines zu *Rosa* auf S. 208).

Vielblütige Rose *Rosa multiflora*
Rosengewächse | 24

2 | 1–3 M | JUNI–JULI | (KLETTER-)STRAUCH

KENNZEICHEN Zweige teils überhängend, teils niederliegend, teils kletternd; Stacheln sichelartig gekrümmt; Blätter meist mit 9 Teilblättchen; Blüten weiß, um 2 cm Ø, leicht duftend, sehr zahlreich in kegelförmigen Rispen; kleine rote, kugelige Hagebutten.

VORKOMMEN In Japan, Korea und China beheimatet; gedeiht auf fast allen Böden, recht trockenheitsverträglich und schattentolerant.

WISSENSWERTES Ist Stammform der Polyantha-Rosen (s. Beetrosen, S. 218); als Heckengehölz verwendet, hat aber größere Bedeutung als Unterlage für veredelte Rosen.

Essig-Rose *Rosa gallica*
Rosengewächse | 24

3 | 0,3–1 M | JUNI–JULI | STRAUCH

KENNZEICHEN Durch zahlreiche Ausläufer oft dickichtartig; Stacheln sehr unterschiedlich, stark und borstendünn, gekrümmt und gerade; Blätter 3- bis 5-, selten 7-zählig, Blättchen elliptisch, etwas ledrig, unterseits behaart, am Rand drüsig; Blüten rosarot bis dunkelpurpurn, 4–7 cm Ø, duftend, meist einzeln, selten zu 2 bis 3, in den Blattachseln, Blütenstiele, -becher und -kelche mit Stieldrüsen besetzt; braunrote, kugelige bis eiförmige Hagebutten.

VORKOMMEN In Mitteleuropa selten geworden, geschützte Art; besiedelt Waldränder und Wegraine im Hügel- und Bergland, in den Alpen fehlend; bevorzugt sonnige Stellen auf nährstoffreichen, kalkhaltigen Lehmböden.

WISSENSWERTES Die Essig-Rose wurde bei uns schon in den mittelalterlichen Klostergärten kultiviert. Sie ist Stammform der frühesten europäischen Gartenrosen und diente auch als Züchtungsmaterial für moderne Hybriden. Ihre Kronblätter wurden, neben denen der nachfolgenden Zentifolie, zur Gewinnung der „Flores Rosae" gesammelt; das sind getrocknete „Rosenblütenblätter" (Absud zur Wundheilung und als Mittel gegen Halsentzündung).

Zentifolie, Hundertblättrige Rose
Rosa x *centifolia*
Rosengewächse | 24

4 | 1–2 M | JUNI–JULI | STRAUCH

KENNZEICHEN Aufrecht, nur wenige Ausläufer; kräftige Stacheln, mit Stachelborsten untermischt; Blätter meist 3- bis 5-zählig, Blattspindel ohne Stacheln; Blüten meist rosa, auch weiß oder purpurn, stets gefüllt, stark duftend, lang gestielt, oft nickend, einzeln oder zu wenigen in den Blattachseln, Blütenstiele, -becher und -kelche mit Stieldrüsen besetzt.

VORKOMMEN Vermutlich vor Jahrhunderten als Kreuzung aus Essig-Rose und verschiedenen anderen Wildarten entstanden; braucht lockere, nährstoffreiche Böden und sonnigen Stand.

WISSENSWERTES Zu den Zentifolien gehört die Moos-Rose (*R.* x *centifolia* 'Muscosa'), bei der Blütenstiele, Blütenboden und Kelch dicht mit moosähnlichem Stieldrüsenfilz überzogen sind.

Damaszener Rose, Portland-Rose
Rosa x *damascena*
Rosengewächse | 24

5 | 1–3 M | JUNI–JULI | STRAUCH

KENNZEICHEN Zweige überhängend; Stacheln groß, oft rot, hakig, meist mit dünneren Stachelborsten; Blätter meist 3- bis 5-zählig, Blättchen nicht drüsig, Blattspindel bestachelt; Blüten rosa, gefüllt, stark duftend, lang gestielt, aufrecht, meist zu 5 bis 10 gehäuft, Blütenstiele, -becher und -kelche mit Stieldrüsen besetzt.

VORKOMMEN Vermutlich in Kleinasien als Naturhybride entstanden, bereits seit der Antike in Kultur; Ansprüche wie Zentifolie.

WISSENSWERTES Unterschieden werden die Sommer-Damaszener-Rose (*R. gallica* x *R. phoenicia*) und die Herbst-Damaszener-Rose (*R. gallica* x *R. moschata*), die nach dem Hauptflor mehrmals nachblüht und als Urahn der heutigen öfterblühenden Rosen gilt. Liefert Rosenöl (1 g aus 3-4 kg Kronblätter) für Kosmetik (Duftstoff) und Medizin (bakterientötende und entzündungshemmende Eigenschaften).

Laubbäume und -sträucher

Mandarin-Rose *Rosa moyesii*
Rosengewächse [24]

1 | 2–3 M | JUNI | STRAUCH

KENNZEICHEN Straff aufrecht, sparrig; wenig bestachelt; Blätter 7- bis 13-teilig; Blüten purpurrot, 4–6 cm Ø, zu 1 bis 2; orangerote, flaschenförmige, drüsig behaarte Hagebutten.

VORKOMMEN Stammt aus Westchina; robuste, attraktive Wildrose für sonnige Plätze und lockere, humusreiche, auch kalkhaltige Böden.

WISSENSWERTES Der Mandarin-Rose entstammen mehrere Sorten, die als einmalblühende Strauchrosen bekannt sind, z.B. 'Marguerite Hilling' mit leicht gefüllten, tiefrosa Blüten. Es gibt aber auch Farbvarianten, wie geranienfarbige und hell kaminrote Kronblätter oder z.B. 'Eos': außen korallenrot, innen weiß (s. auch Allgemeines zu *Rosa* auf S. 208).

Öfterblühende Strauchrosen
Rosa in Sorten
Rosengewächse [24]

2 | 1–3 M | JUNI–OKT | STRAUCH

KENNZEICHEN Meist breit buschig, aufrechte oder bogig überhängende Zweige **(2a)**; je nach Sorte unterschiedlich bestachelt; Blätter meist 5-teilig, Blättchen sortenabhängig; Blüten fast immer gefüllt **(2b)** in vielblütigen Büscheln, oft duftlos oder schwach duftend, Farbe je nach Sorte.

VORKOMMEN Hybriden unterschiedlichster Stammformen; brauchen Sonne und lockere, humose, nährstoffreiche, schwach saure bis schwach alkalische Böden; hoher Kalkgehalt führt oft zu Blattvergilbungen (Eisenmangel).

WISSENSWERTES Die meisten heute kultivierten Garten-Rosen entstanden durch vielfältige Mehrfachkreuzungen. Zum Unterscheiden dieser Hybriden ist die gärtnerische Unterteilung in Strauch-, Beet- und Edelrosen üblich. Die Eigenschaft mancher Wildarten, nach einem Hauptflor im Frühsommer mehrfach nachzublühen, wurde bei den modernen Sorten züchterisch weiterentwickelt. Diese entfalten ihren Flor ununterbrochen oft bis zum ersten Frost. Die gefüllt blühenden Sorten ohne Hagebutten.

Edelrosen, Teehybriden
Rosa in Sorten
Rosengewächse [24]

3 | 0,5–1 M | JUNI–OKT | STRAUCH

KENNZEICHEN Oft straff aufrechter Wuchs; je nach Sorte unterschiedlich bestachelt; Blätter 5-teilig, Blättchen sortenabhängig, oft im Austrieb rötlich; schlanke, edle Knospen, elegant geformte Blüten meist einzeln oder zu wenigen an langen Stielen, gefüllt, meist sehr groß, teils stark duftend; Farbe je nach Sorte.

VORKOMMEN Im 19. Jh. aus der chinesischen Tee-Rose (*R. x odorata*) gezüchtet; Ansprüche wie Öfterblühende Strauchrosen.

WISSENSWERTES Moderne Sorten, nicht nur der Edelrosen, sind in aller Regel auf Wildrosenunterlagen veredelt, erkennbar an der wulstigen Veredelungsstelle unter der Erdoberfläche.

Beetrosen
Rosa in Sorten (Polyantha, Floribunda)
Rosengewächse [24]

4 | 0,4–1 M | JUNI–OKT | STRAUCH

KENNZEICHEN Meist buschig und gleichmäßig dicht verzweigt; je nach Sorte unterschiedlich bestachelt; Blätter 5- bis 7-teilig, Blättchen sortenabhängig; Blüten einfach, halb gefüllt oder gefüllt, klein oder groß, in vielblütigen Büscheln, Farbe und Duft je nach Sorte.

VORKOMMEN Polyantha-Hybriden im 19. Jh. auf Grundlage der Vielblütigen Rose (S. 216) entstanden, Floribunda-Rosen durch Einkreuzen von Teehybriden; Ansprüche wie öfterblühende Strauchrosen.

WISSENSWERTES Polyantha-Hybriden unterscheiden sich von den Floribunda-Rosen durch kleinere, äußerst zahlreich beisammen stehende Blüten. Aufgrund intensiver Züchtungsarbeit gibt es allerdings zahllose Übergänge. Diese Sorten werden meist in Gruppen auf Beete gepflanzt, daher die Bezeichnung Beetrosen.

Bodendeckerrosen *Rosa* in Sorten
Rosengewächse [24]

5 | 0,3–1 M | JUNI–OKT | STRAUCH

KENNZEICHEN Wuchs niederliegend bis kriechend, überhängend oder flach buschig; je nach Sorte unterschiedlich bestachelt; Blätter 5- bis 7-teilig; Blüten oft klein, sehr unterschiedlich, je nach Sorte; teils Hagebutten bildend.

VORKOMMEN Kreuzungen und Auslesen der unterschiedlichsten Herkünfte; brauchen meist Sonne, recht geringe Bodenansprüche.

WISSENSWERTES Die pflegeleichten Bodendeckerrosen eignen sich gut zum Begrünen größerer Flächen, für Böschungen oder als Treppenbegleiter. Man sollte bei der Auswahl weniger auf die Blütengröße achten als vielmehr auf eine reichblühende Sorte mit langer Blühzeit. Veredelte Rosen können unerwünschte Wildlinge aus der Unterlage treiben, Stecklingszuchten aber nicht.

Laubbäume und -sträucher

Acker-Brombeere, Kratzbeere
Rubus caesius
Rosengewächse | 24

1 | 0,5–1 M | MAI–AUG | (KLETTER-)STRAUCH

KENNZEICHEN Zweige überhängend, niederliegend oder kletternd, an den Spitzen wurzelnd; junge Schösslinge dünn und rund, oft bläulich bereift, mit kurzen, nadelartigen Stacheln; Blätter 3-zählig mit großem, lang gestieltem Endblättchen, am Rand gezähnt, leicht behaart; Blüten weiß, in wenigblütigen Doldentrauben; ab Aug. schwarze, hellblau bereifte Sammelfrüchte, fad säuerlich bis süß schmeckend.

VORKOMMEN In fast ganz Europa häufig; besiedelt frische bis nasse, nährstoffreiche Standorte in Auwäldern, an Gräben und Wegrändern; bevorzugt kalkhaltige Lehm- und Tonböden, verträgt Halbschatten.

WISSENSWERTES Brombeer- wie Himbeerarten treiben jährlich Schösslinge aus, die im ersten Jahr unfruchtbar bleiben, im zweiten Jahr dann kurze, fruchttragende Seitentriebe bilden. Nach dem Fruchten sterben sie ab und werden durch Neuaustrieb aus der Basis ersetzt. Deshalb stuft man sie auch als Halbsträucher ein. Streng genommen sind sie jedoch „Scheinsträucher", da bei den von unten her verholzenden „echten" Halbsträuchern die Triebe nicht ganz absterben. Den Namen Kratzbeere teilt sich die Art landschaftsweise mit der Echten Brombeere.

Echte Brombeere
Rubus fruticosus agg.
Rosengewächse | 24

2 | 0,5–2 M | MAI–AUG | (KLETTER-)STRAUCH

KENNZEICHEN Oft dickichtartig; bogig überhängende, aufliegende oder kletternde, meist dicht bestachelte Triebe; teils wintergrün; Blätter 5- bis 7-zählig gefingert, Blättchen 5–10 cm lang, Endblättchen oft größer und lang gestielt, Ränder ungleich scharf gesägt; Blüten weiß oder schwach rosa, 5-zählig, in lockeren Rispen; ab Aug. schwarz glänzende Sammelfrüchte, säuerlich süß und aromatisch schmeckend; bildet Ausläufer.

VORKOMMEN In Mittel- und Westeuropa häufig, besonders im eher feuchten, kühlen Klima. Besiedelt vor allem Wälder, Gebüsche, Lichtungen und Waldränder, bevorzugt beschattete Stellen auf nährstoffreichen Böden. Als Obstgehölz in mehreren großfrüchtigen, teils unbestachelten Sorten angebaut.

WISSENSWERTES Der Zusatz „agg." (für Aggregat) beim botanischen Namen gibt an, dass es sich bei der Brombeere um eine formenreiche Sammelart handelt (s. auch S. 32). In Gärten werden oft stachellose Sorten gezogen, die von amerikanischen Wildarten abstammen.

Echte Himbeere *Rubus idaeus*
Rosengewächse | 24

3 | 0,5–2 M | MAI–JUNI | STRAUCH

KENNZEICHEN Oft dickichtartig; Schösslinge aufrecht bis leicht überhängend, feinstachelig; Blätter 3- bis 7-zählig mit gestieltem Endblättchen, Blättchen eiförmig, 5–10 cm lang, gesägt, oberseits runzlig, unterseits weißfilzig; Blüten weiß, nickend, in wenigblütigen Rispen; ab Juli halbkugelige Sammelfrüchte, rot, bei Kultursorten auch gelb, saftig süß und aromatisch; bildet Ausläufer.

VORKOMMEN In ganz Europa mit Ausnahme der Mittelmeerregion und Südosteuropas häufig oder zerstreut; tritt auf Waldlichtungen, an Waldrändern und in Gebüschen auf, seltener auf Steinschutt, meist in größeren Beständen; braucht frischen bis feuchten, nährstoffreichen Boden, bevorzugt sonnige Stellen.

WISSENSWERTES Bei so genannten zweimal tragenden Kultur-Himbeeren fruchten bereits die einjährigen Triebe und liefern zusätzlich zur Sommerernte noch einen Herbstbehang. Anders als bei Brombeeren lösen sich beim Pflücken der Himbeeren die Früchte vom kegelig aufgewölbten Blütenboden ab. Als Obstgehölze werden auch einige Kreuzungen zwischen Himbeer- und Brombeersippen kultiviert, in Europa am häufigsten die Loganbeere (*R. loganobaccus*) mit walzlichen, bei Reife dunkelvioletten Früchten.

Japanische Wein-Himbeere
Rubus phoenicolasius
Rosengewächse | 24

4 | 2–3 M | JUNI–JULI | STRAUCH

KENNZEICHEN Aufrecht mit überhängenden Trieben; Zweige, Blatt- und Blütenstiele sowie Kelch dicht mit roten Drüsenborsten besetzt **(4a)**; Blätter 3-(bis 5-)zählig gefingert, Blättchen eiförmig bis breit eiförmig, 4–10 cm lang; Blüten weiß bis rosa, zu 6 bis 10 in dichten Schirmrispen; kleine orangerote „Himbeeren" **(4b)**, saftig und wohlschmeckend; Ausläufer bildend.

VORKOMMEN Aus Ostasien stammend; schattenverträglich, wird auf frischen bis feuchten Böden für Unterpflanzungen verwendet.

WISSENSWERTES Der Strauch hat Wildgehölz-Charakter und ist eine schöne Zierde für Schattenpartien, muss allerdings wegen starker Ausläuferbildung im Zaum gehalten werden.

Laubbäume und -sträucher

Fingerstrauch *Potentilla fruticosa*
Rosengewächse [24]

1 | 0,4–1,2 M | MAI–SEPT | STRAUCH |

KENNZEICHEN Breit buschig, dicht verzweigt; Blätter meist 5-zählig gefiedert, sitzend, Blättchen elliptisch bis linealisch, 1–3 cm lang, ganzrandig; Blüten gelb, bei Sorten auch weiß bis orangerot, schalenförmig, bis 4 cm Ø, 5-zählig.
VORKOMMEN Vereinzelte Wildstandorte in der nördlich-gemäßigten Zone; im Gebirge in Felsspalten, im Flachland auf eher feuchten Standorten. Häufig gepflanzt in niedrigen Hecken, zur Flächen- und Böschungsbegrünung, gedeiht noch im Halbschatten.
WISSENSWERTES Der Fingerstrauch erfreut sich aufgrund seiner Anspruchslosigkeit und langen Blühdauer großer Beliebtheit in Gärten wie im öffentlichen Grün.

Strauch-Pfingstrose
Paeonia, Suffruticosa-Gruppe
Pfingstrosengewächse [21]

2 | 1–2 M | MAI–JUNI | STRAUCH |

KENNZEICHEN Breit aufrecht, wenig verzweigt; lang gestielte, große, oft doppelt gefiederte Blätter, meist mit 3 wiederum stark unterteilten Blättchen, die bis 10 cm lang werden; Blüten weiß, rosa, rot oder violett, einfach oder gefüllt, 10–25 cm Ø, einzeln an den Zweigenden.
VORKOMMEN In China und Tibet beheimatet; braucht einen sonnigen, warmen, geschützten Pflanzplatz mit humosem, gut durchlässigem, nährstoffreichem Boden; in der Jugend recht frostempfindlich (Winterschutz nötig).
WISSENSWERTES Strauchpfingstrosen wurden schon vor 2000 Jahren im alten China kultiviert, früh auch in Japan, von wo sie im 18. Jh. nach Europa eingeführt wurden. Hinter den prächtigen „Blumen des Kaisers" (von Japan) wurde Heilkraft vermutet; schließlich glaubte man herausgefunden zu haben, dass sie Kindern beim Zahnen und gegen die „Gichter" (Krämpfe) helfen. So heißen sie bis heute noch Gichtrosen. Paeonia leitet sich ab von „Paian", dem Heilkundigen unter den altgriechischen Göttern.

Bittersüßer Nachtschatten
Solanum dulcamara
Nachtschattengewächse [62]

3 | 0,5–3 M | JUNI–AUG | HALBSTRAUCH | †

KENNZEICHEN Wächst kletternd oder niederliegend; Rinde und Blätter unangenehm riechend; obere Blätter zuweilen 3-teilig mit deutlich größerem Endblättchen, sonst Blätter einfach und ganzrandig, eiförmig, lang gestielt; Blüten mit 5 violetten, zurückgeschlagenen Kronblättern, in der Mitte großer, vorstehender Staubbeutelkegel; rundliche Beeren, erst grün, dann scharlachrot glänzend.
VORKOMMEN In Europa auf nährstoffreichen, feuchten Böden häufig; an Wegrändern und Ufern, in Weidegebüschen und Auwäldern.
WISSENSWERTES Der Bittersüße Nachtschatten enthält in allen Pflanzenteilen giftige Alkaloide (s. auch Hinweise S. 24, S. 110).

Chinesischer Götterbaum
Ailanthus altissima
Bittereschengewächse [40]

4 | 20–25 M | JUNI–JULI | BAUM |

KENNZEICHEN Breitkronig, oft mehrstämmig; Rinde glatt mit auffälligen weißen Längsrissen; Blätter unpaarig gefiedert mit 13 bis 25 eilanzettlichen, fein gewimperten Teilblättchen, die rund 10 cm Länge erreichen; kleine grüngelbe Blüten in aufrechten, bis 25 cm langen Rispen, unangenehm riechend; Früchte mit zungenförmigem Flugblatt, in dessen Mitte sie liegen.
VORKOMMEN In China und Korea beheimatet; braucht Sonne, in Bezug auf den Boden recht anspruchslos; Park- und Alleenbaum, gelegentlich auch in der freien Landschaft gepflanzt.
WISSENSWERTES Der Götterbaum wurde besonders zu Beginn des 20. Jh. in mitteleuropäische Parkanlagen eingebracht. Sein Name deutet „himmelhohen" Wuchs an – auf den Molukken heißt er Ailanto (Baum des Himmels).

Echte Walnuss *Juglans regia*
Walnussgewächse [31]

5 | 15–25 M | MAI | BAUM |

KENNZEICHEN Lockere, runde Krone, im Alter breit ausladend; Mark junger Zweige gefächert; 20–50 cm lange Blätter, unpaarig gefiedert mit 5 bis 9 elliptischen, derben Teilblättchen, die 6–12 cm lang werden; männliche Blüten in hängenden Kätzchen, weibliche unauffällig in Ähren; ab September Früchte mit glatter, grüner Schale, darin die gefurchte Nuss.
VORKOMMEN In Asien und Südosteuropa beheimatet, in einer kleinfrüchtigen Form ursprünglich auch in Mitteleuropa; in Weinbaugebieten oft aus alten Pflanzungen verwildert; frostempfindlich, braucht nährstoff- und kalkreichen, tiefgründigen Boden.
WISSENSWERTES Zur Fruchtgewinnung angebaute Sorten sind meist auf Walnuss- oder Schwarznuss-Unterlagen veredelt und werden hochstämmig gezogen.

Laubbäume und -sträucher

Schwarze Walnuss, Schwarznuss
Juglans nigra
Walnussgewächse [31]

1 | 15–30 M | MAI | BAUM

KENNZEICHEN Runde Krone, im Alter breit ausladend; Mark junger Zweige gefächert; 30–60 cm lange, gefiederte Blätter mit 10 bis 23 Teilblättchen (das Endblättchen ist nur gelegentlich vorhanden), Blättchen länglich eiförmig, bis 13 cm lang, gesägt, unterseits weichhaarig; männliche Blütenkätzchen hängend, weibliche Blüten unscheinbar zu 2 bis 5; Früchte kugelig, fast pfirsichgroß, rauschalig, braun bis schwarzbraun, mit tief gefurchten, schwarzen Nüssen, Same essbar.

VORKOMMEN In Nordamerika beheimatet, dort bis 50 m hoch; in Mitteleuropa gelegentlich als Parkbaum; braucht tiefgründigen Boden.

WISSENSWERTES Für die sehr dicken Schalen der Steinkerne wurden in Amerika Spezial-Nussknacker entwickelt. Die süß schmeckenden Samen werden dort in Konditoreien und für Speiseeis verwendet. Mit der Echten Walnuss (S. 222), den Pekannüssen (vgl. Hickory) und der Mandel (S. 176) gehört sie zu den wenigen Arten mit essbaren Samen in gefurchten Hartschalen. Bei Steinobstarten wie Pflaume oder Pfirsich dagegen sind die Kerne ungenießbar bis giftig (s. auch S. 176 und 292).

Schuppenrinden-Hickory
Carya ovata
Walnussgewächse [31]

2 | 20–25 M | MAI | BAUM

KENNZEICHEN Rundliche Krone; Borke großschuppig-schindelartig ablösend; Mark junger Zweige nie gefächert; Blätter 20–35 cm lang, unpaarig gefiedert, mit meist 5 eilanzettlichen, gesägten Teilblättchen, unteres Blattpaar deutlich kleiner, goldgelbe Herbstfärbung; männliche Blütenkätzchen zu 3 an einem gemeinsamen Stiel, weibliche Blüten in kurzen, unscheinbaren Ähren; Früchte kugelig, grün, 4-furchig, mit rundlicher 4-kantiger, weißlicher Nuss, Samen süß schmeckend.

VORKOMMEN In Nordamerika beheimatet, dort höherwüchsig; bei uns in wärmeren Regionen gelegentlich als Parkbaum, winterhart; benötigt nährstoffreichen, tiefgründigen, warmen und eher feuchten Boden.

WISSENSWERTES Eine eng verwandte, ebenfalls nordamerikanische Art, *C. illinoiensis,* liefert die bekannten Pekannüsse. Das sehr harte Holz der Hickory-Bäume wird in den USA zum Herstellen von Gerätestielen, z. B. für Äxte, genutzt.

Kaukasische Flügelnuss
Pterocarya fraxinifolia
Walnussgewächse [31]

3 | 10–20 M | APR–MAI | BAUM

KENNZEICHEN Meist mehrstämmiger Baum mit unten waagrecht abgehenden Zweigen; Mark junger Zweige gefächert; Blätter 20–50 cm lang, unpaarig gefiedert, Endblättchen gelegentlich fehlend; 11 bis 21 schmale, längliche, fein gesägte Teilblättchen, 5–13 cm lang, unterseits mit deutlichen Achselbärten, Blattspindel zwischen den Blättchen rundlich; männliche Blütenkätzchen einzeln hängend, weibliche Blüten zu vielen in hängenden Ähren; Früchte geflügelt, bis 2 cm groß, graugelb, in 20–30 cm langen Fruchtständen; bildet Ausläufer.

VORKOMMEN Im Kaukasus beheimatet; wächst auf tiefgründigen, nährstoffreichen, feuchten bis nassen Böden in Sonne und Halbschatten; robust und stadtklimaverträglich.

WISSENSWERTES Die Kaukasische Flügelnuss sieht man nicht selten in Parks mit Bachläufen oder großen Teichen, wo sie den Uferbereich ziert. Es gibt von ihr auch die Sorte 'Dumosa', die nur strauchig wächst. Man findet diese aber seltener, ebenso wie *P. x rehderiana*, ihren Bastard mit der Chinesischen Flügelnuss (die Blattrhachis, das ist der Tragstiel der Seitenblättchen, ist bei ihr geflügelt).

Amerikanische Gleditschie
Gleditsia triacanthos
Johannisbrotgewächse [35]

4 | 15–20 M | JUNI–JULI | BAUM

KENNZEICHEN Lockere, unregelmäßig aufgebaute Krone, Stamm und Zweige dicht mit glänzenden, braunroten Dornen bewehrt; Blätter bis über 20 cm lang, meist doppelt gefiedert, mit 8 bis 14 wiederum unterteilten Fiederblättchen; grünliche Blüten in hängenden Trauben; bis 50 cm lange Fruchthülsen, oft in sich gedreht, erst grün, dann dunkel braunrot, lange haftend.

VORKOMMEN In Nordamerika beheimatet, wächst dort in Auwäldern und erreicht bis 40 m Höhe; in Mitteleuropa als Park- und Alleenbaum; wächst in Sonne und Halbschatten bevorzugt auf durchlässigen, eher nährstoffarmen, frischen bis feuchten Böden, verträgt aber auch Trockenheit.

WISSENSWERTES Nach ihren auffälligen Früchten ist die Gleditschie auch als Lederhülsenbaum bekannt. Neben der beschriebenen Art gibt es auch einige dornenlose Formen sowie die Sorte 'Sunburst' mit zierenden goldgelbgrünen Blättern.

Laubbäume und -sträucher

Rispiger Blasenbaum
Koelreuteria paniculata
Seifenbaumgewächse [42]

1 5–8 M | JULI–AUG | BAUM, STRAUCH

KENNZEICHEN Als Baum kurzstämmig mit breiter, rundlicher Krone; Blätter bis 35 cm lang, unpaarig gefiedert mit 7 bis 15 Blättchen, diese eilänglich und unregelmäßig kerbig gesägt, dunkelgrün, im Austrieb rötlich, im Herbst gelb bis orange; gelbe, zentimetergroße, 5-zählige Blüten, zahlreich in bis zu 35 cm langen Rispen; blasig aufgetriebene Fruchtkapseln, erst grün, dann bräunlich, 3–5 cm lang.

VORKOMMEN In Japan, China und Korea beheimatet; Ziergehölz für sonnigen, etwas geschützten Stand, braucht durchlässigen, gern kalkhaltigen Boden.

WISSENSWERTES Mit seiner späten Blüte stellt der Blasenbaum eine Besonderheit unter den Ziergehölzen dar. Er eignet sich gut als kleiner Gartenbaum, jedoch nicht für windexponierte Lagen, da die Zweige etwas brüchig sind.

Essigbaum, Kolben-Sumach
Rhus hirta (R. typhina)
Sumachgewächse [41]

2 4–8 M | JUNI–JULI | STRAUCH, BAUM †

KENNZEICHEN Meist mehrstämmig, sparrig verzweigt, sehr breitwüchsig; junge Zweige oft blau bereift; Blätter bis 50 cm lang, unpaarig gefiedert mit 11 bis 31 Blättchen, diese eilänglich, lang zugespitzt, 5–12 cm lang, gesägt, unterseits hell graugrün, Herbstfärbung orange bis scharlachrot; grünliche Blüten in endständigen Rispen, männliche und weibliche auf verschiedenen Bäumen; große, kolbenartige, aufrechte, rotbraune Fruchtstände, dicht behaart; starke Ausläuferbildung.

VORKOMMEN In nordamerikanischen Laubwäldern beheimatet, bereits 1629 nach Europa eingeführt und hier häufig in Gärten und Parks gepflanzt; gedeiht in Sonne und lichtem Schatten, geringe Bodenansprüche.

WISSENSWERTES Der Essigbaum ist ein sehr dekoratives Gehölz, das durch die lang haftenden Fruchtkolben noch im Winter Zierwirkung entfaltet. Allerdings treibt er so stark Ausläufer, dass er nach anfänglicher Begeisterung aus etlichen Gärten wieder entfernt wurde. Alle Pflanzenteile, v. a. Blätter und Früchte enthalten Giftstoffe, die in erster Linie Hautreizungen hervorrufen können. Gefährliche Verwandte, z.B. Gift-Sumach, *R. toxicodendron* (Blätter 3-zählig), sind heute bei uns mit ganz seltenen Ausnahmen nur noch in Botanischen Gärten zu sehen.

Gewöhnliche Mahonie
Mahonia aquifolium
Berberitzengewächse [14]

3 0,5–1,5 M | APR–MAI | STRAUCH †

KENNZEICHEN Breit buschig, vieltriebig; Zweige unbestachelt; immergrün, Blätter unpaarig gefiedert mit 5 bis 9 Blättchen, diese breit eiförmig, am Rand gewellt und dornig gezähnt, ledrig, glänzend dunkelgrün, 4–8 cm lang; gelbe, 6-zählige Blüten dicht in aufrechten Trauben; erbsengroße, blau bereifte Beeren mit dunkelrotem Saft, schwach giftig; bildet kurze Ausläufer.

VORKOMMEN Stammt aus Nordamerika, bei uns häufig in Gärten und im öffentlichen Grün gepflanzt; gedeiht in Halbschatten und Schatten auf vorzugsweise etwas feuchten Böden; nicht ganz frosthart, doch in milderen Regionen, so z.B. in Weinbaugebieten, des Öfteren an Waldrändern oder in Feldgebüschen verwildert.

WISSENSWERTES Seiner Herkunft aus nordamerikanischen Nadelwäldern entsprechend, kommt der attraktive Kleinstrauch nicht nur mit dem Schatten großer Koniferen zurecht, sondern auch mit deren dominierendem Wurzelwerk. Die Mahonie ist deshalb ein beliebter Problemlöser für Schattenpartien unter alten, hohen Bäumen, wo sich sonst kaum anderer Unterwuchs ansiedeln kann.

Sibirische Fiederspiere
Sorbaria sorbifolia
Rosengewächse [24]

4 1–2,5 M | JUNI–JULI | STRAUCH

KENNZEICHEN Straff aufrecht, wenig verzweigt; Blätter 15–30 cm lang, unpaarig gefiedert mit 11 bis 25 lanzettlichen, kahlen, gesägten Blättchen; Blüten klein, gelblich weiß, 5-zählig, dicht in schmal kegeligen, aufrechten Rispen, die bis 30 cm lang werden können; unauffällige trockenhäutige Balgfrüchte; starke Ausläuferbildung, dabei ein oft üppiges Breitenwachstum mit Verdrängung anderer Pflanzen.

VORKOMMEN Im nordöstlichen Sibirien beheimatet, in Mitteleuropa lokal aus früheren Pflanzungen verwildert; wächst in Sonne wie Schatten, geringe Bodenansprüche, frosthart und hitzeverträglich.

WISSENSWERTES In Parks, seltener in Gärten, sieht man die Fiederspiere des Öfteren als Unterwuchs hoher Bäume. Sie wird auch in der freien Landschaft als Pioniergehölz auf Rohböden gepflanzt. „Halbwild" wächst sie zuweilen an Waldrändern und in Feldgebüschen. Wurde früher als *Spiraea sorbifolia* geführt.

Laubbäume und -sträucher

Amerikanische Eberesche
Sorbus americana
Rosengewächse [24]

1 | 7–9 M | MAI–JUNI | BAUM, STRAUCH

KENNZEICHEN Oft mehrstämmig; Blätter unpaarig gefiedert mit 11 bis 17 Blättchen, diese länglich bis lanzettlich, 4–10 cm lang, deutlich gesägt, dunkelgrün; derb; rahmweiße kleine Blüten in Schirmrispen; kleine, leuchtend rote Früchte, sehr dicht gedrängt, ungenießbar.

VORKOMMEN Stammt aus Nordamerika, braucht Sonne und frische bis feuchte Böden, nicht stadtklimaverträglich.

WISSENSWERTES Diese Art wurde als zierende Alternative zu den heimischen Ebereschen eingeführt, hat sich allerdings nie in großem Stil durchgesetzt, wohl auch wegen ihrer Kurzlebigkeit und recht hohen Schädlingsanfälligkeit.

Vogelbeere, Gewöhnliche Eberesche
Sorbus aucuparia
Rosengewächse [24]

2 | 5–15 M | MAI–JUNI | BAUM, STRAUCH

KENNZEICHEN Locker aufgebaute, eiförmige Krone; Blätter bis 20 cm lang, unpaarig gefiedert mit 9 bis 17 Blättchen, diese länglich bis lanzettlich, 2–6 cm lang, gezähnt, unterseits oft blaugrün, gelborange bis rote Herbstfärbung; weiße kleine Blüten in Schirmrispen mit 10–15 cm Ø, unangenehm riechend; ab Aug. scharlachrote, erbsengroße Früchte.

VORKOMMEN In Mitteleuropa vom Tiefland bis in die Alpen weit verbreitet, in Mischwäldern und an Waldrändern, auf Hochmooren und Heiden; sehr häufig auch gepflanzt; robust und anpassungsfähig, verträgt allerdings Hitze schlecht, bevorzugt kühl-luftfeuchte Lagen.

WISSENSWERTES Die „Beeren" sind botanisch gesehen kleine Apfelfrüchte und nur nach Verarbeitung genießbar. Besonders große, vitaminreiche Früchte bringt die Mährische Eberesche (*S. aucuparia* 'Edulis') hervor. Sie gelten als arm an Bitterstoffen und reich an Zucker, wobei sie ausgereift auch den Zucker Sorbit (Name von *Sorbus*) enthalten, der für Diabetiker ungefährlich ist. Sorten mit hohem Bitterstoffgehalt wurden als Ziergehölze angeboten, um die Früchtepracht im Herbst vor Vogelfraß zu bewahren.

Speierling *Sorbus domestica*
Rosengewächse [24]

3 | 10–20 M | MAI–JUNI | BAUM

KENNZEICHEN Meist kurzstämmig mit breitrunder Krone; Blätter bis 30 cm lang, unpaarig gefiedert mit 13 bis 21 Blättchen, diese länglich bis lanzettlich, 3–8 cm lang, gesägt, derb ledrig, unterseits bläulich grün; weiße, etwa 1,5 cm breite Blüten in 6- bis 12-blütigen, kegelförmigen Schirmrispen mit rund 10 cm Ø; apfel- oder birnenförmige, 2–4 cm lange Früchte gelbgrün bis bräunlich, sonnenseits rötlich.

VORKOMMEN In Südeuropa beheimatet, in wintermilden Gebieten Mitteleuropas regional aus früheren Pflanzungen verwildert, seit Ende des 20. Jh. im Rahmen der Landschaftspflege wieder häufiger gepflanzt; bevorzugt eher trockene, kalkreiche, schwere Böden.

WISSENSWERTES Die gerbstoffhaltigen Früchte sind erst spät im Herbst genießbar, wenn sie außen braun und innen teigig geworden sind. Hauptsächlich werden sie Apfelmost und -wein zur Geschmacksabrundung zugesetzt.

Rosafrüchtige Eberesche
Sorbus vilmorinii
Rosengewächse [24]

4 | 4–6 M | JUNI | STRAUCH, BAUM

KENNZEICHEN Überhängende Zweige; Blätter unpaarig gefiedert mit 17 bis 29 Blättchen, diese 1,5–3,5 cm lang, nur im oberen Teil gesägt, unterseits graugrün; weiße kleine Blüten in rostbraun behaarten Schirmrispen; Früchte erst rötlich, dann blassrosa, ungenießbar.

VORKOMMEN Stammt aus China; Ansprüche wie Amerikanische Eberesche.

WISSENSWERTES Ähnlich wie einige andere eingeführte Arten wurde diese Eberesche als Ziergehölz nicht besonders populär, erwies sich aber in Parks und Gärten als sehr langlebig.

Thüringer Mehlbeere
Sorbus* x *thuringiaca 'Fastigiata'
Rosengewächse [24]

5 | 5–7 M | MAI–JUNI | BAUM

KENNZEICHEN Kegel- bis eiförmige Krone; Blätter 6–10 cm lang, nur am Grunde mit 1 bis 4 Fiederpaaren, im oberen Teil gelappt, derb; kleine weiße Blüten in Schirmrispen mit 6–10 cm Ø; dunkelrote Früchte, die kaum genießbar sind.

VORKOMMEN Bastard zwischen Mehlbeere (S. 166) und Vogelbeere (vgl. 2); wird in der Landschaft und im Siedlungsbereich gepflanzt, öfter auch als Straßenbaum; gedeiht in Sonne und lichtem Schatten auf jedem normalen Boden.

WISSENSWERTES Die Hybride wurde teils auch als Form der Schwedischen Mehlbeere (S. 188) angesehen.

Laubgehölze, Blätter nadel- oder schuppenförmig

Französische Tamariske
Tamarix gallica
Tamariskengewächse [19]

1 | 4–6 M | JULI–SEPT | STRAUCH, BAUM

KENNZEICHEN Meist mehrstämmig, unregelmäßig verzweigt; Blätter schuppenförmig und dunkel bis bläulich grün; Blüten rosa, 5-zählig, in 3–5 cm langen, dichten, zylindrischen Trauben, endständig an einjährigen Zweigen, Tragblätter doppelt so lang wie die Blütenstiele.

VORKOMMEN In Südeuropa, Afrika und Asien heimisch, in Mitteleuropa gelegentlich als Ziergehölz; braucht einen möglichst sonnigen, warmen Platz, wächst auf jedem durchlässigen, nicht zu sauren Boden, auch auf sandigem Untergrund, sehr trockenheits- und salzverträglich, recht frosthart.

WISSENSWERTES Anders als ihr Name vermuten lässt, ist die Art am Mittelmeer v. a. in Italien und Spanien zu finden und wächst dort häufig an der Küste. Nach manchen Quellen soll eine Varietät von *T. gallica* derjenige Baum gewesen sein, der das biblische Manna lieferte. Mit Manna bezeichnet man einen süßen Pflanzensaft, der an der Luft auskristallisiert (vgl. auch Manna-Esche, S. 84). Das bei ausreichend Wärme robuste Gehölz wird in manchen Ländern genutzt, um Dünen und Sandbänke zu befestigen. Dort sieht man es jedoch teils auch als „Unkraut" an, da es sich gerade an feuchten Standorten schnell ausbreitet und anderen Pflanzen das Wasser entzieht.

Frühlings-Tamariske
Tamarix parviflora
Tamariskengewächse [19]

2 | 3–4 M | APR–MAI | STRAUCH, BAUM

KENNZEICHEN Locker aufgebaut, vieltriebig, mit überhängenden, rutenartigen, dunkel rotbraunen Zweigen; Blätter schuppenförmig, eilanzettlich mit trockenhäutiger Spitze **(2b)**; Blüten rosa, 4-zählig, in 2–4 cm langen, schmalen Trauben **(2a)**, Tragblätter kaum länger als die Blütenstiele.

VORKOMMEN Verbreitung und Ansprüche wie die Französische Tamariske.

WISSENSWERTES Die Frühlings-Tamariske ist bei uns häufiger zu sehen als die zuvor beschriebene Art, nicht nur in Parks und Gärten. Gelegentlich wird sie hier ebenso wie in ihrer Heimat als Pioniergehölz auf Rohböden und zum Befestigen von Dünen oder sandigen bis schottrigen Böschungen eingesetzt. Tamarisken gelten auch als „Salzsträucher": Sie scheiden an der Oberfläche Salz aus, das eine Kruste bildet.

Sommer-Tamariske
Tamarix ramosissima
Tamariskengewächse [19]

3 | 3–5 M | JULI–SEPT | STRAUCH, BAUM

KENNZEICHEN Locker aufrecht, vieltriebig, mit überhängenden, rutenartigen, grünbraunen Zweigen; Blätter schuppenförmig, lanzettlich bis pfriemlich, graugrün; Blüten hellrosa, 5-zählig, in 3 cm langen, lockeren Trauben, die rispig beisammenstehen, Tragblätter pfriemlich, länger als die Blütenstiele.

VORKOMMEN In Südosteuropa und Ostasien; Ansprüche wie die Französische Tamariske, aber zumindest in der Jugend etwas frostempfindlicher; recht häufig in Gärten und Parks.

WISSENSWERTES Diese Art wird teils noch unter alten Bezeichnungen wie *T. pentandra* oder *T. odessana* geführt und ist auch unter dem deutschen Namen Kaspische Tamariske bekannt. Es gibt einige besonders reich blühende Formen, darunter die attraktive Sorte 'Rubra' mit dunkelrosa Blüten und blaugrünen Blättern.

Deutsche Tamariske, Rispelstrauch
Myricaria germanica
Tamariskengewächse [19]

4 | 0,5–2 M | JUNI–AUG | STRAUCH

KENNZEICHEN Locker aufrecht mit überhängenden, rutenartigen, gelbgrünen bis rötlich braunen Zweigen; Blätter schuppenförmig, dachziegelartig an den Sprossachsen anliegend, blaugrau bereift, am Hauptspross um 5 mm lang, pfriemlich, an den Seitensprossen nur bis 2 mm lang, linealisch, dicklich; Blüten blassrosa, meist 5-zählig, kaum 5 mm lang, in 10–20 cm langen, endständigen Trauben, Tragblätter lang zugespitzt.

VORKOMMEN In Mitteleuropa fast ausschließlich an und in Flüssen, die die Alpen nach Norden verlassen und die breite, unverbaute Kiesbänke aufweisen; dort selten, aber gesellig, oft zusammen mit kleinwüchsigen Weiden und Sanddorn; gedeiht nur in der Sonne auf wechselnassen, regelmäßig überschwemmten Standorten, vorzugsweise auf schlickhaltigen Sanden, kalkliebend, humusunverträglich.

WISSENSWERTES Die Deutsche Tamariske ist ein ausgesprochener Standort-Spezialist und wird manchmal an sehr feuchten, sandig-kiesigen Standorten als Pionierbepflanzung eingesetzt, z. B. bei Materialentnahmestellen mit hohem Grundwasserspiegel. Da die Überschwemmungsgebiete der Alpenflüsse entweder für Staubecken genutzt oder aber vielerorts verbaut wurden, ist der Bestand der Art gefährdet.

Laubgehölze, Blätter nadel- oder schuppenförmig

Gewöhnliches Meerträubel
Ephedra distachya
Meerträubelgewächse [8]

1 0,4–1 M | MAI–JUNI | STRAUCH

KENNZEICHEN Besenartiger Wuchs; Sprossachsen niederliegend, Zweige steif aufrecht, dünn, dunkelgrün, gestreift, mit etwa 5 cm langen Gliedern zwischen den winzigen, ringsum trockenhäutigen Schuppenblättern; männliche und weibliche Blüten gelbgrün, getrennt an verschiedenen Pflanzen, männliche in länglich eiförmigen Blütenständen, weibliche Blüten meist paarweise, von dachziegelartiger Hülle umgeben; beerenähnliche, rote Scheinfrüchte mit 1 Samen in fleischiger Hülle (s. S. 286: 1).
VORKOMMEN Im Mittelmeergebiet verbreitet, nach Norden bis in die südlichen und westlichen Alpentäler und im Donautal, in der ssp. *helvetica* in der Schweiz im Wallis, dort geschützte Art; gelegentlich in Steingärten gepflanzt; wächst in der Sonne auf durchlässigen, sandigen oder kiesigen bis felsigen Böden, vorwiegend an trockenheißen Standorten, frosthart.
WISSENSWERTES Der Strauch gilt gemeinhin nicht als giftig, enthält aber ein Alkaloid, das bei manchen seiner Verwandten stärker konzentriert ist, das Ephedrin. Diese Substanz wirkt auf das Nervensystem und hat in höherer Dosierung euphorisierende Effekte. Auszüge aus Meerträubel-Arten werden schon seit alters her als Aufputschmittel verwendet, wobei unangenehme Nebenwirkungen bei Missbrauch nicht ausbleiben.

Besenheide, Heidekraut
Calluna vulgaris
Heidekrautgewächse [58]

2 0,2–0,8 M | JULI–SEPT | ZWERGSTRAUCH

KENNZEICHEN Stark verzweigt, teils niederliegend, teils aufrecht **(2a, 2c)**; dünne, drahtartige, braune Zweige; immergrün, Blätter schuppenartig, um 2 mm lang, deutlich in 4 Reihen angeordnet und sich dachziegelartig überdeckend, grau- bis dunkelgrün, kahl; kleine Blüten im oberen Teil der Kurztriebe aufgereiht rötlich oder rosa, glöckchenförmig, mit 4 rosa gefärbten Kelchblättern, die die 4 Kronblätter umschließen und überragen **(2b)**; kleine, braune Fruchtkapseln.
VORKOMMEN In Europa allgemein verbreitet, von der Ebene bis in Alpenhochlagen, in Heiden, Mooren, Magerwiesen, Zwergstrauchgesellschaften, in lichten Wäldern und an Waldrändern, oft in bodendeckenden Beständen; wächst nur auf sauren, nährstoffarmen Böden

bei genügend hoher Luftfeuchtigkeit, verträgt keine Beschattung; Gartenformen auch auf nährstoffreicheren Böden, die jedoch sauer und gut durchlässig sein müssen.
WISSENSWERTES Durch Beeinträchtigung und Zerstörung von Heide- und Moorlandschaften gehen die natürlichen Bestände der Besenheide zurück. Dies geschieht auch an Stellen, wo man heute höhere Bäume und Sträucher wie Birken oder Wacholder sich unbegrenzt ausbreiten lässt; dagegen kann sich der lichtbedürftige Zwergstrauch nicht durchsetzen. Er bildet wie die meisten Heidekrautarten eine Lebensgemeinschaft mit Bodenpilzen (Mykorrhiza), die er im Austausch gegen mineralische Nährstoffe mit Kohlenhydraten versorgt.
Die Besenheide gedeiht im feuchten Klima Großbritanniens gut, und von dort kommt auch die Tradition der Heidezüchtung. In Gärten und Parks wachsen heute Besenheiden mit Blüten in verschiedenen Rosa- und Lilatönen, in Weiß **(2d)** und in Rot, teils mit dekorativem silbergrauem oder goldgelbem Laub. Zu den wichtigen Zierformen gehören in neuerer Zeit die so genannten Knospenblüher, deren Blüten sich nicht öffnen, sondern im Knospenstadium verharren. Geschützt durch die kronblattartig gefärbten Kelchblätter sind sie sehr frostbeständig und „blühen" so teils bis in den Dezember hinein.

Vierkantige Schuppenheide
Cassiope tetragona
Heidekrautgewächse [58]

3 0,2–0,3 M | APR–MAI | ZWERGSTRAUCH

KENNZEICHEN Aufrecht verzweigt, Zweige kantig gerieft; immergrün, Blätter schuppenartig, 2–5 mm lang, ledrig, 4-zeilig angeordnet, dachziegelartig übereinander stehend; kleine, glockenförmige Blüten, weiß bis hellrosa.
VORKOMMEN Arktisch-alpine Art, in Nordamerika, Sibirien und Nordeuropa wild vorkommend; wird gelegentlich in Steingärten und Moorbeeten gepflanzt; braucht Sonne und sauren, durchlässigen, feuchten Boden.
WISSENSWERTES Im Gartenfachhandel wird die Art auch als Maiglöckchenheide bezeichnet. Als Ziersträucher finden meist Sorten Verwendung, die durch Einkreuzen anderer Arten entstanden sind, kompakt wachsen und reich blühen. Dazu gehören derzeit häufig die Sorten 'Muirhead' und 'Edinburgh'. Wo die Schuppenblätter fransig gewimpert sind, kann Wards Sch., *C. wardii*, als Elternteil einer Hybride fungieren, dort wo sie allerdings nicht 4-reihig anliegen und eher wechselständig abstehen, mag die Moosige Sch., *C. hypnoides*, Elternteil sein.

Laubgehölze, Blätter nadel- oder schuppenförmig

Ährenheide
Bruckenthalia spiculifolia
Heidekrautgewächse [58]

1 | 0,1–0,3 M | JUNI–AUG | ZWERGSTRAUCH

KENNZEICHEN Aufrecht mit dünnen Zweigen; immergrün; Blätter sehr dicht stehend, wirtelig angeordnet, schuppenförmig, stachelspitzig, um 4 mm lang; Blüten in 2–3 cm langen Trauben, rosa, angenehm duftend, glockenförmig mit 4 Zipfeln, die rosa gefärbten Kelchblätter, anders als bei Besenheide (S. 232) und Schnee-Heide (S. 236), miteinander verwachsen.
VORKOMMEN Auf dem Balkan und in Kleinasien beheimatet; gelegentlich in Steingärten gepflanzt, braucht Sonne und sauren, kalkfreien, locker-sandigen Boden.
WISSENSWERTES Die Art wird teils auch als „echte" Heide angesehen und *Erica spiculifolia* genannt. Sie ist winterhart.

Gewöhnlicher Stechginster
Ulex europaeus
Schmetterlingsblütengewächse [36]

2 | 0,6–2 M | APR–JUNI | STRAUCH

KENNZEICHEN Aufrecht, dicht verzweigt; Zweige kantig gefurcht, Kurztriebe zu bis 2 cm langen Dornen umgewandelt; dünnnadlige, stechend spitze Blätter, an der Basis der Zweige meist 3-teilig; gelbe Schmetterlingsblüten, um 2 cm lang, streng riechend; kleine schwarzbraune, rau behaarte Fruchthülsen.
VORKOMMEN Ursprünglich im atlantischen Westeuropa beheimatet, bis ins westliche Mitteleuropa verbreitet, an Nord- und Ostseeküste verwildert und eingebürgert; gedeiht nur in mildem, luftfeuchtem Klima, sehr frostempfindlich; wächst auf sauren, nährstoffarmen Böden in Heiden und an sonnigen Waldrändern.
WISSENSWERTES Der Stechginster, bei uns zuweilen in Gärten oder in der Landschaft gepflanzt, treibt zwar nach dem Zurückfrieren wieder aus, kann so aber kaum seine volle Gestalt entfalten.

Zwittrige Krähenbeere
Empetrum hermaphroditum
Krähenbeerengewächse [59]

3 | 0,3–0,5 M | MAI–JUNI | ZWERGSTRAUCH

KENNZEICHEN Zweige bis 0,5 m lang, teils aufrecht, teils kriechend, keine Wurzeln treibend, jung grünlich; wintergrün, Blätter linealisch, unterseits tief gefurcht, bis 3 mm lang, ledrig; kleine Blüten, rosa purpurn, Kronblätter nicht verwachsen, mit 3 weit herausragenden Staubbeuteln, zwittrig; ab Aug. erbsengroße, glänzend schwarze Früchte, bitter schmeckend.
VORKOMMEN In der Arktis und in den Alpen zwischen 1700 und 3000 m Höhe vorkommend; in Schneetälchen, oft an schneereichen Nordhängen, bevorzugt kühle, halbschattige Lagen auf Stein- und Rohhumusböden.
WISSENSWERTES Die in Mitteleuropa auf alpine Standorte beschränkte Art wird teils als zwittrig blühende Subspezies der Schwarzen Krähenbeere angesehen. Sie sind sich zwar sehr ähnlich, doch durch den Standort gut zu trennen.

Schwarze Krähenbeere
Empetrum nigrum
Krähenbeerengewächse [59]

4 | 0,1–0,5 M | MAI–JUNI | KRIECHSTRAUCH

KENNZEICHEN Zweige bis über 1 m lang, niederliegend und sich bewurzelnd, nur die Spitzen aufgerichtet (**4a**), jung rötlich; männliche Blüten eher rosa mit 3 weit herausragenden Staubbeuteln, weibliche mehr purpurn (**4b**), getrennt an verschiedenen Pflanzen; sonst wie Zwittrige Krähenbeere, Blätter etwas größer als bei jener.
VORKOMMEN Nordeuropäisch-sibirische Art, südlich bis Mittel- und Westeuropa, in den Alpen fehlend; wächst meist gesellig in großen Teppichen auf Dünen, in Heiden und Hochmooren, in lichten Kiefernwäldern; nur in kühlfeuchten, aber sonnigen Lagen, braucht sauren, durchlässigen Boden.
WISSENSWERTES Die Früchte der Schwarzen Krähenbeere wurden lange Zeit fälschlicherweise als giftig angesehen. Tatsächlich sind sie nach Frosteinwirkung und Nachreife genießbar und schmecken ähnlich wie Preiselbeeren.

Gewöhnliches Nadelröschen
Fumana procumbens
Zistrosengewächse [45]

5 | 0,1–0,2 M | JUNI–AUG | KRIECHSTRAUCH

KENNZEICHEN Zweige niederliegend, anliegend behaart; immergrün, Blätter nadelförmig, 1–2 cm lang, dunkelgrün; Blüten gelb, 5-zählig, etwa 2 cm Ø.
VORKOMMEN Hauptsächlich in Südosteuropa und im südlichen Mitteleuropa verbreitet, in trockenen, sommerwarmen Gebieten in Zwergstrauchheiden und Felstrockenrasen, auf kalkhaltigen Böden; sehr selten, geschützte Art.
WISSENSWERTES Die Blüten der auch als Heideröschen bekannten Pflanze sind nur vormittags (und nur für einen Tag) geöffnet. Kurz vor dem Aufblühen richtet sich der Blütenstiel gerade, 1–2 Tage danach ist er abwärts gekrümmt.

Laubgehölze, Blätter nadel- oder schuppenförmig

Schnee-Heide
Erica carnea
Heidekrautgewächse 58

1 0,1–0,4 M JAN–APR ZWERGSTRAUCH

KENNZEICHEN Niederliegend bis kriechend; immergrün, Blätter nadelförmig, 4–8 mm lang, kahl, glänzend grün, stehen meist zu 4 wirtelig auf einem „Stockwerk"; Blütenknospen im Spätsommer bereits voll entwickelt, aber erst nach winterlicher Ruhepause aufblühend; Blüten schmal glockig, rosarot, bei Sorten auch weiß oder rot bis dunkelpurpurn, meist am Oberteil der Blütentriebe aufgereiht, Staubblätter länger als Blütenglocke; kleine braune Kapselfrüchte.

VORKOMMEN In Mitteleuropa wild hauptsächlich in den Alpen, nördlich bis zum Fichtelgebirge, fast nur in Hochlagen in der Nadelwald- und der Krummholzstufe; häufig angepflanzt, gedeiht anders als die sonstigen Heidekrautgewächse auch auf kalkhaltigen Böden, die humos und durchlässig sein sollten; liebt sonnige, warme Plätze mit hoher Luftfeuchtigkeit.

WISSENSWERTES Anders als bei der Besenheide (*Calluna*, S. 232) sind die gefärbten Kelchblätter der *Erica*-Arten kürzer als die Krone. Die Schnee-Heide wird als wertvoller Winterblüher in zahlreichen Sorten angepflanzt, bei denen sich die Blüten teils schon ab Oktober öffnen.

Graue Heide *Erica cinerea*
Heidekrautgewächse 58

2 0,2–0,6 M JUNI–AUG ZWERGSTRAUCH

KENNZEICHEN Aufrecht wachsend; Zweige graufilzig; immergrün, Blätter nadelförmig, 5–7 mm lang, zu 3 in Wirteln, Blattränder stark umgerollt; Blüten glockig, karmin- bis violettrot, zu 4 bis 8 in endständigen Schirmtrauben, Staubblätter ganz von der Kronröhre umhüllt **(2a)**; kleine braune Kapselfrüchte.

VORKOMMEN Im atlantischen Westeuropa verbreitet, im westlichen Mitteleuropa selten wild in Heidegesellschaften, häufiger gepflanzt oder aus Pflanzungen verwildert; liebt sonnige, kühlluftfeuchte Lagen, frostempfindlich, braucht sauren, durchlässigen Boden.

WISSENSWERTES Wie bei den anderen Arten wurden – ausgehend vom „klassischen Zier-Heiden-Land" Großbritannien – mehrere Sorten mit Blütentönen zwischen Weiß und Violett gezüchtet **(2b)**. Einige Gartenformen sind recht winterhart. Reisig-Abdeckung kann aber nicht schaden. Es wird empfohlen, die alten (braunen) Fruchtstände vorher abzuschneiden; dies stimuliert die Blühfreudigkeit. Verstärkend wirkt gelegentlich die Zugabe von Moor- und Torferde.

Glocken-Heide
Erica tetralix
Heidekrautgewächse 58

3 0,2–0,5 M JULI–SEPT ZWERGSTRAUCH

KENNZEICHEN Aufrecht bis niederliegend, Zweige grauwollig behaart; immergrün, Blätter nadelförmig, 4–5 mm lang, meist zu 4 wirtelständig, die aus weißfilzig behaart; Blüten violettrosa, glockig, meist zu mehreren in endständigen Schirmtrauben, Staubblätter ganz von der Kronröhre umhüllt; kleine weißfilzige Fruchtkapseln.

VORKOMMEN Wild in Heidemooren des nördlichen Westeuropas und Mitteleuropas, selten, geschützte Art; braucht nassen, nährstoffarmen, stark sauren, vorzugsweise torfigen oder torfigsandigen Boden und eine hohe Luftfeuchtigkeit; in Sorten auch als – etwas heikles – Gartengehölz gepflanzt.

WISSENSWERTES Die so genannten feuchten Heiden, an denen die Glocken-Heide oft bestandbildend ist, gelten als stark gefährdete Naturräume und sind heute meist als besondere Schutzgebiete ausgewiesen.

Bläuliche Moosheide
Phyllodoce caerulea
Heidekrautgewächse 58

4 0,1–0,4 M APR–MAI ZWERGSTRAUCH

KENNZEICHEN Aufrecht, dicht verzweigt; immergrün, Blätter linealisch, 4–8 mm lang, fein gezähnt, oberseits glänzend dunkelgrün, ledrig; krugförmige Blüten mit verengter Öffnung, purpurn, beim Trocknen bläulich werdend, um 1 cm lang, Kelch drüsig behaart; in lockeren Köpfchen **(4a)**.

VORKOMMEN Arktisch-alpines Gehölz, vereinzelte Naturstandorte im nordwestlichen Mitteleuropa; gelegentlich als Zierpflanze (Rhododendronbegleiter) in Gärten, bevorzugt kühle, halbschattige Plätze, braucht sauren, eher nährstoffarmen, frischen Boden.

WISSENSWERTES Die Moosheiden wirken wie großblütige *Erica* und sind durch ihren geschlossenen Wuchs besonders ansprechend. Allerdings reagieren sie sehr empfindlich auf nicht zusagende Standortverhältnisse. Die Bläuliche Moosheide ist hierbei noch am tolerantesten und deshalb die am häufigsten gepflanzte Art. Zuweilen sieht man bei uns auch die in Nordamerika bis Alaska heimische Krähenbeerblättrige Moosheide (*P. empetriformis*) **(4b)**, die purpurrosa, breit glockenförmig geöffnete Blüten hervorbringt. Ihr Kelch ist nicht behaart, die Blätter können bis zu 15 mm lang sein.

Nadelgehölze

Lawsons Scheinzypresse
Chamaecyparis lawsoniana
Zypressengewächse [5]

1 2–35 M | APR | STRAUCH, BAUM †

KENNZEICHEN Unterschiedliche Wuchsformen je nach Sorte; Zweige fächerartig oder fiederförmig, unterseits leicht weißfleckig; Blätter schuppenförmig, dachziegelartig dicht beieinander; Blüten endständig an den Zweigspitzen, männliche Blütenstände rötlich (1b), weibliche unauffällig stahlblau; ab Sept. kugelige Zapfen, etwa 1 cm Ø, anfangs bläulich, später rotbraun (1a).
VORKOMMEN Im pazifischen Nordamerika beheimatet; in Mitteleuropa sehr häufig in unterschiedlichen Formen gepflanzt, oft auch als Hecke; gedeiht in Sonne und Halbschatten auf jedem kultivierten, nicht zu trockenen Boden, bevorzugt luftfeuchte Lagen; frostfest und stadtklimaverträglich.
WISSENSWERTES Zuweilen sieht man in Parks die hohen, schmal kegelförmigen, kurzstämmigen Bäume der reinen Art, die der Pflanzenzüchter William Lawson 1854 nach Europa einführte. Die meisten Cultivare zeigen einen kegel- bis säulenförmigen, geschlossenen Wuchs. Auffällig sind Sorten wie 'Lane' (1c) oder 'Kelleris Gold' mit goldgelber Benadelung sowie blaunadelige Cultivare. Alle Pflanzenteile der Scheinzypressen enthalten Terpene und andere ätherische Verbindungen, die bei Verzehr Giftwirkung entfalten.

Nutka-Scheinzypresse
Chamaecyparis nootkatensis
Zypressengewächse [5]

2 3–30 M | APR–MAI | BAUM †

KENNZEICHEN Kurzstämmig, meist gleichmäßig kegelförmige Krone; Äste und Zweige deutlich herabhängend, Zweige unterseits ohne weiße Flecken, beim Zerreiben unangenehm riechend; Schuppenblätter scharf zugespitzt, stechend, dunkel blaugrün; Blütenstände unscheinbar; ab Sept. bläulich bereifte, graubraune kugelige Zapfen, kaum 1 cm dick.
VORKOMMEN Herkunft und Ansprüche wie Lawsons Scheinzypresse, geht aber in der pazifischen Heimat viel weiter nördlich als diese (Südalaska) und steigt nicht nur in die mittleren Gebirgslagen, sondern bis gegen 2500 m Höhe.
WISSENSWERTES Häufig sieht man die Sorte 'Glauca', der reinen Art recht ähnlich, jedoch kleiner, mit ausgeprägt blaugrünen Blättern. 'Aurea' fällt durch anfangs hell gelbe, später gelbgrüne Schuppen auf. Verbreitet ist auch 'Pendula', ein bis etwa 15 m hoher Baum mit mähnenartig herabhängenden Zweigen.

Hinoki-Scheinzypresse
Chamaecyparis obtusa
Zypressengewächse [5]

3 0,5–15 M | APR–MAI | BAUM, STRAUCH †

KENNZEICHEN Unterschiedliche Wuchsformen; Zweige feder- bis muschelförmig verzweigt, unterseits mit silberweißen Linien; Schuppenblätter dicht dachziegelartig anliegend, stumpf endend; Blütenstände unscheinbar; reife Zapfen kugelig, um 1 cm Ø, rötlich braun.
VORKOMMEN In Japan beheimatet, dort über 40 m hoch werdend; Ansprüche wie Lawsons Scheinzypresse.
WISSENSWERTES Meist werden niedrige Formen mit 0,5–1 m Wuchshöhe gepflanzt, etwa die auch als Muschelzypresse bekannte 'Nana Gracilis' mit muschelförmig gedrehten Zweigen.

Sawara-Scheinzypresse
Chamaecyparis pisifera
Zypressengewächse [5]

4 0,5–20 M | APR–MAI | STRAUCH, BAUM

KENNZEICHEN Sehr unterschiedliche Wuchsformen; Borke rotbraun, streifig ablösend; Zweige unterseits mit weißen Flecken, Schuppenblätter an den Kanten mit abstehenden Spitzen; ab Okt. erbsengroße, bräunliche Zapfen.
VORKOMMEN In Japan beheimatet, dort bis über 50 m hoch werdend; Ansprüche wie Lawsons Scheinzypresse.
WISSENSWERTES Von der Sawara-Scheinzypresse gibt es ein breites Formenspektrum mit oft kegeligem bis halbkugeligem Wuchs. Hierzu gehören auch die so genannten Fadenzypressen mit ihren sehr dünnen und fadenartig verlängerten Zweigen.

Leylandzypresse, Bastardzypresse
x *Cupressocyparis leylandii*
Zypressengewächse [5]

5 8–30 M | APR | BAUM, STRAUCH †

KENNZEICHEN Säulenförmig bis kegelförmig, dicht verzweigt; Zweige und Schuppenblätter der Nutka-Scheinzypresse sehr ähnlich; Zapfen kugelig, bis 2 cm Ø, braunviolett.
VORKOMMEN Hybride zwischen Nutka-Scheinzypresse und Großfrüchtiger Zypresse *(Cupressus macrocarpa)*; v.a. im Jugendstadium recht frostempfindlich.
WISSENSWERTES Die Hybride entstand um 1900 als Zufallskreuzung zwischen zwei Bäumen der genannten Arten, die in einem Park in Großbritannien nebeneinander standen. Bastarde zwischen Gattungen sind eine Besonderheit.

Nadelgehölze

Kalifornische Flusszeder
Calocedrus decurrens
Zypressengewächse [5]

1 | 10–30 M | APR–MAI | BAUM

KENNZEICHEN Säulenförmig bis schmal kegelförmig mit aufstrebenden Ästen; Borke dunkel- bis rotbraun, streifig; Zweige fächerförmig, stark abgeflacht, mit schuppenförmigen Blättern, beim Zerreiben nach Terpentin riechend; einhäusig, Blüten unscheinbar; bis 2,5 cm lange, gelbbraune Zapfen mit 3 Schuppenpaaren, die bei Reife weit auseinander gespreizt sind.
VORKOMMEN Im westlichen Nordamerika beheimatet, im 19. Jh. nach Europa eingeführt, hier v. a. in Parks gepflanzt; braucht Sonne, wächst auf jedem normalen Boden, frosthart.
WISSENSWERTES Das leicht rötliche Holz wird in Amerika für verschiedene Schreinerarbeiten verwendet, v. a. aber dient es zur Herstellung von Bleistiften.

Abendländischer Lebensbaum
Thuja occidentalis
Zypressengewächse [5]

2 | 5–20 M | APR–MAI | BAUM, STRAUCH | †

KENNZEICHEN Kegelförmige, dichte Krone mit waagrecht abstehenden Ästen; Zweige fächerartig, mit schuppenförmigen, dachziegelartig dicht anliegenden Blättern, diese im oberen Drittel mit auffälligen Drüsen, herb aromatisch duftend, matt dunkelgrün, im Winter oliv bis bronzefarben verfärbt (2a); einhäusig, Blüten unauffällig; längliche, braungelbe Zapfen, um 1 cm lang, mit 4 bis 5 Schuppenpaaren, zur Reife abspreizend.
VORKOMMEN Im östlichen Nordamerika beheimatet, bereits im 16. Jh. nach Europa eingeführt und hier vielfach gepflanzt; wächst in Sonne und Halbschatten, bevorzugt in luftfeuchten Lagen auf durchlässigen, nährstoffreichen Böden, frosthart und stadtklimafest.
WISSENSWERTES Die Art wurde über Jahrzehnte so häufig als Heckenpflanze verwendet, dass sie als „Thujenhecke" heute manchen als Inbegriff gleichförmiger Gestaltung gilt. Die zahlreichen Gartensorten reichen von kugeligen Zwergformen bis zu hohen kegel- oder säulenförmigen Cultivaren. Darunter gibt es mehrere Sorten mit goldgelben Blättern (2b). Die *Thuja*-Arten sind in allen Teilen giftig. Sie enthalten hautreizendes Thujon-Öl, das in der Volksmedizin noch immer als Einreibemittel gegen Rheuma, auch gegen Warzen empfohlen wird. Innerlich können schon kleine Dosen schwerste Vergiftungen von Magen, Leber oder Nieren hervorrufen.

Morgenländischer Lebensbaum
Thuja orientalis
Zypressengewächse [5]

3 | 5–10 M | APR–MAI | BAUM, STRAUCH | †

KENNZEICHEN Dem Abendländischen Lebensbaum ähnlich, jedoch stets aufrechte Äste; Blätter mit unauffälligen Drüsen, nur schwach duftend; Zapfen mit auffälligen hornartigen Fortsätzen der Schuppen.
VORKOMMEN Stammt aus China; wärmebedürftig, recht frostempfindlich, in Mitteleuropa nur in wintermilden Regionen gepflanzt.
WISSENSWERTES Die Art hat mehr Bedeutung in West- und Südeuropa, wo sie in mehreren niedrig bleibenden, kegel- oder säulenförmigen Sorten kultiviert wird.

Riesen-Lebensbaum
Thuja plicata
Zypressengewächse [5]

4 | 15–30 M | MAI | BAUM | †

KENNZEICHEN Schmal kegelförmige Krone, Äste fast waagrecht oder überhängend; auffallend rötliche, längsrissige Borke; Zweige unterseits angedeutet weißfleckig, Schuppenblätter dunkelgrün, auch über Winter; ansonsten dem Abendländischen Lebensbaum sehr ähnlich.
VORKOMMEN Im westlichen Nordamerika beheimatet, recht häufig als Parkbaum gepflanzt; Ansprüche ähnlich dem Abendländischen Lebensbaum.
WISSENSWERTES Eine Besonderheit ist die Sorte 'Zebrina' mit ihren gelb- oder weißgrün gestreiften Zweigen.

Hiba-Lebensbaum
Thujopsis dolabrata
Zypressengewächse [5]

5 | 5–10 M | MAI | STRAUCH, BAUM

KENNZEICHEN Wächst bei uns meist als buschiger Strauch; Zweige flach fächerförmig ausgebreitet, oberseits glänzend grün, unterseits silbrig gefleckt, schuppenförmige Blätter, ledrig, dicht dachziegelartig angeordnet; Zapfen kugelig, bis 1,5 cm Ø, reif braun.
VORKOMMEN In Japan beheimatet; wächst in Sonne und Halbschatten, braucht tiefgründigen, humosen, frischen Boden und bevorzugt kühle, luftfeuchte Lagen.
WISSENSWERTES Bei Nadelgehölzen gibt es immer wieder erstaunliche Wuchsunterschiede innerhalb der Arten: Die Sorte 'Nana' des in seiner Heimat bis 35 m hohen Baums wächst kissenartig und erreicht gerade 0,5 m Höhe.

Nadelgehölze

Gewöhnlicher Wacholder
Juniperus communis
Zypressengewächse [5]

1 | 2–10 M | APR–MAI | STRAUCH, BAUM

KENNZEICHEN Sehr vielgestaltig; wild oft locker kegel- oder säulenförmig aufrecht und mehrstämmig; Nadeln bis 1,5 cm lang, stechend, bläulich grün, zu 3 in Wirteln, oberseits mit grauweißem Band, gesäumt von schmalen grünen Randstreifen; zweihäusig, männliche Blütenstände eiförmig, gelblich, unter 5 mm lang, weibliche Blütenstände unscheinbar grünlich; schwarzblaue, bereifte Beerenzapfen, reifen erst im 2. Jahr nach der Befruchtung.
VORKOMMEN Wild vom Tiefland bis in die Alpen bei 1600 m Höhe, auf Heiden, Magerwiesen, Sandfluren, in lichten Nadelmischwäldern; oft auf nährstoffarmen, eher trockenen Böden, kommt aber mit fast allen Substraten zurecht; lichthungrig und wärmeliebend, aber frosthart.
WISSENSWERTES Der Gewöhnliche Wacholder ist recht konkurrenzschwach und vermag sich besonders dort gut auszubreiten, wo weidende Schafe regelmäßig den sonstigen Bewuchs kurz halten. Die Beerenzapfen lassen sich als Würze verwenden, können bei zu häufigem Gebrauch allerdings Nierenreizungen verursachen.

Zwerg-Wacholder
Juniperus communis ssp. *alpina*
Zypressengewächse [5]

2 | 0,2–0,5 M | MAI–JUNI | ZWERGSTRAUCH

KENNZEICHEN Wuchs stets niederliegend mit einzelnen aufsteigenden Ästen und dicken, kurzen Zweigen; Nadeln 4–8 mm lang, nicht stechend, dicht gedrängt in 3-zähligen Wirteln, im Winter bronzefarben; Blüten und Beerenzapfen ähnlich wie beim Gewöhnlichen Wacholder.
VORKOMMEN In Mitteleuropa wild nur im Gebiet der Alpen, meist zwischen 1500 und 2500 m Höhe, v. a. in der Krummholz- und Mattenstufe an trocken-warmen Südhängen.
WISSENSWERTES Der Zwerg- oder Alpenwacholder kommt auch in den Hochgebirgen anderer Kontinente vor, etwa im Himalaja, und wächst noch in über 3500 m Höhe. Er hält damit den „Höhenrekord" unter den Gehölzen.

Gewöhnlicher Wacholder, Kriechformen *Juniperus communis* in Sorten
Zypressengewächse [5]

3 | 0,3–0,5 M | APR–MAI | KRIECHSTRAUCH

KENNZEICHEN Flach kriechend, 1–3 m breit; 'Hornibrookii' mattenartig, Nadeln um 5 mm lang, stechend; 'Repanda' (im Bild) kissenartig, Nadeln 5–8 mm lang, weich, nicht stechend.
VORKOMMEN Schon seit langem und häufig gepflanzte Zwergformen, 'Repanda' ursprünglich aus Irland; gedeihen in Sonne und lichtem Schatten auf jedem durchlässigen Boden, frosthart und stadtklimaverträglich.
WISSENSWERTES Die beschriebenen Cultivare werden oft der Einfachheit halber als Kriech-Wacholder bezeichnet, sind jedoch nicht zu verwechseln mit *J. horizontalis* (S. 244).

Säulen-Wacholder
Juniperus communis in Sorten
Zypressengewächse [5]

4 | 3–5 M | APR–MAI | STRAUCH, BAUM

KENNZEICHEN Aufrecht, schmal säulen- bis kegelförmig; 'Hibernica' (im Bild) mit steil aufrechten Zweigen, Nadeln spitz, nicht stechend, bläulich grün; 'Suecica' etwas breiter mit überhängenden Zweigspitzen, stechenden Nadeln.
VORKOMMEN Alte, weit verbreitete Zierformen in Gärten und Parks, auch als Hecken gepflanzt; brauchen Sonne, sonst anspruchslos.
WISSENSWERTES Unter den deutschen Bezeichnungen Irischer und Schwedischer Säulen-Wacholder werden die Formen 'Hibernica' und 'Suecica' schon lange als „eigenständige" Gehölze wahrgenommen.

Sadebaum, Stink-Wacholder
Juniperus sabina
Zypressengewächse [5]

5 | 0,5–2 M | APR–MAI | STRAUCH | †

KENNZEICHEN Dicht verzweigt mit meist niederliegenden Trieben; Jugendblätter nadelförmig, bis 4 mm lang, Blätter an älteren Zweigen und Pflanzen schuppenförmig, um 2 mm lang; widerlicher Geruch; meist zweihäusig, Blütenstände unauffällig; erbsengroße Beerenzapfen, auffällig blau bereift, nach Abwischen schwarz, hängen an gekrümmten Stielen.
VORKOMMEN Im südlichen Mitteleuropa in Hochgebirgslagen, Alpen bis 2000 m, meist an trocken-heißen, kalkreichen Südhängen.
WISSENSWERTES Von dieser schon früher in Bauerngärten kultivierten Art gibt es verschiedene Ziersorten, nicht nur niederliegende, sondern auch bis 8 m hohe Säulenformen. Enthält in allen Organen hochgiftige ätherische Öle. Diese führen nicht nur Thujon (s. S. 240: 2), sondern auch das noch stärker giftige Sabinol. Vormals war die Droge bei der Bergbevölkerung als Indikationsmittel in Gebrauch – oft mit tödlichen Folgen für Mutter und Kind.

Nadelgehölze

Chinesischer Wacholder
Juniperus chinensis
Zypressengewächse [5]

1 | 0,5–8 M | APR–MAI | STRAUCH, BAUM

KENNZEICHEN Je nach Sorte säulenförmig bis breit aufrecht (1a); Blätter teils schuppenförmig, teils nadelförmig; Schuppenblätter dachziegelartig anliegend, Nadeln spitz stechend zu 3 in Wirteln oder zu 2 gegenständig; Zweige meist zierlich, beim Zerreiben harzig duftend; meist zweihäusig, Blütenstände unscheinbar; gelbgrün, weibliche Blütenstände unauffällig, sehr klein; erbsengroße Beerenzapfen, reifen im 2. Jahr nach der Befruchtung, dann bläulich weiß bereift, nach Abwischen braun, kaum größer als 7 mm im Durchmesser (1b).
VORKOMMEN In China beheimatet, dort in der Wildform bis 20 m hoch werdend; Gartenformen gedeihen noch im Halbschatten und auf allen kultivierten Böden; frosthart, robust, stadtklimaverträglich.
WISSENSWERTES Von kaum einer anderen Wacholder-Art werden derart viele und unterschiedliche Formen angepflanzt wie vom China-Wacholder. Drei verbreitete Beispiele: 'Hetzii', breit trichterförmig, 3–5 m hoch, blaugrün benadelt; 'Keteleeri', säulen- bis kegelförmig, 6–8 m hoch, Nadeln blau bereift; 'Old Gold', flach breitwüchsig, 0,8–1,2 m hoch, bronzegelb benadelt. Eine der häufigsten Formen ist der Pfitzer-Wacholder (s. 2).

Pfitzer-Wacholder
Juniperus × media 'Pfitzeriana'
Zypressengewächse [5]

2 | 3–4 M | APR–MAI | STRAUCH

KENNZEICHEN Ausladend, bis 6 m breit, mit unregelmäßig verteilten, teils fast waagrechten Ästen, sehr dicht verzweigt mit überhängenden Spitzen; Blätter meist schuppenförmig und hellgrün, im Innern der Pflanze oft nadelförmig, bläulich gestreift.
VORKOMMEN Selektion einer Hybride zwischen Chinesischem Wacholder und Sadebaum; verträgt höchstens lichten Schatten, sonst ebenso anspruchslos wie Chinesischer Wacholder.
WISSENSWERTES Diese Form, oft auch als Sorte von *J. chinensis* geführt, gehörte in früheren Jahrzehnten zu den am häufigsten gepflanzten Wacholdern. Es gibt davon auch eine im Austrieb goldgelbe, später vergrünende Variante 'Pfitzeriana Aurea'. 'Pfitzeriana Glauca' trägt graublaue Schuppen. „Aurea", „Glauca", allein stehend oder in Kombination mit anderen Begriffen, heißen einige Wacholdersorten.

Kriech-Wacholder
Juniperus horizontalis
Zypressengewächse [5]

3 | 0,3–0,5 M | APR–MAI | KRIECHSTRAUCH

KENNZEICHEN Flach wachsend bis niederliegend-kriechend, mit zahlreichen kurzen, dicht verzweigten Ästen; Blätter häufig nadelförmig, blaugrün, aber auch schmal längliche Schuppenblätter; Zweige zerrieben aromatisch duftend; Kulturformen nicht blühend und nicht fruchtend.
VORKOMMEN Stammt aus Nordamerika, um 1830 nach Europa eingeführt, häufig in Sorten als Bodendecker und zur Böschungsbegrünung gepflanzt; braucht Sonne, sonst anspruchslos, frosthart, robust und stadtklimaverträglich.
WISSENSWERTES Die wohl am meisten gepflanzte Sorte ist 'Glauca' mit stahlblauen Nadeln an fadenförmigen Zweiglein. Die angebotenen Wuchsformen reichen von niedrigen, aber aufrecht wachsenden Zwergsträuchlein bis zu flach kriechenden Bodendeckern oder Teppichbildnern (ausgedehnt wachsend, dicht, 20–50 cm hoch).

Virginischer Wacholder
Juniperus virginiana
Zypressengewächse [5]

4 | 2–10 M | MÄRZ–MAI | BAUM | †

KENNZEICHEN Zierformen meist säulenförmig oder breit kegelförmig; Blätter teils schuppenförmig, teils nadelförmig; Schuppenblätter dachziegelartig angeordnet, mit abstehender Spitze; Nadeln oberseits graugrün, unterseits grün, zu 2 gegenständig oder zu 3 in Wirteln; Zweige zerrieben aromatisch duftend; meist einhäusig, Blütenstände unscheinbar; erbsengroße Beerenzapfen, im 1. Jahr reifend, dann ab Sept. blau bereift.
VORKOMMEN In Nordamerika heimisch, dort bis 30 m hoher Baum; bei uns meist in Säulenformen in Parks und in Gärten angepflanzt; braucht Sonne, sonst anspruchslos wie die meisten Wacholder, bevorzugt kalkhaltige Böden.
WISSENSWERTES In Parkanlagen und Botanischen Gärten kann man zuweilen Exemplare der Wildart sehen, die schon 1664 nach Europa eingeführt wurden. Die Bäume entwickeln mit der Zeit breit kegelförmige bis rundliche Kronen, nicht selten über einem etwas längeren Stammschaft. Wegen ihres rötlichen Holzes wird die Art auch Rot-Zeder genannt. Die markanteste Zierform wächst schmal säulenförmig mit straff aufrechten, anliegenden Ästen und trägt den bezeichnenden Namen 'Sky Rocket'.

Nadelgehölze

Gewöhnliche Eibe
Taxus baccata
Eibengewächse [7]

1 | 2–15 M | MÄRZ–APR | BAUM, STRAUCH | †

KENNZEICHEN Krone anfangs kegelförmig, später rund, oft mehrstämmig; Sorten mit unterschiedlichen Wuchsformen; Nadeln 1–3 cm lang, allmählich zugespitzt, oberseits dunkelgrün, etwas glänzend, unterseits mit undeutlichen blassgrünen Streifen, stehen an Seitenzweigen in 2 Reihen, an aufrechten Zweigen schraubig; zweihäusig, männliche Blüten in sitzenden, kugeligen Kätzchen an den Zweigspitzen (**1b**); weibliche Blüten unscheinbar, einzeln an den Zweigbasen, aus ihnen entwickelt sich eine Scheinbeere mit 2 schwarzen Samen im leuchtend roten Samenmantel (Arillus) (**1a**).
VORKOMMEN In Mitteleuropa wild fast nur in wintermilden und luftfeuchten Regionen, dort vom Tiefland und bis in 1500 m Höhe, selten, geschützte Art; v.a. in Berghangwäldern, auf eher flachgründigen, feuchten, steinigen Kalkböden; häufig angepflanzt und verwildert. Gedeiht in Kultur an sonnigen und halbschattigen Plätzen, auf allen nicht zu trockenen und nicht zu sauren Böden; stadtklimafest, etwas frostempfindlich.
WISSENSWERTES Eiben enthalten in allen Pflanzenteilen mit Ausnahme des roten Samenmantels sehr giftige Alkaloide. Die Gewöhnliche Eibe kommt selbst noch im Schatten zurecht, wächst dort allerdings recht kümmerlich. Von der Wuchsform der Art, die gern als Heckenpflanze verwendet wird, weicht die Kissen-Eibe 'Repandens' (**1c**) besonders stark ab: Sie wächst flach ausgebreitet kissenartig und erreicht nur 1 m Höhe. Ihre 2–3 cm langen Nadeln sind sichelförmig nach vorn oben gerichtet. Eine markante Wuchsform zeigt die schmale, 3–5 m hohe Säulen-Eibe 'Fastigiata' mit tief dunkelgrünen oder – als 'Fastigiata Aurea' – mit gelb gerandeten Nadeln. Die locker unregelmäßig aufgebaute Adlerschwingen-Eibe 'Dovastoniana' wächst breit ausladend und hat schwarzgrüne Nadeln. Unter den breitbuschigen Cultivaren gibt es auch mehrere Sorten mit goldgelber Benadelung.

Japanische Eibe *Taxus cuspidata*
Eibengewächse [7]

2 | 1–5 M | MÄRZ–APR | STRAUCH, BAUM | †

KENNZEICHEN Meist strauchig, kompakt mit aufwärts gerichteten Zweigen; Nadeln 1,5–2,5 cm lang, kurz zugespitzt mit kleiner Stachelspitze, unregelmäßig 2-zeilig, etwas heller als die der Gewöhnlichen Eibe; selten fruchtend.
VORKOMMEN Stammt aus Ostasien; frosthärter als die Gewöhnliche Eibe, mit der sie ansonsten die Standortansprüche teilt.
WISSENSWERTES Bedeutung hat v.a. die Sorte 'Nana', die mit den Jahren höchstens 2 m hoch und 4 m breit wird. Ihre Nadeln sind schraubig entlang der Zweige angeordnet, stumpfgrün und im Winter bronzegrün verfärbt.

Bastard-Eibe *Taxus x media*
Eibengewächse [7]

3 | 1,5–5 M | MÄRZ–APR | STRAUCH | †

KENNZEICHEN Säulen- oder kegelförmiger Wuchs mit meist aufstrebenden Ästen; Nadeln ähnlich der Japanischen Eibe, aber an langen Trieben schraubig und um 3 cm lang; Blüten und Scheinbeeren wie Gewöhnliche Eibe.
VORKOMMEN Bastard zwischen Gewöhnlicher und Japanischer Eibe mit guter Frosthärte; Ansprüche wie Gewöhnliche Eibe.
WISSENSWERTES Im Grunde handelt es sich um eine Gruppe von Hybridsorten, von denen die breit säulenförmigen wie 'Hicksii' und 'Straight Hedge' am häufigsten Verwendung finden, v.a. als Heckenpflanzen; 'Hatfieldii' wächst breit buschig und bleibt unter 2 m Höhe.

Harringtons Kopfeibe
Cephalotaxus harringtonia
Kopfeibengewächse [6]

4 | 3–4 M | APR–MAI | STRAUCH, BAUM

KENNZEICHEN Wächst meist als mehrstämmiger, breiter Strauch mit quirlig angeordneten, abstehenden Ästen; Nadeln bis 5 cm lang, entlang der Zweige gescheitelt, oft sichelförmig aufwärts gebogen, oberseits glänzend dunkelgrün, unterseits mit 2 auffälligen blau- bis grauweißen Bändern; zweihäusig, Blüten unauffällig; reif purpurbraune, eiförmige, bis 3 cm lange Scheinbeeren, Hülle fleischig, innen Same mit verholzter Schale.
VORKOMMEN Aus Ostasien stammend, dort bis 15 m hoher Baum; bei uns meist in Parks, seltener in Gärten; etwas frostempfindlich, braucht einen etwas geschützten, bevorzugt halbschattigen Platz auf humosem, durchlässigem, frischem Boden, kalkverträglich.
WISSENSWERTES Mit ihren langen Nadeln wirkt die Kopfeibe wie eine vergrößerte Ausgabe der Gewöhnlichen Eibe. Die häufig gepflanzte Form 'Fastigiata' wächst breit säulenförmig mit steif aufrechten, wenig verzweigten Ästen und hat schraubig angeordnete Nadeln.

Nadelgehölze

Chilenische Araukarie
Araucaria araucana
Araukariengewächse [2]

1 | 8–15 M | JUNI–JULI | BAUM

KENNZEICHEN Äste fast waagrecht, etagenartig zu 5 bis 7 in Quirlen abgehend; dachziegelartig angeordnete, große, dreieckige Nadeln, diese bis 2,5–5 cm lang, steif, scharfkantig und zugespitzt; meist zweihäusig, männliche Blütenstände 8–12 cm lang, zapfenartig; weibliche Blüten in runden Zapfen, nach Befruchtung mit 15–20 cm Ø und braunen, bis 4 cm langen essbaren Samen.
VORKOMMEN In Chile beheimatet, dort 30–50 m hoch; frostempfindlich, in Mittel- und Westeuropa nur in sehr milden und luftfeuchten Lagen als Zierbaum; braucht sonnige, warme Plätze auf durchlässigem, frischem Boden.
WISSENSWERTES Den eigenartig urtümlichen Baum gibt es schon seit rund 180 Millionen Jahren: Er ist ein Relikt aus dem erdgeschichtlichen Zeitalter des Jura. Die nahe verwandte Norfolk-Araukarie von der Norfolkinsel (Australien), dort ein Baum von bis zu 70 m Höhe, ist bei uns als Topfpflanze unter dem Namen „Zimmertanne" wohlbekannt.

Sicheltanne *Cryptomeria japonica*
Sumpfzypressengewächse [4]

2 | 6–20 M | FEB–MÄRZ | BAUM

KENNZEICHEN Schmal kegelförmige Krone; Nadeln 6–20 mm lang, sichelartig einwärts gekrümmt, in 5 schraubig verlaufenden Reihen entlang der Zweige; einhäusig, Blüten unscheinbar; Zapfen kugelig, um 2 cm Ø.
VORKOMMEN In Japan beheimatet, dort bis 50 m hoher Forstbaum; die Art bei uns fast nur in Parkanlagen, kleinere Formen auch in Gärten; frostempfindlich, gedeiht nur in wintermilden, luftfeuchten Regionen sicher, braucht tiefgründigen, feuchten, kalkarmen Boden.
WISSENSWERTES Eine auffällige Gartenform ist die Sorte 'Cristata' mit hahnenkammartig verbänderten Ästen.

Mammutbaum, Wellingtonie
Sequoiadendron giganteum
Sumpfzypressengewächse [4]

3 | 30–50 M | MAI | BAUM

KENNZEICHEN Kegelförmige, im Alter breit lockere Krone; Borke rotbraun, dick, schwammig-faserig; Nadeln um 5 mm lang, an Haupttrieben bis 12mm, am Zweig herablaufend, blaugrün, in 3 Reihen schraubig angeordnet; einhäusig, Blütenstände unscheinbar; reife Zapfen rotbraun, eiförmig, 5–8 cm lang.
VORKOMMEN Im pazifischen Nordamerika beheimatet; in Mitteleuropa gelegentlich als Waldbaum, sonst in Parks und Arboreten.
WISSENSWERTES Der eindrucksvolle Mammutbaum erreicht in seiner Heimat Höhen von rund 100 m, bis 8 m Stammdurchmesser und ein Alter von etwa 3000 Jahren. Im Vergleich mit Amerika, sind unsere ältesten Bäume dagegen „lediglich" 100 bis 200 Jahre alt.

Zweizeilige Sumpfzypresse
Taxodium distichum
Sumpfzypressengewächse [4]

4 | 20–35 M | MÄRZ–APR | BAUM

KENNZEICHEN Regelmäßig kegelförmige Krone; Nadeln linealisch, zugespitzt, 8–15 mm lang, an Kurztrieben gescheitelt, an Langtrieben schraubig, Kurztriebe im Herbst nach rötlicher Verfärbung abfallend; einhäusig, männliche Blüten in 5–12 cm langen Doppeltrauben, weibliche unscheinbar; kugelige, 2–3 cm große, bei Reife braune Zapfen.
VORKOMMEN Im südöstlichen Nordamerika beheimatet, Charakterbaum der „Swamps", der Flachwassergebiete Floridas; bei uns in Parkanlagen an stehenden Gewässern.
WISSENSWERTES An oder in Gewässern wachsende Sumpfzypressen bilden in ihrem Umkreis zahlreiche „Atemkniee" aus. Diese bis über 1 m emporragenden Ausstülpungen dienen der besseren Verankerung im weichen Untergrund und wahrscheinlich auch dem Gasaustausch.

Urweltmammutbaum
Metasequoia glyptostroboides
Sumpfzypressengewächse [4]

5 | 20–35 M | MAI | BAUM

KENNZEICHEN Kegelförmige Krone, Borke rotbraun bis fuchsrot; Nadeln flach, in 2 Reihen gegenständig an den Zweigen (5a), 1–3 cm lang, Verzweigungen nach rötlicher Verfärbung im Herbst abfallend; einhäusig, männliche Blüten in bis 10 cm langen Rispen, weibliche unauffällig; hängende, kugelige bis eiförmige Zapfen, um 2 cm lang (5b).
VORKOMMEN In China beheimatet; in Mitteleuropa vorwiegend als Parkbaum zu sehen.
WISSENSWERTES Der Urweltmammutbaum wurde erstmals 1940 entdeckt – in Form fossiler Pflanzenreste aus dem Tertiär. Wenige Jahre später stieß man im Grenzgebiet der Provinzen Szechuan und Hupeh zufällig auf noch lebende Bestände der bis dahin unbekannten Art.

Nadelgehölze

Zur Gattung **Abies** gehören etwa 40 Arten, von denen nur eine, die Weiß-Tanne, in Mitteleuropa beheimatet ist. Die Nadeln der **Tannen** sind schraubig angeordnet und zeigen meist nur auf der Unterseite 2 weißliche Spaltöffnungsbänder bzw. -streifen. Nach dem Abfallen hinterlassen sie runde Narben, aber anders als die Fichten (S. 256 ff.) keine Blattkissen. Blütenstände erscheinen meist erst an älteren Bäumen und nur im Spitzenbereich der Krone, die männlichen unauffällig und um 1–3 cm lang, die weiblichen als kleine Zapfen. Die reifen Zapfen stehen aufrecht und hinterlassen nach dem Absamen eine Zapfenspindel, die am Zweig verbleibt.

Nikko-Tanne Abies homolepis
Kieferngewächse [3]

1 15–25 M | MAI | BAUM

KENNZEICHEN Äste etagenweise steif abstehend; Nadeln 1–3 cm lang, unterseits weiß, steif, schräg aufwärts gerichtet, Zapfen bis 8 cm lang, vor der Reife meist purpurviolett.
VORKOMMEN Stammt aus Japan; frosthärter, stadtklimageeigneter Parkbaum.
WISSENSWERTES Tannen, besonders die ostasiatischen Arten wie die Nikko-Tanne, vertragen im Jugendstadium volle Sonnenbestrahlung nur sehr schlecht.

Weiß-Tanne, Edel-Tanne
Abies alba
Kieferngewächse [3]

2 30–50 M | MAI | BAUM

KENNZEICHEN Regelmäßig kegelförmige Krone, im Alter rundliche „Storchennestkrone"; Nadeln 1–3 cm lang, flach, an der Spitze stumpf oder eingekerbt, unterseits mit 2 blauweißen Streifen, stehen oft deutlich in 2 Reihen am Zweig; braune Zapfen, 10–15 cm lang.
VORKOMMEN Wild in mittleren Gebirgslagen Mittel- und Südeuropas; oft in reinen Tannenbeständen, sonst häufig mit Buchen und Fichten; braucht tiefgründigen, nährstoffreichen, frischen bis feuchten Boden, gedeiht nur an luftfeuchten Standorten; spätfrostgefährdet.
WISSENSWERTES Neben den hohen Standortansprüchen schränken starke Empfindlichkeit gegen Luft- und Bodenschadstoffe den Anbau der Weiß-Tanne stark ein. Die natürlichen Bestände gelten als gefährdet. Tannen können um die 600 Jahre alt werden; im Forst kommen sie auf etwa 80 bis 150 Jahre: Im Alter sinkt ihr Jahreszuwachs an Stammholz, ihre Standfläche rentiert sich weniger und wird – des Ertrages wegen – mit Jungwuchs besetzt, der mehr Holz pro Jahr erzeugt. Tannenholz ist leicht, weich und gut spaltbar; es findet Verwendung beim Hausbau, auch im Instrumentenbau, bei der Fabrikation von Zündhölzern sowie in der Zellulose- und Holzstoffindustrie.

Küsten-Tanne Abies grandis
Kieferngewächse [3]

3 30–60 M | MAI–JUNI | BAUM

KENNZEICHEN Schlank kegelförmige Krone; Nadeln gescheitelt und am selben Zweig ungleich lang: nach schräg oben wachsende Nadeln um 2 cm lang, nach unten wachsende zwischen 3–5 cm; Nadeln nicht stechend, unterseits mit weißen Streifen; reife Zapfen 7–10 cm lang; ist die am höchsten wachsende Tanne.
VORKOMMEN Nordamerikanische Art; in Mitteleuropa gebietsweise als Waldbaum; kommt mit ärmeren, trockeneren Böden als die Weiß-Tanne zurecht, weniger spätfrostgefährdet.
WISSENSWERTES Forstlich verwendet man die raschwüchsige Art meist zum Auspflanzen von Lücken. Zudem wird die Küsten-Tanne öfter als Weihnachtsbaum angebaut.

Korea-Tanne Abies koreana
Kieferngewächse [3]

4 5–10 M | MAI | BAUM

KENNZEICHEN Breit kegelförmige Krone; die Nadeln 1–2 cm lang, flach, oberseits glänzend grün, unterseits weiß mit grünem Mittelstreifen; schon nach wenigen Standjahren Bildung zahlreicher Zapfen; unreife Zapfen im Frühjahr auffällig violett überlaufen, 5–7 cm lang.
VORKOMMEN In Korea beheimatet; bei uns frosthärter Park- und Gartenbaum, bevorzugt frische, tiefgründige Böden; stadtklimafest.
WISSENSWERTES Die Korea-Tanne gehört zu den attraktivsten Zierarten.

Veitchs Tanne Abies veitchii
Kieferngewächse [3]

5 15–25 M | MAI–JUNI | BAUM

KENNZEICHEN Etagenartig ausgebreitete Äste, glatter Stamm; Nadeln 1–3 cm lang, flach, stehen oft abgesträubt am Zweig, so dass die fast rein weiße Unterseite das Aussehen prägt; Zapfen 6–7 cm lang, unreif blaupurpurn.
VORKOMMEN Stammt aus Japan; Park- und Gartenbaum, braucht hohe Luftfeuchtigkeit und frischen bis feuchten, kalkarmen Boden.
WISSENSWERTES Die hübschen Zweige der raschwüchsigen Art finden häufig in weihnachtlichen Gestecken und Kränzen Verwendung.

Nadelgehölze

Arizona-Tanne, Kork-Tanne
Abies lasiocavar. arizonica
Kieferngewächse [3]

1 | 8–15 M | MAI | BAUM

KENNZEICHEN Dicht verzweigt, breit kegelförmig; dicke, korkartige, gelblich graue Borke; Nadeln 3–4 cm lang, oberseits blaugrün, unterseits weißlich mit 2 Spaltöffnungsbändern, kammartig 2-reihig angeordnet; Zapfen 5–10 cm lang, unreif violett bis braunpurpurn.
VORKOMMEN In Nordamerika beheimatet, Zierbaum in Parks und Gärten; braucht nach am besten leicht beschattetem Jugendstadium recht viel Sonne und frische, vorzugsweise kalkarme Böden; etwas spätfrostgefährdet.
WISSENSWERTES Die Kork-Tanne wird als blaunadeliger Weihnachtsbaum immer beliebter. Die am häufigsten gepflanzte Zierform 'Compacta' wächst breitkegelig und nur 5 m hoch. (Siehe auch Allgemeines zu *Abies* auf S. 250.)

Nordmanns-Tanne
Abies nordmanniana
Kieferngewächse [3]

2 | 25–30 M | MAI–JUNI | BAUM

KENNZEICHEN Kegelförmige Krone, vom Boden her dicht und gleichmäßig beastet; Nadeln 2–3 cm lang, an der Spitze scharf eingeschnitten, stark glänzend, unterseits mit 2 weißen Streifen, bürstenartig schraubig um den Zweig angeordnet; reife Zapfen 12–15 cm lang, mit hakig nach außen gebogener Deckschuppe.
VORKOMMEN Im Kaukasus und in Kleinasien beheimatet; attraktiver, frosthartiger Parkbaum, braucht tiefgründigen, eher feuchten Boden, verträgt Hitze und Trockenheit schlecht.
WISSENSWERTES Aufgrund ihres besonders gleichmäßigen Wuchses zählt die Nordmanns-Tanne zu den beliebtesten Weihnachtsbäumen. In neuerer Zeit erhält sie dabei zunehmend Konkurrenz durch die nordamerikanische Fraser-Tanne (*Abies fraseri*).

Spanische Tanne *Abies pinsapo*
Kieferngewächse [3]

3 | 15–25 M | MAI | BAUM

KENNZEICHEN Breit kegelförmige Krone, dicht verzweigt, untere Äste hängend; Nadeln 1–2 cm lang, ± vierkantig, am Grund mit breitem Napf aufsitzend, je 2 weiße Längsstreifen auf Ober- und Unterseite, steif bürstenartig abstehend; Zapfen 10–15 cm lang, unreif purpurbraun.
VORKOMMEN Im südöstlichen Spanien beheimatet, dort heute selten und stark gefährdet; Park- und Gartenbaum, v. a. in der Jugend frostempfindlich, braucht einen sonnigen und geschützten Platz, bevorzugt einen lockeren, kalkreichen Boden.
WISSENSWERTES Als frosthärter gilt die blaugrün benadelte Form 'Glauca', die sehr kompakt und meist nur 10–15 m hoch wächst.

Silber-Tanne, Edle Tanne
Abies procera 'Glauca'
Kieferngewächse [3]

4 | 15–25 M | MAI | BAUM

KENNZEICHEN Locker kegelförmig, unregelmäßig beastet; Nadeln blauweiß, um 3 cm lang, flach, mit der Basis dem Zweig anliegend, im oberen Teil sichelförmig abbiegend, sehr dicht gedrängt, an den Zweiguntersiten leicht gescheitelt; schon junge Pflanzen mit 16–25 cm langen, bis 8 cm dicken, purpurbraunen Zapfen.
VORKOMMEN In Nordamerika beheimatet; frosthartiger, anspruchsloser Zierbaum in Parks und Gärten.
WISSENSWERTES Die Silber-Tanne bildet unter allen Tannenarten die größten, auffälligsten Zapfen aus. Das Attribut „edel" erhielt sie wegen der tatsächlich fast silbern wirkenden blauweißen Nadeln. Die Zweige werden häufig für Gestecke verwendet. Die Namen Edle Tanne und Edel-Tanne (s. S. 250: 2) sollten wegen Verwechslungsgefahr vermieden werden.

Colorado-Tanne *Abies concolor*
Kieferngewächse [3]

5 | 20–30 M | MAI–JUNI | BAUM

KENNZEICHEN Schmal kegelförmige Krone, im Alter breit abgeflacht; Nadeln 4–8 cm lang, graugrün oder silbergrau, an den Zweigoberseiten oft bogig aufwärts gekrümmt und kürzer als an den Unterseiten; männliche Blütenstände auffällig, zylindrisch, 3–4 cm lang; leuchtend rot; reife Zapfen 8–14 cm lang.
VORKOMMEN Im westlichen Nordamerika beheimatet, dort bis fast 60 m hoch; verträgt mehr Trockenheit als die meisten anderen Tannen, frosthart, toleriert Luftverschmutzung, braucht nährstoffreichen, tiefgründigen, eher sauren Boden.
WISSENSWERTES Die Colorado-Tanne ist anhand ihrer auffällig langen Nadeln recht einfach von anderen Tannen zu unterscheiden. Man trifft sie v. a. in Parks und großen Gärten an, in europäischen Wäldern wurde sie bislang selten gepflanzt. Sie gehört zu den wichtigsten Christbaum-Tannen und hat damit auch wirtschaftliche Bedeutung.

Nadelgehölze

Gewöhnliche Douglasie
Pseudotsuga menziesii
Kieferngewächse [3]

 1 | 25–30 M | MAI | BAUM

KENNZEICHEN Krone gleichmäßig kegelförmig, im Alter breit abgeflacht; Borke oft mit auffallenden Blasen, die ein farbloses, nach Zitrone riechendes Harz enthalten; Nadeln nicht immer deutlich gescheitelt, oft locker stehend und teils in verschiedene Richtungen gespreizt; Nadeln flach, 1,5–4 cm lang, stumpf oder zugespitzt, oberseits dunkelgrün, unterseits hellgrün, mit 2 meist deutlichen weißen Längsstreifen; Zweige leicht aromatisch duftend; nach Nadelfall verbleiben kleine Blattkissen am Spross; einhäusig, Blütenstände unscheinbar; reife Zapfen nickend oder hängend, 5–8 cm lang, mit 3-spitzigen Deckschuppen, als Ganzes abfallend **(1a)**.

VORKOMMEN In Nordamerika beheimatet, dort hauptsächlich an der Pazifikküste, über 60 m Höhe erreichend; an luftfeuchte, regenreiche Lagen gebunden, gedeiht unter solchen Voraussetzungen in Mitteleuropa und v.a. Westeuropa auch als Wald- und Parkbaum; braucht tiefgründige, feuchte Böden.

WISSENSWERTES Die Douglasie wird seit dem 19. Jh. in Mitteleuropa forstlich genutzt, meist als Alternative zu Fichten, und zeichnet sich durch schnellen Massenzuwachs und gute Verwertbarkeit des Holzes aus. Allerdings sind die Bestände gebietsweise durch starkes Auftreten der Douglasienschütte gefährdet.
Neben der beschriebenen Art, die auch als Küsten-Douglasie bezeichnet wird, gibt es eine Gebirgs-Douglasie genannte Varietät, *P. menziesii* var. *glauca* **(1b)**. Sie stellt wesentlich geringere Ansprüche an Luft- und Bodenfeuchtigkeit, ist frosthärter, wächst jedoch auch schwächer. Als Waldbaum hat sie deshalb nur geringe Bedeutung, in Gärten jedoch ist sie die am häufigsten gepflanzte Douglasie. Sie hat kürzere, bläulich grüne Nadeln, duftet nur schwach und bringt im Vergleich zur Küsten-Douglasie etwas kleinere Zapfen hervor, bei denen die Deckschuppen stark abspreizen. Eine gelegentlich angepflanzte, nur 1–3 m hohe Zwergform ist 'Fletcheri' mit gelbgrünen Nadeln.

Kanadische Hemlocktanne
Tsuga canadensis
Kieferngewächse [3]

2 | 10–20 M | MAI | BAUM

KENNZEICHEN Krone unregelmäßig breit kegelig, Äste teils überhängend; Nadeln undeutlich in 2 Reihen, nur 1–1,5 cm lang, flach, stumpf, kurz gelblich gestielt (Stiel dem Zweig anliegend), oberseits glänzend grün, unterseits mit 2 blauweißen Längsstreifen; einhäusig, Blütenstände unscheinbar; Zapfen eiförmig, 1,5–2,5 cm lang, hängend, als Ganzes abfallend.

VORKOMMEN Im nordöstlichen Nordamerika beheimatet; bei uns in Parks und Arboreten zu sehen, kleinwüchsige Formen in Gärten; wächst in Sonne und Halbschatten auf durchlässigen, nährstoffreichen, frischen bis feuchten Böden.

WISSENSWERTES Die größte Gartenform ist 'Pendula' mit 3–5 m Höhe. Ihre Äste sind bogenförmig übergeneigt, die Zweige hängen kaskadenartig herab. Zwergformen werden nur 0,3–1 m hoch. Am häufigsten sieht man die Sorte 'Jeddeloh'. Sie wächst halbkugelig in die Breite und bildet in der Mitte eine trichterförmige Vertiefung. Als Ziergehölz spielt auch ein Cultivar der verwandten Berg-Hemlocktanne, *T. mertensiana* 'Glauca', eine Rolle. Der 6–8 m hohe Baum hat eine schmal kegelförmige Krone mit hängenden, dicht verzweigten Ästen, die Nadeln sind graublau.

Küsten-Mammutbaum
Sequoia sempervirens
Sumpfzypressengewächse [4]

3 | 20–30 M | FEB–MÄRZ | BAUM

KENNZEICHEN Langschäftig mit schlanker, kegelförmiger Krone; Borke dunkel- bis rotbraun, tief gefurcht, schwammig weich; Kurztriebe oft gebüschelt an den Langtrieben; Nadeln 0,5–2 cm lang, abgeflacht, dunkel- bis bläulich grün, weich, schraubig stehend, an kurzen Seitenzweigen gescheitelt; einhäusig, Blütenstände unauffällig; Zapfen eiförmig, 2–2,5 cm lang, mit breiten, in der Mitte „eingedellten" Schuppenschildern, aufrecht bis überhängend.

VORKOMMEN Stammt aus Nordamerika, wild nur in einem eng begrenzten Areal in Oregon und Kalifornien vorkommend, dort bis 110 m hoch und 8 m dick; gedeiht nur in boden- und luftfeuchten Lagen wintermilder Regionen, in Mitteleuropa v.a. in Arboreten und Parks zu sehen, jedoch viel seltener als die Wellingtonie (Mammutbaum, *Sequoiadendron*, s. S. 248).

WISSENSWERTES Der Küsten-Mammutbaum liefert ein geschätztes rötliches Holz (Redwood). Frosthärtere Selektionen wurden hier und da versuchsweise in europäischen Wäldern angebaut. Ergebnisberichte dazu stehen aber noch aus. Diese Art wird als das höchste Nadelgehölz auf der ganzen Erde angesehen. Das Alter der Bäume in der Sierra Nevada wird auf 500 bis 1500 Jahre geschätzt (nach verschiedenen Quellen).

Nadelgehölze

Die Gattung *Picea* umfasst ungefähr 40 Arten. Neben der heimischen Gewöhnlichen **Fichte** werden bei uns hauptsächlich nordamerikanische Arten gepflanzt. Wichtiger Unterschied zu den Tannen (S. 250 ff.): Nach dem Abfallen der schraubig angeordneten Nadeln verbleiben deutliche stielartige Blattkissen am Zweig. Fichten sind einhäusig, die Blüten erscheinen oft nur im oberen Kronenbereich, männliche wie weibliche Stände sind meist um 2 cm groß und oft rötlich gefärbt. Die Zapfen stehen zunächst an den vorjährigen Zweigen aufrecht oder seitlich, reif hängen sie herab und fallen später als Ganzes – mitsamt der Spindel – ab (s.a. S. 278).

Gewöhnliche Fichte, Rottanne
Picea abies
Kieferngewächse [3]

1 | 25–50 M | MAI | BAUM

KENNZEICHEN Gleichmäßige kegelförmige Krone, gerader Stamm (**1a**); Borke rotbraun, schuppig abblätternd; Nadeln 1–2 cm lang, 4-kantig, zugespitzt, dunkelgrün, allseitig am Zweig stehend, an der Zweigunterseite gescheitelt; männliche Blütenstände erst rötlich (**1b**), dann gelblich, weibliche karminrot; reife Zapfen zylindrisch, 10–15 cm lang, meist harzig (**1c**).
VORKOMMEN In Mitteleuropa der am stärksten vertretene Forstbaum; wird auch außerhalb seines natürlichen Verbreitungsgebiets (den Alpen und den höheren Mittelgebirgen) angepflanzt; wächst in Sonne und Halbschatten, braucht hohe Luftfeuchtigkeit, bevorzugt feuchte, sandig-steinige, nährstoffarme Böden; empfindlich gegen Luftverschmutzung.
WISSENSWERTES Die Fichte wird zur Papierherstellung genutzt und liefert gut verwertbares Bauholz – dies ist mit ein Grund für verbreitete Fichtenmonokulturen, die schon fast als Synonym für Fehlentwicklungen im Waldbau gelten. Probleme bereitet dies u. a., weil die saure Nadelstreu der Bäume stark zur Bodenversauerung beiträgt, auch ist die Krankheits- und Schädlingsanfälligkeit solcher Bestände hoch. Die Fichte ist eine sehr variable Gehölzart, was zur Züchtung etlicher Gartenformen genutzt wurde, von Hängeformen bis hin zu niedrigen Zwergformen (**1d**).

Mähnen-Fichte *Picea breweriana*
Kieferngewächse [3]

2 | 8–15 M | APR–MAI | BAUM

KENNZEICHEN Äste waagrecht abstehend, Zweige schleppenartig herabhängend, Nadeln 2–3 cm lang, stumpf, oberseits dunkelgrün, unterseits mit 2 hellen Linien, locker rings um den Zweig stehend; zylindrische Zapfen, 6–12 cm lang.
VORKOMMEN Stammt aus dem westlichen Nordamerika; frostharter Park- und Gartenbaum für sonnige, jedoch luftfeuchte Plätze, bevorzugt durchlässigen frischen bis feuchten Boden, kalkmeidend.
WISSENSWERTES Das natürliche Vorkommen dieser Art beschränkt sich ganz ähnlich wie beim Küsten-Mammutbaum (S. 254) auf ein inselartiges Verbreitungsgebiet in Oregon und Kalifornien. Systematisch gehört sie zur Gattungsgruppe *Omorika*, die in Europa kaum vertreten ist (s. S. 258: 1).

Engelmanns Fichte
Picea engelmannii
Kieferngewächse [3]

3 | 25–35 M | MAI | BAUM

KENNZEICHEN Dicht kegelförmige Krone; Nadeln 1,5–2 cm lang, bläulich grün, dünn, weich und biegsam, zum Zweigende hin gerichtet, zerrieben streng nach Kampfer riechend; Zapfen 6–8 cm lang, unreif rotbraun.
VORKOMMEN Im westlichen Nordamerika beheimatet; Ziergehölz in Parks, seltener in Gärten; braucht Sonne, bevorzugt kühl-feuchte Lagen, recht geringe Bodenansprüche, spätfrostgefährdet.
WISSENSWERTES Mit warmen Standorten und nährstoffreichen Böden kommt diese Art zwar zurecht, wächst dann aber äußerst stark und unregelmäßig mit steil aufgerichteten Ästen.

Zuckerhut-Fichte
Picea glauca 'Conica'
Kieferngewächse [3]

4 | 1,5–3 M | APR–MAI | BAUM

KENNZEICHEN Geschlossener, streng kegelförmiger Wuchs; Nadeln um 1 cm lang, locker rundum stehend, frischgrün bis bläulich grün.
VORKOMMEN Cultivar, Stammart in Nordamerika beheimatet; gedeiht in Sonne und lichtem Schatten auf jedem kultivierten Boden.
WISSENSWERTES Die Schimmel-Fichte genannte reine Art, *P. glauca,* ist bei uns nur gelegentlich in Arboreten zu sehen. Zu ihren oft gepflanzten Sorten gehört neben der Zuckerhut-Fichte die nur bis 0,8 m hohe Igel-Fichte 'Echiniformis' mit rundlicher Wuchsform. *P. glauca* ist in den Kanadischen Wäldern der Hauptlieferant für das viele Holz, das der Papierherstellung zugeführt wird. Ihre Rinde ist außerdem ein wichtiger Gerbstoffträger.

Nadelgehölze

Omorika-Fichte, Serbische Fichte
Picea omorika
Kieferngewächse [3]

1 | 15–30 M | MAI | BAUM

KENNZEICHEN Schlank kegelförmig bis säulenförmig, meist bis zum Boden mit kurzen, sichelartig hoch gebogenen Ästen; junge Zweige hell rotbraun; Nadeln 1–2,5 cm lang, flach, an der Spitze stumpf, oberseits glänzend dunkelgrün, unterseits mit 2 blauweißen Streifen, in 2 undeutlichen Reihen an den Zweigen stehend, an der Zweigoberseite nach vorne gerichtet **(1a)**; Blütenstände eiförmig, 1–2 cm groß, männliche rötlich gelb, weibliche purpurn **(1b)**; Zapfen 4–6 cm lang, unreif blauviolett.
VORKOMMEN In Gebirgswäldern des Balkan beheimatet; häufig gepflanzter Garten- und Parkbaum, frosthart und stadtklimafest, recht unempfindlich gegen Luftverschmutzung, gedeiht bei sonnigem Stand auf nahezu allen Böden, die nicht extrem trocken sind.
WISSENSWERTES Die Omorika-Fichte hat sich auch in Forstanbauversuchen als sehr robust erwiesen, allerdings schränkt ihr geringer Massenzuwachs die Verwendung als Holz liefernder Waldbaum ein. Wie von vielen Fichten gibt es auch von dieser Art eine Zwergform: 'Nana' wird erst nach vielen Jahren um 1,5 m hoch und wächst fast kugelig mit kurzen, dicken Zweigen. Gehört als einzige Europäerin der Sektion *Omorika* an. Die Untergruppe der Gattung *Picea* ist an den eher flachen Nadeln kenntlich (bei Sektion *Picea* ± vierkantig). Sitka- (vgl. 4) und Mähnen-Fichte (s. S. 256: 2) zählen ebenfalls dazu (s. auch Allgemeines zu *Picea* auf S. 256).

Kaukasus-Fichte
Picea orientalis
Kieferngewächse [3]

2 | 15–30 M | MAI | BAUM

KENNZEICHEN Im Habitus der Omorika-Fichte ähnlich, jedoch breiter kegelförmig; Nadeln sehr dicht an den Zweigen stehend, 0,5–1 cm lang, mit abgestumpfter Spitze, flach, schwach 4-kantig, dunkelgrün, allseits mit feinen weißen Streifen; Zapfen 5–8 cm lang, unreif violett, reif glänzend braun.
VORKOMMEN Im Kaukasus und in Kleinasien beheimatet, dort bis 50 m hoch; auf sonnigem bis absonnigem Stand auf jedem normalen Boden, frosthart und stadtklimaverträglich.
WISSENSWERTES Diese Art mit den charakteristisch kurzen Nadeln toleriert mehr Wärme und Trockenheit als die meisten anderen Fichten. Eine beliebte Zierform ist die kleiner bleibende 'Aurea', in der Jugend durchgehend mit goldgelben Nadeln, später dann grün mit gelben Zweigspitzen. Außerdem gibt es eine Hängeform namens 'Nutans', die sich als gut halbschattenverträglich erwiesen hat.

Blaue Stech-Fichte, Blautanne
Picea pungens 'Glauca'
Kieferngewächse

3 | 10–20 M | MAI–JUNI | BAUM

KENNZEICHEN Gleichmäßig kegelförmige Krone; junge Zweige bläulich, später orangebraun; Nadeln 4-kantig, meist 2–3 cm lang, stechend spitz, stahlblau, allseitig am Zweig stehend; männliche Blütenstände rotgelb, weibliche blassgrün, unscheinbar, Zapfen 6–10 cm lang, hellbraun.
VORKOMMEN Stammart im westlichen Nordamerika beheimatet, verbreitet in den Rocky Mountains; braucht sonnigen Stand, geringe Bodenansprüche, gedeiht auch in ziemlich lufttrockenem Klima, frosthart, leidet wenig unter Schadstoffbelastung.
WISSENSWERTES Als genügsame, besonders robuste Art zählt die Stech-Fichte in ihren verschiedenen Sorten zu den am häufigsten gepflanzten Nadelgehölzen in Parks und Gärten. 'Glauca' war jahrelang die Weihnachts-„Tanne" schlechthin, ehe sie in dieser Funktion von der Nordmanns-Tanne auf Platz zwei verdrängt wurde. Für Gärten gibt es noch einige weitere, im Erscheinungsbild recht ähnliche Sorten wie 'Koster' und 'Hoopsii' mit besonders intensiv blauer Benadelung.

Sitka-Fichte *Picea sitchensis*
Kieferngewächse [3]

4 | 15–35 M | MAI | BAUM

KENNZEICHEN Kegelförmig mit anfangs aufstrebenden, im Alter fast waagrechten Ästen; Zweige glänzend gelb; Nadeln 1,5–2 cm lang, stark zugespitzt und stechend, steif, silbrig weiße Unterseite durch Zweigstellung nach außen weisend; Zapfen 5–8 cm lang, unreif gelbgrün, später braun, weich, kaum harzig.
VORKOMMEN Im pazifischen Nordamerika beheimatet, braucht entsprechend hohe Luftfeuchtigkeit; verträgt noch Halbschatten, braucht feuchten, durchlässigen, kalkarmen Boden.
WISSENSWERTES Die im 18. Jh. eingeführte Sitka-Fichte hat in Europa nicht nur Bedeutung als Garten- und Parkbaum, sondern wird v. a. in West- und Nordwesteuropa auch als Waldbaum gepflanzt und an vernässten Stellen zur Aufforstung verwendet.

Nadelgehölze

Gut 90 Arten zählen zur Gattung **Pinus**, von denen 3 wild in Mitteleuropa vorkommen. Die Nadeln der **Kiefern** stehen zu 2, 3 oder 5 in Kurztrieben beisammen und werden am Grund von einer häutigen Scheide umgeben. Die Pflanzen sind einhäusig, die männlichen Blüten sitzen meist in gelblichen Ähren an der Basis der Langtriebe, die rötlichen weiblichen Blütenstände an den Triebspitzen. Zapfenschuppen vorn mit charakteristischer, rautenförmiger Verdickung.

Zirbel-Kiefer, Arve
Pinus cembra
Kieferngewächse [3]

1 | 10–20 M | JUNI | BAUM

KENNZEICHEN Kegelförmige Krone, im Alter oft unregelmäßig; Nadeln 5–10 cm lang, steif, dunkelgrün, meist zu 5, dicht gebüschelt an den Zweigen; eiförmiger Zapfen, 6–8 cm lang, als Ganzes abfallend, enthalten ungeflügelte, essbare Samen („Zirbelnüsse"); Blüte/Zapfenbildung frühestens ab dem 50. Lebensjahr.
VORKOMMEN In Mitteleuropa wild im höheren und mittleren Alpenbereich; bevorzugt sonnige, aber kühl-luftfeuchte Lagen, geringe Bodenansprüche, extrem frosthart, hitzeunverträglich.
WISSENSWERTES Die Zirbel-Kiefer ist zusammen mit der Europäischen Lärche (S. 264) prägendes Gehölz der Waldgrenze bis etwa 1800 m Höhe, darüber hinaus kommt sie vereinzelt bis zur Baumgrenze vor, in vielen Fällen in bizarr wirkenden „Wetterformen".

Legföhre, Latsche, Zwerg-Kiefer
Pinus mugo ssp. *pumilio*
Kieferngewächse [3]

2 | 2–4 M | JUNI–JULI | STRAUCH, BAUM

KENNZEICHEN Niederliegend (ge-„legt", „latschend"), selten als kleiner aufrechter Baum; Zweige schwarzgrau; Nadeln 2–5 cm lang, zu 2, leicht gekrümmt oder gedreht; männliche Blütenstände goldgelb; Zapfen symmetrisch, 3–5 cm lang, sitzend, ohne Haken.
VORKOMMEN In süd- und mitteleuropäischen Gebirgen, vereinzelt bis 2400 m Höhe; im Krummholzgürtel, in Heidemooren und Bergwäldern; in sonnigen, kühl-luftfeuchten Lagen, geringe Bodenansprüche, frost- und windfest.
WISSENSWERTES Die Legföhre markiert in den Alpen die äußerst raue „Kampfzone" oberhalb der Waldgrenze, wo sich nur noch vereinzelte, oft verkrüppelt wachsende Bäume behaupten können. Sie kommt aber auch in Tieflagen zurecht und wird, meist in Zwergformen, auch in Gärten gepflanzt.

Haken-Kiefer, Spirke
Pinus uncinata
Kieferngewächse [3]

3 | 10–20 M | JUNI–JULI | BAUM

KENNZEICHEN Aufrecht, kegelförmig, mit etagenartig angeordneten, fast waagerechten Ästen; Zapfen deutlich unsymmetrisch, 4–7 cm lang, Schuppenschild mit dornenförmigem Haken; Nadeln und Blüten wie die Legföhre.
VORKOMMEN In süd- und mitteleuropäischen Gebirgen, vorwiegend im Westen, hauptsächlich zwischen 500 und 1700 m Höhe; Standortansprüche wie Legföhre.
WISSENSWERTES Die Hakenkiefer wird häufig als Baumform und als eine Unterart oder Varietät der Legföhre angesehen.

Schwarz-Kiefer *Pinus nigra*
Kieferngewächse [3]

4 | 20–30 M | MAI–JUNI | BAUM

KENNZEICHEN Anfangs kegelförmige, später schirmförmige Krone; namengebende dunkelgraue bis schwarzbraune Borke; Nadeln 8–15 cm lang, zu 2, schwarzgrün, stechend; reife Zapfen 4–8 cm lang, waagrecht abstehend.
VORKOMMEN In Südeuropa und Kleinasien beheimatet, wild auch im östlichen Österreich; häufig in Parks und Grünanlagen; wächst bevorzugt in der Sonne auf sandigen, nährstoffarmen, kalkhaltigen Böden; auf solche im 20. Jh. in Süddeutschland forstlich oft eingebracht.
WISSENSWERTES Die in Österreich wachsende Schwarz-Kiefer wird auch als Unterart ssp. *nigra* angesehen (in Südeuropa noch 4 weitere ssp.). Die österreichischen Bestände werden seit langer Zeit zur Harzgewinnung genutzt. Das gewonnene Terpentin liefert Öl und Kolophonium.

Weymouths-Kiefer, Strobe
Pinus strobus
Kieferngewächse [3]

5 | 20–40 M | MAI–JUNI | BAUM

KENNZEICHEN Breit kegelförmige Krone; ältere Borke dunkelgrau, tief gefurcht; Zweige dünn und biegsam; Nadeln zu 5, 5–15 cm lang, weich, dünn, blaugrün; Zapfen schmal zylindrisch, 10–20 cm lang, kurz gestielt, hängend.
VORKOMMEN In Nordamerika beheimatet, in Europa Park- und Waldbaum; bevorzugt kühle, luftfeuchte Lagen und kalkarme Böden.
WISSENSWERTES Die forstliche Verwendung ist in Mitteleuropa durch den häufigen Befall mit Blasenrost stark zurückgegangen. Die Pilzkrankheit bringt die Bäume zum Absterben.

Nadelgehölze

Dreh-Kiefer *Pinus contorta*
Kieferngewächse [3]

1 | 10–15 M | MAI–JUNI | BAUM, STRAUCH

KENNZEICHEN Breit kegelförmige Krone; die Nadeln zu 2, an gedrehten Zweigen, Nadeln um ihre Längsachse gedreht, 4–8 cm lang, gelbgrün bis dunkelgrün; eiförmige Zapfen, 3–5 cm lang, Schuppen mit dünnem, gebogenem Dorn.
VORKOMMEN Stammt aus Nordamerika; in Mitteleuropa als Park-, Garten- und Waldbaum; braucht Sonne, wächst auf fast allen Böden.
WISSENSWERTES In europäischen Wäldern wurde die Dreh-Kiefer bisher meist nur versuchsweise – und erfolgreich – auf armen, sandigen Böden gepflanzt. Für Forstzwecke verwendet man die in Alaska und den Rocky Mountains heimische, besonders frostharte, breitnadelige Varietät *P. contorta* var. *latifolia* (s. auch Allgemeines zu *Pinus* auf S. 260).

Japanische Rot-Kiefer
Pinus densiflora 'Umbraculifera'
Kieferngewächse [3]

2 | 3–5 M | MAI–JUNI | BAUM, STRAUCH

KENNZEICHEN Krone breit kegelförmig, im Alter flach schirmförmig; Borke rotbraun, schuppig abblätternd; Nadeln zu 2, 6–11 cm lang, biegsam, hellgrün; Zapfen 3–5 cm lang, eiförmig, obere Schuppen mit kurzer Spitze.
VORKOMMEN In Japan und Korea beheimatet; anspruchsloser Garten- und Parkbaum.
WISSENSWERTES Das attraktive, sehr langsam wachsende, genügsame Gehölz wird bei uns überraschenderweise recht selten gepflanzt und findet fast größere Beachtung als Bonsai-Bäumchen denn als Gartenpflanze.

Mädchen-Kiefer *Pinus parviflora*
Kieferngewächse [3]

3 | 3–8 M | MAI–JUNI | BAUM

KENNZEICHEN Krone locker kegelförmig, im Alter breit unregelmäßig; Nadeln zu 5, pinselartig an den Zweigenden gehäuft, um 5 cm lang, oft gekrümmt und gedreht, so dass die bläulich weiße Innenseite nach außen zeigt; Zapfen länglich eiförmig, 5–10 cm lang, häufig zu 2 bis 4 beieinander sitzend, mehrere Jahre an den Ästen verbleibend.
VORKOMMEN In Japan beheimatet; anspruchsloser Garten- und Parkbaum, bevorzugt frische bis feuchte Böden und braucht – wie die meisten Kiefern – einen sonnigen Platz.
WISSENSWERTES Kultiviert werden bei uns nur Formen, am häufigsten die ansprechende Sorte 'Glauca' mit stark gedrehten und gekrümmten, silbrig blaugrünen Nadeln. Beinahe strauchartig und nur sehr langsam wächst die 2–3 m hohe 'Adocks Dwarf', mit kaum 3 cm langen Nadeln.

Gelb-Kiefer *Pinus ponderosa*
Kieferngewächse [3]

4 | 15–25 M | MAI–JUNI | BAUM

KENNZEICHEN Krone lange schmal kegelförmig bleibend, im Alter locker und abgeflacht; Borke rot- bis schwarzbraun, rau, in großen Platten ablösend; Nadeln zu 3, 12–25 cm lang, dick und steif, vom Zweig abspreizend, dunkelgrün; Zapfen 8–15 cm lang, meist zu mehreren, beim Abfallen Zapfenbasis am Baum zurücklassend.
VORKOMMEN Im westlichen Nordamerika beheimatet; eindrucksvoller Parkbaum, der Hitze und Trockenheit, aber auch Frost verträgt.
WISSENSWERTES Der Name Gelb-Kiefer bezieht sich auf das gelbliche Kernholz. Das Holz wird in den USA vielfach genutzt, die Art zählt dort zu den wichtigsten Forstbäumen.

Wald-Kiefer, Föhre, Gewöhnliche Kiefer *Pinus sylvestris*
Kieferngewächse [3]

5 | 15–40 M | MAI–JUNI | BAUM

KENNZEICHEN Kronenform sehr veränderlich, kegel- bis schirmförmig, oft mit locker übereinander stehenden „Stockwerken"; Borke zumindest ab dem oberen Stammdrittel rötlich bis fuchsrot, unterer Stammbereich grau- bis rotbraun; Nadeln zu 2, 4–8 cm lang, oft etwas gedreht, blau- bis graugrün; eilängliche Zapfen, 3–8 cm lang, gestielt, hängend, zur Reife mit klaffenden oder zurückgebogenen Schuppen.
VORKOMMEN In Mitteleuropa vom Tiefland bis in die Alpen bei 1600 m Höhe, seit langem forstlich angebaut; gedeiht auf fast jedem nicht zu schweren Boden; schattenunverträglich, empfindlich gegen Luft- und Bodenschadstoffe, ansonsten sehr robust und anspruchslos.
WISSENSWERTES Die Wald-Kiefer liefert gut verwertbares Bau- und Möbelholz und gehört zu unseren wichtigsten Forstbäumen. Klein bleibende Formen werden als Ziergehölze kultiviert; häufig sieht man die strauchig wachsende, nur um 3 m hohe 'Watereri' und die bis 10 m hohe Säulen-Kiefer 'Fastigiata'. Es gibt aber ebenso „Klein-Kiefern" als Wildformen: in Heidemooren Norddeutschlands var. *turfosa*, kaum 3 m hoch, auf Dünen an der Ostsee var. *katakeimos*, kriechend, bis 2 m lang. Beide scheinen erbfest zu sein. In Europa werden dazu fast ein Dutzend geographischer Rassen unterschieden.

Nadelgehölze

Tränen-Kiefer *Pinus wallichiana*
Kieferngewächse [3]

1 15–30 M | MAI–JUNI | BAUM

KENNZEICHEN Breit kegelförmig, locker aufgebaut; Nadeln zu 5, 12–20 cm lang, grau- bis blaugrün, schlaff herabhängend; reife Zapfen meist zu mehreren an den Zweigenden, schmal und 15–30 cm lang, mit langem Stiel, spätestens im 2. Jahr „tränig" mit Harz überzogen.
VORKOMMEN Im Himalaja beheimatet; in Mitteleuropa fast nur in wintermilden Regionen in Parks zu sehen, da recht frostempfindlich.
WISSENSWERTES Die Tränen-Kiefer kommt im Himalaja noch in Höhen von über 2000 m vor und ist in Gebirgstälern bestandbildend.

Schlangenhaut-Kiefer
Pinus leucodermis
Kieferngewächse [3]

2 5–15 M | MAI–JUNI | BAUM

KENNZEICHEN Schlank kegelförmige, im Alter abgeflachte Krone; graue, gleichmäßig gefurchte Schuppenborke; Zweige grauweiß, durch Furchen nach Abfallen der Nadeln schlangenhautartig gefeldert; Nadeln zu 2, 6–10 cm lang, steif, stechend, glänzend grün, an den Zweigenden schopfig gehäuft; hängende, eiförmige Zapfen, 6–8 cm lang.
VORKOMMEN In Südosteuropa beheimatet; wächst bei uns in Parks und Gärten, geringe Bodenansprüche, frosthart.
WISSENSWERTES Abgesehen vom sonnigen und freien Stand, den fast alle Kiefern verlangen, ist diese Art sehr genügsam und kommt selbst mit trockenen, heißen Standorten zurecht.

Europäische Lärche *Larix decidua*
Kieferngewächse [3]

3 25–35 M | APR–MAI | BAUM

KENNZEICHEN Krone kegelförmig, locker aufgebaut, Äste fast waagrecht mit aufgebogenen Spitzen; Nadeln 2–3 cm lang, hellgrün, weich, an Langtrieben schraubig, an Kurztrieben zu 30 bis 40 in Büscheln, fallen nach leuchtend goldgelber Verfärbung im Spätherbst ab und hinterlassen an den Zweigen die knospenartigen Kurztriebe; Blüten vor den Blättern erscheinend, männliche Blüten unscheinbar, gelb, weibliche Blütenstände eiförmig und rötlich; Zapfen aufrecht, eiförmig, 2–6 cm lang, Schuppen am Rand nicht nach außen umgerollt, nach Reife verbleiben die Zapfen noch lange am Baum.
VORKOMMEN In Mitteleuropa wild nur in den Alpen ab 1600 m Höhe, doch schon seit dem 16. Jh. als Waldbaum auch im Tiefland angebaut; eignet sich anders als Tanne und Fichte für lufttrockene, etwas wärmere Lagen; frosthart, empfindlich gegen Schadstoffbelastungen.
WISSENSWERTES Die Europäische Lärche ist nicht nur windfest, sie gedeiht sogar am besten bei reichlich bewegter Luft. Windarme, oft nebelfeuchte Talkessel sind deshalb für Lärchen denkbar ungeeignet. Lärchen vertragen Schnitt und lassen sich auch als Hecken ziehen. Das weiche, aber feste und sehr dauerhafte Holz ist als Bauholz geschätzt, selbst unter Wasser, da es dort mit der Zeit äußerst hart wird.

Japanische Lärche
Larix kaempferi
Kieferngewächse [3]

4 25–30 M | APR–MAI | BAUM

KENNZEICHEN Breit kegelige Krone mit waagrechten Ästen; Zweige rotbraun; Nadeln anders als bei der Europäischen Lärche an den Kurztrieben bis zu 50 in Büscheln; Herbstfärbung und Blüten wie Europäische Lärche; Zapfen aufrecht, rundlich, 2–3 cm lang, bei Reife Schuppen am Rand nach außen umgerollt.
VORKOMMEN In Bergwäldern Japans beheimatet; ist auf hohe Luftfeuchtigkeit angewiesen, braucht tiefgründigen, humosen Boden; abgasverträglicher als die europäische Art.
WISSENSWERTES Die Japanische Lärche wird in den luftfeuchten Regionen Norddeutschlands und Dänemarks forstlich genutzt. Ansonsten findet man sie in Parks und Gärten, hier auch in einer niedrig bleibenden Hängeform. Hybrid-Lärche, *L. x eurolepis*, heißt der Bastard zwischen Japanischer und Europäischer Lärche. Er vereinigt die guten Eigenschaften beider Eltern in Bezug auf forstliche Nutzung.

Goldlärche *Pseudolarix amabilis*
Kieferngewächse [3]

5 15–25 M | MAI | BAUM

KENNZEICHEN Breit kegelige, lockere Krone; Nadeln 3–7 cm lang, zugespitzt, weich, hellgrün, unterseits bläulich, an Kurztrieben in schirmartigen Büscheln zu 15 bis 30, im Spätherbst nach goldgelber Verfärbung abfallend; einhäusig, Blüten unauffällig; Zapfen, 5–7 cm lang, Samenschuppen bei Reife abfallend.
VORKOMMEN Stammt aus China; braucht Sonne und stets feuchten, kalkfreien Boden.
WISSENSWERTES Die Goldlärche ist recht anspruchsvoll und im Jugendstadium frostempfindlich. Man sieht sie nur gelegentlich in Parks, für die meisten Gärten wird sie zu groß.

Nadelgehölze

Blaue Atlas-Zeder
Cedrus atlantica 'Glauca'
Kieferngewächse [3]

1 10–20 M | SEPT | BAUM

KENNZEICHEN Krone breit kegelförmig, meist mit aufrechtem Gipfeltrieb und steil aufgerichteten Seitenästen; Nadeln 2–3 cm lang, leuchtend blaugrau, an Langtrieben entfernt schraubig, an Kurztrieben in Büscheln zu 40 bis 50; männliche Blüten in aufrecht stehenden, gelblichen Ähren, weibliche Blütenstände eiförmig, rot; aufrechte, tonnenförmige Zapfen, 5–7,5 cm lang, nach der Reife am Baum zerfallend.
VORKOMMEN Stammart in Nordafrika im Atlasgebirge beheimatet, dort zwischen 1000 und 1800 m Höhe vorkommend; verlangt sonnigen bis leicht schattigen Stand in möglichst warmer Lage, wächst am besten auf durchlässigen, nährstoffreichen Böden.
WISSENSWERTES Zedern, seit ihrer Einführung im 19. Jh. bei uns lange nur in Parks zu sehen, sind seit einiger Zeit beliebte Gartengehölze. In nicht allzu rauen Regionen gedeihen sie auch recht gut, sofern man sie im empfindlichen Jugendstadium v.a. im Wurzelbereich mit einer Winterschutzabdeckung versieht. In harten Wintern verlieren sie ihre Nadeln, treiben aber im Frühjahr wieder aus. Die Hängeform 'Glauca Pendula' wird nur wenig höher als 5 m. Die überhängenden Zweige müssen mit Pfählen abgestützt werden. 'Aurea' ist im Wuchs nicht so kräftig und hat abstehende Äste. Ihre Nadeln sind nach dem Austrieb goldgelb und färben sich allmählich (innerhalb eines Jahres) grün.

Himalaja-Zeder *Cedrus deodara*
Kieferngewächse [3]

2 20–25 M | SEPT | BAUM

KENNZEICHEN Breit kegelförmige Krone mit meist deutlich nickendem Gipfeltrieb und überhängenden Zweigspitzen; Nadeln 3–5 cm lang, an Langtrieben schraubig, an Kurztrieben zu 25–35 in Büscheln, blaugrün, ausgesprochen weich; Blüten denen der Atlas-Zeder sehr ähnlich; aufrechte, tonnenförmige Zapfen 8–12 cm lang, mit stumpf-eiförmiger Spitze, anfangs bläulich bereift, später rotbraun.
VORKOMMEN Im Himalaja beheimatet, dort bis 50 m hoch; lässt sich nur in wintermilden Gebieten mit hoher Luftfeuchte problemlos kultivieren, obwohl sie in ihrer Heimat Hochgebirgslagen bis 2500 m besiedeln soll.
WISSENSWERTES Von dieser Art gibt es ebenso wie bei der Atlas-Zeder eine Hängeform, die nach vielen Jahren nur 8 m Höhe erreicht.

Libanon-Zeder *Cedrus libani*
Kieferngewächse [3]

3 20–35 M | SEPT | BAUM

KENNZEICHEN Krone zunächst breit kegelförmig mit oft zur Seite gebogenem Gipfeltrieb, später abgeflacht schirmförmig mit abgespreizten Ästen; Nadeln 1,5–3,5 cm lang, überwiegend an Kurztrieben in Büscheln zu 10–20, dunkelgrün, recht weich; Blüten denen der Atlas-Zeder sehr ähnlich; aufrechte, tonnenförmige reife Zapfen mit abgeflachter Spitze, 8–10 cm lang.
VORKOMMEN In Gebirgszügen West- und Kleinasiens beheimatet; gegen strengen Winterfrost ebenso empfindlich wie gegen Spätfröste, in Mitteleuropa nur in klimagünstigen Regionen kultiviert, in Westeuropa ganze Haine.
WISSENSWERTES Die Libanon-Zeder wurde bereits im 17. Jh. nach Europa eingeführt. In manchen Parks kann man jahrhundertealte Exemplare bewundern, die mit ihren eigentümlich aufgelockerten, flachen Kronen einen eindrucksvollen Anblick bieten. Die Art liefert ebenso wie die anderen Zedern ein wertvolles rötliches, duftendes Holz, das nicht von Schädlingen befallen wird. Sie war schon im Altertum berühmt, wird in der Bibel als Zeichen der Erhabenheit und Dauerhaftigkeit gerühmt und ziert heute das Wappen des Staates Libanon. Babylonier, Ägypter, Skythen und andere Völker verwandten Zedernöl oder Zederextrakte u.a. als Medizin, zur Kosmetik und zum Einbalsamieren.

Schirmtanne *Sciadopitys verticillata*
Sumpfzypressengewächse [4]

4 10–15 M | MAI | BAUM

KENNZEICHEN Schmal kegelförmige Krone mit kurzen, dünnen Ästen, im unteren Bereich oft herabhängend; Borke im Alter rotbraun; Blätter der Langtriebe klein und schuppenartig, in deren Achseln Kurztriebe aus miteinander verwachsenen Doppelnadeln, 5–15 cm lang, zu 20 bis 40 schirmartig in Büscheln an den Zweigenden; männliche Blütenstände gelb, kugelig, weibliche Blüten unscheinbar; aufrechte, eiähnliche Zapfen 6–10 cm lang, mit dicken, breitrunden Schuppen.
VORKOMMEN Stammt aus Japan, wo sie bis 30 m Höhe erreicht; wird gelegentlich in Parks, selten in Gärten gepflanzt; gedeiht an sonnigen, in der Jugend besser leicht beschatteten Plätzen auf nährstoffreichen, tiefgründigen, frischen bis feuchten, kalkfreien Böden.
WISSENSWERTES Das ansprechende Nadelgehölz hat aufgrund seiner recht hohen Ansprüche bei uns keine allzu große Bedeutung erlangt.

Bestimmen anhand der Winterknospen (1)

Pflanzen mit Dornen oder Stacheln

1 Strauch, selten kleiner Baum. Zweige kräftig, dornspitzig, mit Seitendornen. Knospen unregelmäßig eiförmig, mit meist bronzefarbenen Schuppenhaaren, um 8 mm lang:
Gewöhnlicher Sanddorn *Hippophae rhamnoides* (S. 92)

2 Strauch. Zweige dornspitzig mit zahlreichen kurzen Seitendornen. Rinde schwarzbraun. Knospen wechselständig, oft büschelig gehäuft, klein, eirundlich:
Schwarzdorn, Gewöhnliche Schlehe *Prunus spinosa* (S. 170)

3 Strauch. Nicht alle Zweige dornspitzig. Rinde grau. Knospen an Kurztrieben, wechselständig:
Weißdorn-Arten *Crataegus* spec. (S. 188)

4 Strauch, Kultursorten auch als „Bäumchen". Stacheln einfach, zuweilen doppelt oder dreiteilig. Knospen wechselständig, länglich, locker beschuppt:
Gewöhnliche Stachelbeere *Ribes uva-crispa* (S. 196)

5 Strauch, einige Kultursorten auch als „Bäumchen". Stacheln stets einfach, gebogen, leicht vom Zweig lösbar. Knospen wechselständig, klein bis mittelgroß (3–8 mm), eirundlich:
Rosen-Arten *Rosa* spec. (S. 32, 208–218)

6 Strauch oder Baum. Dornen stets paarig und nur an den Narben der Blattstiele. Scheinbar knospenlos. Knospen zwischen den Dornen im Gewebe versenkt:
Gewöhnliche Robinie *Robinia pseudoacacia* (S. 204)

Sträucher (oder Bäume) mit wechselständigen Knospen

7 Strauch, der 150 cm nur selten erreicht. Rinde hell graubraun, beim Zerreiben unangenehm scharf riechend. Endknospe oft größer als die eilänglichen, rotbraun oder violett beschuppten Seitenknospen:
Gewöhnlicher Seidelbast *Daphne mezereum* (S. 96)

8 Strauch, seltener Baum. Knospen nur von einer Schuppe bedeckt. Blattnarbe breit, nie ringförmig. Knospen je nach Art schlank und lang oder kurz und gedrungen:
Weiden-Arten *Salix* spec. (S. 88 f., 124 ff.)

9 Strauch, seltener Baum. Zweige behaart. Rinde graubraun. Knospen eirundlich. Schuppen rotbraun. Winters meist mit geschlossenen Kätzchen (ein Teil der Knospen enthält weibliche Blütenstände; aus ihnen ragen im Frühjahr um 1 mm lange rote Narben heraus):
Gewöhnliche Hasel *Corylus avellana* (S. 140)

Bestimmen anhand der Winterknospen (2)

Sträucher (oder Bäume) mit wechselständigen Knospen

1 Kleiner Baum oder Strauch. Einjährige Stängel dick, leicht abzubrechen, dicht abstehend behaart und etwas harzig. Knospen klein (um 3 mm), von einem weißen Haarbüschel bedeckt:
Essigbaum *Rhus hirta* (S. 226)

2 Strauch. Junge Zweige und Knospen mit sehr kleinen (0,1 mm) gelben Harzdrüsen. Knospen helloliv, einzeln, eilänglich, stumpflich:
Schwarze Johannisbeere *Ribes nigrum* (S. 194)

3 Strauch. Zweige und Knospen ohne Harzdrüsen. Ältere Zweige dunkel berindet. Knospen zugespitzt, an den Kurztrieben gehäuft:
Rote Johannisbeere *Ribes rubrum* (S. 194)

Bäume mit wechselständigen Knospen

4 Baum. Äste knorrig. Rinde dunkel, tief rissig, nicht abblätternd. Blattgrund herzförmig geöhrt (dürre Blätter an den Ästen!). Knospen am Ende der Langtriebe gehäuft, stumpf eiförmig:
Stiel-Eiche *Quercus robur* (S. 184)

5 Baum. Äste knorrig. Rinde flachrissig, etwas abblätternd. Blätter in den Stiel verschmälert (dürre Blätter an den Ästen!). Knospen am Ende der Langtriebe gehäuft. Seitenknospen gleichmäßiger verteilt als bei der Stiel-Eiche:
Trauben-Eiche *Quercus petraea* (S. 184)

6 Baum, seltener Strauch. Stamm oft längswulstig. Rinde grau, glatt. Knospen lang eiförmig, abgeflacht und mit der breiten Seite eng den Zweigen angedrückt:
Gewöhnliche Hainbuche, Weißbuche *Carpinus betulus* (S. 146)

7 Baum. Stamm nicht längswulstig. Rinde grau, glatt. Knospen weit abstehend, schmal kegelig bis spindelig, spitz:
Rot-Buche *Fagus sylvatica* (S. 92, 146)

8 Baum. Rinde weißgrau. Junge Äste meist kahl. Knospen groß (Endknospe um 1,2–1,5 cm), spitzkegelig, kahl. Seitenknospen anliegend, mit scharfer, leicht nach außen weisender Spitze, 3- bis 4-schuppig, wenig harzig:
Zitter-Pappel, Espe *Populus tremula* (S. 132)

9 Baum. Rinde grau, oliv oder dunkelgrau. Knospen groß (Endknospe um 1,5 cm, gelegentlich länger), spitzkegelig, kahl. Seitenknospen anliegend oder schwach abstehend, mit scharfer, meist deutlich vom Stängel abstehender Spitze, harzig oder harzfrei:
Kanada-Pappel *Populus* x *canadensis* (S. 132)

Bestimmen anhand der Winterknospen (3)

Bäume mit wechselständigen Knospen

1 Baum. Zweigrinde grau, abschilfernd, dann braun. Stammrinde glatt, grau. Knospen länglich, anliegend, Knospen des Blütenstandes auf Kurztrieben, abstehend:
Vogelbeere *Sorbus aucuparia* (S. 228)

2 Baum. Zweige schwach kantig, oliv oder bräunlich, kahl. Knospen eikugelig, glänzend gelbgrün. Knospenschuppen oft mit rötlichem Rand:
Elsbeere *Sorbus torminalis* (S. 188)

3 Baum. Zweige meist kräftig, Rinde oliv oder bräunlich, oft rot überlaufen. Seitenknospen mittelgroß (5–8 mm), Endknospe und Blütenknospen größer, oft stark behaart:
Kultur-Apfel *Malus domestica* (S. 162)

4 Baum. Zweige kräftig, grau, oliv, braun oder rotbraun. Knospen stumpf oder spitz eiförmig, glänzend rotbraun, bei vielen Kultursorten (ssp. *duracina* und ssp. *juliana*) am Ende von Kurztrieben gehäuft:
Vogel-Kirsche, Süß-Kirsche *Prunus avium* (S. 174)

5 Baum. Stamm mit längsrissiger, dunkelbrauner Borke. Junge Zweige kahl. Seitenknospen etwas abstehend, eikegelig, spitz. 5–7 Schuppen, am Rande locker hell bewimpert:
Feld-Ulme *Ulmus minor* (S. 144)

6 Baum. Rinde schwarzbraun, rissig. Holz orangerot. Junge Triebe kahl. Knospen langstielig, groß, klebrig:
Schwarz-Erle *Alnus glutinosa* (S. 134)

7 Baum. Rinde weiß, dünnschuppig. Zweige sehr dünn, hängend, warzig, kahl. Knospen zuweilen gestielt, eiförmig:
Weiß-Birke, Hänge-Birke *Betula pendula* (S. 138)

8 Baum. Junge Zweige meist deutlich behaart. Knospen sitzend, eirundlich. Unterste Schuppe kaum halb so lang wie die Knospe. Schuppen schwach kurzhaarig:
Sommer-Linde *Tilia platyphyllos* (S. 148)

9 Baum. Junge Zweige kahl, glänzend, Knospen sitzend, rundlich eiförmig. Unterste Schuppe etwa halb so lang wie die Knospe oder länger. Schuppen kahl, glänzend:
Winter-Linde *Tilia cordata* (S. 148)

Bestimmen anhand der Winterknospen (4)

Sträucher (oder Bäume) mit gegenständigen Knospen

1 Strauch, seltener Baum. Äste mit schwammigem, weißem Mark. Rinde jung warzig, im Alter rissig, aschgrau. Knospen locker und oft nur am Grunde beschuppt, länglich:
Schwarzer Holunder *Sambucus nigra* (S. 82)

2 Strauch, seltener Baum. Äste mit rotbraunem Mark. Rinde jung warzig. Knospen rundlich, um 1 cm im Durchmesser. Zuweilen achselständige Beiknospen:
Trauben-Holunder *Sambucus racemosa* (S. 82)

3 Kletterstrauch. Stängel kantig. Die Pflanze bildet oftmals dichte, nestartige Gewirre im Geäst von Bäumen und Sträuchern. Knospen klein (unter 5 mm), locker beschuppt, in den Achseln alter Blattstiele:
Gewöhnliche Waldrebe *Clematis vitalba* (S. 18)

4 Strauch, seltener Baum. Kultiviert, zuweilen verwildert. Endknospen meist paarig. Schuppen decken sich dachziegelartig, gekielt, grün, braun, rotviolett:
Flieder-Arten *Syringa* spec. (S. 40)

5 Strauch. Zweige dünn, Rinde hellgrau. Knospen langkegelig, spitz, behaart. Häufig achselständige Nebenknospen:
Rote Heckenkirsche *Lonicera xylosteum* (S. 50)

6 Strauch, ganz selten Baum. Zweige winters auf der Lichtseite mit roter Rinde. Knospen ohne Deckschuppen, klein (um 3 mm oder darunter). Endknospe meist größer:
Blutroter Hartriegel *Cornus sanguinea* (S. 36)

7 Strauch, seltener Baum. Zweige winters auf der Lichtseite zuweilen rotviolett überlaufen. Knospen mit 2 Deckschuppen, klein (um 3 mm), Endknospe kaum größer. Fast stets gestielte, kugelige Blütenknospen vorhanden:
Kornelkirsche *Cornus mas* (S. 38)

8 Strauch. Zweige deutlich vierkantig, grün. Knospenschuppen gegenständig:
Gewöhnliches Pfaffenhütchen *Euonymus europaeus* (S. 56)

9 Strauch. Zweige rutenförmig. Rinde glatt. Knospen sitzend, schlank, klein, dem Zweig angepresst. Knospenschuppen gekielt:
Gewöhnlicher Liguster *Ligustrum vulgare* (S. 42)

Bestimmen anhand der Winterknospen (5)

Sträucher (oder Bäume) mit gegenständigen Knospen

1 Strauch. Stängel kräftig. Rinde grünlich, bräunlich, braunviolett, warzig. Knospen sehr locker beschuppt. Schuppen gekielt. Beiknospen unter den Hauptknospen:
Forsythien-Arten *Forsythia* spec. (S. 62)

2 Strauch. Zweige dicht graufilzig. Knospen ohne Knospenschuppen. Junge Blättchen filzig behaart. Endknospe entweder um 2 cm im Durchmesser, zwiebelförmig (aus ihr entwickelt sich ein Blütenstand) oder lang gestreckt (1–3 cm) von 2 meist deutlich gekerbten filzigen Blättchen gebildet:
Wolliger Schneeball *Viburnum lantana* (S. 60)

3 Strauch oder Baum. Einjährige Zweige an der Spitze etwas mehlig bestäubt. Rinde der älteren Äste mit Korkleisten. Rinde des Stammes netzrissig. Knospen eiförmig, dünn und ganz kurz behaart, klein (um 5 mm). Schuppen nicht gekielt:
Feld-Ahorn *Acer campestre* (S. 74)

Bäume mit gegenständigen Knospen

4 Baum. Rinde der Äste ohne Kork. Rinde des Stammes längsrissig. Knospen eiförmig, kahl, groß (1–1,5 cm). Schuppen an der größeren Endknospe zahlreicher als an den Seitenknospen, nicht gekielt, rotbraun:
Spitz-Ahorn *Acer platanoides* (S. 72)

5 Baum. Rinde grau, glatt, schuppig abblätternd. Knospen eilänglich. Schuppen an End- und Seitenknospen in etwa derselben Zahl, unterste leicht gekielt, grün mit braunem, oft behaartem Rand. Endknospe meist 1,2–1,8 cm:
Berg-Ahorn *Acer pseudoplatanus* (S. 76)

6 Baum. Einjährige Zweige mit bläulich weißem Reif, kahl. Knospen an den Zweigenden gehäuft. Schuppen auf dem Rücken abgerundet, unterste fast bis zur Knospenspitze reichend, behaart:
Eschen-Ahorn *Acer negundo* (S. 80)

7 Baum. Rinde schwach rissig. Zweige kahl. Endknospe sehr groß, über 1 cm im Durchmesser und 1,5–2 cm lang, harzig:
Gewöhnliche Rosskastanie *Aesculus hippocastanum* (S. 78)

8 Baum, sehr selten Strauch. Knospen wie bei der Rosskastanie, aber nie oder höchstens an den Rändern leicht harzig:
Pavie *Aesculus pavia* (S. 78)

9 Baum. Zweige graugrün, kahl. Rinde hell graubraun, im Alter rissig. Knospen schwarz. Endknospe mützenförmig, um 1 cm lang oder länger:
Gewöhnliche Esche *Fraxinus excelsior* (S. 84)

Samen und Früchte (1)

Samen und Früchte sind die Ausbreitungseinheiten der Höheren Pflanzen. Samen entstehen aus (durch Blütenstaub befruchteten) Samenanlagen, die an schuppenähnlichen „Fruchtblättern" sitzen. Bei den Nacktsamern (Nadelgehölze) sind diese flach: Samenanlagen (und Samen) liegen „nackt", d. h. offen zugänglich unter einer dünnen Deckschuppe. Bei Bedecktsamern (Laubgehölze) dagegen sind die Samenanlagen entweder von einem, am Rand verwachsenen Fruchtblatt umhüllt oder mehrere Fruchtblätter verwachsen zu einem Behältnis. Beide Gebilde nennen wir „Fruchtknoten". Sie entwickeln noch Sonderteile wie „Narben" (Andockstellen für Pollen) und Griffel (Leitbahnen für Pollenschläuche). Nur Fruchtknoten entwickeln sich zu Früchten, die es folglich bei Nadelgehölzen nicht gibt.

Zapfen, Zäpfchen, Zapfen- und Zäpfchenartige

Samen oder Früchtchen sitzen dicht gedrängt längs einer Tragspindel, oft durch verholzte oder laubige Deckschuppen getrennt.

1 Weiß-Tanne, Edel-T., *Abies alba*
Viele Nacktsamer sind Zapfenträger (Koniferen, lat. *conus* = Zapfen, *ferre* = tragen); ihr Zapfen ist nicht Frucht-, sondern Samenstand. Bei der Tanne steht er aufrecht, seine Fruchtschuppen fallen zur Reife ab.

2 Gewöhnliche Douglasie, *Pseudotsuga menziesi*
An diesem Koniferenzapfen wachsen die (die Fruchtschuppen deckenden!) Deckschuppen auffällig stark weiter; ihre dreizipfligen Spitzen ragen weit zwischen den Fruchtschuppen hervor.

3 Gewöhnliche Fichte, Rottanne, *Picea abies*
Im Gegensatz zur Weiß-Tanne hängt der Zapfen der Rottanne abwärts. Zur Reife spreizen die Fruchtschuppen bei trockener Luft und die Flugsamen fallen heraus. Bei Feuchte schließt sich der Zapfen.

4 Europäische Lärche, *Larix decidua*
Die relativ kleinen Lärchen-Zapfen mit ihren breitovalen, am Rücken zart gerieften Fruchtschuppen reifen zwar schon im Jahr nach der Blüte vollständig aus, bleiben jedoch noch einige Jahre am Zweig hängen.

5 Wald-Kiefer, Föhre *Pinus sylvestris*
Die Fruchtschuppen fast aller Kiefern tragen an der Spitze eine ± rautenförmige Verdickung mit einem Wulst („Nabel") in der Mitte. Ihre (meist geflügelten) Samen werden erst Jahre nach der Bestäubung ausgestreut.

6 Lawsons Scheinzypresse, *Chamaecyparis lawsoniana*
Die Zäpfchen der Zypressengewächse bestehen meist aus wenigen ± kreuzgegenständigen Fruchtschuppen. Diese sind ledrig derb bis holzig, seltener fleischig – und miteinander verwachsen: Scheinbeere (s. S. 286: 2, Wacholder).

7 Schwarz-Erle, *Alnus glutinosa*
Erlenzäpfchen sind Schein- und Sammelfrüchte. In den Achseln von zu dritt verwachsenen, verholzten Tragblättchen stehen schmalflügelige Nüsschen. Um die 50 und mehr solcher Einheiten bilden das Zäpfchen.

8 Weiß-Birke, Hänge-B., *Betula pendula*
Flügelnüsschen und Tragblättchen, dicht gepackt, bilden diese Schein- und Sammelfrucht. Die Tragblättchen verholzen nicht und fallen zur Samenreife ab. So löst sich das zäpfchenartige Gebilde (auch „Fruchtkätzchen" genannt) rasch auf.

9 Tulpen-Magnolie, *Magnolia x soulangiana*
Schon die Magnolienblüte zeigt, obwohl zwittrig, einige urtümliche Merkmale. Ihre Sammelfrucht aus Hülsen (echte Früchte!) lässt über einen gemeinsamen Ahnen mit den Koniferen spekulieren.

Samen und Früchte (2)

Nach etwas veralteter, aber noch praktikabler Ansicht, unterscheidet man „Echte Früchte" (nur aus dem Fruchtknoten entstanden) und „Scheinfrüchte" (gebildet aus dem Fruchtknoten und weiteren Teilen der Blüte, z. B. dem Blütenboden). Es gibt „Einzelfrüchte" (aus einem Fruchtknoten entwickelt) und „Sammelfrüchte" (mehrere Fruchtknoten sind zusammengewachsen oder ein ganzer Fruchtstand bildet eine Ausbreitungseinheit, s. S. 284: 5). Eine „Schließfrucht" gibt die Samen frühestens nach der Ausbreitung frei (oftmals wird ihre saftige Variante als „Saftfrucht" von der trockenschaligen geschieden). „Streufrüchte" öffnen sich zur Samenreife: Kapseln sind aus mehreren Fruchtblättern aufgebaut, Schoten aus zweien, Hülsen aus nur einem. Teils reißen Streufrüchte zur Reife explosionsartig auf.

Kapseln, Hülsen, Kapsel- und Hülsenartige

Samen zu mehreren von einer gemeinsamen ledrig/trockenen Hülle umschlossen, die sich zur Reife auf verschiedene Weise öffnet.

1 Amerikanische Gleditschie, *Gleditsia triacanthos*
Familie Johannisbrotgewächse. Die nahe Verwandtschaft zu den Schmetterlingsblütengewächsen zeigt sich auch an der Frucht: Die flache Hülse misst bis zu 40 cm und hängt noch lange am herbstkahlen Baum.

2 Gewöhnlicher Goldregen, *Laburnum anagyroides*
Die um 7 cm lange Hülse reißt zur Reife der Länge nach in 2 Hälften, die sich – da durch Trocknen unter Zugspannung geraten – verdrehen. Durch diesen Vorgang können die linsenförmigen Samen weggeschleudert werden.

3 Gewöhnlicher Besenginster, *Cytisus scoparius*
Die schwarze Hülse springt erst im Winter auf. „Schoten", die sich gleichfalls längshälftig öffnen, haben eine ± dünne, samentragende Wand, die zwischen den abspreizenden Klappen stehen bleibt.

4 Gewöhnlicher Trompetenbaum, *Catalpa bignonioides*
Die hängenden, bleistiftdünnen, um 25 cm langen Früchte sind keine Hülsen, sondern Kapseln, die über Winter am Ast bleiben und im Frühjahr (selten!) silbergraue büschelhaarige Samen entlassen.

5 Gewöhnliche Rosskastanie, *Aesculus hippocastanum*
Eine klassische „Zerfallfrucht" (Spaltkapsel), die oft schon am Baum aufspringt oder am Boden in ihre 3 Sektoren zerplatzt. Die Stacheln ihrer Hülle sind relativ harmlos. Unreife (weiße) Samen färben oft nach.

6 Chinesischer Blauglockenbaum, *Paulownia tomentosa*
Die eiförmigen, bis zu 4 cm langen Kapseln mit 2 aufgesetzten Spitzen öffnen sich zweiklappig. Sie stehen (bei uns nur in guten Jahren) in reichen Rispen. Ihre vielen Samen sind schwach geflügelt.

7 Liebliche Weigelie, *Weigelia florida*
Die mittelgroßen (nicht immer samenführenden) Kapseln der Weigelien öffnen sich mit 2 Klappen. Sie sind aus einem unterständigen Fruchtknoten entstanden und können deshalb an ihrer Spitze noch einige Kelchreste tragen.

8 Schmetterlingsstrauch, *Buddleja davidii*
Die kleinen, unter 1 cm langen Kapseln ragen schmal und spitz aus dem vierzipfligen, braun verfärbten Kelch. Sie entstammen also einem oberständigen Fruchtknoten. Sie öffnen sich mit 2 Klappen (sind bei unseren Zierformen oft taub).

9 Sal-Weide, Palm-W., *Salix caprea*
Die kleinen Kapseln stammen von rein weiblichen „nackten" Blüten. Eine Blütenhülle fehlt, nur ein Tragblatt deckt den Fruchtknoten (die Kapsel wächst darüber hinaus). Viele Flugsamen (wie bei der Pappel, vgl. S. 284: 9).

Samen und Früchte (3)

Nüsse sind trockene Schließfrüchte, deren meist derb-holzige Fruchthülle nur einen Samen einschließt. Sie sind in Größe und Gestalt recht unterschiedlich und können, ohne Daten über ihre Herkunft, vom Laien kaum und vom Experten nur nach eingehender Prüfung als „Frucht" erkannt werden; denn mancher Same ist mancher Nuss täuschend ähnlich! Oft kommt noch dazu, dass bei einigen Pflanzengattungen Tragblättchen hüllenartig um die Frucht verwachsen oder auch eine Wucherung am oberen Ende des Blütenstiels zu einem Becher heranwächst, der die ganze Frucht einhüllen kann. Solche Scheinfruchtgebilde täuschen eine echte Frucht vor und die Nüsse (= eigentliche Früchte) im Innern scheinen dabei die Samen zu sein (s.u.: 5, 6).

Kullernüsse und -nüsschen, Kullersamen

1 Same in trocken/ledriger Fruchthülle, oder Same ohne Fruchthülle, aber von gleichem Bau (ohne Umfeldstudien kaum voneinander zu unterscheiden).

1 Gewöhnliche Hasel, *Corylus avellana*
Echte Nuss, die nur zum Reifeschutz, nicht als Ausbreitungshilfe, von verwachsenen Vorblättern umhüllt ist. Die reifen Nüsse lösen sich aus der Hülle, die aber eine samennabelartige Marke (auf der Nuss-Schale) hinterlässt (s. 6).

2 Rot-Eiche, *Quercus rubra*
Ein „Becherchen" (Cupula) am Tragstielende stützt die Eichel. Ausgereift fällt sie ab (wiederum mit Ablösemarke am Hinterende). Die Einheit, die sich ausbreitet, ist daher Nuss und keine Scheinfrucht (s. aber 5). Fall auf harten Untergrund macht diese Kullerer zu „Hüpfnüssen".

3 Stiel-Eiche, *Quercus robur*
Die Abbildung bringt Aufklärung, warum die Eiche mit dem kürzesten Blattstiel unter allen der bei uns häufigeren Arten den Namen „Stiel-Eiche" bekommen hat: Dieser ist die Kurzform von „Stielfrüchtige Eiche".

4 Rot-Buche, *Fagus sylvatica*
Die Cupula der Buche umschließt 2 Blüten. 2 dreikantige Bucheckern sind dann in der Regel ihr Inhalt. Das ± krumm- und weichstachlige Gebilde umschließt gänzlich die Nüsse und öffnet sich zur Reife vierspaltig, Cupula, s. 2).

5 Ess-Kastanie, *Castanea sativa*
Die viel- und scharfstachlig bewehrte Cupula birgt 1–4 Maronen (bei uns relativ klein). Sie öffnet sich vierklappig bis unregelmäßig, bei uns in vielen Fällen erst spät nach dem Abwurf (Grenzfall: Cupula-Scheinfrucht).

6 Gewöhnliche Rosskastanie, *Aesculus hippocastanum*
Keine Nuss, nur ein Same (vgl. S. 280: 5). Der rundliche, anfangs weiße Fleck auf seiner Schale („Samennabel") wäre ein guter Beweis: die Anheftmarke vom Stiel der Samenanlage (s. aber 1).

7 Echte Walnuss, *Juglans regia*
Die Nuss, früher als Steinkern (s. S. 292) angesehen, entstammt dem Fruchtknoten. Das gefältelte Gebilde darin ist der Same. Die derbe Außenhülle entwickelte sich aus Überresten von vor Urzeiten vorhandenen Seitenblüten, ist also ein „unechter" Fruchtteil.

8 Mandel, *Prunus dulcis*
Noch ein „Steinkern" einer Steinfrucht (s. 7). Zur Walnuss besteht geringe Verwandtschaft, doch Mandel und Pfirsich sind gleicher Gattung. Die eine Steinfrucht liefert uns Nusskerne, die andere dagegen Fruchtfleisch (mehr über Steinfrüchte s. S. 292).

9 Gewöhnliche Platane, *Platanus x hispanica*
Ehe sie „Flieger" werden, zeigen Platanenfrüchte deutlich ihren Nüsschencharakter: klein, einsamig, derbschalig. Nüsschen werden oft „Kern" oder „Korn" genannt, wie die nur schwer unterscheidbaren Samen (Flugnüsschen s. S. 284).

Samen und Früchte (4)

Wie schon erwähnt, bleibt bei den Schließfrüchten die schützende Hülle um den (oder die) Samen auch noch zur Zeit der Ausbreitung erhalten. In der Evolution wurden so auch Bauänderungen ausgelesen, die nicht nur schützten, sondern dazu noch die Ausbreitung unterstützten. Als „Windausbreiter" entstanden vor allem „Flügelflieger" und „Haarflieger", beide in mehreren unterschiedlichen Konstruktions- und Flugtechniktypen. Es gilt jedoch auch hierbei: nicht alles was fliegt, ist Flugnüsschen. Samen sind oft ganz ähnlich gebaut, sei es als Flügel- oder Haarflieger. Bei Nadelholzzapfen und Streufrüchten ist Ausbreitung ja Aufgabe der Samen. Daneben gibt es noch, leicht zu erkennen, Sammelfruchtflieger (z. B. Linde, s.u.: 5).

Flugnüsschen, nussartige Flieger (auch: Flugsamen)

Same in derber Fruchthülle, diese mit Flugeinrichtung, auch Same allein, mit bauähnlicher Wand, oder einige Nüsschen mit gemeinsamer Flugeinrichtung.

1 Berg-Ahorn, *Acer pseudoplatanus*
Alle Ahorn-Arten haben kleiderbügelartige „Spaltfrüchte", die bei der Reife in zwei „Schraubenflieger" zerfallen: Nüsschen, einseitig geflügelt, durch den seitlichen Schwerpunkt (ab)trudelnd fliegend.

2 Gewöhnliche Esche, *Fraxinus excelsior*
Die einsamigen Eschen-Nüsschen sind perfekte Schraubenflieger. Ihr ausgetrockneter Flügel ist ganz leicht gedreht. Sie werden meist erst winters vom kahlen Baum geweht. Dreiflügelige Abnormitäten sind selten.

3 Weiß-Tanne, Edel-T., *Abies alba*
Die Samen vieler Nadelhölzer (Nacktsamer) sind analog den Schraubenflieger-Nüsschen gebaut. Sie sind relativ schwer und bringen an windstillen Wintertagen beim Abtrudeln kaum horizontale Entfernungen zustande.

4 Gewöhnliche Hainbuche, *Carpinus betulus*
Scheinfrucht, da Nüsschen und Tragblätter verwachsen bleiben. Nur selten gelingt der Konstruktion ein Segeln wie beim Flugdrachen. Meist ist es ein Seitwärts-Trudeln (Schraubenflieger).

5 Sommer-Linde, *Tilia platyphyllos*
Dies ist bei allen Linden gleich: ein ganzer Fruchtstand samt Hochblatt im Trudelflug. Die Nüsschen dieser Schein- und Sammelfrucht sind 1-, gelegentlich auch 2- bis 3-samig und damit einer Kapselfrucht ähnlich.

6 Berg-Ulme, *Ulmus glabra*
Dieses Scheibendreher-Nüsschen ist relativ groß und schwer. Es fliegt darum kaum wie ein Diskus, ohne Wind trudelt es „torkelnd" abwärts. Liegt das Nüsschen (wie bei anderen Ulmen) dezentral, ist die Flugfähigkeit besser.

7 Weiß-Birke, Hänge-B., *Betula pendula*
Die Zweiflügel-Nüsschen werden im Hängekätzchen von Deckschuppen eingeklemmt. Fallen diese ab, sind die Nüsschen frei und fliegen meist flach-drehend kreiselnd schräg abwärts, je nach Wind oft weite Strecken.

8 Gewöhnliche Waldrebe, *Clematis vitalba*
Die Nüsschen sind Federschweifflieger. Ihr Flugorgan ist der ausgewachsene Griffel des Fruchtknotens. Da alle Bauteile nur von diesem stammen, ist die Frucht „echt". Bei stärkerem Wind wird sie oft weit verblasen.

9 Zitter-Pappel, Espe, *Populus tremula*
Pappeln und die eng verwandten Weiden tragen Kapselfrüchte, aus denen bei der Reife Flugsamen (keine Flugfrüchte!) austreten. Die (Haar-)Schopfflieger, schweben frühsommers häufig als „Wattewolken" durchs Land. Pappeln sind die „Baumwollbäume" (cottonwood) Amerikas.

Samen und Früchte (5)

Vieles was saftig oder zumindest fleischig ist, wird vom Volksmund „Beere" genannt. Dies stimmt mit der Auffassung der Wissenschaft (s. nächste Seite) oft nicht überein (Gleiches gilt auch für die „Nuss"!). Die saftigen Sammelfrüchte machen dabei keine Ausnahme. Bei ihnen sind Beeren oder beerenartige Gebilde fest (aber nicht untrennbar) zusammengewachsen. Oft ist in diese Anhäufung auch noch der Blütenboden integriert, so dass man von einer „Schein- und Sammelfrucht" sprechen kann. Beeren können auch von Steinfrüchtchen (S. 292) vorgetäuscht werden, ebenso von fleischigen Kapseln, also Streufrüchten, und sogar von Samen, die bei einigen Nacktsamern eine fleischig saftige Samen„wand" besitzen. Auch die Wacholder„beere" ist material-identisch (fleischige Fruchtschuppen).

Sammelbeeren und Sammelbeerenartige

Saftige Früchtchen mit einem oder mehreren Samen zu zweit oder meist zu vielen zusammengewachsen; ähnlich: saftige, verwachsene Samen oder Fruchtblätter.

1 Gewöhnliches Meerträubel, *Ephedra distachya*
Die Art gehört zu der heute fast ausgestorbenen Nacktsamer-Gruppe „Hüllsamer" (Samenanlage in taschenförmiger Hülle). Was also auf den ersten Blick wie eine Gruppe Beeren aussieht, ist nur eine Anhäufung von Samen.

2 Gewöhnlicher Wacholder, *Juniperus communis*
Wacholder„beeren" sind Zäpfchen aus 3 (hier) bis 6 ± fleischig gewordenen Zapfenschuppen. Der Wacholder ist ein Nacktsamer; das Gebilde ist also nur eine Schein(sammel)beere.

3 Gewöhnliches Pfaffenhütchen, *Euonymus europaeus*
Diese Frucht ist keine Sammelbeere, sondern eine „Saftkapsel", die sich zur Reife vierklappig öffnet und die Samen freilegt, die in einem fleischigen, auffällig gefärbten „Samenmantel" stecken.

4 Weißer Maulbeerbaum, *Morus alba*
Keine echte Sammelbeere! Die (bei dieser Art) weiße bis rötliche „Frucht" trägt Nüsschen. Die (fleischig) verdickenden (einfachen) Blütenhüllen pressen sie aneinander. So entsteht die himbeerartige Scheinfrucht.

5 Rote Heckenkirsche, *Lonicera xylosteum*
Echte Beeren zwar, doch nur 2 ± verwachsen; dies erscheint einigen zu dürftig für eine Sammelfrucht: Man weicht auf „Doppelbeere" aus. Die Verwachsung kann nur schwach sein oder die ganze Längsseite betreffen.

6 Wald-Geißblatt, *Lonicera periclymenum*
Bei den Kletterern der Heckenkirschen-Gattung stehen mehrere Beerchen eng in endständigen Köpfchen. Sie sind aber nicht zusammengewachsen (fallen einzeln ab) und täuschen damit eine Sammelfrucht nur vor.

7 Echte Himbeere, *Rubus idaeus*
Perfekte Sammelfrucht; die Früchte lösen sich von Blütenbodenzapfen als fingerhutartige Einheit (alle nur aus Fruchtknotenmaterial). Es sind Steinfrüchtchen; „Beere" steht für die Saftigkeit des Fruchtfleisches.

8 Echte Brombeere, *Rubus fruticosus*
Hier wird es schon „unreiner" als bei der verwandten Himbeere (s. 7). Der zapfenartige Blütenboden bleibt in der „Frucht". Sie ist also nicht nur aus Fruchtknoten gebildet: Schein- und Sammelfrucht.

9 Acker-Brombeere, *Rubus caesius*
Die zweite Brombeere trägt nahezu dieselbe Schein-Sammelfrucht wie die vorige (s. 8). Ihre bereiften Steinfrüchtchen wachsen jedoch öfter sehr unregelmäßig. Die lückige „Sammelbeere" verdient so kaum diesen Namen.

Samen und Früchte (6)

Beeren sind vorwiegend auf Tier-Ausbreitung eingerichtet, genauer auf „innertierische Ausbreitung": Sie werden gefressen und ihre Samen passieren unverdaut den Magen/Darmtrakt. Haupthelfer bei dieser Ausbreitung sind Vögel. Zufällige Erbänderungen (auf beiden Seiten) haben das Überleben der daran Beteiligten gefördert. So haben sich die gegenseitigen Beziehungen sehr spezialisiert. Von Größe und Farbe der Beeren bis hin zum Geschmack (vor der Reife widerlich, dann ausgezeichnet – immer für den „Helfer" scheint nichts dem Zufall überlassen zu sein. Selbst die Giftigkeit mancher Früchte zielt lediglich auf ungebetene Nascher, die für die Ausbreitung wenig taugen. (Der Mensch hat Beerenobst einseitig auf seine Wünsche ausgerichtet gezüchtet; ohne ihn kann es kaum überleben.)

Beeren und Beerenartige 1

Mehrere Samen im Fruchtfleisch (dieses wässrig/saftig bis mehlig/fleischig); dünne, derb-elastische Hülle. Beeren und Steinfrüchtchen (s. S. 292) sind oft kaum unterscheidbar.

1 Preiselbeere, *Vaccinium vitis-idaea*
Die kugeligen, rotglänzenden Beeren tragen am Oberende eine rundliche bis sternförmige Marke: die Überreste des Blütenkelches. Ihr Fruchtfleisch ist mehlig und wenig saftreich; es enthält in der Regel viele Samen.

2 Rauschbeere, Moorbeere, *Vaccinium uliginosum*
Im Bau ähnlich der nah verwandten Preiselbeere (s. 1). Außer der blau-schwarzen, weißlich bereiften Haut aber auch viel saftiger. Saft farblos (die ähnliche Heidelbeere hat blauroten Saft).

3 Gewöhnliche Mahonie, *Mahonia aquifolium*
Zuweilen der Gattung Berberitze (S. 290: 1) zugeordnet. Mahonienbeeren sind jedoch zuverlässig mehr-, wenn auch wenigsamig. Die bereiften, blauen Kugel-Beeren enthalten 2–5 rot-braune Samen und viel roten Saft.

4 Bittersüßer Nachtschatten, *Solanum dulcamara*
Die eiförmigen, rotglänzenden Beeren sind sehr samenreich. Sie entstehen aus oberständigem Fruchtknoten, deshalb sitzen hier die Kelchreste unterhalb der Beere am verdickten Ende des Fruchtstiels (im Gegensatz zu 1).

5 Gewöhnliche Stachelbeere, *Ribes uva-crispa*
Die vielsamige, saftige Beere steht einzeln oder zu 2–3 gebüschelt am Tragast. Sie ist von zusammengeneigten Kelchresten gekrönt. Ihre feste, hell geaderte Haut kann glatt, haarig oder drüsenborstig sein.

6 Rote Johannisbeere, *Ribes rubrum*
Die saftigen, rundlichen Johannisbeeren sind in Trauben angeordnet. Die oberständigen Kelchreste sind in vielen Fällen fünfeckig umgrenzt. Es gibt Arten und Formen mit roten, schwarzen, gelben und weißlichen Beeren.

7 Scharfzähniger Strahlengriffel, *Actinidia arguta*
Strahlengriffelfrüchte samt der dazugehörenden „Kiwi" sind saftig-festfleischige Beeren mit vielen Samen und derber, oft rauhaariger Haut. Bei uns werden sie 1–3, im Höchstfall um die 5 cm lang.

8 Fünfblättrige Jungfernrebe, *Parthenocissus quinquefolia*
Die Verwandte der Weinrebe trägt die gleichen Beeren wie diese, nur von kleinerer Gestalt und mit (1–4) eher rundlichen Samen (Samen der Weintrauben ± birnenförmig). Beerenfarbe blauschwarz.

9 Gewöhnlicher Liguster, *Ligustrum vulgare*
Die schwarzglänzende Beere ist aus 2 miteinander verwachsenen Fruchtblättern entstanden und enthält dementsprechend nur wenige Samen (1–4). Ihr dunkelvioletter Saft erzeugt öfter schwer entfernbare Flecken.

Samen und Früchte (7)

Die Stachelbeere (S. 288: 5) ist eine echte Beere: mit dünner Fruchthaut, saftigem Frucht„fleisch" und vielen, ± zerkaubaren Samen („Kernchen"). Das Fleisch der Pflaume umhüllt einen Samen mit dicker, „stein"harter Schale: eindeutig eine Steinfrucht! Doch leider gibt es in der Natur überall Ausnahmen, welche Abgrenzungen erschweren. Beeren führen nach unzureichender Befruchtung wenige oder 1 Samen (Zuchtrassen der Weintrauben sind kernlos!). Steinfrüchtchen können auch mehrere Hartkerne enthalten. Selbst in der Fachliteratur wird dieselbe Frucht einmal als Steinfrucht, anderswo als Beere beschrieben. Der Grenzbereich ist für den Laien fast undurchschaubar. Die beerenähnliche Gestalt genügt meist für das Bestimmen. Dazu existieren auch täuschende Scheinbeeren (z.B. Blütenboden mit Fruchtknoten verwachsen).

Beeren und Beerenartige 2 (Scheinbeeren, Steinfrüchtchen)

Manche Beeren sind nur 1- bis wenigsamig, Steinfrüchte (s. S. 292) oft mehrsamig. Scheinbeeren haben Bauteile, die nicht dem Fruchtknoten entstammen.

1 Gewöhnliche Berberitze, *Berberis vulgaris*
Die weichfleischigen, roten oder schwarzen Berberitzenbeeren führen 2–4 oft hartschalige Samen (öfter aber auch nur 1). Ob Beere oder Steinfrucht, kann man vor Ort nicht beweisen (nur wissen).

2 Gewöhnliche Schneebeere, *Symphoricarpos albus*
Das schwammige Fruchtfleisch enthält 2 Samen (nach anderer Lesart 2 Steinkerne). Wasserdrift ist möglich, doch Ausbreitung durch Vögel häufig: Die weiße Farbe kontrastiert sehr gut zu Falllaub und braunen Herbstböden.

3 Gewöhnliche Stechpalme, *Ilex aquifolium*
Die beerenartige rote Frucht wird übereinstimmend als 4- bis 5-kernige Steinfrucht (nicht als Beere) bezeichnet. Die einzelnen Samen wurden also – jeder für sich – von der Innenschicht des Fruchtknotens ummantelt (Ihre Hülle ist also keine Samenschale!).

4 Gewöhnlicher Efeu, *Hedera helix*
Die blauschwarze, erst nach dem Winter ausgereifte, beerenartige Frucht ist eine Steinfrucht mit nur 2–5 dünnwandigen Steinkernen. Der dünnen Wände wegen spricht manches Fachbuch aber auch von „Efeubeere".

5 Schwarzer Holunder, *Sambucus nigra*
Eine falsche Beere. Der aus 3–5 Fruchtblättern aufgebaute Fruchtknoten wird zur 3- bis 5-samigen, saftigen Frucht. Das Fruchtfleisch bildet aber eine „Steinschale" um jeden einzelnen Samen. Eine Steinfrucht entsteht.

6 Rotfrüchtige Bärentraube, *Arctostaphylos uva-ursi*
Die scharlachrote, fleischig-mehlige Frucht wird als (meist 5- bis 7-samige) „steinfruchtartige Beere" beschrieben. Sie entstammt einem oberständigen Fruchtknoten und sitzt dem breiten 5-zipfligen Kelch auf.

7 Schwarze Krähenbeere, *Empetrum nigrum*
Die schwarzglänzende Kugel wird meist „beerenartige Steinfrucht" genannt. Sie ist mäßig saftig und enthält 6–9 Steinkerne: der verdorrte Griffel sitzt als rundliche Marke am oberen Ende.

8 Faulbaum, *Frangula alnus*
Noch eine „beerenartige Steinfrucht", anfangs rot, reif aber schwarz. 2–3 (einsamige) Steinkerne in saftigem Fleisch. Die Frucht sitzt auf dem scheibenförmig verbreiterten Stielende und trägt (oben) Griffelreste, d.h. sie entstammt einem unterständigen Fruchtknoten.

9 Laubholz-Mistel, *Viscum album* ssp. *album*
Misteln haben keine echten Beeren. Ihr in die Stielachse eingesenkter unterständiger Fruchtknoten ist mit dieser verwachsen. Deren Innenschicht wird zur klebrigen Schleimschicht. Meist enthält die Steinfrucht nur 1–2 (–3) Samen.

Samen und Früchte (8)

Die meisten Steinfrüchte sind aus „Einblatt-Fruchtknoten" gebildet und reifen nur einen Samen aus. Wo mehrere Fruchtblätter zum Fruchtknoten verwachsen sind, können aber 2 bis 10 Steinkerne pro Frucht entstehen. Die „Stein"schale wird nicht vom Samen gebildet, sondern von der Innenschicht des Fruchtfleisches, dessen Mittelschicht saftig-fleischige (Kirsche) bis derb-ledrige (Mandel) Konsistenz aufweisen kann (oft wird im ersten Fall das Fruchtfleisch, im anderen der Same vom Menschen genutzt). Einige (nicht zapfentragende) Nacktsamer führen steinfruchtähnliche Samen. Bei der Eibe umwächst das Tragstielende den nackten Samen (allerdings nicht vollständig) mit einem rotfleischigen „Arillus" (Mantel); beim Ginkgo (s. 1) bildet der Same selbst die fleischige Schicht aus.

Steinfrüchte und Steinfruchtartige

Nur 1 Same mit harter Schale in saftfleischiger oder derb/ledriger Fruchthülle; auch (nur) Same mit harter Innen- und fleischig/dicker Außenwand („steinfruchtartig").

1 Ginkgo, *Ginkgo biloba*
Das steinfruchtartige Gebilde ist nur ein Same. Der Ginkgo ist letzter Überlebender einer uralten Nacktsamer-Klasse. Die Samenschale ist gegliedert in holzige Innen- und fleischige Außenschicht (Letztere widerlich riechend).

2 Schmalblättrige Ölweide, *Elaeagnus angustifolia*
Steinfruchtartige Scheinfrucht aus dem Fruchtknoten, der schon bei der Blüte in den Kelchbecher eingesenkt ist und dann mit ihm verwächst. Frucht dieser Art hellgelb, bei anderen Arten aber silberschuppig bedeckt.

3 Echte Walnuss, *Juglans regia*
Steinfruchtartig durch die derbledrige, zur Reife lappig zerfallende Hülle. Doch diese stammt nicht vom Fruchtknoten (s. S. 282, 7) und ist somit kein eigentliches Fruchtgebilde.

4 Gewöhnlicher Schneeball, *Viburnum opulus*
Wie bei der Walnuss (und beim verwandten Holunder, S. 290:5) entstammt diese Steinfrucht einem Fruchtknoten, der aus mehreren (3) Fruchtblättern zusammengebaut ist. Doch nur eines bringt 1 Samen hervor.

5 Kornelkirsche, *Cornus mas*
Im Steinkern der Hartriegel-Arten (*Cornus*) stecken in der Regel 2 Samen. Es liegt also hier zwar eine Steinfrucht vor, doch unterscheidet sie sich etwas von der Mehrzahl der übrigen (pro Steinkern 1 Same, s. o.).

6 Gewöhnlicher Seidelbast, *Daphne mezereum*
Tröstend für Laien ist, dass eine Minderheit der Fachwelt diese Steinfrucht „einsamige Beere" nennt: Samenhülle dünn und mäßig hart. Man sollte allerdings ohne eigene Versuche (Frucht giftig) der Mehrheit vertrauen: „einsamige Steinfrucht".

7 Gewöhnliche Traubenkirsche, *Prunus padus*
Arten der Gattung Prunus entwickeln perfekte Steinfrüchte: aus Einblattfruchtknoten (aus nur 1 Fruchtblatt gebildet) und mit einsamigem Steinkern. Die Steinfrüchte können (s. Abbildung) in reichhaltigen Trauben stehen.

8 Gewöhnliche Schlehe, Schwarzdorn, *Prunus spinosa*
Bei Schlehe sowie Aprikose und Pflaume stehen die Steinfrüchte einzeln oder in spärlichen Dolden und meist auf sehr kurzen Stielen. Mandel und Pfirsich sind ähnlich, doch meist dicht flaumhaarig.

9 Vogel-Kirsche, Süß-K., *Prunus avium*
Bei den (vielen) Kirschen ist die Steinfrucht stets rundlich und glatt, ihr Stiel lang. Die Früchte stehen oft zu zweit, seltener einzeln oder in spärlichen Dolden. Ihr Durchmesser liegt meist unter 2 cm.

Samen und Früchte (9)

Viele Einblatt-Fruchtknoten in einer Blüte vereint und in einer Mulde des Blütenbodens tiefer als der Kelch stehend („unterständig"): Das ist die Voraussetzung für Schein- und Sammelfrüchte, wie sie bei Rosengewächsen häufig zu finden sind. Die Hagebutte der eigentlichen Rosen ist ein Blütenbodenkrug (oft noch gekrönt vom dürren Kelch), gefüllt mit Nüsschen (= echte Früchte). Äpfel (samt Birnen) sind noch weiter entwickelt. Ihr pergamentartiges Kerngehäuse besteht aus den Fruchtblättern, die mit dem (fleischigen) Blütenboden verwachsen sind; die Kerne sind also Samen, keine Nüsschen. Zuweilen spürt man beim Verzehr von Birnen Knoten harter Steinzellen. Daraus besteht anderswo oft (z. B. bei der Mispel, *Mespilus*) das ganze „Fruchtfleisch". Dann spricht man auch von „Steinäpfel(che)n".

Kernfruchtartige (Äpfel/chen, Steinäpfelchen, Butten)

Scheinfrüchte aus (trocken- bis saftig-fleischigem) überwölbendem Blütenboden; darin oft ein „Kernhaus" (mit Samen) oder viele Nüsschen (= Butte).

1 Hunds-Rose, *Rosa canina*
Dies ist die klassische Hagebutte (Hüfe): schlank eiförmig, rotglänzende Hülle, oben mit verkrümmten dürren Blütenresten besetzt. Im Inneren viele braungelbliche Nüsschen zwischen noch mehr steif-kratzigen Kurzhaarborsten.

2 Bibernell-Rose, Dünen-Rose, *Rosa spinosissima*
Der Grundbauplan ändert sich nicht, doch je nach Rosenart sind Details der Hagebutten verschieden: die Form, die Farbe, der Haar-, Drüsen- oder Stachel-Besatz und der Erhaltungszustand der Blütenblatt- und Kelchreste. Es gibt also auch schwarze Hagebutten.

3 Zweigriffliger Weißdorn, *Crataegus laevigata*
Die Weißdorn-Frucht ist ein Steinäpfelchen mit hartem bis mehligem (bei dieser Art) Fruchtfleisch. Dieses umschließt den Steinkern. Da unsere Art zwei Fruchtknoten (= 2 Griffel) hat, sind auch meist 2 Kerne zu finden.

4 Fächer-Zwergmispel, *Cotoneaster horizontalis*
Zwergmispeln tragen rote, selten gelbe oder schwarze Steinäpfelchen, an denen man (wie beim Weißdorn) noch den früheren Kelch erkennen kann. Sie messen meist unter 1, selten bis 1,5 cm.

5 Garten-Birne, Kultur-B., *Pyrus communis*
Gewöhnlich umschreiben die Begriffe „Birne" und „Apfel" die Form. Botaniker nennen alle Kernfrüchte „Apfel" und meinen damit nur den Aufbau aus ± reduzierten Fruchtblättern und fleischig gewordenem Blütenboden.

6 Kultur-Apfel, *Malus domestica*
Eine Apfelfrucht (am Oberende meist dürren Blütenkelch tragend) besteht aus (1–) 5 im Kreis sitzenden Einblatt-Fruchtknoten mit pergamentsteifen Wänden, die in einen fleischigen Blütenbodenbecher eingesenkt sind.

7 Japanische Zierquitte, *Chaenomeles japonica*
Kugelige, oft etwas abgeplattete Apfelfrucht mit rotgepunkteter, gelber Haut. An der ausgereiften Frucht ist der Kelch abgefallen. Sie duftet lieblich, ihr Fleisch ist (roh) aber hart und sehr herb.

8 Vogelbeere, Gewöhnliche Eberesche, *Sorbus aucuparia*
Die Kernfrüchte dieser Gattung sind um 1–2 cm groß, so dass man sie besser „Äpfelchen" nennt. Ihr „Fleisch" ist von der Konsistenz her eher mehlig. Am Fruchtende sind deutlich Reste des abgefallenen Blütenkelchs zu erkennen (Fruchtknoten also unterständig).

9 Kupfer-Felsenbirne, *Amelanchier lamarckii*
Die schwarzblauen bis roten Äpfelchen der Felsenbirnen sind oft saftig wie Beeren. Bezeichnend sind ihre schmalen Kelchblätter, die meist, aufrecht oder zurückgeschlagen, noch die Frucht krönen.

Borken als Bestimmungshilfe (1)

Solange die Sprosse junger Gehölze noch krautig sind, werden sie von einer primären „Außenhaut", der Epidermis, umgeben. Mit zunehmendem Dickenwachstum samt Verholzung wird die Epidermis durch ein neues Abschlussgewebe ersetzt, die Rinde. Dieses zum Holzkern hin lebendige, aktive Gewebe bildet nach außen absterbende, sich meist braun oder grau verfärbende Korkzellen. Mit zunehmendem Alter entwickeln sich an Stämmen und Ästen oft kräftige tote Korkschichten, die aufreißen oder abblättern. Dieses abgestorbene Gewebe, das die inneren, lebendigen Teile der Rinde schützt, nennt man Borke. Da ihre Form und Färbung bei manchen Bäumen sehr charakteristisch ist, kann sie beim Bestimmen zusätzliche Anhaltspunkte bieten, dies besonders auch bei blattlosem Zustand im Winter.

Borke deutlich längsrissig oder tief gefurcht

1 Stiel-Eiche, *Quercus robur*
Junge Bäume haben eine graugrün glänzende Rinde, die so genannte Lohrinde. Mit zunehmendem Alter reißt sie auf, und es bildet sich eine dicke, tief gefurchte, längsrissige Borke mit dunkelgrauer bis graubrauner Färbung. Nicht selten sind alte Borken mit Flechten oder Moosen bewachsen.

2 Trauben-Eiche, *Quercus petraea*
Die anfangs glatte Rinde der Trauben-Eiche entwickelt sich zu einer grauen bis graubraunen, von Furchen und Längsrissen durchzogenen Borke. Die Leisten und Furchen sind oft etwas feiner als bei der Stiel-Eiche, so dass die Oberfläche gerippt wirkt.

3 Flatter-Ulme, *Ulmus laevis*
Schon bei recht jungen Bäumen blättert die graue Borke schuppenartig ab. Mit der Zeit wird sie graubraun und längsrissig, mit Rippen und schmalen Furchen. Im Alter löst sich die Rinde in dünnen Streifen ab.

4 Feld-Ulme, Rotrüster, *Ulmus minor*
Die graue bis graubraune, längsrissige, dicke Borke der Feld-Ulme ist durch kleinere Querrisse mehr oder weniger deutlich in Felder zerteilt. An jüngeren Ästen und Zweigen bilden sich gelegentlich ausgeprägte Korkleisten.

5 Berg-Ulme, Weißrüster, *Ulmus glabra*
Der Artname *glabra* bedeutet „glatt". Er bezieht sich auf die glatte Rinde junger Bäume, die im Vergleich zu anderen Ulmen auch erst recht spät durch eine rauere, graubraune, längsrissig gerippte bis gefelderte Borke ersetzt wird.

6 Winter-Linde, *Tilia cordata*
Die anfangs glatte, graue Borke der Winter-Linde wird später längsrissig, dicht gerippt und schwärzlich grau.

7 Sommer-Linde, *Tilia platyphyllos*
Die schon früh rau werdende Borke der Sommer-Linde ist grau bis schwärzlich, flach längsrissig, oft mit netzartiger Struktur. Sie wirkt jedoch im Vergleich zur Borke der Winter-Linde relativ glatt.

8 Gewöhnliche Rosskastanie, *Aesculus hippocastanum*
Die bei jungen Bäumen glatte und hellbraune Borke wird später graubraun und reißt grob in kleine und größere Platten auf, die sich an den Rändern aufbiegen und in Schuppen abblättern.

9 Echte Walnuss, *Juglans regia*
Die silbergraue, längsrissige Borke wird im Alter oft schwärzlich, mit tiefen breiten Furchen und einem Netz aus groben Leisten.

Borken als Bestimmungshilfe (2)

Während manche Bäume schon recht früh eine dicke, stark durch Risse strukturierte Borke aufweisen, zeigen andere erst im Alter eine Verborkung oder entwickeln nur eine dünne Borke, die kaum aufreißt oder abblättert. Zu dieser Gruppe gehören auch die meisten Arten mit auffällig hellen Stämmen (siehe S. 300/301). Bei der Rot-Buche bleibt die Borkenbildung in der Regel sogar ganz aus.

Die Rinden sind oft mit zahlreichen kleinen Ausstülpungen versehen, den so genannten Korkwarzen (Lentizellen). Diese ermöglichen einen Gasaustausch zwischen den inneren, lebenden Teile der Rinde und der Atmosphäre. Häufig sind sie in regelmäßigen Bändern angeordnet. Da sie durch Aufreißen der äußeren Zellschicht entstehen, sind diese Korkwarzen meist Ansatzstellen für die Borkenbildung.

Rinde oder Borke lange glatt bleibend

1 Rot-Buche, *Fagus sylvatica*
Die Rot-Buche bildet in der Regel keine Borke, sondern zeigt zeitlebens eine silbergraue, leicht glänzende, glatte, im Alter etwas aufgeraute Rinde. Typisch sind Querstreifen und Winkel an Stellen, an denen früher Äste saßen. Selten kommen so genannte Stein-Buchen vor, die im Alter eine rissige, gefelderte Borke entwickeln.

2 Gewöhnliche Traubenkirsche, *Prunus padus*
Die graugrüne bis schwarzgraue, dünne Borke bleibt mit ihren flachen Furchen meist bis ins Alter recht glatt. Oft sind an der Oberfläche reichlich kleine Korkwarzen zu sehen.

3 Vogel-Kirsche, Süß-Kirsche, *Prunus avium*
Vogel-Kirschen behalten lange ihre grau- bis rotbraune, glänzende, glatte Rinde mit waagerechten Korkwarzenbändern, die sich in Querstreifen ablöst. Erst im Alter bildet sich eine flachrissige, graue, immer noch relativ glatte Borke.

4 Vogelbeere, Gewöhnliche Eberesche, *Sorbus aucuparia*
Die braune bis graubraune Rinde weist anfangs einzelne Korkwarzen, später waagerechte Korkwarzenbänder auf. Schließlich bildet sich eine längsrissige, dunkle Borke.

5 Feld-Ahorn, *Acer campestre*
Auch bei vielen Ahornen bleibt die Stammoberfläche lange glatt. Beim Feld-Ahorn ist sie graubraun bis dunkelbraun. Die Borke älterer Bäume ist durch Längs- und Querrisse felderartig strukturiert und blättert nur wenig ab.

6 Spitz-Ahorn, *Acer platanoides*
Die glatte, rötliche Rinde junger Spitz-Ahorn-Bäume wird mit den Jahren durch eine graubraune bis schwarzbraune, längsrissige, fein netzartige Borke ersetzt. Diese blättert kaum ab.

7 Berg-Ahorn, *Acer pseudoplatanus*
Junge Berg-Ahorne haben eine glatte, hellgraue, leicht glänzende Rinde, oft mit zerstreuten Korkwarzen. Später reißt die graubraune Borke in Schuppen auf und blättert stark ab. Häufig ist der Stamm von Moosen oder Flechten überzogen.

8 Grau-Erle, Weiß-Erle, *Alnus incana*
Bei den Erlen weisen schon die deutschen Namen auf die Rinden- bzw. Borkenfarbe hin, die Grau-Erle trägt ihre Stammfärbung sogar im botanischen Artnamen (*incana* = aschgrau). Ihre mit Korkwarzenstreifen überzogene Rinde wird selbst im Alter nur leicht rissig. Oft bilden sich an den Stämmen zahlreiche dünne Triebe (Wasserreiser).

9 Schwarz-Erle, Rot-Erle, *Alnus glutinosa*
Ältere Schwarz-Erlen haben eine dunkel graubraune bis schwarzbraune, durch tiefe Längsfurchen zerklüftete Borke, die in viereckigen oder länglichen Feldern aufreißt.

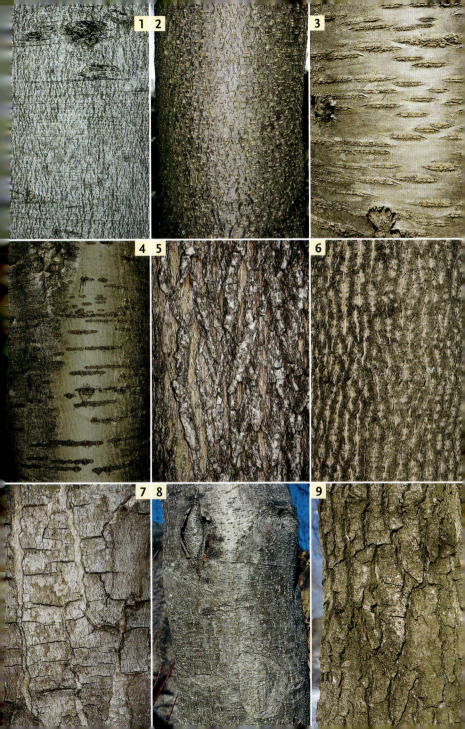

Borken als Bestimmungshilfe (3)

Hell gefärbte Stammoberflächen reflektieren die Sonnenstrahlung. So bewahren sie die Bäume selbst an prallsonnigen Standorten vor Überhitzung und extremen Temperaturschwankungen der Rinde. Während andere Bäume zum selben Zweck dicke, schützende Borkenschichten bilden, setzen diese Arten eher auf ihre helle Färbung, so dass sie oft erst im Alter und zunächst nur an der Stammbasis verborken.

Besonders ausgeprägt ist dieser Schutzmechanismus bei den weiß gefärbten Birken. Auch Berg-Ahorn, Rot-Buche und Grau-Erle (siehe S. 298/299) haben recht hell gefärbte Rinden. Die Hainbuche wird teils ebenso wie die Rot-Buche als reiner „Rindenbaum" eingestuft, d.h. man sieht das kaum aufreißende Abschlussgewebe älterer Bäume nicht als „echte" Borke, sondern als Rinde an.

Rinde oder Borke hellgrau oder weißlich

1 Gewöhnliche Esche, *Fraxinus excelsior*
Junge Eschen haben eine auffallend hellgraue bis hell olivgraue Rinde, die lange glatt bleibt. Später bildet sich, vom Fuß des Stammes ausgehend, eine deutlich netzartig strukturierte, graubraune Borke.

2 Gewöhnliche Hainbuche, Weißbuche, *Carpinus betulus*
Die Rinde bzw. Borke der Hainbuche ist graubraun bis dunkelgrau, mit hervorstehenden, silbrig grauen Leisten, die ein netzartiges Muster mit schmalen „Maschen" in Längsrichtung bilden. Sie bleibt bis ins Alter glatt und reißt kaum auf.

3 Weiß-Birke, Hänge-Birke, *Betula pendula*
Der Inhaltsstoff Betulin verleiht der Birkenrinde ihre typische weiße Farbe und schützt den Baum zudem vor Tierfraß. Mit der Zeit löst sich sich die Rinde ringelförmig ab und wird vor allem an der Stammbasis durch eine schwärzliche, längsrissige Borke ersetzt.

4 Moor-Birke, *Betula pubescens*
Die grauweiße bis schmutzig weiße Rinde zeigt lange, quer verlaufende Korkwarzenbänder. Erst im Alter bildet sich vom Stammfuß her eine schwarze, rissige Borke.

5 Silber-Pappel, *Populus alba*
Die Rinde der Silber-Pappel bleibt lange glatt und weißlich bis hellbraun, mit dunklen Korkwarzenbändern. Zu Beginn der Borkenbildung reißt sie rautenförmig auf, schließlich entsteht eine längsrissige, grauschwarze Borke.

6 Zitter-Pappel, Espe, *Populus tremula*
Auch die gelblich graue, dicht mit Korkwarzen besetzte Rinde der Zitter-Pappel wird erst im Alter von einer längsrissigen, schwärzlichen Borke abgelöst.

7 Schwarz-Pappel, *Populus nigra*
Anfangs hellgrau und grau, überzieht sich der Stamm später mit einer schwärzlichen, dicken Borke mit tiefen Rissen und grober, netzartiger Struktur, deren Färbung dieser Art den Namen Schwarz-Pappel verlieh.

8 Silber-Weide, *Salix alba*
Die zunächst weißgraue Rinde der Silber-Weide wird mit den Jahren zu einer dunkelgrauen Borke mit breiten Rippen und tiefen Längsrissen dazwischen. Die Rinden der Weiden enthalten den schmerzlindernden, fiebersenkenden Wirkstoff Salicin.

9 Sal-Weide, Palm-Weide, *Salix caprea*
Die Rinde junger Sal-Weiden ist hellgrau gefärbt und mit Korkwarzen übersät. Ältere Bäume zeigen eine graue bis grauschwarze Borke mit kreuz- bis rautenförmigen Rissen, die oft in regelmäßigen Reihen angeordnet sind.

Wuchsformen häufiger Laubgehölze (1)

Stiel-Eiche

Trauben-Eiche

Rot-Buche

Weiß-Birke, Hänge-Birke

Moor-Birke

Gewöhnliche Hainbuche, Weißbuche

Feld-Ulme, Rotrüster

Flatter-Ulme

Wuchsformen häufiger Laubgehölze (2)

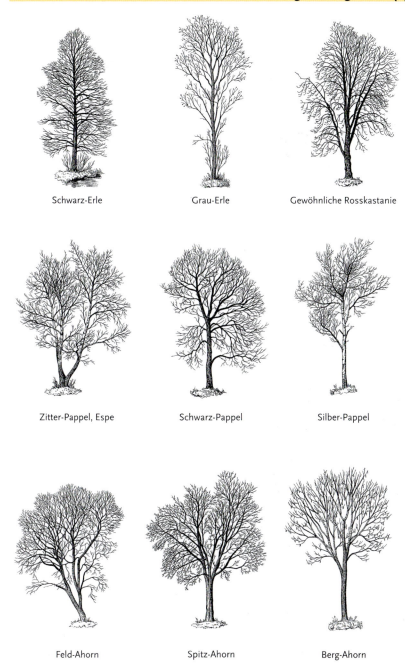

Schwarz-Erle — Grau-Erle — Gewöhnliche Rosskastanie

Zitter-Pappel, Espe — Schwarz-Pappel — Silber-Pappel

Feld-Ahorn — Spitz-Ahorn — Berg-Ahorn

Wuchsformen häufiger Laubgehölze (3)

Winter-Linde

Sommer-Linde

Esche

Gewöhnliche Robinie, Scheinakazie

Sal-Weide, Palm-Weide

Korb-Weide

Trauer-Weide

Echte Walnuss

Wuchsformen häufiger Nadelgehölze

Gewöhnliche Fichte, Rottanne

Weiß-Tanne, Edeltanne

Europäische Lärche

Wald-Kiefer, Föhre

Zirbel-Kiefer, Arve

Zwerg-Kiefer, Legföhre

Gewöhnliche Eibe

Gewöhnlicher Wacholder

Abendländischer Lebensbaum

Morgenländischer Lebensbaum

Register

Gewöhnlich sind alle Artnamen mit vorangestelltem Gattungsnamen aufgeführt (z.B. „Eiche, Rot-", *Quercus rubra*). Ist beim Sprechen die Zweiteiligkeit des Namens allerdings nicht hörbar (bei Namen mit einem Bindestrich), wurde zusätzlich der Artname vor den Gattungsnamen gestellt: außer „Eiche, Rot" ist daher auch „Rot-Eiche" zu finden, aber nicht z.B. „Rote Johannisbeere". Wissenschaftliche Namen von Gruppen unterhalb dem Artrang stehen – getrennt durch ein Komma – hinter dem Artnamen; Sorten sind in der Regel nicht genannt. Namen aus Über- oder Unterschriften der Textteile sind mit dem Seitenhinweis versehen, im Text erwähnte Namen erhielten – getrennt durch einen Schrägstrich – zur Seitenzahl außerdem die Nummer ihres Textteils; solche Namen sind nur in der anfangs genannten Weise angegeben. Für die Sortierung gilt: Umlaute (ä, ö, ü) stehen nach ihren Selbstlauten (a, o, u), also etwa „Hänge-Birke" nach „Hasel". Komma und Bindestrich in einem Begriff haben Vorrang vor allen Buchstaben („Rot-Eiche" z.B. steht demnach vor „Rotdorn"). Das Bastardzeichen „x" ist kein Sortier-Zeichen.

HK = Hinterklappen

halbfett gesetzte Ziffern beziehen sich auf die Hauptbeschreibung einer Art/Sorte

A

Abies alba **250**, 278, 284
- *concolor* **252**
- *grandis* **250**
- *homolepis* **250**
- *koreana* **250**
- *lasiocarpa* var. *arizonica* **252**
- *nordmanniana* **252**
- *pinsapo* **252**
- *procera* **252**
- *veitchii* **250**
Acer campestre **74**, 276
– *capillipes* **74**
– *cappadocicum* **72**
– *carpinifolium* **58**
– *ginnala* 76/3
– *japonicum* **80**
– *monspessulanum* **72**
– *negundo* **80**, 276
– *opalus* **72**
– *palmatum* **74**
– – Dissectum-Grp. **80**
– – Linearilobum-Grp. 80/2
– *platanoides* **72**, 276
– *pseudoplatanus* **76**, 276, 284
– *rubrum* **74**
– *rufinerve* **74**
– *saccharinum* **76**
– *saccharum* **72**
– *tataricum* **58**
– *tataricum, ginnala* 76
Acker-Brombeere **220**, 286
Acker-Rose **214**
Actinidia arguta **24**, 288
– *chinensis* **24**
– *deliciosa* **24**
– *kolomikta* **24**
Aesculus x *carnea* **78**
– *hippocastanum* **78**, 276, 280, 282, HK
– *parviflora* **78**
– *pavia* **78**, 276
Ahorn, Berg- **76**, 276, 284, 298, 303

–, Burgen- 72/4
–, Eschen- **80**, 276
–, Fächer- **74**
–, Feld- **74**, 276, 298, 303
–, Feuer- **76**
–, Französischer **72**
–, Geschlitzter Fächer- **80**
–, Geschlitzter Japan- **80**
–, Hainbuchen- **58**
–, Kolchischer **72**
–, Rostnerviger **74**
–, Rot- **74**
–, Rotstieliger Schlangenhaut **74**
–, Schlitz- 80/2
–, Schneeballblättriger 72/5
–, Silber- **76**
–, Spitz- **72**, 276, 298, 303
–, Tataren- **58**
–, Thunbergs Fächer- 80/1
–, Zucker- **72**
Ahorne, Schlangenhaut- 74/3
Ahorne, Streifen- 74/3
Ailanthus altissima **222**
Akebia quinata **30**
Akebie, Fingerblättrige **30**
Alnus cordata **134**
– *glutinosa* **134**, 272, 278
– *incana* **134**
– *viridis* **134**
Alpen-Bärentraube **182**
Alpen-Goldregen **200**
Alpen-Heckenkirsche **50**
Alpen-Johannisbeere **192**
Alpen-Kreuzdorn **150**
Alpen-Rose **208**
Alpenrose, Bewimperte **112**
– Rostblättrige **112**
Alpen-Seidelbast **96**
Alpen-Waldrebe **20**
Alpen-Waldrebe, Großblumige **20**
Alpenazalee **48**
Alpenheide **48**

Alpenwacholder 242/2
Amberbaum, Amerikanischer **198**
Amelanchier laevis **168**
– *lamarckii* **168**, 294
– *ovalis* **168**
– *spicata* **168**
Amorpha fruticosa **206**
Ampelopsis brevipedunculata, maximowiczii **30**
Amur-Korkbaum **84**
Andromeda polifolia **110**
Apfel, Holz- 162/4
–, Kultur- **162**, 272, 294
–, Siebolds **190**
–, Vielblütiger **162**
Apfel-Rose **212**
Apfelbeere, Filzige **166**
–, Kahle **166**
Aprikose **176**
Araucaria araucana **248**
Araukarie, Norfolk- 248/1
–, Chilenische **248**
Arctostaphylos alpina **182**
– *uva-ursi* **182**, 290
Aristolochia macrophylla **24**
Arizona-Tanne **252**
Aronia arbutifolia **166**
– *melanocarpa* **166**
Arundinaria viridistata **86**
Arve **260**, 305
Atlas-Zeder, Blaue **266**
Azalee, Pontische **112**
Azaleen (Grp.) Japanische **112**
– (Grp.) Sommergüne **112**
Ährenheide **234**

B

Backenklee, Fünfblättriger **204**
Bambus, Schwarzrohr- **86**
–, Zickzack- 86/1
Bartblume, Clandon- **52**
Bastard-Eibe **246**
Bastard-Korallenbeere **44**

Register

Bastard-Mehlbeere **186**
Bastard-Säckelblume **150**
Bastardindigo **206**
Bastardzypresse **238**
Baum-Hasel **138**
Baumwürger, Rundblättriger **26**
Bärentraube, Alpen- **182**
–, Rotfrüchtige **182**, 290
Bäumchen-Weide **128**
Beetrosen **218**
Berberis buxifolia **100**
– *candidula* **160**
– x *frikartii* 160/2
– *gagnepainii* **158**
– *hookeri* **160**
– x *hybrido-gagnepainii* **158**
– *julianae* **160**
– x *ottawensis* **100**
– x *stenophylla* **100**
– *thunbergii* **100, 158**
– *verruculosa* **160**
– *vulgaris* **159**, 290
Berberitze, Buchsblättrige **100**
–, Gagnepains **158**
–, Gagnepains Bastard- **158**
–, Hookers **160**
–, Julianes **160**
–, Schmalblättrige **100**
–, Gewöhnliche **158**, 290
–, Große Blut- **100**
–, Hecken- **100**
–, Kissen- 160/1
–, Kugel- 160/2
–, Schneeige **160**
–, Thunbergs **100**, 159
–, Warzen- **160**
Berg-Ahorn **76**, 276, 284, 298, 303
Berg-Gamander **54**
Berg-Mehlbeere **186**
Berg-Ulme **144**, 284
Berg-Waldrebe **18**
Berglorbeer, Schmalblättriger **48**, HK
Besenginster, Gewöhnlicher **118, 200**, 280
Besenheide **232**
Betula albosinensis **136**
– *ermanii* **136**
– *humilis* **136**
– *nana* **136**
– *nigra* **136**
– *papyrifera* **138**
– *pendula* **138**, 272, 278, 284
– *pubescens, carpatica* 138/3
– *pubescens, pubescens* **138**
– *pubescens, tortuosa* 138/3
– *utilis* **138**
– *verrucosa* **138**
Bibernell-Rose **208**, 294

Billards Spierstrauch **154**
Binsenginster 120/2
Birke, Chinesische **136**
–, Gold- **136**
–, Hänge- **138**, 272, 278, 284, 302
–, Himalaja- **138**
–, Moor- **138**, 300, 302
–, Papier- **138**
–, Sand- 138/2
–, Schwarz- **136**
–, Strauch- **136**
–, Warzen- 138/2
–, Weiß- **138**, 272, 278, 284, 300, 302
–, Zwerg- **136**
Birne, Chinesische Zier- **164**
–, Garten- **164**
–, Kultur- **164**, 294
–, Weidenblättrige **108**
–, Wild- **164**
Blasenbaum, Rispiger **226**
Blasenspiere, Schneeball- **190**
–, Virginia- 190/3
Blasenstrauch, Gewöhnlicher **206**
Blaubeere **182**
Blauglockenbaum, Chinesischer **52**, 280
Blaugummibaum **94**
Blauraute 84/5
Blauregen, Chinesischer **30**
–, Japanischer **30**
Blautanne **258**
Blueberry 182/5
Blumen-Esche **84**
Blumen-Hartriegel **38**
Blut-Berberitze, Große **100**
Blut-Johannisbeere **194**
Blut-Johanniskraut **46**
Blütenkirsche, Japanische **172**
Bocksdorn, Gewöhnlicher **110**
Bocksfeige 196/4
Bodendeckerrosen **218**
Bodnant-Schneeball **60**
Bogen-Flieder **40**
Brombeere, Acker- **220**, 286
–, Echte **32**, 220, 286
Bruch-Weide **124**
Braut-Spierstrauch **156**
Bruckenthalia spiculifolia **234**
Buche, Blut- 92/2, 146
–, Rot- **92, 146**, 270, 282, 298, 302
Buchs-Kreuzblume **118**
Buchsbaum, Gewöhnlicher **36**, HK
–, Kleinblättriger **36**
Buddleja alternifolia **98**
– *davidii* **58**, 280

Buschbambus, Gelbbunter **86**
Buschgeißblatt, Prächtiges **70**
Buxus microphylla **36**
– *sempervirens* **36**, HK

C

Callicarpa bodinieri, giraldii **58**
Calluna vulgaris **232**
Calocedrus decurrens **240**
Calycanthus floridus **44**
Campsis radicans **18**
Caragana arborescens **206**
Carolina-Schneeglöckchenbaum **152**
Carpinus betulus **146**, 270, 284
Carya illinoiensis 224/2
– *ovata* **224**
Caryopteris x *clandonensis* **52**
Cassiope hypnoides 232/3
– *tetragona* **232**
– *wardii* 232/3
Castanea sativa **140**, 282
Catalpa bignonioides **52**, 280
Catawba-Rhododendron **114**
Ceanothus x *delilianus* **150**
Cedrus atlantica **266**
– *deodara* **266**
– *libani* **266**
Celastrus orbiculatus **26**
Celtis australis **150**
– *occidentalis* 150/5
Cephalotaxus harringtonia **246**
Cercis siliquastrum **118**
Chaenomeles japonica **164**, 294
– *speciosa* **164**
– x *superba* **164**
Chamaecyparis lawsoniana **238**, 278
– *nootkatensis* **238**
– *obtusa* **238**
– *pisifera* **238**
Chamaecytisus albus 120/1
– *hirsutus* **202**
– *purpureus* **120, 202**
– *ratisbonensis* **202**
– *supinus* **202**
Chamaespartium sagittale **120**
Chimonanthus praecox **44**
Chinesische Zier-Birne **164**
Chionanthus virginicus **38**
Cistus x *lusitanicus* **46**
Cladastris lutea **206**
Clandon-Bartblume **52**
Clematis alpina **20**
– x *jackmannii* **20**
– *macropetala* **20**
– *montana* **18**
– *tangutica* **20**
– *terniflora* **18**

Register

Clematis vitalba **18**, 274, 284, HK
– *viticella* **20**
Colorado-Tanne **252**
Colutea arborescens **206**
Cornus alba **36**
– *canadensis* 38/1
– *controversa* **38**
– *florida* **38**
– *kousa* **38**
– *mas* **38**, 274, 292
– *sanguinea* **36**, 274
– *sericea* **36**
– *stolonifera* **36**
Coronilla emerus **204**
Corylopsis pauciflora **154**
Corylus avellana **140**, 268, 282
– *colurna* **138**
– *maxima* **140**
Cotinus coggygria **94**
Cotoneaster adpressus **104**
– *bullatus* **102**
– *dammeri* **106**
  dielsianus **104**
– *divaricatus* **104**
– *franchetii* **104**
– *horizontalis* **104**, 294
– *integerrimus* **102**
– *lucidus* **102**
– *microphyllus, cochleatus* **106**
– *multiflorus* **106**
– *nebrodensis* **100**
– *praecox* **106**
– *salicifolius* **106**
– *tomentosus* **102**
– x *watereri* **106**
Cranberry **98**
Crataegus crus-galli **162**
– *laevigata* **188**, 268, 294
– x *lavallei* **162**
– *monogyna* **188**, 268
– *persimilis* **162**
Cryptomeria japonica **248**
x *Cupressocyparis leylandii* **238**
Cydonia oblonga **108**
Cytisus decumbens **118**
– *hirsutus* 202/1
– *nigricans* **200**
– x *praecox* **118**
– *scoparius* **118**, 200, 280
– *striatus* 200/4

D

Daphne alpina **96**
– x *burkwoodii* **96**
– *cneorum* **96**
– *laureola* **96**
– *mezereum* **96**, 268, 292, 320
– *striata* **96**
Davids Schneeball **62**

Deutzia gracilis **64**
– x *hybrida* **64**
– x *lemoinei* 64/3
– x *magnifica* **64**
– x *rosea* **64**
– x *scabra* **64**
Deutzie, Glocken- **64**
–, Große 64/4
–, Hohe **64**
–, Niedrige **64**
–, Pracht- **64**
–, Raublättrige **64**
–, Rosen- **64**
–, Zierliche **64**
Dickmännchen 178/3
Diels Zwergmispel **104**
Diervilla x *splendens* **70**
Dirlitze 38/3
Dorycnium pentaphyllum **204**
Douglasie, Gebirgs- 254/1
–, Gewöhnliche **254**, 278
–, Küsten- 254/1
Dreh-Kiefer **262**
Drüsen-Kirsche **174**
Dryas octopetala **178**
Duft-Schneeball, Wintergrüner **62**
Dünen-Rose **208**, 294

E

Eberesche, Amerikanische **228**
–, Gewöhnliche **228**, 294
–, Mährische 228/2
–, Rosafrüchtige **228**
Edel-Gamander **70**
Edel-Goldregen **200**, 320
Edel-Tanne **250**, 278, 284, 305
Edelrosen **218**
Efeu, Gewöhnlicher **28, 192**, 290, HK
–, Irischer **28**
–, Kolchischer **28**
–, Strauch- **94**
Eibe, Bastard- **246**
–, Gewöhnliche **246**, 305, HK
–, Japanische **246**
Eibisch, Strauch- **192**
Eiche, Flaum- **184**
–, Kamm- 184/1
–, Pontische **140**
–, Rot- **186**, 282
–, Säulen- 184/1
–, Scharlach- **186**
–, Stein- **92**
–, Stiel- **184**, 270, 282, 296, 302
–, Sumpf- **186**
–, Trauben- **184**, 270, 296, 302
–, Wintergrüne **140**
–, Zerr- **184**
Eichenmistel **34**

Einmalblühende Strauchrosen 218/1
Eisenholzbaum **142**
Elaeagnus angustifolia **98**, 292
– *commutata* **98**
Elfenbeinginster **118**
Elsbeere **188**, 272
Empetrum hermaphroditum **234**
– *nigrum* **234**, 290
Engelmanns Fichte **256**
Enkinanthus campanulatus **182**
Enzianstrauch 110/2
Ephedra distachya **232**, 286
Erbsenstrauch, Gewöhnlicher **206**
Erica carnea **236**
– *cinerea* **236**
– *spiculifolia* 234/1
– *tetralix* **236**
Erle, Grau- **134**, 298, 303
–, Grün- **134**
–, Herzblättrige **134**
–, Rot- **134**
–, Schwarz- **134**, 272, 278, 298, 303
–, Weiß- **134**
Esche, Blumen- **84**
–, Gewöhnliche **84**, 276, 284, 300, 304
–, Manna- **84**
–, Weiß- **84**
Eschen-Ahorn **80**, 276
Espe **132**, 270, 284, 303
Ess-Kastanie **140**, 282, 303
Essig-Rose **216**
Essigbaum **226**, 270
Eucalyptus globosus **94**
Euonymus alatus **56**
– *europaeus* **56**, 274, 286, 320
– *fortunei* **56**
– *fortunei, radicans* **22**
– *latifolius* **56**
– *planipes* **56**
Exochorda racemosa **154**

F

Fadenzypressen 238/4
Fagus sylvatica **92, 146**, 270, 282
Fallopia baldschuanica **26**
Fargesia murielae **86**
– *nitida* 86/5
Faulbaum **92**, 290, 320
Fächer-Ahorn **74**
Fächer-Ahorn, Geschlitzter **80**
Fächer-Zwergmispel **104**, 294
Färber-Ginster **122**
Feige, Kultur- 196/4
Feigenbaum, Echter **196**
Feld-Ahorn **74**, 276, 298, 303

Register

Feld-Rose 214
Feld-Thymian 54/5
Feld-Ulme 144, 272, 296, 302
Felsen-Johannisbeere 194
Felsen-Kirsche 174
Felsen-Kreuzdorn 58
Felsenbirne, Ährige 168
–, Gewöhnliche 168
–, Kahle 168
–, Kanada- 168/2
–, Kupfer- 168, 294
Feuer-Ahorn 76
Feuerdorn, Mittelmeer- 166
Fichte, Blaue Stech- 258
–, Engelmanns 256
–, Gewöhnliche 256, 278, 305
–, Igel- 256/4
–, Kaukasus- 258
–, Mähnen- 256
–, Omorika- 258
–, Schimmel- 256/4
–, Serbische 258
–, Sitka- 258
–, Stech- 258/3
–, Zuckerhut- 256
Ficus carica 196
Fieberbaum 94/1
Fiederspiere, Sibirische 226
Filz-Rose 212
Fingerstrauch 222
Flatter-Ulme 144, 296, 302
Flaum-Eiche 184
Flieder (Knospen) 274
–, Bogen- 40
–, Chinesischer 42
–, Gewöhnlicher 40
–, Hänge- 40
–, Kleinblättriger 40
–, Persischer 42/1
–, Sweginzows 40/3
–, Ungarischer 40
Floribunda-Rosen 218
Flusszeder, Kalifornische 240
Flügel-Spindelstrauch 56
Flügelginster 120
Flügelnuss, Chinesische 224/3
–, Kaukasische 224
Forrests Johanniskraut 46
Forsythia spec.(Knospen) 276
– x *intermedia* 62
– *suspensa* 62
– *suspensa, fortunei* 62/3
– *suspensa, sieboldii* 62/3
– *viridissima* 62
Forsythie, Grüne 62
–, Hänge- 62
–, Hybrid- 62
Forsythien (Knospen) 276
Föhre 262, 278, 305

Franchets Zwergmispel 104
Frangula alnus 92, 290, 320
Fraxinus americana 84
– *excelsior* 84, 276, 284
– *ornus* 84
Frühlings-Tamariske 230
Fumana procumbens 234

G

Gagelstrauch, Moor- 132
Gagnepains Bastard-Berberitze 158
Gagnepains Berberitze 158
Gamander, Berg- 54
–, Edel- 70
Garten-Birne 164, 294
Garten-Hortensie 66
Gartenrosen 218/2
Gaultheria procumbens 182
Geißblatt, Gold- 22
–, Heckrotts 22
–, Immergrünes 22
–, Wald- 22, 286
Geißklee, Niederliegender 118
–, Schwarzwerdender 200
Gelb-Kiefer 262
Gelbholz, Echtes 206
Genista anglica 122
– *germanica* 122
– *lydia* 122
– *pilosa* 122
– *sagittalis* 120/3
– *tinctoria* 122
Genistella sagittalis 120/3
Gewürzstrauch, Echter 44
Ginkgo 198, 292
Ginkgo biloba 198, 292
Ginster, Behaarter 122
–, Deutscher 122
–, Englischer 122
–, Färber- 122
–, Lydischer 122
Gleditschie, Amerikanische 224, 280
Gleditsia triacanthos 224, 280
Glocken-Deutzie 64
Glocken-Heide 236
Glockenblümchen 62
Glyzine, Chinesische 30
–, Japanische 30
Gold-Birke 136
Gold-Geißblatt 22
Gold-Johannisbeere 192
Goldglöckchen 62
Goldlärche 264
Goldregen, Alpen- 200
–, Edel- 200, 320
–, Gewöhnlicher 200, 280
Götterbaum, Chinesischer 222
Grau-Erle 134, 298, 303

Grau-Weide 126
Griffel-Rose 210
Grün-Erle 134

H

Haar-Ulme 144
Hahnendorn 162/1
Hahnensporn-Weißdorn 162
Hainbuche, Gewöhnliche 146, 270, 284, 300, 302
Hainbuchen-Ahorn 58
Haken-Kiefer 260
Halesia carolina 152
– *monticola* 152/1
Hamamelis x intermedia 152
– *japonica* 152
– *mollis* 152
– *virginiana* 152
Hanfpalme 34
Harringtons Kopfeibe 246
Hartriegel, Blumen- 38
–, Blutroter 36, 274
–, Japanischer Blumen- 38
–, Pagoden- 38/2
–, Tatarischer 36
–, Teppich- 38/1
–, Weißer 36
Hasel, Baum- 138
–, Blut- 140/2
–, Gewöhnliche 140, 268, 282
–, Große 140
–, Korkenzieher- 140
–, Lamberts- 140
Hänge-Birke 138, 272, 278, 284, 302
Hänge-Flieder 40
Hänge-Forsythie 62
Hecht-Rose 208
Hecken-Berberitze 100
Heckenkirsche, Alpen- 50
–, Blaue 50
–, Glänzende 52
–, Kriech- 52/1
–, Ledebours 52
–, Maacks 52
–, Rote 50, 274, 286, HK
–, Schwarze 50
–, Tataren- 50
Heckrotts Geißblatt 22
Hedera colchica 28
– *helix* 28, 192, 290, HK
– *helix, cult.* 94
– *hibernica* 28
Heide, Glocken- 236
–, Graue- 236
–, Schnee- 236
Heidekraut 232
Heidelbeere 182
Heideröschen (Nadelröschen) 234

309

Register

Heideröschen (Seidelbast) **96**
Helianthemum nummularium **46**
Hemlocktanne, Berg- 254/2
–, Kanadische **254**
Herlitze 38/3
Hiba-Lebensbaum **240**
Hibiscus syriacus **192**
Higan-Kirsche **172**
Hikory, Schuppenrinden- **224**
Himalaja-Birke **138**
Himalaja-Zeder **266**
Himbeere, Echte **220**, 286
–, Wein- **220**
–, Zimt- **196**
Hinoki-Scheinzypresse **238**
Hippocrepis emerus **204**
Hippophae rhamnoides **92**, 268
Holodiscus discolor **154**
Holunder, Kanadischer 82/3
–, Schwarzer **82**, 274, 290, HK
–, Trauben- **82**, 274
Hookers Berberitze **160**
Hopfenbuche, Gewöhnliche **146**
Hortensie, Garten- **66**
–, Kletter- **22**
–, Raue 66/1
–, Rispen- **66**
–, Samt- 66/1
–, Wald- **66**
Hortensien, Ball- 66/2
–, Bauern- 66/2
–, Schirmrispen- 66/2
–, Schneeball- 66/3
Hunds-Rose **210**, 294
Hülse **150**
Hybrid-Forsythie **62**
Hybrid-Zaubernuss **152**
Hydrangea anomala, petiolaris **22**
– *arborescens* **66**
– *aspera* 66/1
– *macrophylla* **66**
– *paniculata* **66**
– *serrata* 66/2
Hypericum androsaemum **46**
– *calycinum* **46**
– *forrestii* **46**

I

Ilex aquifolium **150**, 290, HK
– x *meserveae* **150**
Immergrün, Großes **48**
–, Kleines 48/4
Immergrünes Geißblatt **22**

J

Jackmanns Waldrebe 20
Japan-Ahorn, Geschlitzter 80
Jasmin, Falscher **68**
–, Winter- **20**, 80

Jasminum nudiflorum **20, 80**
Jelängerjelieber **22**
Johannisbeere, Alpen- **192**
–, Blut- **194**
–, Felsen- **194**
–, Garten- 194/2
–, Gold- **192**
–, Rote **194**, 270, 288
–, Schwarze **194**, 270
Johanniskraut, Blut- **46**
–, Forrests **46**
–, Großblütiges **46**
Jostabeere 194/3
Judasbaum, Gewöhnlicher **118**
Juglans nigra **224**
– *regia* **222**, 282, 292
Julianes Beberitze **160**
Jungfernrebe, Dreilappige **26**
–, Fünfblättrige **30**, 288
Juniperus chinensis **244**
– *communis* **242**, 286
– *communis, alpina* **242**
– *communis, cult.* **242**
– *horizontalis* **244**
– x *media* **244**
– *sabina* **242**, HK
– *virginiana* **244**

K

Kalmia angustifolia **48**, HK
Kanada-Pappel **132**, 270
Kartoffel-Rose **212**
Kartoffelstrauch 110/2
Kastanie, Ess- **140**, 282
Kaukasus-Fichte **258**
Kerria japonica **178**
Kiefer, Dreh- **262**
–, Gelb- **262**
–, Gewöhnliche **262**
–, Haken- **260**
–, Japanische Rot- **262**
–, Mädchen- **262**
–, Schlangenhaut- **264**
–, Schwarz- **260**
–, Tränen- **264**
–, Wald- **262**, 278, 305
–, Weymouths- **260**
–, Zirbel- **260**, 305
–, Zwerg- **260**, 305
Kirsche, Drüsen- **174**
–, Felsen- **174**
–, Higan- **172**
–, Lorbeer- **108**
–, Sauer- **174**
–, Scharlach- **172**
–, Süß- **174**, 272, 292
–, Vogel- **174**, 272, 292, 298
–, Yoshino- **172**
Kirschlorbeer **108**

Kirschpflaume **170**
Kiwipflanze **24**
Kletter-Hortensie **22**
Kletter-Spindelstrauch **56**
Kletter-Spindelstrauch,
 Kriechender **22**
Kletterrose, Climber-Form **32**
Kletterrose, Rambler-Form **32**
Klettertrompete, Amerikanische
 18
Knallerbsenstrauch 44/1
Kobushi-Magnolie **116**
Koelreuteria paniculata **226**
Kolben-Sumach **226**
Kolkwitzia amabilis **70**
Kolkwitzie **70**
Kopf-Zwergginster **202**
Kopfeibe, Harringtons **246**
Korallenbeere, Bastard- **44**
–, Gewöhnliche **44**
Korb-Weide **88**, 304
Korea-Tanne **250**
Korkbaum, Amur- **84**
Korkenzieher Weide **124**
Kornelkirsche **38**, 274, 292
Kranzspiere, Große 190/2
–, Kleine **190**
Kratzbeere **220**
Kraut-Weide **90**
Krähenbeere, Schwarze **243**, 290
–, Zwittrige **243**
Kreuzblume, Buchs- **118**
Kreuzdorn, Alpen- **150**
–, Echter **58**
–, Felsen- **58**
–, Zwerg- **150**
Kriech-Wacholder **244**
Kriech-Weide **90**
Kronsbeere **98**
Kronwicke, Strauch- **204**
Kultur-Apfel **162**, 272, 294
Kultur-Birne **164**, 294
Kupfer-Felsenbirne **168**, 294
Kübler-Weide **88**
Küsten-Mammutbaum **254**
Küsten-Tanne **250**

L

Laburnum alpinum **200**
– *anagyroides* **200**, 280
– x *watereri* **200**, 320
Lamberts-Hasel **140**
Larix decidua **264**, 278
– x *eurolepis* 264/4
– *kaempferi* **264**
Latsche **260**
Laubholz-Mistel **34**, 290
Lavandula officinalis **54**
Lavendel, Echter **54**

Register

Lavendel-Weide **128**
Lavendelheide, Amerikanische **180**/3
–, Japanische **180**
Lawsons Scheinzypresse **238**, 278
Lärche, Europäische **264**, 278, 305
–, Hybrid- **264**/4
–, Japanische **264**
Lebensbaum, Abendländischer **240**, 305, HK
–, Hiba- **240**
–, Morgenländischer **240**, 305
–, Riesen- **240**
Ledebours Heckenkirsche **52**
Ledum palustre **108**
Legföhre **260**, 305
Leucothoe fontanesiana **180**
– *walteri* **180**
Leylandzypresse **238**
Libanon-Zeder **266**
Liebesperlenstrauch **58**
Liguster, Gewöhnlicher **42**, 274, 288
–, Stumpfblättriger **42**
–, Wintergrüner **42**
Ligustrum obtusifolium var. *regelianum* **42**
– *ovalifolium* **42**
– *vulgare* **42**, 274, 288
Linde, Amerikanische **148**
–, Gelbgrüne **148**/4
–, Holländische **148**
–, Krim- **148**/3
–, Silber- **146**
–, Sommer- **148**, 272, 284, 296, 304
–, Winter- **148**, 272, 296, 304
Linnaea borealis **68**
Liquidambar styraciflua **198**
Liriodendron tulipifera **198**
Loganbeere **220**/3
Loiseleuria procumbens **48**
Lonicera alpigena **50**
– x *brownii* **22**
– *caerulea* **50**
– *caprifolium* **22**
– x *heckrottii* **22**
– *henryi* **22**
– *ledebourii* **52**
– *maackii* **52**
– *nigra* **50**
– *nitida* **52**
– *periclymenum* **22**, 286
– *pileata* **52**
– *tatarica* **50**
– x *tellmanniana* **22**
– *xylosteum* **50**, 274, 286, HK
Loranthus europaeus **34**

Lorbeer-Kirsche **108**, 320
Lorbeer-Seidelbast **96**
Lorbeer-Weide **128**
Lycium barbarum **110**

M
Maacks Heckenkirsche **52**
Magnolia kobus **116**
– *liliiflora* **116**
– x *loebneri* **116**
– *sieboldii* **116**
– x *soulangiana* **116**, 278
– *stellata* **116**
Magnolie, Große Stern- **116**/4
–, Hohe **116**
–, Kobushi- **116**
–, Purpur- **116**
–, Sommer- **116**
–, Stern- **116**
–, Tulpen- **116**, 278
Mahonia aquifolium **226**, 288
Mahonie, Gewöhnliche **226**, 288
Mai-Rose **208**
Maiblumenstrauch **64**/1
Maien-Seidelbast **96**
Malus domestica **162**, 272, 294
– *floribunda* **162**
– *sargentii* **162**/5
– *sieboldii* **190**
Mammutbaum **248**
Mandarin-Rose **218**
Mandel **176**, 282, 320
Mandel-Weide **128**
Mandelbäumchen **176**, 190
Manna-Esche **84**
Mannsblut **46**
Marille **176**
Marone **140**
Matten-Weide **130**
Maulbeerbaum, Schwarzer **142**
–, Weißer **142**, 286
Mädchen-Kiefer **262**
Mähnen-Fichte **256**
Mäusedorn, Stacheliger **94**
Meerträubel, Gewöhnliches **232**, 286
Mehlbeere, Bastard- **186**
–, Berg- **186**
–, Gewöhnliche **166**
–, Österreichische **186**/5
–, Schwedische **188**
–, Thüringer **228**
–, Vogesen- **186**
–, Zwerg- **166**
Meservea-Stechpalme **150**
Mespilus germanica **108**
Metasequoia glyptostroboides **248**
Mirabelle **176**/5
Mispel, Echte **108**

Mistel, Kiefern- **34**/4
–, Laubholz- **34**, 290
–, Tannen- **34**/4
Mittelmeer-Feuerdorn **166**
Moor-Birke **138**, 300, 302
Moor-Gagelstrauch **132**
Moorbeere **110**, 288
Moosbeere, Gewöhnliche **98**
–, Großfrüchtige **98**
–, Kleinfrüchtige **98**
Moosglöckchen **68**
Moosheide, Bläuliche **236**
–, Krähenbeerblättrige **236**/4
Morus alba **142**, 286
– *nigra* **142**
Muschelzypresse **238**/3
Myrica gale **132**
Myricaria germanica **230**
Myrobalane **170**

N
Nachtschatten, Bittersüßer **24**, 110, 222, 288, HK
Nadelröschen, Gewöhnliches **234**
Nashan-Zwergmispel **106**
Nektarine **176**/1
Nelkenpfeffer **44**/4
Netz-Weide **90**
Nikko-Tanne **250**
Nippon-Spierstrauch **156**
Nordmanns-Tanne **252**
Nothofagus antarctica **146**
Nutka-Scheinzypresse **238**

O
Ohr-Weide **126**
Omorika-Fichte **258**
Oregon-Stachelbeere **196**
Ostrya carpinifolia **146**
Öfterblühende Strauchrosen **218**
Ölweide, Schmalblättrige **98**, 292
–, Silber- **98**

P
Pachysandra terminalis **178**
Paeonia, Suffruticosa-Grp. **222**
Palm-Weide **88**, **126**, 280
Palmlilie, Blaugrüne **34**
–, Schlaffe **34**
–, Südliche **34**
Palmwedel-Zwergbambus **86**
Papier-Birke **138**
Pappel, Grau- **192**/1
–, Kanada- **132**, 270
–, Schwarz- **132**, 300, 303
–, Silber- **192**, 300, 303
–, Simons- **132**
–, Zitter- **132**, 270, 284, 300, 303
Parrotia persica **142**

Register

Parrotiopsis jacquemontiana **142**
Parthenocissus quinquefolia **30**, 288
– *tricuspidata* **26**
Paulownia tomentosa **52**, 280
Pavia rubra 78/3
Pavie **78**, 276
Pekannuss 224/2
Perovskia abrotanoides **84**
Perowskie, Fiederschnittige **84**
Perückenstrauch, Europäischer **94**
Pfaffenhütchen, Breitblättriges **56**
–, Gewöhnliches **56**, 274, 286, 320
–, Großfrüchtiges 56/5
Pfeifenstrauch, Duftloser **68**
–, Gewöhnlicher **68**
–, Virginalhybride **68**
Pfeifenwinde, Amerikanische **24**
Pfeilbambus **86**
Pfingstrose, Strauch- **222**
Pfirsich **176**
Pfitzer-Wacholder **244**
Pflaume **176**
Pflaume, Blut- 170/2
Pfriemenginster **120**
Phellodendron amurense **84**
Philadelphus coronarius **68**
– *inodorus, grandiflora* **68**
– x *lemoinei* 68/3
– x *virginalis* 68
Phylloduce caerulea **236**
– *empetriformis* 236/4
Phyllostachys flexuosa 86/1
– *nigra* **86**
Physocarpus opulifolius **190**
Picea abies **256**, 278
– *breweriana* **256**
– *engelmannii* **256**
– *glauca* **256**
– *omorika* **258**
– *orientalis* **258**
– *pungens* **258**
– *sitchensis* **258**
Pieris floribunda 180/3
– *japonica* **180**
Pimpernuss, Gewöhnliche **82**
–, Kolchische **82**
Pinus cembra **260**
– *contorta* **262**
– *densiflora* **262**
– *leucodermis* **264**
– *mugo, pumilo* **260**
– *nigra* **260**
– *parviflora* **262**
– *ponderosa* **262**
– *strobus* **260**
– *sylvestris* **262**, 278
– *uncinata* **260**

– *wallichiana* **264**
Platane, Gewöhnliche **198**, 282
–, Morgenländische **198**
Platanus x *acerifolia* 198/3
– x *hispanica* **198**, 282
– *orientalis* **198**
Pleioblastus auricoma **86**
Polster-Spierstrauch **154**
Polyantha-Rosen **218**
Polygala chanaebuxus **118**
Populus alba **192**
– x *canadensis* **132**, 270
– x *canescens* 192/1
– *nigra* **132**
– *simonii* **132**
– *tremula* **132**, 270, 284
Porst, Sumpf- **108**
Portland-Rose **216**
Potentilla fruticosa **222**
Pracht-Deutzie **64**
Pracht-Spierstrauch **156**, 190
Prachtglocke **182**
Preiselbeere **98**, 288
Prunus amygdalus **176**
– *armeniaca* **176**
– *avium* **174**, 272, 292
– *cerasifera* **170**
– *cerasus* **174**
– x *cistena* 170/2
– *domestica* **176**
– *dulcis* **176**, 282, 320
– *glandulosa* **174**
– *laurocerasus* **108**, 320
– *mahaleb* **174**
– *padus* **170**, 292
– *persica* **176**
– *sargentii* **172**
– *serotina* **170**
– *serrulata* **172**
– *spinosa* **170**, 268, 292
– *subhirtella* **172**
– *triloba* **176**, 190
– x *yedoensis* **172**
Pseudolarix amabilis **264**
Pseudosasa japonica **86**
Pseudotsuga menziesii **254**, 278
Pterocarya fraxinifolia **224**
Pulverholz **92**
Purpur-Magnolie **116**
Purpur-Weide **126**
Purpur-Zwergginster **120**, **202**
Pyracantha coccinea **166**
Pyrus calleryana **164**
– *communis* **164**, 294
– *pyraster* **164**
– *salicifolia* **108**

Q
Quercus cerris **184**

– *coccinea* **186**
– *ilex* **92**
– *palustris* **186**
– *petraea* **184**, 270
– *pontica* **140**
– *pubescens* **184**
– *robur* **184**, 270, 282
– *rubra* **186**, 282
– x *turneri* **140**
Quitte, Apfel- 108/2
–, Birn- 108/2
–, Echte **108**

R
Radbaum **142**
Radspiere, Chinesische **154**
Rainweide **42**
Ranunkelstrauch **178**
Rauschbeere **110**, 288
Redwood 254/3
Reif-Weide **124**
Reneklode 176/5
Rhamnus alpinus **150**
– *cuthurticus* **58**
– *pumilus* **150**
– *saxatilis* **58**
Rhododendren, Williamsianum- **114**
–, Yakushima- **114**
–, Zwerg- **114**
Rhododendron catawbiense **114**
– *ferrugineum* **112**
– *forrestii, Repens-Grp.* **114**
– *hirsutum* **112**
– *impeditum* 114/3
– x *intermedium* 112/5
– *luteum* **112**
Rhododendron, Catawba- **114**
–, Veilchenblauer 114/3
–, Williansianum-Hybriden **114**
–, Yakushimanum-Hybriden **114**
–, Hybriden **112**, **114**
Rhodothamnus chamaecistus **180**
Rhodotypos scandens **68**
Rhus hirta **226**, 270
– *toxicodendron* 226/2
– *typhina* **226**
Ribes alpinum **192**
– *aureum* **192**
– *divaricatum* **196**
– x *nidigrolaria* 194/3
– *nigrum* **194**, 270
– *petraeum* **194**
– *rubrum* **194**, 270, 288
– *sanguineum* **194**
– *uva-crispa* **196**, 268, 288
Ribiserln 194/2
Riemenblume **34**

Register

Riesen-Lebensbaum **240**
Rispelstrauch **230**
Rispen-Hortensie **66**
Robinia hispida **204**
– *pseudoacacia* **204**, 268
Robinie, Borstige **204**
–, Gewöhnliche **204**, 268, 304
–, Kugel- 204/4
Rosa agrestis **214**
– *arvensis* **208**
– *caesia* **212**
– *canina* **210**, 294
– x *centifolia* **216**
– *corymbifera* 210/3
– x *damascena* **216**
– *deseglisei* 210/3
– *dumalis* 212
– *elliptica* 214/2
– *gallica* **216**
– *glauca* **208**
– *jundzillii* **210**
– x *kamtschatica* 212/5
– *majalis* **208**
– *micrantha* 214/2
– x *micrugosa* 212/5
– *moyesii* **218**
– *multiflora* **216**
– *nitida* **214**
– *obtusifolia* 210/3
– x *odorata* 218/3
– *pendulina* **208**
– *pimpinellifolia* **208**
– *pomifera* **212**
– *pseudoscabriuscula* 212/3
– *rubiginosa* **214**
– *rugosa* **212**
– x *rugotica* 212/5
– *sericea, omeiensis* fo.
  pteracantha 214
– *spinosissima* **208**, 294
– *stylosa* **210**
– *sweginzowii* **216**
– *tomentella* 210/3
– *tomentosa* **212**
– *villosa* **212**
– *vogesiaca* 212/2
– *wichuraiana* **32**
Rosa, cult. **218**
–, Climber-Form **32**
–, Rambler-Form **32**
Rose, Acker- 214
–, Alpen- **208**
–, Apfel- **212**
–, Bibernell- **208**, 294
–, Damaszener **216**
–, Déséglise- 210/3
–, Dünen- **208**, 294
–, Essig- **216**
–, Feld- **214**

–, Filz- **212**
–, Glanzblättrige **214**
–, Graugrüne **212**
–, Griffel- **210**
–, Hecht- **208**
–, Herbst-Damaszener 216/5
–, Hunderblättrige **216**
–, Hunds- **210**, 294
–, Kartoffel- **212**
–, Keilblättrige 214/2
–, Kleinblütige 214/2
–, Kratz- 212/3
–, Kriechende **208**
–, Lederblättrige **212**
–, Mai- **208**
–, Mandarin- **218**
–, Moos- 216/4
–, Portland- **216**
–, Raublättrige **210**
–, Seiden- **214**
–, Sommer-Damaszener 216/5
–, Stacheldraht- **214**
–, Stumpfblättrige 210/3
–, Sweginzows **216**
–, Vielblütige **216**
–, Vogesen- 212/2
–, Wein- **214**
–, Wichuras **32**
–, Zimt- **208**
Rosen-Deutzie **64**
Rosmarin **54**
Rosmarin-Seidelbast **96**
Rosmarinheide, Kahle **110**
Rosmarinus officinalis **54**
Rosskastanie, Gewöhnliche **78**,
  276, 280, 282, 296, 303, HK
–, Rote **78**
–, Strauch- **78**
Rot-Ahorn **74**
Rot-Buche **92, 146**, 270, 282, 298,
  302
Rot-Eiche **186**, 282
Rot-Erle **134**
Rot-Kiefer, Japanische **262**
Rotdorn 188/3
Rotrüster **144**, 302
Rottanne **256**, 278, 305
Rubus caesius **220**, 286
– *fruticosus* **32, 220**, 286
– *idaeus* **220**, 286
– *loganobaccus* 220/3
– *odoratus* **196**
– *phoenicolasius* **220**
Ruscus aculeatus **94**

S

Sadebaum **242**, HK
Sal-Weide **88, 126**, 280, 300, 304
Salbei, Echter **54**

Salix acutifolia **124**
– *alba* **124**
– *alpina* 130/1
– *appendiculata* **126**
– *aurita* **126**
– *breviserrata* **130**
– *caprea* **88, 126**, 280
– *cinerea* **126**
– *daphnoides* **124**
– x *dasyclados* 126/2
– *elaeagnos* **128**
– *fragilis* **124**
– *glabra* **130**
– *hastata* **130**
– *helvetica* **130**
– *herbacea* **90**
– *lanata* **88**
– *lapponum* **130**
– *matsudana* **124**
– *myrsinifolia* **128**
– *myrsinites* 130/1
– *myrtilloides* 90/2
– *nigricans* **128**
– *pentandra* **128**
– x *purpurea* **126**
– *repens* **90**
– *reticulata* **90**
– *retusa* **90**
– *rosmarinifolia* 90/2
– x *smithiana* **88**
– *triandra* **128**
– *viminalis* **88**
– *waldsteiniana* **128**
Salvia officinalis **54**
Sambucus canadensis **82**
– *nigra* **82**, 274, 290, HK
– *racemosa* **82**, 274
Sanddorn, Gewöhnlicher **92**,
  268
Sasa palmata **86**
Sauer-Kirsche **174**
Sawara-Scheinzypresse **238**
Säckelblume, Bastard- **150**
Scharlach-Eiche **186**
Scharlach-Kirsche **172**
Schattengrün **178**
Schattenmorelle 174/1
Schaumspiere, Wald- **154**
Scheinakazie **204**, 304
Scheinbeere, Niederliegende
  182
Scheinbuche **146**
Scheinhasel, Armblütige **154**
Scheinindigo **206**
Scheinkerrie **68**
Scheinparrotie **142**
Scheinrebe, Ussuri- **30**
Scheinzypresse, Hinoki- **238**
–, Lawsons **238**, 278

Register

Scheinzypresse, Nutka- **238**
–, Sawara- **238**
Schimmel-Weide **124**
Schirmbambus, Hellgrüner **86**
–, Dunkelgrüner **86/5**
Schirmtanne **266**
Schlangenhaut-Ahorn, Rotstieliger **74**
Schlangenhaut-Kiefer **264**
Schlehe, Gewöhnliche **170**, **268**, **292**
Schlingknöterich **26**
Schmetterlingsstrauch **58**, **280**
Schnee-Heide **236**
Schneeball, Bodnant- **60**
–, Davids **62**
–, Duftender **60**
–, Gewöhnlicher **76**, **292**
–, Japanischer **60**
–, Koreanischer **60**
–, Runzelblättriger **48**
–, Winter-Duft- **60/4**
–, Wintergrüner Duft- **62**
–, Wolliger **60**, **276**
Schneeball-Blasenspiere **190**
Schneebeere, Gewöhnliche **44**, **290**
Schneeglöckchenbaum, Carolina- **152**
Schnurbaum, Japanischer **206**
Schönfrucht **58**
Schuppenheide, Moosige **232/3**
–, Vierkantige **232**
–, Wards **232/3**
Schuppenrinden-Hickory **224**
Schwarz-Birke **136**
Schwarz-Erle **134**, **272**, **278**, **298**, **303**
Schwarz-Kiefer **260**
Schwarz-Pappel **132**, **300**, **303**
Schwarzdorn **170**, **268**, **292**
Schwarznuss **224**
Schwarzrohr-Bambus **86**
Sciadopitys verticillata **266**
Seidelbast, Alpen- **96**
–, Gestreifter **96**
–, Gewöhnlicher **96**, **268**, **292**, **320**
–, Lorbeer- **96**
–, Maien- **96**
–, Rosmarin- **96**
Seiden-Rose **214**
Sequoia sempervirens **254**
Sequoiadendron giganteum **248**
Sicheltanne **248**
Siebolds Apfel **190**
Silber-Ahorn **76**
Silber-Linde **146**
Silber-Ölweide **98**

Silber-Pappel **192**, 300, 303
Silber-Tanne **252**
Silber-Weide **124**, 300
Silberwurz, Weiße **178**
Simons-Pappel **132**
Sinarundinaria murielae **86**
Sitka-Fichte **258**
Solanum dulcamara **24**, **110**, **222**, **288**, HK
– *rantonnetii* 110/2
Sommer-Linde **148**, **272**, **284**, **296**, **304**
Sommer-Magnolie **116**
Sommer-Tamariske **230**
Sommerflieder, Gewöhnlicher **58**
–, Schmalblättriger **98**
Sonnenröschen, Gewöhnliches **46**
Sophora japonica **206**
Sorbaria sorbifolia **226**
Sorbus americana **228**
– *aria* **166**
– *aucuparia* **228**, **272**, **294**
– *austriaca* 186/5
– *chamaemespilus* **166**
– *domestica* **228**
– x *hybrida* **186**
– *intermedia* **188**
– *mougeotii* **186**
– x *thuringiaca* **228**
– *torminalis* **188**, **272**
– *vilmorinii* **228**
Spartium junceum **120**
Speierling **228**
Spierstrauch, Aschgrauer **156**
–, Billards **154**
–, Braut- **156**
–, Dreilappiger 190/1
–, Japanischer **154**
–, Nippon- **156**
–, Pflaumenblättriger 156/3
–, Polster- **154**
–, Pracht- **156**, **190**
–, Thunbergs **108**, **156**
Spieß-Weide **130**
Spindelstrauch, Flachstieliger **56**
–, Flügel- **56**
–, Kletter- **56**
–, Kriechender Kletter- **22**
Spiraea x *arguta* **156**
– x *billardii* **154**
– x *cinerea* **156**
– *decumbens* **154**
– *japonica* **154**
– *nipponica* **156**
– *prunifolia* 156/3
– *sorbifolia* 226/4
– *thunbergii* **108**, **156**
– *trilobata* 190/1

– x *vanhouttei* **156, 190**
Spirke **260**
Spitz-Ahorn **72**, **276**, **298**, **303**
Stachelbeere, Gewöhnliche **196**, **268**, **288**
–, Oregon- **196**
Stacheldraht-Rose **214**
Staphylea colchica **82**
– *pinnata* **82**
Stechginster, Gewöhnlicher **234**
Stechpalme, Gewöhnliche **150**, **290**, HK
–, Meservea- **150**
Stein-Eiche **92**
Steinröschen **96**
Steinweichsel **174**
Stephanandra incisa **190**
– *tanakae* 190/2
Stern-Magnolie **116**
Stiel-Eiche **184**, **270**, **282**, **296**, **302**
Stink-Wacholder **242**
Storaxbaum, Japanischer **180**
Strahlengriffel, Buntblättriger **24**
–, Scharfzähniger **24**, **288**
Strauch-Birke **136**
Strauch-Efeu **94**
Strauch-Eibisch **192**
Strauch-Kronwicke **204**
Strauch-Pfingstrose **222**
Strauch-Rosskastanie **78**
Strauchrosen, Einmalblühende 218/1
–, Öfterblühende **218**
Strobe **260**
Styrax japonicum **180**
Sumach, Gift- 226/2
Sumach, Kolben- **226**
Sumpf-Eiche **186**
Sumpf-Porst **108**
Sumpfzypresse, Zweizeilige **248**
Südbuche **146**
Süß-Kirsche **174**, **272**, **292**
Sweginzows Rose **216**
Symphoricarpos albus **44**, **290**
– x *chenaultii* **44**
– *microphylla* 44/3
– *orbiculatus* **44**
Syringa spec. (Knospen) **274**
Syringa x *chinensis* **42**
– *josikaea* **40**
– *microphylla* **40**
– *persica* 42/1
– *reflexa* **40**
– x *swegiflexa* 40/3
– *sweginzowii* 40/3
– *vulgaris* **40**

Register

T
Tamariske, Deutsche **230**
–, Französische **230**
–, Frühlings- **230**
–, Kaspische 230/3
–, Sommer- **230**
Tamarix gallica **230**
– *odessana* 230/3
– *parviflora* **230**
– *pentandra* 230/3
– *ramosissima* **230**
Tanne, Arizona- **252**
–, Colorado- **252**
–, Edel- **250**, 278, 284, 305
–, Edle **252**
–, Korea- **250**
–, Küsten- **250**
–, Nikko- **250**
–, Nordmanns- **252**
–, Silber- **252**
–, Spanische **252**
–, Veitchs **250**
–, Weiß- **250**, 278, 284, 305
Tataren-Ahorn **58**
Tataren-Heckenkirsche **50**
Taxodium distichum **248**
Taxus baccata **246**, HK
– *cuspidata* **246**
– x *media* **246**
Tee-Rose 218/3
Teehybriden (Teerosen) **218**
Teppich-Zwergmispel **106**
Teucrium chamaedrys **70**
– *montanum* **54**
Thuja occidentalis **240**, HK
– *orientalis* **240**
– *plicata* **240**
Thujopsis dolabrata **240**
Thunbergs Berberitze **100, 158**
Thunbergs Spierstrauch **108, 156**
Thymian, Echter **54**
–, Feld- 54/5
Thymus serpyllum 54/5
– *vulgaris* **54**
Tilia americana **148**
– *cordata* **148**, 272
– x *euchlora* 148/3
– x *europaea* 148/2
– x *flavescens* 148/4
– x *hollandica* 148/2
– x *intermedia* 148/2
– *platyphyllos* **148**, 272, 284
– *tomentosa* **146**
– x *vulgaris* **148**
Trachycarpus fortunei **34**
Trauben-Eiche **184**, 270, 296, 302
Trauben-Holunder **82**, 274
Traubenheide **180**

Traubenkirsche, Gewöhnliche **170**, 292, 298
–, Späte **170**
Trauer-Weide 124/4, 304
Tränen-Kiefer **264**
Trochodendron aralioides **142**
Trompetenbaum, Gewöhnlicher **52**, 280
Tsuga canadensis **254**
– *mertensiana* 254/2
Tulpen-Magnolie **116**, 278
Tulpenbaum, Amerikanischer **198**

U
Ulex europaeus **234**
Ulme, Bastard- 144/2
–, Berg- **144**, 284
–, Englische **144**
–, Feld- **144**, 272, 296, 302
–, Flatter- **144**, 296, 302
–, Haar- **144**
–, Holländische 144/2
Ulmus carpinifolia **144**
– *glabra* **144**, 284
– x *hollandica* 144/2
– *laevis* **144**
– *minor* **144**, 272
– *procera* **144**
Urweltmammutbaum **248**
Ussuri-Scheinrebe **30**

V
Vaccinium corymbosum 182/5
– *macrocarpon* **98**
– *myrtillus* **182**
– *oxycoccos* **98**
– *uliginosum* **110**, 288
– *vitis-idaea* **48**, 288
Veitchs Tanne **250**
Viburnum x *bodnatense* **60**
– *burkwoodii* **62**
– *carlesii* **60**
– *davidii* **62**
– *farreri* **60**
– *lantana* **60**, 276
– *opulus* **76**, 292
– *plicatum* **60**
– *rhytidophyllum* **48**
Vinca major **48**
– *minor* 48/4
Virginischer Schneeflockenstrauch **38**
Viscum album, abietis 34/4
– –, *album* **34**, 290
– –, *austriacum* 34/4
Vitis coignetiae **26**
– *vinifera, sylvestris* **26**
Vogel-Kirsche **174**, 272, 292, 298

Vogelbeere **228**, 272, 294
Vogesen-Mehlbeere **186**

W
Wacholder Kriech- **244**
–, Chinesischer **244**
–, Gewöhnlicher **242**, 286, 305
–, – Kriechformen **242**
–, – Säulenformen **242**
–, Irischer Säulen- 242/4
–, Pfitzer- **244**
–, Schwedischer Säulen- 242/4
–, Stink- **242**
–, Virginischer **244**
–, Zwerg- **242**
Wald-Geißblatt **22**, 286
Wald-Hortensie **66**
Wald-Kiefer **262**, 278, 305
Wald-Schaumspiere **154**
Waldrebe, Alpen- **20**
Waldrebe, Berg- **18**
–, Gewöhnliche **18**, 274, 284, HK
–, Italienische **20**
–, Jackmanns **20**
–, Mongolische **20**
–, Rispenblütige **18**
Walnuss, Echte **222**, 282, 292, 296, 304
–, Schwarze **224**
Warzen-Berberitze **160**
Waterers Zwergmispel **106**
Weichsel **174**
Weide, Alpen- 130/1
–, Bandstock- 126/2
–, Bäumchen- **128**
–, Bruch- **124**
–, Grau- **126**
–, Großblättrige **126**
–, Hänge-Kätzchen- 88/1
–, Heidelbeer- 90/2
–, Kahle **130**
–, Kopf- 88/2
–, Korb- **88**, 304
–, Korkenzieher- **124**
–, Kraut- **90**
–, Kriech- **90**
–, Kübler- **88**
–, Lappland- 130/4
–, Lavendel- **128**
–, Lorbeer- **128**
–, Mandel- **128**
–, Matten- **130**
–, Myrten- 130/1
–, Netz- **90**
–, Ohr- **126**
–, Palm- **88, 126**, 280
–, Purpur- 126
–, Reif- **124**

Register/Bildnachweis

Weide, Rosmarin- 90/2
–, Sal- **88, 126**, 280, 300, 304
–, Schimmel- **124**
–, Schwarzwerdende **128**
–, Schweizer **130**
–, Silber- **124**, 300
–, Spieß- **130**
–, Spitzblättrige **124**
–, Stumpfblättrige **90**
–, Trauer- 124/4, 304
–, Woll- **88**
Weigelia florida **70**, 280
– *japonica* **70**
Weigelie, Japanische **70**
–, Liebliche **70**, 280
Wein-Himbeere **220**
Wein-Rose **214**
Weinrebe, Rostrote **26**
–, Wilde **26**
Weiß-Birke **138**, 272, 278, 284, 300, 302
Weiß-Erle **134**
Weiß-Esche **84**
Weiß-Tanne **250**, 278, 284, 305
Weißbuche **146**, 270, 302
Weißdorn, Eingriffliger **188**, 268
–, Hahnensporn- **162**
–, Lederblättriger **162**
–, Pflaumenblättriger **162**
–, Zweigriffliger **188**, 268, 294
Weißrüster **144**
Wellingtonie **248**
Weymouths-Kiefer **260**
Wichuras Rose **32**
Wild-Birne **164**
Williamsianum-Rhododendren **114**

Winter-Jasmin **20, 80**
Winter-Linde **148**, 272, 296, 304
Winterblüte, Chinesische **44**
Wisteria floribunda **30**
– *sinensis* **30**
Woll-Weide **88**

Y
Yakushima-Rhododendren **114**
Yoshino-Kirsche **172**
Ysander, Japanischer **178**
Yucca australis **34**
– *filifera* **34**
– *flaccida* **34**
– *glauca* **34**

Z
Zaubernuss, Chinesische **152**
–, Hybrid- **152**
–, Japanische **152**
–, Virginische **152**
Zeder, Blaue Atlas- **266**
–, Himalaja- **266**
–, Libanon- **266**
–, Rot- 244/4
Zentifolie **216**
Zerr-Eiche **184**
Zierapfel, Vielblütiger **162**
Zierquitte, Chinesische **164**
–, Japanische **164**, 294
Zimmertanne 248/1
Zimt-Himbeere **196**
Zimt-Rose **208**
Zirbel-Kiefer **260**, 305
Zistrose Portugiesische **46**
Zitter-Pappel **132**, 270, 284, 300, 303

Zucker-Ahorn **72**
Zuckerhut-Fichte **256**
Zürgelbaum, Südlicher **150**
–, Westlicher 150/5
Zwerg-Birke **136**
Zwerg-Kiefer **260**, 305
Zwerg-Kreuzdorn **150**
Zwerg-Mehlbeere **166**
Zwerg-Rhododendren **114**
Zwerg-Wacholder **242**
Zwergalpenrose **180**
Zwergbambus, Palmwedel- **86**
Zwergbuchs **118**
Zwergginster, Kopf- **202**
–, Purpur- **120, 202**
–, Rauhaariger **202**
–, Regensburger **202**
–, Zottiger 202/1
–, Weißer 120/1
Zwergmispel Nashan- **106**
–, Diels **104**
–, Fächer- **104**, 294
–, Filzige **102**
–, Franchets **104**
–, Gewöhnliche **102**
–, Glänzende **102**
–, Kleinblättrige **106**
–, Niedrige **104**
–, Runzlige **102**
–, Sparrige **104**
–, Teppich- **106**
–, Vielblütige **106**
–, Waterers **104**
–, Weidenblättrige **106**
Zwergvogelbeere 166/2
Zwetschge **176**

Bildnachweis

Mit 999 Farbfotos von **Aichele, R.** (S. 30/4, 170/2b, 188/3a, 268/1, 268/2, 268/3, 268/4, 268/5, 268/6, 268/7, 268/8, 268/9, 270/1–9, 272/1–9, 274/1–9, 276/1–9, 292/5), **Bajohr, W.** (S. 110/3b, 220/3a, 290/7), **Bärtels, A.** (S. 18/3, 22/2, 24/1a, 24/3a, 24/5, 26/3, 28/1b, 28/2, 32/1c, 32/2, 34/1, 36/2, 40/1, 40/3b, 42/3b, 44/3, 46/1b, 46/5, 48/1, 48/3b, 52/3, 52/4, 58/3, 60/1, 62/1b, 64/4, 66/3b, 68/1, 70/1, 72/5b, 76/2, 84/3, 84/4, 84/5b, 86/1b, 86/2, 88/3, 100/3, 102/2, 104/4, 106/1a, 114/3b, 114/4, 116/4, 118/3, 120/1b, 130/4b, 132/3, 136/1, 142/5, 148/2, 148/4, 150/2, 152/1, 154/2, 154/4, 154/6a, 158/2, 158/3, 158/4, 160/1, 160/3, 162/2, 162/3, 164/1, 166/2, 168/2b, 172/3a, 174/4, 180/1b, 186/1b, 186/4, 190/2, 190/5, 194/4, 204/1, 208/3a, 208/5, 210/2b, 220/4b, 224/4, 226/4, 234/1, 236/2b, 240/1, 244/1a, 246/1c, 248/3b, 248/4, 250/5, 252/1, 254/1b, 256/1d, 280/4, 286/1), **Brossette, B.** (S. 230/2b),

Büttner, F. (S. 20/3, 42/3a, 106/5, 130/1, 138/3, 188/1a, 190/1, 232/2c), **Cramm, R.** (S. 18/4a, 46/1a, 76/4c, 94/1a, 94/1b, 96/3b, 128/2b, 142/1, 152/4, 176/3, 210/1, 214/2b, 244/1b, 244/2, 282/9, HK 18), **de Cuveland, J.** (S. 252/4, 286/2), **Ewald, G.** (S. 82/4b, 88/2b, 92/2a, 138/2, 144/3, 162/4b, 188/2b, 236/2a, 294/6), **Giel, O.** (S. 62/5, 124/4b, 184/1b, 292/4), **Groß, W.** (S. 126/3a, 202/1b), **Hecker, F.** (S. 22/1, 34/4a, 34/5, 54/3b, 56/1b, 56/2a, 72/1b, 82/2, 84/4, 84/5b, 92/4, 100/2b, 108/4a, 120/2a, 176/2b, 182/5b, 192/1a, 198/2, 206/3, 212/5b, 224/4a, 226/2a, 230/3, 236/1, 238/3, 240/3, 246/1b, 280/1, 284/7, 294/8, 320/6), **Himmelhuber, P.** (S. 42/4, 100/4, 114/2, 204/4c, 216/1a, 286/4), **Hortig, E.** (S. 20/6b, 80/4b), **Jacobi-Jaxy, E.** (S. 80/3a, 108/2b, 118/1, 140/3, 174/1a, 174/3, 198/4a, 200/1a, 282/5, 294/1), **Jantzen, F.** (S. 18/1, 26/5b, 26/5c, 28/3c, 66/2a, 66/3a, 78/1b, 80/4a, 90/2a, 106/6,

Bildnachweis

124/4c, 136/4a, 164/2b, 180/3, 188/3b, 234/3, 246/4, 280/3, 288/6), **Klees, A.** (S. 42/2b, 46/2, 82/4a, 88/1b, 94/3b, 126/3b, 132/4b, 136/2, 142/3, 142/4a, 170/2a, 184/4a, 184/4b, 220/1, 222/4b, 256/1c, 258/1a, 262/3, 278/3, 284/5, 286/9, 290/3, 292/7, HK 9, HK 10), **Kottal, B.** (S. 34/3b, 68/3, 114/1b, 258/3a), **Kretschmer, H.** (S. 78/1c, 184/3b), **Laux, H.** (S. 18/4b, 22/3, 30/1, 32/1b, 34/4b, 34/4c, 38/3a, 44/5, 48/3a, 50/1a, 50/2a, 50/5, 54/2b, 54/3a, 56/4, 60/5, 62/2, 62/4, 70/4, 82/3a, 86/5b, 88/2a, 90/1, 96/2, 104/3, 108/1, 112/3, 116/1a, 116/3, 120/1a, 120/2b, 122/1, 122/4, 134/2a, 138/4, 146/5, 148/1b, 150/4, 156/2, 166/4b, 168/2a, 168/3b, 170/3b, 172/2, 176/4, 178/1d, 182/1, 188/2a, 190/4, 192/4b, 192/5, 194/3, 196/2, 202/1a, 202/4a, 204/2, 204/3, 212/3, 216/2b, 218/1, 226/3a, 228/1, 230/2a, 230/4, 232/2a, 232/3b, 242/5, 244/3, 246/2, 254/1a, 256/1a, 266/3b, 282/6, 284/8, 288/1, 288/2, 288/3, 288/8, 290/8, 320/1), **Layer, W.** (S. 174/2b, 198/5, 264/1, 282/1, 288/4), **Limbrunner, A.** (S. 78/1a, 78/3a, 146/3b, 230/1b, 278/1), **Marktanner, T.** (S. 32/3b, 50/1b, 60/2b, 76/4a, 76/4b, 92/2b, 110/3c, 112/4, 168/3a, 208/2, 290/1, 292/6), **Partsch, H.** (S. 72/1c, 78/4, 82/3b, 98/5a, 210/3a, 222/5a, 230/1a, 232/3a, 290/6), **Pforr, M.** (S. 22/5, 24/1b, 30/5, 36/3a, 38/4, 40/3a, 48/2, 50/2b, 54/2a, 56/1a, 58/5, 62/3a, 64/1, 64/3, 64/5, 66/2b, 68/2, 68/4b, 72/1a, 72/3, 74/1b, 74/3a, 76/3, 78/2b, 84/1a, 84/2a, 90/2b, 90/4b, 92/2c, 94/2b, 96/5, 98/5b, 100/2a, 102/4, 104/5a, 110/4, 112/1a, 112/5a, 112/5b, 114/3a, 116/6, 124/2, 124/3, 126/1a, 126/2, 126/5b, 128/2a, 130/2, 134/4a, 144/1a, 144/1b, 144/2a, 144/2b, 148/1a, 148/3a, 152/2b, 152/5, 154/2, 160/2c, 166/3, 168/4, 172/3b, 180/2, 184/2, 186/2b, 186/3b, 190/3a, 190/3b, 192/2, 194/2a, 196/1b, 200/3, 206/1a, 206/5, 208/1a, 208/3b, 208/4a, 208/4b, 210/2a, 210/3d, 212/1, 212/2b, 212/4, 214/1a, 214/3, 214/4a, 214/4b, 216/2a, 216/4, 216/5, 218/2a, 218/3, 222/5b, 224/1, 226/3b, 232/2b, 232/2d, 238/1b, 240/5, 242/2, 250/1a, 250/3, 252/3a, 256/3, 258/2, 260/5, 264/2b, 264/4, 278/5, 280/2, 280/8, 280/9, 284/3, 288/5, 290/4, 292/3, 292/9, 294/3, 294/9, 320/3), **Pott, E.** (S. 6, 7, 18/2b, 28/3b, 32/3a, 36/1, 52/5, 54/1b, 54/5, 56/2b, 58/1a, 58/2a, 66/1, 76/1a, 88/4, 94/a, 96/6, 98/4a, 108/5, 110/3a, 112/1b, 120/3, 122/3, 132/4a, 134/4b, 136/3b, 138/1b, 140/1, 140/4, 146/1, 146/3a, 150/1a, 150/3, 152/3a, 166/5, 170/3a, 178/2a, 182/4b, 182/5a, 186/5, 188/4, 192/1b, 192/4a, 204/4a, 206/2b, 208/1b, 222/4a, 222/8a, 228/2b, 234/2a, 234/4a, 236/3, 238/1a, 240/4a, 242/1a, 246/1a, 252/3b, 254/2a, 254/3a, 260/1a, 260/2a, 260/4a, 260/4b, 262/1, 262/4b, 266/1, 266/3a, 266/4a, 278/4, 282/3, 286/5), **Reinhard, H.** (S. 2–3, 20/1, 20/5, 22/4a, 22/4b, 22/6, 22/7, 26/1, 30/3a, 32/1a, 36/5, 38/1, 38/2a, 38/2b, 38/3a, 40/2, 40/4a, 42/1, 46/4a, 50/3, 50/4, 52/2, 58/2b, 60/3, 62/1a, 62/3b, 64/2, 66/2c, 68/4a, 70/5, 80/1a, 80/3b, 84/2b, 96/1b, 96/3a, 96/4, 98/3, 98/6, 100/1, 102/3a, 104/1, 108/3, 112/2, 114/1a, 116/2, 118/2, 118/5, 122/5, 126/5a, 128/1,

140/2, 142/2, 142/4b, 144/4, 146/2, 150/6, 152/2a, 152/3b, 154/1, 156/4, 156/5, 160/4b, 162/5b, 164/2a, 164/4a, 164/5, 166/1a, 166/4a, 170/1a, 172/1a, 172/1b, 174/4, 176/1b, 176/5, 178/1a, 182/2, 188/1b, 194/1a, 196/1a, 198/3a, 200/5, 206/4, 216/3, 218/2b, 218/4, 220/4a, 222/1, 222/2, 226/1, 226/2b, 238/1c, 238/2, 238/5, 242/1b, 244/4, 246/3, 250/4b, 252/5, 256/2, 262/5, 264/3b, 278/2, 278/8, 280/6, 284/1, 284/2, 286/6, 288/7, 288/9, 292/1, 292/2, 292/8, 294/2, 294/7, 320/4), **Reinhard, N.** (S. 34/3a, 36/3b, 60/4, 104/2, 104/5b, 106/4, 156/3, 168/1, 180/4, 192/3, 200/2, 212/5a, 218/5, 228/5, 240/2a, 262/2, HK 13), **Rohdich, W.** (S. 122/2a), **Schacht, W.** (S. 136/4a, 198/3b, 240/2b), **Schaefer, B.** (S. 138/1a, 154/6b, 176/1a, 200/4b, 258/4, 280/7), **Schmidt, R.** (S. 44/4b, 52/6, 96/1a, 108/6, 116/5, 174/1b, 284/6, 286/7), **Schönfelder, I. und P.** (S. 20/4, 24/2, 48/4a, 54/1a, 58/6, 60/2a, 88/1a, 92/1a, 92/1b, 108/2a, 108/4b, 118/2a, 134/1, 138/5, 140/1a, 160/2b, 184/3a, 202/4b, 204/4b, 234/2b, 282/4, 282/8, 294/2, 320/1, HK 7), **Schrempp, H.** (S. 20/2, 26/4, 30/2, 30/3b, 34/2, 40/4b, 52/1, 70/3, 98/1, 102/1b, 124/1, 124/4a, 126/4, 128/3, 132/1b, 182/4a, 203/3, 210/3c, 212/2a, 214/2a, 214/2c, 228/3, 234/4b, 234/5, 236/4a, 236/4b, 282/7, 284/9, 320/5), **Schüffler-Rohde, K.** (S. 106/3b, 132/1a, 146/4, 178/1b, 178/1c, 186/1a, 186/2a, 216/1b, 248/1, HK 14), **Seitz, P.** (S. 228/4), **Spohn, R.** (S. 20/6a, 24/3b, 24/4, 26/5a, 42/2a, 44/4a, 46/3, 46/4b, 54/4, 58/4, 72/2, 72/4, 72/5a, 74/1a, 74/4a, 74/4b, 78/2a, 78/3b, 82/1a, 82/1b, 84/5a, 86/1a, 86/3, 86/5a, 90/2c, 90/4a, 94/2a, 102/3b, 106/1b, 106/3a, 110/1, 118/2b, 124/5, 126/1b, 130/3, 132/2, 134/2b, 136/4, 140/5, 150/5, 154/3, 156/1, 158/1a, 158/1b, 158/1c, 178/2b, 180/1a, 184/1a, 186/3a, 196/4, 198/4b, 200/1b, 200/4a, 206/1b, 210/3b, 220/2a, 224/2b, 232/1, 242/3, 242/4, 248/2, 250/4a, 254/3b, 256/4, 262/4a, 264/5, 266/2, 290/5, 297, 299, 301), **Synatschke, G.** (S. 66/5, 164/3, 258/1b), **Vogt, J.** (S. 36/4, 48/4b, 58/1b, 76/1b, 162/4a, 220/2b, 256/1b, 290/9, 294/5, HK 11, HK 12, HK 15), **Wagner, K.** (S. 18/2a, 26/2, 28/1a, 28/3a, 44/1, 44/2, 56/3, 56/5, 70/2a, 70/2b, 74/2, 74/3b, 74/5, 80/1b, 80/2, 86/4, 90/3, 92/3, 94/3a, 98/2, 98/4b, 102/2, 106/2, 110/2, 116/1b, 122/2b, 128/4, 128/5, 130/4a, 132/5, 134/3, 136/4b, 148/3b, 150/1b, 160/2a, 160/4a, 162/1, 162/5a, 162/5c, 164/4b, 166/1b, 170/1b, 170/4, 174/2a, 178/3, 182/3, 184/1c, 194/1b, 194/2b, 196/3, 198/1, 202/2, 206/2a, 214/1b, 220/3b, 222/4, 224/2a, 224/3, 238/4, 248/3a, 248/5a, 248/5b, 250/1b, 250/2, 252/2, 254/2b, 258/3b, 260/1b, 260/3, 264/2a, 264/3a, 266/2b, 278/6, 278/7, 278/9, 280/5, 282/2, 284/4, 286/3, 286/8, 290/2, HK 8, HK 16, HK 17), **Werle, B. und L.** (S. 176/2a).

(HK = Hinterklappe)

Farbillustrationen von Lang, W.: Blatt S. 4, 2 Farbtafeln (S. 9, 11) und alle Farbzeichnungen auf den Vorderklappen. 35 Schwarzweißillustrationen von Zauner, G./Kosmos (S. 302–305).

Literatur / Impressum

AICHELE, D. & M. GOLTE-BECHTLE (2008): Was blüht denn da? Kosmos-Verlag, Stuttgart.

AICHELE D. & H.-W. SCHWEGLER (2004): Die Blütenpflanzen Mitteleuropas. 5 Bände. Kosmos-Verlag, Stuttgart.

BACHOFER, M. & J. MAYER (2006): Der neue Kosmos-Baumführer. Kosmos-Verlag, Stuttgart.

BDB-Handbücher Bd. 1: Laubgehölze, Bd. 2: Nadelgehölze, Rhododendron und Heidepflanzen, Bd. 4: Rosen, Bd. 8: Wildgehölze. Verschiedene Autoren und Bearbeiter. Fördergesellschaft Grün ist Leben, Pinneberg.

CAFFERTY, S. (2008): Kosmos-Atlas Bäume der Welt. Kosmos-Verlag, Stuttgart.

FITSCHEN, J., Gehölzflora (1987). 10. Aufl. bearbeitet von F.H. MEYER, U. HECKER, II.R. HÖSTER, F.-G. SCHROEDER. Verlag Quelle & Meyer, Heidelberg · Wiesbaden.

FROHNE, D. & H.J. PFÄNDER (1997): Giftpflanzen. Wissenschaftliche Verlagsgesellschaft, Stuttgart.

OBERDORFER, Pflanzensoziologische Exkursionsflora (1994). 7. Aufl. E. OBERDORFER unter Mitarbeit von T. MÜLLER. Verlag Eugen Ulmer, Stuttgart.

SCHMEIL-FITSCHEN, Flora von Deutschland (1992). 89. Aufl. bearbeitet von K.SENGHAS, S.SEYBOLD. Verlag Quelle & Meyer, Heidelberg · Wiesbaden.

SCHÖNFELDER, I. & P. (2008): Die neue Kosmos-Mittelmeerflora. Kosmos-Verlag, Stuttgart.

SCHÖNFELDER, I. & P. (2010): Der Kosmos-Heilpflanzenführer. Kosmos-Verlag, Stuttgart.

STRASBURGER, Lehrbuch der Botanik (1998). 34. Aufl. bearbeitet von S. SITTE, H. ZIEGLER, F. EHRENDORFER, A. BRESINSKY. Gustav Fischer Verlag, Stuttgart · Jena · Lübeck · Ulm.

ZANDER, Handwörterbuch der Pflanzennamen (2000). 16. Aufl. bearbeitet von W. EHRHARDT, E. GÖTZ, M. BÖDEKER, S. SEYBOLD. Verlag Eugen Ulmer, Stuttgart.

Umschlaggestaltung von eStudio Calamar unter Verwendung von 1 Aufnahme von E. Pott (Vorderseite: Eingriffeliger Weißdorn, *Crataegus monogyna*) und 3 Aufnahmen von R. Spohn (Rückseite: Zapfen der Gewöhnlichen Douglasie, *Pseudotsuga menziesii*; Früchte der Eberesche, *Sorbus aucuparia*; Blüten des Apfels, *Malus domestica*).

Unser gesamtes lieferbares Programm und viele weitere Informationen zu unseren Büchern, Spielen, Experimentierkästen, DVDs, Autoren und Aktivitäten finden Sie unter **www.kosmos.de**

Gedruckt auf chlorfrei gebleichtem Papier

26. Auflage
© 2008, Franckh-Kosmos Verlags-GmbH & Co. KG, Stuttgart
Alle Rechte vorbehalten
ISBN: 978-3-440-11273-1
Lektorat: Dr. Stefan Raps
Produktion: Lilo Pabel / Markus Schärtlein
Printed in Italy / Imprimé en Italie

Natur hautnah.
Wissen und erleben.

Ideal für unterwegs

Blühende Pflanzen fallen vor allem durch ihre Farbe auf. „Was blüht denn da?" ist daher nach Blütenfarben eingeteilt. Weitere Bestimmungsmerkmale sind Blütenform, Standort, Blütenzeit und Größe. Die Pflanzen lassen sich so schnell und sicher bestimmen.

Aichele/Spohn/Golte-Bechtle
Was blüht denn da?
496 S., 1.800 Abb., €/D 17,95
ISBN 978-3-440-11379-0

Singer
Welcher Vogel ist das?
432 S., 1.410 Abb., €/D 19,95
ISBN 978-3-440-11415-5

Flück
Welcher Pilz ist das?
400 S., 458 Abb., €/D 14,95
ISBN 978-3-440-11561-9

Giftgehölze [1]

1 Gewöhnlicher Seidelbast
Daphne mezereum

In allen Teilen giftig; schon wenige der scharfschmeckenden Beeren (auch Blüten!) führen zu anhaltendem Magen-/Darmschmerz, Bewusstseinsstörungen und Krämpfen. Todesfälle werden immer wieder bekannt. Auch frei grasende Rinder (die ihr Futter erst unzerkaut schlucken) sind häufig betroffen (Todesdosis ca. 30 g).

2 Edel-Goldregen *Laburnum watereri*

Alle Goldregen-Arten sind giftig, besonders ihre Samen. Oft dauern Herzschwächen, Sehstörungen und Krämpfe tagelang an. Auch Todesfälle sind möglich. Kinder sind häufig gefährdet, weil sie mit den Samen wie mit „Erbsen" spielen.

3 Lorbeer-Kirsche *Prunus laurocerasus*

Führt (wie 4) Blausäureverbindungen, besonders in Samen, unreifen Früchten und den Blättern. Nach Verzehr Bauchweh, aber auch Atemnot und Bewusstlosigkeit.

4 (Bitter-)Mandel *Prunus dulcis*

Der Same dieser Prunus-Art enthält (wie der von Kirsche, Pflaume, Pfirsich usw.) Blausäureverbindungen (vgl. 3). Da bitter, wird er üblicherweise nur in unschädlicher Menge genossen – nicht jedoch bei angeborenem Defekt des Geschmackssinns!

5 Faulbaum *Frangula alnus*

Wie der eng verwandte Kreuzdorn ein uraltes Heilmittel (Laxans). Überdosen (Samen) erzeugen schwere Diarrhöen. In letzter Zeit wurden keine Todesfälle (mehr) bekannt. Sehr umstritten ist eine das Erbgut schädigende Wirkung.

6 Gewöhnliches Pfaffenhütchen
Euonymus europaeus

Alle Euonymus Arten enthalten Herz- und Rauschgifte, die nach Verzehr Übelkeit, Erbrechen und Kreislaufstörungen verursachen. Todesfälle sind aber in neuerer Zeit nicht mehr bekannt geworden.